资源拓展-应用型会计系列规划教材

INTERNAL AUDITING

内部审计学

（第二版）

张建平　编著

东北财经大学出版社
Dongbei University of Finance & Economics Press
大连

图书在版编目（CIP）数据

内部审计学 / 张建平编著. —2版. —大连：东北财经大学出版社，2020.9（2021.1重印）
（资源拓展-应用型会计系列规划教材）
ISBN 978-7-5654-3962-9

Ⅰ.内… Ⅱ.张… Ⅲ.内部审计-高等学校-教材 Ⅳ.F239.45

中国版本图书馆CIP数据核字（2020）第149615号

东北财经大学出版社出版
（大连市黑石礁尖山街217号 邮政编码 116025）
网 址：http：//www.dufep.cn
读者信箱：dufep@dufe.edu.cn
大连雪莲彩印有限公司印刷 东北财经大学出版社发行
幅面尺寸：185mm×260mm 字数：573千字 印张：24.5 插页：1
2020年9月第2版 2021年1月第2次印刷
责任编辑：李 栋 周 晗 周 慧 王芃南 吴 茜 责任校对：何 莉
封面设计：冀贵收 版式设计：钟福建
定价：52.00元

教学支持 售后服务 联系电话：（0411）84710309

如有印装质量问题，请联系营销部：（0411）84710711

序言

历史上，新型通信技术与新型能源系统的结合预示着重大经济转型时代的来临。纵观人类历史，每当新型通信技术与能源体系交汇之际，正是经济革命发生之时。在这历史性变革的伟大时刻，我们会计人是幸运的。作为信息的提供者，会计将因为“沟通”革命而更加“显要”；新的技术和社会沟通方式的变革，促使会计人站在了时代进步的风口浪尖。面对时代赋予的使命，我们必须勇于担当！

广东财经大学会计学院设立于1983年，是广东财经大学设立最早的教学单位之一。会计学院现有会计学、财务管理、审计学三个本科专业，拥有国际会计（ACCA）创新实验区和广东省首个会计专业协同育人创新平台。会计学专业为国家级特色专业、广东省名牌专业，会计学科为广东财经大学重点学科，具有会计学硕士、会计专业硕士（MPAcc）、审计专业硕士（MAud）和工商管理硕士（MBA财务与会计方向）学位授予权。经过长期的办学实践积淀，广东财经大学会计学院形成了“高素质、应用型”的人才培养模式，在教学、科研和学科建设等方面都取得了显著成绩。2019年会计学、审计学被认定为国家级一流本科建设专业，标志着会计学院学科和专业建设又迈上了新的台阶。

人才队伍建设、教材建设、资财建设是搞好教学工作、保证教育质量之根本。“三项”建设是办好大学的基本保证条件：人才是根本，教材是核心，资财是保障。在人才队伍建设方面，我们对教师的发展定位是：科研型、教学型、教学和科研并重型并举，各展所长，各得其所。教材建设是教学质量的重要保障，是培养师资队伍的手段，是学科建设水平的标志，是扩大学科影响力的信使，也是保证学科建设长效发展的根基。基于上述思路，我们致力于编写一套高水平的专业教材（著作），包括：会计学专业主干教材，财务管理专业主干教材和审计学专业主干教材。

以互联网和大数据为主导的新的信息技术革命，必将对现有的专业教育模式产生极大冲击，会计专业教育首当其冲。作为信息系统的会计、利用信息系统进行管理的财务以及对数量化信息进行验证的审计，必须积极进行变革。唯有如此，我们才能跟上时代的步伐！

互联网不是终点，它只是不断提高沟通效率革命中的一个台阶。回首历史，可以很清晰地看到“印刷术—电信技术—互联网”这三个阶梯；展望未来，必将有更多的阶梯待有识之士攀登！未来之路遥远而坎坷，我们唯有加倍努力，正所谓“路漫漫其修远兮，吾将上下而求索”。

20世纪末，内部审计曾被誉为“21世纪最有发展潜力的职业”。21世纪前二十年内部审计的发展已经充分证明了这一预测的正确性。世纪之初“安然事件”的发生以及2002年《萨班斯-奥克斯利法案》的颁布和实施，在全球范围内极大地推动了内部审计的发展和完善，内部审计在公司治理中的作用逐步深入。21世纪以来，随着中国改革开放的不断深入和发展，中国的资本市场也取得了长足的发展，随着上市公司规模的不断扩大和对其治理水平要求的不断提高，公司治理对内部控制和内部审计的要求日益突出，由此为中国内部审计的发展提供了广阔的空间和巨大的动力。

张建平博士是广东财经大学会计学院审计系的一名优秀的青年教师，长期从事审计学的教学、科研和社会服务工作，在完成繁重的教学任务的同时笔耕不辍，努力钻研审计理论和实践问题，尤其是在内部审计理论研究和实践探索方面取得了令人瞩目的成绩。张建平博士编写的《内部审计学》自2017年7月第一版出版以来，至今已印刷4次，足见其受欢迎的程度。相信张建平博士本次对《内部审计学》的修订，定能为内部审计的理论研究和实践操作提供更好的参考与借鉴。

刘国常

2020年6月

第二版前言

2017年7月，东北财经大学出版社出版了由作者编写的第一版《内部审计学》，当时编写本书的初衷主要是作者教学多年，发现很难在市面上找到一本教材能够将自己对内部审计学的理解完全诠释出来，因此自不量力地撰写了一本非常不成熟的教材，没想到在内部审计学教材不太多的市场中，本书第一版累计印刷4次，这粗糙的“顽石”也颇受一些学校师生的青睐，在此特别感谢一直以来使用本书的读者朋友们。

2017年9月，COSO委员会发布了新的企业风险管理框架（2017版）——《企业风险管理——与战略和业绩的整合》。2018年1月12日审计署发布《审计署关于内部审计工作的规定》，并于2018年3月1日起正式实施。该规定将内部审计的职责范围扩大了，也对内部审计提出了新的要求，赋予了其新的使命。2018年5月23日召开了第一次中央审计委员会会议，习近平主席担任中央审计委员会主任。会议强调要构建集中统一、全面覆盖、权威高效的审计监督体系，要加强对内部审计工作的指导和监督，调动内部审计和社会审计的力量，增强审计监督合力。2018年9月11日，时任中央审计委员会办公室主任、审计署党组书记、审计长胡泽君在全国内部审计工作座谈会上指出，要提高政治站位，站在党和国家事业全局的高度，要加强党对内部审计工作的全面领导，扎实推进党和国家重大决策部署的全面落实。另外中共中央办公厅和国务院办公厅重新修订了《党政主要领导干部和国有企事业单位主要领导人员经济责任审计规定》，对经济责任审计的对象、内容、组织协调、审计实施、审计评价等进行了新的规范。

针对党和国家对我国内部审计的新要求、新规定以及国际组织的最新规则，我们在本书第一版的基础上，对全书的内容作了全面、系统的修改、补充和完善，以满足现阶段内部审计理论与实务工作者学习与工作的需要。本书第二版的主要修改如下：

1.重新整合了原书的四大部分，变更为“基础理论部分”、“实务热点部分”以及“管理理论部分”三大部分，使全书的框架结构更为简洁。

2.增加了企业经常用到的审计实务（即经营活动审计）内容，以使本书更具实用性和参考性。

3.补充了新内容，涉及“新时代我国内部审计的新使命”、“大数据审计技术”、“其他新审计技术”以及“审计心理博弈”等方面。

4.更新了关于经济责任审计的最新要求。

5.以二维码的形式新增了多项拓展资源，使得本书的拓展资源包括了准则、方法、实务、案例、人物事迹等，比以前更加丰富了。

本书由广东财经大学会计学院副教授张建平编著，由广东财经大学会计学硕士张嵩珊、李苗、魏兴玲、刘晓倩、钟宇旺、周艳、牛云、张洪波、邹楠、吴玉秀等协助作者进行文字校对、案例收集以及教学资料的收集、整理工作，作者在此向这些优秀的研究生们表示感谢。同时，非常感谢中山大学硕士生导师郭群副教授，中山大学南方学院经纬老师，以及广东财经大学会计学院审计系刘国常、邢风云、雷宇、李丽青、李荣生、宾瑜、刘向红、赵国宇、况玉书、曹丽梅、刘德银等老师提出的宝贵修改意见。

由于作者专业水平及写作能力有限，本书难免存在一些不足之处，恳请广大读者批评指正（可将您的宝贵意见发至作者邮箱：156273323@qq.com）。因为对内部审计学教学的热爱与责任，作者历经3年的积累再次执笔伏案，认真雕琢之心跃然纸上，期待与各位同仁磋商交流。

作　者

2020年6月

第一版前言

随着“互联网+”“大数据”“云计算”时代的来临，信息技术、大数据技术迅猛发展，不断影响着组织的迭代升级与创新变革。在企业不断变革、快速转型的经营环境和组织架构中，内部审计早已成为组织管理与治理的重要推手。只要规划合理、执行有力，在飞速发展和纷繁复杂的组织环境中，内部审计就能在促进公司治理、风险管理和内部控制方面发挥不可替代的关键作用。

2013年8月，中国内部审计协会以公告形式发布了新修订的《中国内部审计准则》（以下简称“新准则”），并于2014年1月1日起施行。在新准则中，内部审计被定义为一种独立、客观的确认和咨询活动，它通过运用系统、规范的方法，审查和评价组织业务活动、内部控制和风险管理的适当性和有效性，促进组织改善治理和管理，帮助组织增加价值、实现目标。新准则的颁布标志着我国内部审计准则体系的进一步完善和成熟，并说明其正逐步与国际惯例接轨。在这样的背景下，很有必要编写一部适用于会计专业本科与研究生，以及国内相关行业内部审计人员的培训教材。

目前，内部审计方面的教材数量有限，参差不齐，较难找到一本针对内部审计学方向、实用性强、内容新颖、全面完整、辅助资料丰富、浅显易懂、可操作性强的教材。笔者在与审计实务工作者多次的接触与交流中，更加意识到出版一本全面系统的内部审计学教材的重要性。几年来，笔者通过对内部审计讲义的不断修正与完善，终于在2016年12月完成此书稿。本书立足于反映现代内部审计新思想、新理念、新实践和新变化，图文并茂，表述生动，语言流畅，能较好地满足读者的阅读需要。本书具有以下特色：

1.新颖性

本书力求纳入国内外内部审计学新理念、新方法、新技术，阐述现代内部审计的防弊、兴利、咨询和增值的目标；在审计对象和内容上，突破了只关注财务报表的真实性、公允性的传统做法，强调了风险管理审计和内部控制测试，将管理审计融入各种类型的活动之中；在审计技术和方法上，努力改进传统的审计方法，详细阐述计算机审计。所有这些都力求紧跟国际内部审计发展的步伐，并体现现代内部审计的特点。

2.实用性

本书的编者既有长期从事内部审计实务的高级审计师，也有致力于审计理论研究的博士生导师、教授。他们对当前我国内部审计人员的业务素质、工作水平和面临的困难有较深刻的认知。本书立足于我国内部审计工作实际，根据广大内部审计工作者的迫切需要，针对内部审计实践中经常遇到的各种问题，进行系统全面的阐释，并力求通俗易懂、便于操作，以便为实际工作提供参考借鉴。

3.规范性

本书根据国际内部审计师协会（IIA）的《国际内部审计专业实务标准》和中国内部审计协会的《中国内部审计规范》编写，有关内部审计基本理论、审计程序、审计方法、审计技术、文书格式，以及各种审计实务的阐述和介绍，符合当前国内和国际内部审计实务标准，对于内部审计规范化建设具有较好的指导作用。

4.趣味性

为了帮助更多的理论及实务界内部审计学习人员（尤其是为了帮助会计类专业本科生）更好地了解和掌握内部审计前沿理论与实务操作，本书在深入的理论探讨和案例分析中使用了轻松活泼的语言和生动的表述方式，增加了请注意、同步思考、知识链接等小栏目。同时本书在内容规划上，针对每个章节辅以学习目标、本章内容结构图、本章小结、关键概念、本章练习题及本章参考文献，让学生能了解所学知识要点和脉络，并通过课后练习和阅读相关文献，及时巩固所学，不断提高学习效率和效果。

5.指导性

本书辅以丰富的课件资料和案例分享资料，以便于课堂教学。本书主要适用于各高校会计学专业、审计学专业及相关专业的本科学生，以及具有一定专业基础的内部审计实务工作者，也可供上述专业的硕士研究生、博士研究生学习与参考。

6.时效性

本书引入二维码技术，将时效性较强的一些知识点及相关拓展内容，以二维码形式嵌入书中，学生及其他阅读者通过扫码可获取大量的多媒体学习资源，从而从静态的知识获取转变为利用实时更新的图片、动画和视频等网络在线信息资源进行的动态的学习，更具时效性，不断增强学生的自主学习、情景学习、协作学习效果。

通过借鉴国际内部审计惯例和经验，本书充分反映了我国企业内部审计理论与实践发展的现状和趋势，力求做到理论联系实际，既阐述了内部审计的基本理论，又详细介绍了内部审计的实践主轴，同时对我国内部审计在促进市场经济发展的过程中所涉及的业务拓展，如风险管理、内部控制、公司治理、信息系统等几大领域也进行了阐述。内部审计部门应当站在企业整体的角度，发挥增加组织价值和提高组织运作效率的作用，未雨绸缪，防微杜渐，成为企业发展的自我调控器。

本书分为四大部分，共十三章，期望能够引导刚接触内部审计的读者不断加深对内部审计原理与技术的理解，并鼓励内部审计实务工作者思考与探讨工作中的一些深层次问题。本书分为如下四个部分：

第一部分，基础理论篇，阐述内部审计基础知识和基本原理，共分为两章：第一章内部审计概述；第二章内部审计准则与职业道德规范。

第二部分，管理理论篇，共分为四章：第三章内部审计机构管理；第四章内部审计人力资源管理；第五章内部审计项目管理；第六章内部审计人际关系。

第三部分，技术方法篇，共分为两章：第七章内部审计程序；第八章内部审计技术及应用。

第四部分，实务热点篇，共分为五章：第九章对舞弊行为进行检查与报告；第十章内部控制审计；第十一章风险管理审计；第十二章经济责任审计；第十三章信息系统审计。

本书由广东财经大学会计学院副教授张建平编著，由广东财经大学会计学硕士严泽贵、金梦、印剑、曾雅卓、阮芸、黄普、张嵩珊、邢文，以及金融学院吴泓苇等协助文字校对，案例收集以及教学资料的收集、整理。同时，非常感谢华南师范大学博士生导师吴超林教授，中山大学硕士生导师郭群副教授，广东财经大学会计学院审计系刘国常、邢风云、雷宇、李丽青、宾瑜、刘向红、赵国宇、况玉书、曹丽梅、刘德银等老师提出的宝贵修改意见。

由于专业水平及写作能力有限，本书难免存在一些不足之处，恳请广大读者批评指正（可将您的宝贵意见发至作者邮箱：156273323@qq.com）。

作 者

2017年6月

目录

第一部分　基础理论篇

第二部分　实务热点篇

第三部分 管理理论篇

第一部分

基础理论篇

第一章

内部审计概述

学习目标

◇了解内部审计的历史与发展
◇了解我国内部审计的发展与现状
◇了解内部审计准则的含义
◇了解内部审计职业道德规范的含义
◆理解内部审计的职责与权限
◆理解内部审计的特征与作用
◆理解内部审计准则的作用
◆理解内部审计职业道德规范的作用
★掌握内部审计的实质
★掌握内部审计的作用
★掌握内部审计准则的内容
★掌握内部审计职业道德规范的内容

第一节　内部审计的历史与发展

内部审计经历了漫长的发展过程，但人们将它作为一种职业看待，还是近现代的事情。正如"内部审计之父"劳伦斯·索耶（Lawrence Sawyer）所言："内部审计在古代就有，但是，直到近代这棵大树才开始根深叶茂。内部审计从古到今，经历了一个缓慢而曲折的过程。"纵观历史，我们可以发现，内部审计在奴隶社会就已经出现了萌芽。几千年的历史长河中，内部审计历经了萌芽、发展、成熟三个历史阶段。当前，内部审计已经成为企业内部控制与风险管理的重要组成部分，日益受到企业治理层与管理层的重视。对于那些已经进入成熟期的大型国有企业、上市公司、全球性跨国公司，内部审计更是受到前所未有的高度重视。

在这个缓慢而曲折的过程中，内部审计经历了怎样一个发展历程？

一、西方内部审计的产生与发展

追本溯源，我们必须着眼于整个内部审计演进的历史，从内部审计的诞生开始阐述。

（一）内部审计的萌芽阶段（奴隶社会至18世纪60年代）

内部审计活动的萌芽最早出现在奴隶社会。当人类进入奴隶社会以后，奴隶主建立了许多大庄园，使用大批奴隶种植葡萄、谷物和橄榄，开展畜牧业方面的生产，并将产品在市场上出售。这时候的内部审计不仅有了服务的对象——奴隶主，也有了审计的对象，而且内部审计的服务是内向的。只不过除了开展审计业务外，内部审计人员还要负责其他的管理事务。这就是最早的内部审计，但其专业化水平尚未达到一定程度，内部审计并非由独立的人员来承担，审计只是这些管理者的多种职责之一。在古罗马，人们采用“听证账目”的方式来检查负责财务的官员有无欺诈、舞弊行为。“审计”（Audit）一词就来源于拉丁文“听账人”（Auditus）。远古时期的内部审计是伴随着财产所有权和经营管理权分离及由此导致的受托经济责任而出现的一种自发性的简单思想和行为，但是由于分权的程度和范围并不深入，内部审计活动尚未与其他管理活动分开，内部审计也并非由独立的人员来承担，且内部审计活动仅限于监督和验证。

到了中世纪的欧洲，随着分权思想不断深化和分工的出现，独立内部审计人员开始出现，同时，复式记账基本原理的产生及逐渐系统化，也促进了内部审计的发展。这一时期的内部审计在整个内部审计发展史上起着承上启下的作用：其继承了奴隶社会内部审计的思想，同时也为将来内部审计的快速发展奠定了坚实的基础。但此时的内部审计并非一项独立的活动，内部审计师在整个管理体系中承担着非常有限的责任（Sridhar Ramamoorti，2003）。内部审计在当时还在充当会计部门的附属，而且也只是独立审计的伴随者和附和者，很大程度上内部审计活动还只是独立审计业务的延伸。此时的内部审计主要表现为城市审计、银行审计、寺院审计、行会审计以及庄园审计等形式。这一时期的内部审计关注的是财产保管的合法性以及账目的正确性，但是此时的内部审计思想、内部审计活动和相关的内部审计技术已经初步成形，而复式记账的使用和独立内部审计人员的出现则标志着内部审计正在一步步成长。

（二）内部审计快速发展阶段（18世纪60年代至20世纪90年代）

随着西方资本主义的不断发展，内部审计也迎来了快速发展的时期，从工业革命到垄断的出现再到世界经济危机，为适应西方资本主义市场的不断变化，内部审计所涉及的业务事项和总体目标也跟随着市场的变化而进行调整，使自身更符合市场和企业的需要，那么我们就一起来了解一下这一时期内部审计的变化。

1.财务导向内部审计

18世纪60年代至19世纪初英国工业革命爆发，使英国演变为机器大工业占统治地位的国家，其出现了由股东融资的股份公司。股份公司的股东和债权人为了维护自己的利益，客观上需要由审计人员对企业的会计资料进行审查，并陈述审计意见。19世纪中叶至20世纪初，资本主义进入垄断阶段，托拉斯、康采恩等垄断组织获得迅速发展。这些垄断企业经营规模庞大、经营地点分散、经营业务复杂，高层管理人员再也不能像以前那样亲自观察和控制所有的经营活动，只能实行分权管理和多级控制。管理职责的履行状况如何，各部门的经营活动是否合规合理，各分支机构的经营目标能否实现，这些又在客观上需要一个专门的职能部门去审查、评价和报告。这个时期，外部审计已经取得了很大发展。但是由于职业的限制，外部审计人员不可能像企业期望的那样对经营管理和财务状况做深入的检查，并提出切实可行的建议和方案，同时其审计费用也比较高，因而，外部审计无法满足企业管理的需要。在这种情况下，企业管理者便将目光转向企业内部，从职工中挑选具有经营管理知识和能力的特殊人才，让他们从企业的利益出发，对分支机构或分公司进行经常性的监督，这就形成了一个与业务控制并列的相对独立的控制系统——内部审计。这些特殊人才就是内部审计人员，由他们组成的机构就是内部审计机构。1844年、1845年，英国《公司法》从法律上确认了特许会计师（注册会计师）承接审计业务的地位，独立审计由此发展起来。独立审计的正式确立从审计对象、方法、技术上直接影响着内部审计的实践。在这一时期，内部审计还有两个里程碑式的重要发展大大推动了内部审计的演进。1941年，国际内部审计师协会（简称IIA）的成立，在很大程度上推进了内部审计理论和实务的发展，这是内部审计第一个里程碑式的重要发展。而另一个里程碑是第一部论述内部审计的专著《内部审计——程序的性质、职能和方法》的出版，它标志着内部审计学的诞生及其开始有了自己的理论体系，此时内部审计才逐渐成为一门独立的学科并在真正意义上被确立起来。在IIA成立后的10年中，内部审计理论的发展是以财务导向内部审计实践为基础的，但其也逐渐尝试涉及业务审计领域。

2.业务导向内部审计

以业务活动为关注点的内部审计在20世纪40年代末才开始出现，并于60年代发展到顶峰。1948年，内部审计师对梅迪希银行伦敦支行的管理当局所从事的业务活动进行了审计，并出具了详细的业务审计报告。20世纪60年代，美国工业委员会以及IIA对内部审计实务的调查充分说明了内部审计师已大量从事业务审计。在这一阶段，内部审计关注的是受托管理责任，目标是揭露公司经营管理的缺陷并提出建议，帮助管理人员有效履行其职责，通过提高业务活动相关控制的效率而实现兴利。内部审计由财务导向转向业务导向后，拓展了自身范围，提高了自身地位，内部审计目标由查错防弊走向了兴利，由防护性走向建设性。

3.管理导向内部审计

20世纪中后期，垄断的出现及世界性经济危机爆发等外部经济环境的急剧变化对企业的内部管理产生了深远的影响，同时也促使人们对内部管理体系进行重新思考，管理理论和实践都要求管理者更加关注外部环境的影响，用一种动态的、系统的眼光来看待现代管理。新的环境对内部审计提出了新要求：内部审计需要充分考虑外部多方利益相关者的影响，审计的关注点也需要从低层次的经营业务和内部控制转向高层次的决策和外部委托责任。而公司治理理论及实践的逐步成熟，特别是审计委员会制度的建立赋予了内部审计更高的地位，也为内部审计对高层委托管理责任的审查提供了保证。20世纪70年代开始，内部审计进入以管理为核心的管理导向审计阶段。

管理审计是区别于传统的财务审计的一种审计模式，根据内部审计的两个职能——提供验证和建设性服务，传统的财务审计偏重于提供验证服务，而管理审计偏重于提供建设性服务，但仍然是建立在提供验证服务的基础之上的。只有企业的信息是可靠的，才能谈得上提供增值性服务，即通过提供验证服务促进企业有序运行，通过提供建设性服务促进企业有效运行。

从企业内部审计的产生和发展，我们能够清楚地看到：内部审计是随着经济的发展、企业内部管理的增多和控制范围的扩大，基于企业内部经济管理与监督的需要而产生，并随着管理的需要而不断发展的，它是企业管理体制的重要组成部分。

（三）内部审计趋于成熟阶段（20世纪90年代至今）

围绕内部管理职能建立的内部审计体系并非就是内部审计的最终形式，宏观、微观环境的变化使管理导向型内部审计的缺陷暴露出来。由于审计工作的领导主体是企业的管理者，内部审计的范围受到了严格的限制，因而内部管理审计的治理职能也受到了限制。因此，现实的需求推动着内部审计继续演进，并将内部审计带到以公司治理为导向的新时代。

20世纪90年代以后，世界经济呈多元化发展，新技术产业革命的加快，特别是信息技术和电子商务的发展，企业采用的多元化战略、企业国际化扩张的思想，以及新兴业务的不断涌现，导致了企业经营的复杂化、多样化，使得对组织的控制困难重重。组织分权的加大促使越来越多的评估和保证出现，如何在防范和控制企业经营风险上发挥积极作用，成为内部审计新的挑战。

21世纪初，世通公司财务舞弊案等公司财务丑闻案件的频发催生了内部审计的一部重要法案——《萨班斯-奥克斯利法案》——的诞生。而此时的社会大环境同样为内部审计提供了机遇，这一时期的内部审计被提升到公司治理层面，并对整个公司治理产生作用。这时，内部审计活动不再是低层次的管理活动，而是更高层次的治理活动，内部审计被纳入公司价值链，其开始关注公司治理，协助公司治理的完善，促进整个公司治理的有效性并为企业价值增值和利益的合理分配提供支持。总之，为了适应环境变化，内部审计必须寻求在公司治理中发挥更大的作用，这是21世纪赋予内部审计的新职责。

二、我国内部审计的发展与现状

我国内部审计的产生同样可以追溯到奴隶社会。在西周时期，朝廷设有天、地、春、夏、秋、冬六卿，下面分设若干官职。其中，司会是天官之长，设在大宰之下，其主要负责稽核全国财会，同时还负责对上报的财产和业绩资料进行审查。西周时期的司会是我国内部审计最初的管理者。其后，秦汉时期采用“上计制度”，审查、监督财务收支有无错弊，借以评价有关官吏的政绩。但秦汉管制中，尚无专司审计职责的官员，也无专职审计的机构。到了唐朝，由于经济发达，政治稳定，审计地位提高，于是开始对中央和地方的财务收支实行定期的审计监督，国家审计有了明显发展。隋唐时期是我国封建王朝审计日臻完备的阶段。宋代设立审计司和审计院，标志着我国用“审计”一词命名的审计机构的产生。元、明、清三代均未设专门的审计机构，国家审计陷于衰退时期。

在漫长的封建社会，由于封建王朝的专制统治，王权、皇权处于至高无上的地位，“普天之下，莫非王土；率土之滨，莫非王臣”，整个国家的一切经济活动都体现为皇室朝廷的活动，从决策权到立法、行政和司法权，都集中于皇帝或君主一人之手。因此，这段时期的审计活动均体现为国家审计。内部审计在这个漫长的历史时期几乎无所发展和提高。

19世纪下半叶，随着民族资本主义工商业的产生和发展，我国出现了一些按照西方企业管理模式建立的银行、造船厂、矿山企业和兵工厂等较大型的企业，它们纷纷在企业内部设立“稽核”职务和部门，实行内部审计。

虽然我国内部审计起步较晚，发展历程不同于西方，但随着我国改革开放的不断深入、经济社会的日益进步及企业组织的发展变化，我国的内部审计近些年发展迅速。自1983年中华人民共和国审计署成立至今，短短的30多年中，我国的内部审计事业迅猛发展，各种法律、法规相继出台，标志着内部审计向着规范化、法制化的道路前进，而加入

IIA更是将我国的内部审计推向国际化。我国的内部审计是如何取得今天的成绩的，我们可以通过表1-1来了解我国内部审计发展编年史。

表1-1 中国内部审计发展编年史

发展阶段	时期	内部审计进程
我国内部审计萌芽期	西周	出现审计的雏形
	秦汉	奠定审计发展的基础
	隋唐	审计职能进一步扩大
	宋朝	出现“审计”一词
	元、明、清	审计全面衰退
	1912年	北洋政府设立审计处
	1914年	颁布我国历史上第一部审计法典——《审计法》
	1918年	北洋政府颁布我国第一部注册会计师法规——《会计师暂行章程》，民间成立第一家会计师事务所
	1928年	国民政府成立审计院
新中国内部审计发展期	1983年	我国成立了审计署
	1985年	国务院发布了《关于审计工作的暂行规定》（以下简称《规定》），要求政府部门和大中型企业事业单位实行内部审计监督制度，根据审计业务需要，分别设立审计机构或审计人员，在本单位、本部门主要负责人的领导下，审计人员负责对本部门、本单位的财务收支及其经济效益进行审计
	1987年	中国内部审计学会成立
	1989年	中国内部审计学会加入国际内部审计师协会，成为IIA的国家分会
		颁布《审计署关于内部审计工作的规定》（以下简称《新规定》），同时废止1985年的《规定》
	1994年	《中华人民共和国审计法》颁布
	1995年	审计署发布了《审计署关于内部审计工作的规定》，对内部审计机构的隶属关系、审计范围、主要职权、工作程序、干部任免、职责要求等做了具体的规定，这样就使内部审计工作的开展有了法规性的依据，其取代了1989年的《新规定》
	2002年	中国内部审计学会正式更名为中国内部审计协会。该协会依据《中华人民共和国审计法》《中国内部审计协会章程》履行职责，开展工作
	2003年	中国内部审计协会根据《审计署关于内部审计工作的规定》制定了《内部审计基本准则》《内部审计人员职业道德规范》和10个具体准则，标志着内部审计走上了制度化、规范化、正规化的行业管理道路
	2004年	国资委发布《中央企业内部审计管理暂行办法》《中央企业经济责任审计管理暂行办法》；中国内部审计协会发布了第二批内部审计具体准则（第11~15号），为内部审计工作提供具体的指导原则和工作方法
	2006年	审计署修改《审计法》；中国银监会发布《银行业金融机构内部审计指引》
	2007年	中国保监会发布《保险公司内部审计指引（试行）》
	2008年	财政部、审计署五部委联合发布《企业内部控制基本规范》
	2010年	财政部、证监会、审计署、银监会、保监会联合发布《企业内部控制配套指引》；审计署发布《中华人民共和国审计法实施条例》；中共中央办公厅、国务院办公厅印发《党政主要领导干部和国有企业领导人员经济责任审计规定》

续表

发展阶段	时期	内部审计进程
新中国内部审计发展期	2011年	中国内部审计协会发布了《内部审计实务指南第5号——企业内部经济责任审计指南》。该指南是内部审计准则体系的重要组成部分。该指南充分总结了内部审计机构开展经济责任审计的实践经验，满足内部审计工作发展的新要求，对于进一步规范审计行为、提高审计质量将发挥积极的作用
	2012年	中国内部审计协会发布《内部审计质量评估机构管理暂行办法》
	2013年	中国内部审计协会发布新修订的《中国内部审计准则》
	2014年	审计署开始修订《内部审计工作规定》并面向全社会公开征求意见
新时代中国内部审计特色形成期	2018年	组建中央审计委员会。加强了党对审计工作的领导，更好发挥审计在党和国家监督体系中的重要作用；审计署公布并执行《审计署关于内部审计工作的规定》
	2019年	中国内部审计协会发布《第2309号内部审计具体准则——内部审计业务外包管理》和《第3101号内部审计实务指南——审计报告》
	2020年	国资委发布内部审计工作的指导性文件《关于做好2020年中央企业内部审计工作有关事项的通知》

我国内部审计萌芽很早，在西周时期就已经出现了内部审计的雏形。但是漫长的封建统治抑制了内部审计早期的发展，到了元、明、清时期，内部审计已经开始衰退，清朝的闭关锁国政策更使内部审计的发展跌至谷底。辛亥革命爆发后，北洋政府在1914年设立了审计院，颁布了《审计法》。1928年，南京国民政府设立审计院，后改为审计部，隶属于检察院。国民政府的《审计法》虽几经补充修改，但是由于国民政府贪污腐败，审计制度徒具形式，并没有发挥应有的作用。当时的中国共产党在革命根据地成立了中央苏维埃政府审计委员会，颁布了《审计条例》，试行审计监督制度。这对战争年代节约财政支出、保障战争供给、树立廉洁作风，起到了积极的作用。内部审计真正开始发展是在中华人民共和国成立以后，1983年国家成立审计署才正式结束自中华人民共和国成立起34年间我国一直没有独立的政府审计机关的时代。同年，国务院转发了审计署的《关于开展审计工作几个问题的请示》，首次提出建立内部审计监督制度，这标志着我国现代内部审计的正式启动。30多年来，我国内部审计取得了巨大的发展，总体上可分三个阶段：初步建立阶段（1983—1994）；稳步发展阶段（1995—2003）；全面振兴阶段（2004年至今）。

新时代内部审计制度创新：国际比较、制度构建与电网企业实践

三、内部审计的未来发展趋势及新使命

内部审计的未来之路

内部审计是经济发展到一定规模的产物，并在一定的历史环境下，随着社会经济发展状况、组织需求的变化而变化。步入21世纪知识经济时代，随着全球经济的快速发展，新知识、新技术、新思维对传统的理念形成强大的冲击。电子信息技术、通信技术的日益发达，对单位的外部经营环境和生

产经营方式产生了重大的影响，特别是计算机会计信息系统的广泛应用和发展，对审计人员、审计技术的要求越来越高，也给内部审计带来新的机遇和挑战。近年来，内部审计的发展及其作用的发挥在世界各国产生了广泛的影响，得到了产业界、政府部门和学术界的充分肯定。在经济高速发展的今天，经济一体化和全球化的趋势使得各国间的经济合作和交往进一步加强，我国经济发展要在竞争激烈的世界经济环境中保持较快的速度，必须使企业的管理和效益再上一个台阶。在完善现代企业制度的同时，必须建立与之相适应的内部审计制度，帮助企业堵塞管理中的漏洞，进一步完善内部控制制度，提高管理效率、效果和投资效益，企业才能在世界日益激烈的竞争环境下获得较快的发展。在中西方内部审计发展的巨大差异面前，我们是否可以照搬西方的内部审计，我国的内部审计未来将如何发展，这些摆在内部审计从业人员面前的一系列问题需要我们一一解答。

在研究我国内部审计未来发展趋势之前，首先要了解一下国际内部审计师协会（IIA）发布的国际内部审计的十大发展趋势及其对我国的启示。

（一）国际内部审计十大发展趋势

1.从控制到风险

在过去数十年中，控制导向审计是内部审计人员普遍使用的审计方法，是增进内部审计绩效和管理组织风险的主要工具。内部审计人员已被训练成只做内部控制的规划、测试与报告，容易将审计工作侧重于单位的内部控制系统，而忽视了单位本身的目标。在未检查组织目标及其所处风险前直接评估控制程序，其结果意义不大，因为审计人员无法判断哪些是重要的控制，以及缺少哪些控制。这一审计模式已经带来许多问题，如过度控制情况日益严重；多余的控制阻碍了组织的正常运作；导致沟通变得更加困难；许多人员从事无附加值的工作；固定的、过时的控制限制了发展；用以应付审计的无效率的控制不断增加。同时，控制的变更滞后于组织作业的快速改变，使对原有的、与组织目前所面临的风险根本无关的控制的审计变得更无意义。

没有风险就没有控制，控制只为管理风险而存在，不分析风险却想有效地评价控制是不可能的。最新的控制模型如美国的COSO报告、加拿大的COCO报告、英国的Cadbury报告及南非的King报告，将风险评估引入了内部控制并将其列为控制的核心，在风险管理上向前迈进了一步。这不仅是管理上重要的一环，也是审计特别是内部审计发展的重要里程碑。以风险评估为基础的风险导向审计使内部审计人员开始关心组织所面临的风险，内部审计人员必须根据风险评估的思路开展对内部控制的评估，使审计报告将目前的控制与策略计划和风险评估联系起来。

2.从风险到环境

环境是风险的根源，控制系统就是针对它设计的。组织暴露于周边不断变化的条件和情况所导致的风险中，对组织产生威胁的风险和能够创造潜在收益的机遇，必须成为风险分析的焦点。这些条件、情况、风险和机遇就是可能影响组织的环境。

环境包括一组相关内容：（1）通用环境：国际的、法规的、环保的、知识的、科技的、社会的；（2）社会环境：社会的、私人的、非营利性的、公共的以及宗教的；（3）行业环境：各类不同的私人行业、公共行业、中介行业中的产品、流程、资源和其他市场要素；（4）组织环境：权力、规模、文化、地理、社会学等子环境；（5）内部审计应用环境：经营、财务报告、遵循性、信息系统、质量、环保、安全。

3.从回顾历史到着眼未来

内部审计人员一般通过对历史的回顾和评价，提出改进以后工作绩效的建议。虽然历史交易和记录可以用于预测未来，内部审计评价和建议对未来也具有价值和建设性意义，但是，在快速变革的过程中，以史为鉴只是隔靴搔痒，甚至是南辕北辙，只有着眼于未来才能提高控制和绩效。内部审计人员必须变成未来情况的预期者——直接预测环境风险，判断组织是否采取了适当的预防和应对措施，是否具有足够的应变能力，提出相应的改进建议。这对现有内部审计的开展方式提出了挑战，并对内部审计人员的职业胜任能力提出了更高的要求。

4.从评价到预测

评价一直是内部审计的基本职能，是内部审计履行其职责和发挥作用的重要手段，这是以经验管理假设为基础的。在工业经济时代，影响企业经营的外部环境因素和内部因素基本上是稳定的，或虽有变化，但变化具有连续性的特征，从而基本可以从过去推断未来。但在知识经济时代，经营管理的上述背景正在（或应当）发生变化：影响企业经营的环境不仅日益复杂，而且越来越不稳定，其变化更加迅速和彻底；多样化的顾客需求和频繁变化的市场要求企业对其活动的内容与方式及时做出调整。在这样的背景下，未来的变化和现状截然不同，二者之间没有多少继承性，应对环境变化的适时调整是难以在过去累积的历史经验中找到现成答案的。批评过去没有任何价值，管理层必须面对未来的挑战。因此"评价"一词不再适用，而应代以零起点的预测，内部审计人员必须更多地参与面向未来的规划与决策工作，时时关注未来风险发生的可能性。

5.从关注当前事项到多角度并行

在审计过程中，内部审计人员应对各个审计事项的现状进行了解，并独立地分析，提出审计发现和审计建议。组织内部将注意力集中于当前事项是有用的，它能使内部审计人员从审计的视角，对组织的各个部分逐一进行理解和思考。但是，这些部分之间互相割裂，缺乏全局观和整体感，而且内部审计人员站在"局外人"的立场所提出的建议可能脱离实际条件，或超出组织和相关责任人的能力范围。相比而言，多角度的关注更有意义，即在同一时间、同一地点，假设自己是部门主管或员工，对有关事项会做何反应，有哪些要求和顾虑。只有全面考虑各相关人员的局限和所受影响，内部审计人员才能提出切实可行的建议，促进自身作用的发挥和组织价值的增加。

6.从强调独立到注重价值

在国际内部审计师协会颁布的《内部审计实务标准》中，对内部审计人员独立性的要求居于首位。一般认为，内部审计人员拥有独立性是其开展内部审计工作的必要条件。内部审计人员的独立性是指内部审计人员独立于他们所审查的活动之外，即内部审计人员不应承担经营责任。要做到这一点，内部审计人员必须置身于从设计、执行到记录的全部管理职能之外，不能参与组织的业务经营活动。但果真如此的话，内部审计人员就无法深刻、全面地理解组织的生产经营和内部关系，无法提出切合组织实际的建议。虽然内部审计职能的独立是一个有用的属性，但如果独立妨碍了有意义的参与，马上就会有反效果。客观性只是内部审计人员提供鉴证服务需要具备的特征之一，判断内部审计人员绩效最重要的标准是其服务给组织提供的价值。因此，如果对其独立性的强调有损于内部审计价值的增加，则应当优先考虑后者。

7.从审计知识到经营知识

内部审计人员一直把控制当作金钥匙——对任何组织、任何职能都普遍适用的切入点，其认为通过对控制进行测试，可以了解所有的业务并提出建议，因而内部审计人员不需要具备关于生产经营过细的知识，只要了解企业经营的一些基本知识并掌握审计工具就足够了。这是控制导向审计思维模式的产物，但这一点并不正确，内部审计人员应以帮助实现组织目标、增加组织价值为己任，目标及风险是内部审计的出发点和归宿。对经营活动的深刻了解是其对症下药的前提，因而内部审计人员需要了解当前经营的真实情况，而不仅仅是虚拟的流程，以提供有效的服务。这会改变提供内部审计服务的人，要求他们了解与程序、技术、产品和服务等有关的知识。

8.从经营审计到战略审计

内部审计从财务审计转变到经营审计已经经历了很长时间，但一些组织的内部审计至今还没有实现这一转变。然而，新的变化已经发生，即对组织战略——那些关系到组织未来的关键的长远计划、优先安排、投资和决策等进行审计。对组织来说，这些确实是重要事项，关系到组织的生死存亡，需要进行有效的控制。如果没有正确的战略方向，只会使组织在错误的道路上越走越远，加速组织的灭亡。因此，对组织战略的审计是内部审计最应该关注的根本环节，也是内部审计发展的方向。战略决策和战略管理是管理职能中最重要和最高的层次，内部审计要提升自身的地位和价值，应开展最高层次的管理活动审计。

9.从强迫接受到自愿主动进行

长期以来，内部审计人员是以“警察”的形象出现的，其身份是监督者，对被审计部门的业务和管理进行评价、发表意见，因此是组织中不受欢迎的人。所以应该尽量避免出现此种情况，让各部门人员自己来发现审计问题，自己认识到事件的严重性，从而从根本上解决这种问题。

10.从说服到协商

内部审计报告是审计的主要产品。衡量审计报告是否成功的标准一直是其是否具有说服力，一份有说服力的报告意味着内部审计人员的观点将被接受。由于审计报告中所提问题是否受到重视，所提建议能否付诸实施，直接取决于管理当局的想法和决心，因而内部审计人员往往通过增加事实的准确性、清晰性及建议的可行性，采用图表、照片、幻灯等多种手段，来争取管理当局的重视和支持。这一标准已经受到了质疑，因为被动接受审计人员观点的被审计部门缺乏足够的选择空间和内在动力。协商取代说服成为传递审计信息和寻求问题解决办法的方式，它注重获取对组织最佳的结果，既考虑职能经理的目标，又考虑内部审计人员对动态环境、风险和现有控制的预期。这种方式使得职能经理与内部审计人员的合作更加广泛，并使其在决策中发挥更为积极主动的作用。

与西方内部审计相比，我国内部审计起步较晚，发展历程不同于西方，因而与西方现代内部审计存在着不小的差距，我国内部审计可以说还处于初级发展阶段。西方国家的内部审计已完成从传统财务审计向经营审计的过渡，并开始向风险导向审计、战略审计转变，它们重视内部审计的咨询与服务职能，内部审计的目标也从服务于管理当局发展为增加价值，改善组织经营，帮助组织实现目标。而我国仍处于从传统财务审计向经营审计过渡的阶段，所以内部审计仍局限于监督和评价的传统职能，审计的重点是经营活动及内部控制的适当性、合法性和有效性，审计目标是促进组织目标的实现。我国内部审计实务发展相比西方落后了几十年，因此，现阶段许多企业的内部审计工作仅仅针对财务、会计事项。但是随着一些大中型企业现代企业制度的建立健全，管理层对内部审计提出了新的要求，要求内部审计对经营活动、内部控制、管理事项等进行监督、评价，为改善经营、提高效率服务。西方的内部审计是为满足企业保护资产、加强内部控制、提高经营管理水平和经济效益的内在需求而逐步发展起来的，而我国的内部审计由于有国家审计机关的指导，又有西方发达工业国家的经验可借鉴，起点比较高。我国的内部审计从一开始就采取了“两条腿走路”的方针，即把财经法纪审计和经济效益审计同时作为中心工作去抓，而不像西方企业内部审计那样先从财务审计抓起，逐步发展到经营审计和管理审计。

要在21世纪中抓住历史机遇，在新经济的发展中争取自己的一席之地，我国内部审计不能亦步亦趋，甘落人后，而要加速进入内部审计发展的最前沿，因此，西方内部审计的未来发展趋势对我国内部审计的发展具有重要的借鉴意义。

内部审计的发展方向

（二）国际内部审计发展趋势对我国的启示

1.审计理念由监督制约向管理服务转变

我国内部审计在建立初期，作为国家审计的补充，从属于国家审计，其职能是监督，扮演的是经济“警察”角色。而服务导向型内部审计则注重经济评价，即内部审计人员除了要及时、准确地向组织管理层报告有关查错防弊和资产保护的信息之外，更重要的任务是针对管理和控制的缺陷，提出建设性意见和改进措施，协助管理人员更有效地进行管理和控制，更合理地使用资源，以提高经济效益。服务导向型审计并不意味着要放弃监督，相反，其目的正是通过对评价职能的有效发挥，促使其监督职能的发挥，从而使其真正发挥内部审计的作用。随着我国社会主义市场经济的建立和发展，内部审计由监督型向服务型转变并与国际接轨是其重要的发展方向。

2.审计职能由查错防弊向增加价值转变

过去我们一直强调审计独立的重要性，但应该看到，现代内部审计更注重增加价值，改进经营。内部审计的独立性要求内部审计人员必须置身于从设计、执行到完成的全部经营管理职能之外，这就使内部审计人员无法深刻、全面理解组织的生产经营过程和内部关系，这种局面对其提出符合组织需要的建设性意见有着一定的负面影响。研究表明，判断内部审计是否成功，重要的标准之一是从财务数据到内部控制制度，从历史财务信息到财务预测，从组织目标到控制过程，内部审计人员都要从不同角度进行分析、评价，以发展的眼光、动态的观点，提出合理的改进建议。

3.审计范围由财务收支领域向经营管理领域转变

我国内部审计的对象主要是会计凭证、账簿、报表等相关资料，内部审计人员将大部分精力用于查证与监督会计信息的真实性、公允性、合法性上，其主要工作集中于财务收支领域。随着市场经济体制的建立与完善，市场竞争日益加剧，加之计算机技术被广泛应用，会计信息的表面错弊会越来越少，单单依靠会计信息已很难发现企业在经营管理中存在的问题，所以，这种以财务收支领域为审计重点的内部审计已不能有效辅助企业改善经营管理，提高企业竞争能力，提高经济效益。由此，内部审计的审计重点应由财务收支领域向企业经营管理领域延伸。这些领域既要包括供产销等主要经营环节的各种具体业务，又要涵盖人财物的管理效率和管理水平，其主要包括：（1）内部控制制度。通过评价各项经营业务的内部控制制度的科学合理性和健全有效性，为改进制度、完善管理和加强控制服务。(2) 业务活动。通过审查企业材料采购、产品生产、销售等主要经营环节的具体业务活动，评价企业各项决策的正确性和各项管理规章制度的实际执行情况，考察各项业务活动是否达到了预定目标，是否实现了高效率和高效益，为进一步提高各项业务活动的开展能力服务。(3) 管理活动。通过审查、评价各项管理措施是否有效，管理职能是否得以充分发挥，为改善企业的管理水平服务。(4) 经济责任。审查、考核企业领导干部任期内经济责任的履行情况以及内部各单位、各责任中心经济责任的履行情况。

4.审计事件由借鉴历史向着眼未来转变

传统的内部审计通常是对已有控制或已发生的经济事项进行检查和评价，但是现代企业处于一个快速变化的社会环境之中，面对多样化的客户需求和瞬息万变的市场，仅仅以史为鉴是不够的，一味地评价过去已不能应对企业管理中出现的新挑战。因此，内部审计应由单一的事后审计扩展为将事前、事中、事后审计相结合，把审计工作贯穿于生产经营管理的全过程，并着眼于未来的预测，这样才能改进控制和提高绩效。其具体包括：(1) 事前审计。对组织的各项计划、预算和决策方案进行审计，以查明前期制定的方法是否科学，所依据的资料是否翔实，有关保证措施是否可行，并进行经济技术分析和论证，提出建议，作为企业编制各项计划和预算以及进行决策的参考。(2) 事中审计。在计划、预算和决策方案的执行过程中，对计划实施、预算落实和决策方案执行情况进行审计，通过审计结果对实际的经济效益和工作业绩进行评价，以便及时纠正实施过程中存在的问题。(3) 事后审计。定期对计划、预算和决策方案的完成情况做全面、综合的事后审查，评价实际执行情况，总结经验教训，并提出改进意见。(4) 预测。内部审计人员必须对面临的潜在风险进行预测，判断组织是否采取了适当的预防和应对措施，是否具有足够的适应能力。通过这种事前、事中和事后审计相结合并着眼未来的方式，可降低经营风险，挖掘企业的潜力，提高企业对经营环境的适应能力和自我变革能力。

5.审计技术由手工向信息化转变

信息技术的发展使企业的经营环境与经营方式发生了巨大的变化，以手工操作为主的传统审计手段已经不能满足新形势的需要。在企业资源计划系统中，经营业务要由信息系统处理与控制，绝大部分的会计记录由信息系统自动编制，在处理和提供会计信息的稳定性、及时性和可靠性上，已凸显出计算机技术的优势。但是计算机信息系统是否合法、安全、正确与高效，直接关系到企业的安全与效益。内部审计人员必须认识到这些新的会计环境的特点和风险，掌握降低这些风险的控制方法和对这些控制进行审计的方法，并探索新的审计方法，利用计算机手段，实现内部审计技术的现代化。这种转变可以使内部审计人员及时审查会计信息，实现实时审计和非现场审计，从而可以大大降低审计成本，提高审计效益和效率，彻底改变内部审计的工作模式。

6.审计机构由双重领导向审计委员会模式转变

目前，我国内部审计采用“双重领导模式”，内部审计人员既受本单位领导管理，又接受国家审计机关的指导和监督。长期以来，内部审计无论是在业务安排上，还是在审计结论上都依附于国家审计。随着现代企业制度的建立和公司治理结构的不断完善，越来越多的企业内部审计机构转向对董事会直接负责或对董事会下设的审计委员会负责，这种形式能减少股东和经营者之间的信息不对称，从而使股东利益得到有效保护，符合现代企业制度和完善的公司管理结构的要求，使得内部审计机构既能作为企业进行自我约束的机构，又能代表包括政府在内的所有投资者和债权人的利益。

7.审计模式由控制导向向风险导向转变

传统的控制导向审计是内部审计人员普遍采用的模式，它使内部审计的重点放在组织内部控制的规划、测试与报告上，造成审计工作偏向于内部控制系统，而忽视了组织本身的目标。这一审计模式已经带来许多问题，如过度控制情况严重，多余的或过时的控制阻碍了组织程序的正常运作，沟通变得更加困难，过多的人员从事无附加值的工作。适当的组织目标和合理的评价标准是管理和内部审计工作走向规范的标志。没有合理的评价标准，就等于没有具有实质意义的管理，缺少有效的内部控制，内部审计工作也就无法真正发挥作用。以风险评估为基础的风险导向审计是开放式的，内部审计人员在开始一项审计项目时，必须首先评估组织面临的经营、管理、财务等风险，考虑组织目标是否适当，是否有相应的、健全的控制。这种开放式特征不仅体现在具体项目及与客户的相互沟通两个方面，从更高层次上讲，还反映在宏观上审计目标的不断演变方面。由此可见，内部审计人员根据风险评估的思路开展对内部控制的评价，以组织目标为起点和核心，能够更加有效地发挥其建设性作用，为组织增加价值。

8.审计主体由小而全向多元化转变

21世纪内部审计主体和内部审计人员将呈现多元化的趋势，其表现有三个方面：一是内部审计主体的多元化。毫无疑问，与组织融为一体的内部审计机构和人员仍将是内部审计的主体，但在一些没有内部审计机构的小企业中，会由外部审计人员提供内部审计服务；在一些没有内部审计机构的大型企业中，很多情况下仍需借助于具有特殊技能的外部审计人员的力量。二是内部审计人员结构的多元化。内部审计机构不仅要有财务会计人员，还要有工程技术人员、计算机专家、企业管理人员、风险管理专家等。三是内部审计人员知识结构多元化。内部审计人员除需具有财务会计方面的知识以外，还需要具有企业管理、工程技术等多方面的知识。

9.审计人员由行政管理向职业化转变

从世界范围来看，内部审计普遍采取了通过职业组织进行管理的方式。国际内部审计师协会于1941年成立后，许多国家相继加入，其逐步发展为一个国际性组织，它通过制定《内部审计实务标准》《道德准则》来规范内部审计人员的执业行为，通过对违反标准和准则的内部审计人员注销“注册内部审计师资格证书”的办法，增强约束力。实践表明，通过职业组织管理内部审计人员是一种成功的管理方式。我国自内部审计产生至今，一直采用国家行政部门管理的方法，这一做法不利于内部审计的发展。因此，我国把内部审计由行政部门管理改为由内部审计的职业组织进行管理，并将中国内部审计学会改组为中国内部审计的职业组织——中国内部审计协会，这一方式的采用必将大大促进我国内部审计事业的发展。

同步思考1-1

内部审计产生和发展的基本前提是什么？

存在受托经济责任关系是开展内部审计的基本前提。受托经济责任关系是指财产资源所有者与经营者、上级管理者和下级管理者之间形成的委托或受托经营管理的关系。所有者或上级管理者作为委托人，委托经营管理者或下级管理者作为受托人进行经营管理，同时赋予受托人一定的权力，受托人需要承担一定的责任和义务。内部审计人员作为独立的第三方，接受委托人的委托，对受托人的受托责任履行情况进行审查和评价，并将审查和评价结果报告给委托人。可见，受托经济责任关系是内部审计产生和发展的前提和基础，没有受托经济责任关系就没有内部审计。

（三）新时代我国内部审计的新使命①

中国特色社会主义进入了新时代，我国内部审计也将承载新使命。2018年5月23日中国中央审计委员会宣布成立，习近平主席亲自任中央审计委员会主任，他在第一次会议上就指出，要调动内部审计的力量，加强对内部审计工作的指导和监督。这不仅说明了内部审计工作的重要性，还要求内部审计发挥更大的作用。这也意味着我国内部审计迎来了前所未有的发展机遇。我国内部审计理论研究者和实务工作者应深刻理解和领会内部审计的新使命，充分发挥内部审计的重要作用。

（1）习近平主席赋予内部审计的新使命。习近平主席在中央审计委员会第一次会议上指出，要构建集中统一、全面覆盖、权威高效的审计监督体系，要加强对内部审计工作的指导和监督，调动内部审计和社会审计的力量，增强审计监督合力；要深化审计制度改革，解放思想，与时俱进，创新审计理念，及时揭示和反映经济社会各领域的新情况、新问题、新趋势；要努力建设信念坚定、业务精通、作风务实、清正廉洁的高素质专业化审计干部队伍。

（2）全国内部审计工作座谈会赋予内部审计的新使命。2018年9月11日，全国内部审计工作座谈会在京召开，中央审计委员会办公室主任、审计署党组书记、审计长胡泽君发表了重要讲话，其强调，要提高政治站位，站在党和国家事业全局的高度，要坚持党对内部审计工作的集中统一领导，坚决推动党中央、国务院重大决策部署在本地区、本部门、本单位的有效落实。

（3）审计署赋予内部审计工作的新使命。2018年1月《审计署关于内部审计工作的规定》发布，并于2018年3月1日起正式实施。新使命将内部审计的职责范围从“财政收支、财务收支、经济活动”拓展到了“内部控制与风险管理”，增加了贯彻落实国家重大政策措施情况审计，发展规划、战略决策、重大措施以及年度业务计划执行情况审计，自然资源资产管理和生态环境保护责任的履行情况审计、境外审计等审计内容，强调国有企业应当按照有关规定建立总审计师制度，总审计师协助党组织、董事会（或者主要负责人）管理内部审计工作。

（4）改革内部审计领导体制赋予内部审计的新使命。我国国有企业的党组织是企业的政治核心、领导核心和决策核心。国有企业重大决策必须先由党组织研究提出意见建议，涉及“三重一大”等事项，必须经党组织研究决定后，再由董事会、管理层做决定。因此，国有企业内部审计机构应当在企业党组织、董事会直接领导下，开展日常内部审计工作，并向其负责并报告工作。坚持党对内部审计的全面领导，公司在党组织系统中成立审

① 此部分借鉴及摘引自：秦荣生.现代内部审计学［M］.2版.上海：立信会计出版社，2019.

计委员会，由党组织书记担任审计委员会主任，党组织全面领导内部审计工作，保证和落实国有企业党组织在内部审计工作中的主导作用。

（5）现代科学技术发展赋予内部审计的新使命。数字经济时代已不可阻挡地到来，信息化技术运用得越深入，工作效率与管理水平就越高。这就要求内部审计人员通过互联网了解被审计单位情况，利用大数据技术了解内部控制的有效性，建立更高效的内部审计工作流程，采用现代内部审计技术已成为趋势。内部审计机构要坚持科技强审，向信息化要资源，向大数据要效率，推进内部审计技术现代化。

（6）建设内部审计队伍赋予内部审计的新使命。“打铁必须自身硬”，建设一支政治素质过硬、业务素质精湛的内部审计队伍，对于保障新时代内部审计完成新使命、取得成效而言，尤为重要。内部审计机构和内部审计人员要提高政治站位，认真学习，深入贯彻学习习近平主席关于加强审计干部队伍建设的重要论述，努力建设信念坚定、业务精通、作风务实、清正廉洁的高素质专业化审计干部队伍；聚焦中心任务、强化责任担当、激发改革效能，切实担负起审计监督的责任；应该强化对党和国家重大方针政策落实的跟踪审计；加大对公司发展规划的审计力度；实施公司信息系统安全审计；开拓风险管理审计的新领域；深入介入公司内部控制评价；实行联网实时审计新技术；采用大数据审计方法；实施对区块链技术应用的审计，不断更新内部审计人员的理念和思维，肩负起新时代所赋予内部审计的新使命。

内部审计的本原逻辑与价值回归

第二节　内部审计的定义、职能及作用

一、内部审计的定义

在2001年1月国际内部审计师协会（IIA）发布的《国际内部审计专业实务框架》中，内部审计被定义为：“内部审计是一种独立、客观的确认和咨询活动，旨在增加组织价值和改善组织的运营。它通过应用系统、规范的方法，评价并改善风险管理、控制及治理过程的效果，帮助组织实现其目标。”

2003年6月，中国内部审计协会发布《中国内部审计准则》，其中内部审计的定义是：“内部审计是指组织内部的一种独立、客观的监督和评价活动，它通过审查和评价经营活动及内部控制的适当性、合法性和有效性来促进组织目标的实现。”

美国著名的内部审计学家劳伦斯·B.索耶（Lawance B.Sawyer）曾提到：“内部审计是由内部审计师对组织内不同的运营和控制实施系统、客观评价的活动，其目的是确定：

（1）财务和运营信息是准确的和可靠的；

（2）企业所面临的风险已经被识别和最小化；

（3）外部规章制度和可被接受的内部政策及程序已经被遵循；

（4）达到了令人满意的运营标准；

（5）资源被有效地、经济地加以利用；

（6）有效地实现了组织目标。”

所有这些都是为了提供管理咨询服务和帮助组织的成员更有效地履行他们的治理职

责。劳伦斯·B.索耶一再强调内部审计要向经营活动和管理活动延伸，内部审计应检查、评价各项经济活动的经济性、效率和效果。

《中国内部审计准则》（2013年）规定，内部审计是一种独立、客观的确认和咨询活动，它通过运用系统、规范的方法，审查和评价组织的业务活动、内部控制和风险管理的适当性和有效性，以促进组织完善治理、增加价值和实现目标。

相比之前，该定义增加了内部审计促进被审计单位完善治理的目标。一直以来，我们都强调，内部审计是公司治理的基石，是企业风险管理的第三道防线。内部审计作为公司治理监督制衡机制的重要组成部分，其作用不可缺少。长期以来，我们强调内部审计增值目标的实现，忽视内部审计在一个单位组织架构中的权力制衡功能，将内部审计作用的发挥落在了具体业务流程层面上，忽视在单位治理结构中它所发挥的作用。这会造成内部审计作用范围的局限性与权威性的缺失。内部审计在内部控制与风险管理领域的作用发挥，有利于支撑内部审计推动治理体系的完善。

本书对内部审计的界定，与最新规定一致，即根据《审计署关于内部审计工作的规定》（2018年）："内部审计，是指对本单位及所属单位财政财务收支、经济活动、内部控制、风险管理实施独立、客观的监督、评价和建议，以促进单位完善治理、实现目标的活动。"

该定义与《中国内部审计准则》（2013年）相比，增加了建议功能。这反映出内部审计的本质不仅是监督与评价，更重要的是从服务的角度提供建议，而这种建议的落脚点往往是在内部控制与风险管理体系的完善上。审计不同于一线业务人员，可以直接创造价值，它独立于企业的日常经营业务，是企业风险管理的最后一道防线。内部审计不能仅仅满足于事后的评判，最终的目的应是服务和促进企业的发展。

二、内部审计的职能

职能是由事物本质决定的一种内在功能。随着社会经济的发展、科学技术和人的思维能力的进步，人们对事物本质的认识会进一步深化和延伸。这种认识上的深化和延伸同时也有助于揭示事物的潜在职能，改变事物现在具有的职能，从而使人们更能驾驭事物，并为实现人们的某种目标服务。内部审计职能受内部审计对象的制约，是内部审计本质属性的反映，也是人们对内部审计在客观上发挥的作用的一种抽象认识。一般认为，现代内部审计具有审查与监督、鉴证、评价、确认与服务等职能，如图1-1所示。

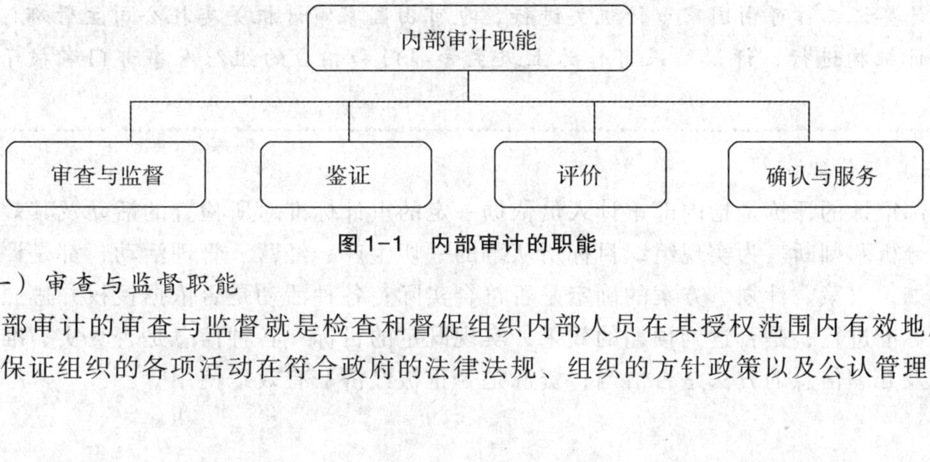

图1-1　内部审计的职能

（一）审查与监督职能

内部审计的审查与监督就是检查和督促组织内部人员在其授权范围内有效地履行职责，以保证组织的各项活动在符合政府的法律法规、组织的方针政策以及公认管理原则的正常轨道上运行。审查与监督职能是内部审计最基本的职能。无论是早期的查错防弊，还是现代的各种检查和评价活动，都蕴含着监督的职能。内部审计的经济监督主要包括以下三个方面的内容：

（1）监督单位各种业务经营活动的合法性和合规性。例如，对单位的生产、供销、分配、计划、决策、人事等活动进行检查，从宏观着眼，从微观入手，督促单位遵守国家政策、方针、法规和制度。

（2）监督单位内部各种经济活动的有效性和经济性。例如，检查单位经济活动是否与经营目标保持一致；检查单位内部各部门人员是否忠于职守，履行其所承担的职责；检查各部门的经济活动是否有较高的效率，是否取得预期的成果，是否厉行节约。

（3）监督经济活动资料的真实性和可靠性。例如，对单位的会计资料进行检查，了解其内容是否真实、可靠，账实是否相符；承包单位完成的责任指标是否真实，有无水分等。

✲请注意✲

必须注意的问题是，内部审计审查职能的履行必须借助于领导的支持，其采取行政命令、明确授权、制定内部审计制度、组织安排等措施，才能保证内部审计审查职能的有效履行！

（二）鉴证职能

内部审计人员对被审计部门或单位的财务状况、财务成果及经济活动加以鉴定和证明，据以提出审计结论。鉴证必须在审查的基础上进行，因此，审查与监督是进行鉴证的前提，鉴证是审查与监督的结果。

内部审计人员通过对公司内部的经济业务及相关活动进行审查，不仅可以及时发现和揭露单位在内部控制与管理方面存在的弊端和薄弱环节，同时还能够对单位内部各部门的生产经营活动绩效的真实性、正确性、效益性做出鉴证，为落实公司管理层的经济责任和在内部各部门贯彻激励与约束机制，刺激落后、鼓励进步，提供客观依据。

知识链接 1-1

我国实行厂长、经理离任审计。国务院颁发的《全民所有制工业企业厂长工作条例》及《中央企业资产损失责任追究暂行办法》等法规规定，公司（企业）厂长、经理离任前，公司主管机关可以提请审计机关对厂长、经理进行经济责任审计评议。这项审计鉴证工作可由国家审计机关进行，也可由国家审计机关委托公司主管部门的内部审计机构进行，评议结果可作为上级主管部门和相应的组织人事部门考核干部的依据。

（三）评价职能

内部审计的评价是指内部审计人员依据一定的审计标准对所检查的活动及其效果进行合理的分析和判断。为实现组织目标所从事的一切生产、经营、管理活动，都是评价的对象。例如，决策、计划、方案的确定是否符合实际；各种活动是否依据授权并遵照既定的程序、标准进行；是否达到预期的效果，实现既定的目标；各种信息是否真实、准确和完整，以及处理信息的方法是否恰当；资源是否正被经济、有效地使用等。

与鉴证职能一样，内部审计的评价职能也是在审查的基础上进行的。内部审计在进行评价时，也同时可做出鉴证；在做出鉴证时，也必须做出评价。所以，鉴证和评价这两个职能是相辅相成、密切联系的。

评价的依据及要求是：必须有一套可以参照的标准和指标体系。这种标准和指标体系要求：足以反映经济活动的主要方面，反映其本质属性，特别是要能够衡量单位经营业绩和经济效益的可信程度；应具有先进性、客观性和可比性，以便通过比较判断，能得出比较切合实际的结论。

✲请注意✲

内部审计人员在进行审计评价时所应遵守的一个原则是：应从宏观着眼，从微观着手，把宏观评测与微观评价相结合，尽可能对相关部门和个人的工作业绩进行公正、客观的评价。例如，不仅要评价其经济效益，还应评价公司生产过程中产生的污染对环境造成的危害，应该以宏观的社会责任履行情况和是否满足社会效益、生态效益标准为依据做出恰当的评价，督促管理层引起重视，并积极加以改进。

（四）确认与服务职能

审计职能从预防性发展到加强管理的建设性，是传统审计发展成现代审计的一个重要标志。内部审计自然也一样。因此，内部审计人员在履行其职责时，不仅可以对单位的经济活动进行制约与控制，而且可以加强管理，促进制度建设。

内部审计要从单位的组织结构、管理体制、经营方针、政策和方法等方面进行审核、分析与评价，揭示经营过程中存在的弊病或薄弱环节，兴利除弊，扬长避短。其目的是要协助单位高层管理者寻找提高财务活动、经营管理活动的效率、效果，提高资源配置经济性的可能途径。内部审计机构和审计人员在单位中相对独立的地位，为其能提出比较全面、中肯、可行的建议提供了有利条件，从而有助于加强公司的全面管理。

✲请注意✲

内部审计人员应该利用其自身在公司内部的相对独立地位和专业特长等一切有利条件，积极提出合理化建议，履行其既是审计监督者又是单位领导参谋这双重角色的义务和责任。

三、内部审计的作用

随着内部审计的发展，内部审计在组织治理、风险管理和内部控制中发挥着越来越重要的作用。明确内部审计在组织治理、风险管理和内部控制中的作用，探索内部审计的作用得以充分体现和发挥的实现途径，是我们更好地开展内部审计工作的前提。本部分分别阐述了内部审计在组织治理、风险管理和内部控制中的作用。

现代组织的规模越来越大，组织结构越来越复杂，对信息技术的依赖程度也空前提高，它们正在朝着知识密集型和数据依赖型发展，在全球各个行业和领域从事着极度专业化和日益复杂的经营。与此同时，超越传统组织框架的战略联盟和虚拟组织开始涌现，预示着信息时代新型组织形式的发展已经显著改变了组织对于组织治理、风险管理和内部控制的需要。当下，大数据时代到来，数据的迅速膨胀决定着组织的未来发展，对人类的数据驾驭能力提出了新的挑战，也为人们获得更为深刻、全面的洞察力提供了前所未有的空间。在这一快速变革的经营环境和组织架构中，内部审计早已成为组织管理者、治理者、外部审计师以及其他利益相关者的重要助手和合作伙伴。

国资监管新规下企业内审角色定位的思考

（一）内部审计在组织治理中的作用

内部审计通过评估和改进组织的治理过程为组织治理做出贡献，树立风险管理与控制的理念，推动组织树立良好的道德观和价值观，保证各利益相关者在组织治理过程中的协调。

1.组织治理概述

“治理”一词起源于希腊文，原意为“控制”，后被古希腊哲学家柏拉图使用了其隐喻性的含义，进而传入拉丁文和其他语言体系。全球治理委员会将治理界定为：“各种公共的或私人的机构管理其共同事务的诸多方法的总和，是使相互冲突的不同利益得以调和，并采取联合行动的持续过程。”从这一定义可见，治理是一个过程，这个过程既包括有权迫使人们服从的正式制度和规则，也包括各种人们同意或符合其利益的非正式制度安排。治理作为一个过程，存在于任何规模的组织中。联合国开发计划署认为，治理的基本要素包括参与和透明、平等和诚信、法制和负责、战略远见和成效、共识和效率。治理的目的包括社会公正、生态可持续性、政治参与、经济有效性和文化多元化。

组织治理或公司治理是被监管者、投资者、注册会计师和董事会经常使用的、含义广泛的概念。经济合作与发展组织将公司治理界定为“涉及公司管理层、董事会、股东和其他利益相关者的一系列关系。公司治理提供的这种结构贯穿于公司的目标设定之中，贯穿于确定达到这些目标的方式中，贯穿于确定业绩监控的方式之中”。澳大利亚证券交易所公司治理委员会将公司治理界定为“指导和管理公司的一种体系。这种体系影响到如何设定公司目标，如何实现公司目标，如何监控并评估风险以及如何优化业绩”。美国证券交易委员会前主席阿瑟·莱维特将公司治理界定为“公司管理层、董事会与它的财务报告系统之间的一种关系”。著名的公司治理专家罗伯特·蒙克斯将公司治理界定为“在决定公司发展方向和业绩的过程中各参与者之间的关系，主要的参与者包括股东、管理层和董事会”。

国际内部审计师协会指出，“治理”一词根据不同的环境、结构、文化背景和法律框架，可以有一系列宽泛的概念。在大多数情况下，治理是一个过程或是一种体系，是动态的进程，而不是静态的规定。进而将治理界定为“董事会实施的各种流程和架构的组合，用以了解、指导、管理和监督组织的活动，目的是促进组织实现目标”。《国际内部审计专业实务框架》界定的治理概念和治理的方法特别强调了董事会在治理中的作用及其治理活动。该协会还指出，治理的框架和要求因组织类型和监管权限的不同而有所不同。例如，上市公司、非营利组织、协会、政府或准政府机构、学术机构、私营公司、委员会、股票交易所等的治理框架和要求就有所差别，组织对有效治理原则的设计与实践，根据组织的规模和复杂程度、组织生命周期和成熟度、组织各利益相关者的结构、法律和文化要求的不同而不同。因此，该协会要求首席审计官在组织采用不同的治理框架或模式的情况下，应当在适当的时候与董事会和高级管理层合作，根据审计目标的不同选择不同的治理原则。

2.内部审计在组织治理中的地位和作用

内部审计是组织治理框架中不可或缺的一部分。内部审计在组织中的独立地位使其能够审查并正式评估组织治理结构设计和运行的有效性。一般而言，内部审计可以对组织治理过程设计和运行的有效性提供独立、客观的评估；内部审计还可以提供咨询服务，为改进治理过程的方式提出建议。在某些情况下，组织还可以要求内部审计人员协助董事会开展治理实务的自我评估。为此，《国际内部审计专业实务框架》要求内部审计人员必须评价并提出适当的改进建议，以改善组织为实现目标进行的治理过程，在组织内部推广适当的道德观和价值观；确保整个组织开展有效的绩效管理，建立有效的问责机制；向组织内部有关方面通报风险和控制信息；协调董事会、外部审计师、内部审计师和管理层之间的工作和信息沟通。

内部审计通过维护组织各利益相关者的利益促进组织治理目标的实现，通过促进组织治理效率的提升为组织增加价值，通过优化组织治理结构提高组织运营效率。

（1）维护组织各利益相关者的利益，促进组织治理目标的实现。

组织治理的目标之一就是协调组织各利益相关者的利益，形成一种相互制衡的机制，以合理处理组织中的各种契约关系，从而促进组织在协调稳定的环境下运营和发展。在这一过程中，组织的各利益相关者都必然要关注组织的运营和发展。但是有些利益相关者可能并不直接参与组织的日常经营管理，由于获取信息的方式、渠道和时间不同，会出现由于信息不对称引发的代理问题，有时可能导致损害某些利益相关者的利益。有效的内部审计通过建立严格的信息质量监督保障体系，可以为组织的各利益相关者提供充分、及时、相关和可靠的信息，为其决策提供信息依据，从而消除信息不对称带来的负面影响，促进组织治理目标的实现。同时，伴随着组织的革命性变革和对组织的重大监管及法律强制规定的出台，组织管理层必须做出有效的反应，包括主动提高管理水平、降低管理风险、实施结构与流程再造，以及承担更大的受托责任。由于内部审计人员可以对这些管理战略和行动的控制进行监督，并评估这些管理和行动的实施效果，因此也被视为帮助改善组织治理、支持关键治理程序以最终实现组织治理目标的最合适的组织治理参与者。

（2）促进组织治理效率的提升，为组织增加价值。

内部审计是一项独立的确认和咨询活动，它不仅能够从组织管理的视角对组织的运营活动进行有效的监督，揭示组织在管理决策、资金运作、成本费用等方面存在的问题并提出改进建议，还可以基于对组织运营情况的审查结果充分发挥其咨询的职能，帮助组织识别和评估经营管理风险，制定科学合理的发展战略，规划组织的日常运作，促进组织的规范管理和高效运营。同时，内部审计还可以通过对组织内各个职能部门的监督和制约减少浪费、杜绝舞弊，或者通过对所有员工的事先警示和事后奖惩机制使其不断改善工作绩效，从而为组织增加价值做出贡献。由此可见，内部审计已经超越其他管理手段成为向组织管理层提供关于效率、效果和节约方面建议的重要智囊。内部审计通过系统化、规范化的方法收集、理解和评价组织运营过程中的信息，为组织的公司治理、风险管理和内部控制提供确认服务，同时通过实施内部控制培训、业务流程审核、标杆管理以及绩效测评设计为组织提供咨询服务。

（3）优化组织治理结构，提高组织运营效率。

内部审计是公司治理的重要组成部分。健全的内部审计机构和有效的内部审计活动对于保证良好的组织治理是至关重要的。组织是一组关系契约的结合体，在这一契约下，组织结合并拥有了各利益相关者让渡的资源，包括物质资本和非物质资本，形成组织的法人财产并据此在市场中运行，各利益相关者在组织治理的框架下承担责任的同时分享权力和利益。内部审计机构是一个组织内部为检查、评价其经营活动和为其所在组织服务而建立的，具有独立性和权威性的内部审计就是为组织治理提供的一种良好的监控手段。有效的组织治理需要良好的组织治理结构，而治理层、管理层、内部审计和外部审计是确保良好的组织治理所必需的几个基本要素。由独立的内部审计对经营和管理情况进行持续不断的评估和监控，并定期向独立于管理层的组织治理层进行报告，不仅可以优化组织治理层对管理层的监督，更可以进一步优化组织的治理结构，提高组织的运营效率。

3. 提升内部审计在组织治理中地位的途径

现代内部审计在过去几十年的发展历程已经很清楚地说明了其为组织增加价值、实现组织治理目标的基本职能，也体现出内部审计机构对组织自身及其各利益相关者都承担了很多的责任。通过对组织，特别是对董事会下属的审计委员会以及管理层提供有效的确认和咨询服务，内部审计机构对改善组织治理产生了有利的影响。经过内部审计机构确认的信息有利于组织内部和外部的决策，从而优化了稀缺的组织资源和经济资源的配置和管理。

内部审计机构在制订审计计划时，应当考虑组织的所有治理过程，特别是具有高风险的治理过程，因为这些也是董事会和高级管理层关注的重点。内部审计计划应当界定所开展工作的性质，界定所要关注的治理过程，界定所要进行的评估的性质。例如，宏观上要考虑整个治理框架，微观上要考虑特定的风险、流程或活动，在某些时候二者都要考虑。在存在已知控制问题或治理过程不完善的情况下，内部审计机构负责人通常用咨询服务替代正式评估，以改进控制或治理过程。内部审计机构在对组织治理过程进行评估时，很可能要以长期以来从内部审计工作中获取的信息为基础。

为确保内部审计在组织治理中的作用能够得到充分的发挥，就必须提升内部审计机构在组织中的地位，确保其独立性和权威性。在监管机构、职业组织和企业共同推动下实行的审计委员会制度，已经成为确保内部审计组织地位的重要机制。审计委员会是董事会下设的专门委员会，主要由非执行董事组成，其目的在于监督组织的信息系统、财务报告、内部控制与内部审计。实践表明，设立审计委员会是健全组织治理结构的一种有效途径，其是联结董事会与外部监管机构、内部审计与外部审计的桥梁。内部审计机构直接隶属于审计委员会，确保了内部审计在组织中的权威性和独立性。内部审计人员直接向审计委员会报告审计结果，提高了内部审计报告流程的效率和效果。

内部审计机构还是有助于审计委员会履行职责的一座重要“桥梁”。内部审计人员能够帮助审计委员会获得对组织的风险和控制以及组织财务信息可靠性的理解。审计委员会还可以利用内部审计人员的工作及报告对外部审计人员的工作加以补充。因此，审计委员会应该至少每年审查一次内部审计人员的审计范围和效率，以及内部审计机构实现其目标的能力。为了拥有一个有效的内部审计机构，内部审计人员必须直接与审计委员会有关人员进行交流和沟通。为了监督内部审计人员的其他行为，审计委员会还需要定期审查组织的内部审计章程，监督内部审计人员的流动情况，审查内部审计机构的预算，审查内部审计活动的计划及其随后的变更，监督内部、外部审计人员审计工作的合作情况，审查内部审计报告及管理层根据审计报告所做的改进。

（二）内部审计在风险管理中的作用

风险管理对于组织发展的重要性已经越来越为人们所认识。全面风险管理框架的优势已被企业充分认识并日益得到普及。内部审计通过其确认和咨询作用，利用各种方式协助企业实现全面风险管理，引导企业发现自身优势和机会、优化决策和改进绩效。

1.风险管理概述

近年来频繁发生的企业破产和财务舞弊事件，引起了人们对企业风险管理的日益关注。安然的信用“坍塌”、世通的丑闻、2008年的金融危机、英国石油公司在墨西哥湾的漏油事件以及欧洲的债务危机等使组织和社会有关各界受到很大影响，成为亟须加强组织全面风险管理、提高风险管理有效性的有力证据。风险管理对于维持企业生产经营的稳定性、提高企业的经营效益和树立良好的企业形象具有重要意义。有效的风险管理可以使企业充分了解自己所面临的风险及其性质和严重程度，及时采取措施避免或减少风险损失，或者当风险损失发生时能够得到及时补偿，从而保证企业持续运营并迅速恢复正常的生产经营活动。有效的风险管理可以降低企业的费用，从而间接增加企业的经济效益；增强企业扩展业务的信心，提高领导层经营管理决策的正确性，从而降低企业现金流量的波动性；有效的风险管理还有助于创造一个安全稳定的生产经营环境，激发劳动者的积极性和创造性，为企业更好地履行社会责任创造条件，帮助企业树立良好的社会形象。

2004年9月，美国反虚假财务报告委员会下属的发起人委员会（以下简称“COSO委员会”）发布了名为《企业风险管理——整合框架》的报告。该报告指出，企业风险管理是由一个企业的董事会、管理层和其他人员实施的，应用于战略制定并贯穿于企业之中，旨在识别可能会影响企业的潜在事项的过程。根据COSO委员会的观点，企业风险管理是过程，它不是静止不动的，而是贯穿于企业各种活动的持续的过程，并渗透和潜藏于管理层经营企业的方式之中。风险管理是通过企业中的人以及他们的言行来完成的。人制定企业的使命、战略和目标，并使企业风险管理机制得以落实，同时企业风险管理机制又反过来制约和影响人的行为。企业根据其设定的使命或愿景制定战略目标，根据战略目标确定具体的战略和流程。有效风险管理要求管理层全面考虑与备选战略相关的风险以及企业各个层级的活动，对风险采取组合的观念以便确定整体风险是否与它的风险容量相称。风险容量是一个企业在追求价值的过程中所愿意承受的广泛意义上的风险数量，风险管理可以帮助管理层选择一个使期望的价值创造与风险容量相协调的战略。设计和运行良好的风险管理活动能够为企业实现其战略目标提供合理的保证。

COSO委员会认为，在企业既定的使命或愿景范围内，管理层制定战略目标、选择战略，并将目标在企业内自上而下进行分解和挂钩。为此，企业风险管理框架要力求体现企业以下四类目标：（1）战略目标，即企业高层次的目标，与使命相关联并对其进行支持；（2）经营目标，即有效果和有效率地利用资源；（3）报告目标，即报告的可靠性；（4）合规目标，即遵守适用的法律和法规。企业风险管理框架立足于企业实际经营活动，其理念和做法更容易被企业的董事会、管理层和相关人员接受和采纳。企业风险管理框架将目标体系向上延伸到战略目标，使三个具体目标与战略目标得到整合，并共同构成了内涵一致、逻辑清晰的金字塔式的目标体系，同时也明确了三个具体目标与战略目标之间的关系。企业风险管理框架代表着企业风险意识的日益增强和积极主动应对风险的管理理念，同时也体现了对风险进行组合管理的观点，即对所有风险进行综合识别、评估和应对，减少经营偏差及相关成本和损失，同时抓住各种有利的机会，及时调整策略以实现战略目标。

2.内部审计在风险管理中的确认和咨询作用

建立企业风险管理框架有利于组织管理风险从而帮助组织实现目标，例如为实现组织目标提供更大的可能性，向董事会综合报告不同的风险，提高对主要风险及其广泛影响的认识，识别和分摊跨业务的风险，对重要事项集中进行管理，减少意外或危机，在组织内部更加关注用正确的方法做正确的事情，对将要采取的行动增加变更的可能性，具备为获取更高的回报而承担更大风险的能力，以及更好的风险承受能力和正确决策能力等。内部审计通过履行确认和咨询的职能，可以利用各种方式协助组织进行风险识别、评估和应对活动，对组织风险管理的有效性进行确认并提出各种改进建议，帮助组织实现风险管理目标。

国际内部审计师协会在2003年发布的立场公告《内部审计在企业全面风险管理中的作用》中使用图1-2说明了内部审计在企业全面风险管理中的作用。该图列举了企业全面风险管理活动的范围，指出有效的专业内部审计应当和不应当（同样重要）承担的职能。

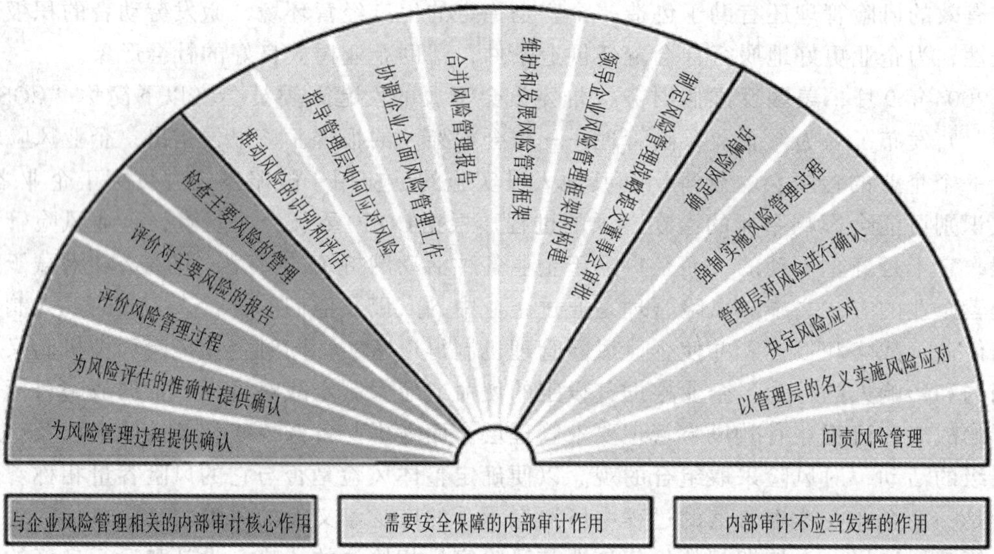

图1-2　内部审计在企业全面风险管理中的作用

图1-2的左侧列示了内部审计的所有确认活动，即与企业风险管理相关的内部审计核心作用。这些活动从侧面为风险管理提供了更加客观的确认。该立场公告明确指出，遵循《国际内部审计专业实务框架》的内部审计人员能够并应当至少执行其中的某些职能。

除了这些内部审计核心作用之外，确定内部审计的作用时需要考虑的主要因素是：该活动是否对内部审计机构的独立性和客观性产生威胁，是否能改进组织的风险管理、控制和治理过程。

图1-2的中间部分列示了需要进行安全保障的内部审计作用。在满足某些条件时，内部审计可能拓展其对企业的全面风险管理。这些安全措施应当包括明确管理层对风险管理的职责，将内部审计机构和人员的职责写入内部审计章程并由审计委员会审批通过，内部

审计机构和人员不应代表管理层管理任何风险，内部审计机构和人员应当提供建议，并支持管理层做出决定，而不是他们自行做出风险管理的决定。内部审计机构不能同时为其所负责的风险管理框架的任何一部分提供确认，这种确认服务应当由其他适当的、被授权的人员提供。确认活动之外的任何工作都应当被视为咨询，应当遵循与此工作相关的实施标准。

图1-2的右侧列示了内部审计不应当承担的六项职能，除非在极为特殊的情形下，例如在一家非常小的组织中。因为诸如确定风险偏好、强制实施风险管理过程以及决定风险应对等都是组织管理层的职责。

（1）内部审计在风险管理中的确认作用

董事会或组织中同类机构的主要诉求之一就是确保组织的风险管理过程有效且主要的风险能够被控制在可以接受的水平。对组织风险管理活动的确认有着不同的渠道，其中来自管理层的确认是最基本的，应当与客观的确认相结合，而内部审计正是客观确认的主要来源，其他来源还包括外部审计和独立的专家检查。

通常内部审计可以对以下三个方面提供确认：①风险管理过程，包括其设计和运行情况；②对主要风险进行管理的措施和效果，包括控制的效果和其他应对措施；③可靠、适当的风险评估及对风险和控制情况的报告。

内部审计是一种独立的确认和咨询活动，其与组织风险管理相关的核心功能就是为董事会提供关于风险管理效果的客观确认。有研究表明，董事会成员和内部审计人员都认为，内部审计为组织增加价值的两种最重要的方式是为主要业务风险已经得到适当管理层的关注提供客观的确认，以及为风险管理和内部控制框架正被有效地运作提供客观的确认。与组织风险管理相关的内部审计的核心作用体现在内部审计为风险管理提供了更加客观的确认，诸如为风险管理过程提供确认、为风险评估的准确性提供确认、评估风险管理过程、评价对主要风险的报告，以及检查管理层对主要风险的管理等。

内部审计人员需要获取足够和适当的证据以确认组织风险管理过程的主要目标是否实现，并依次形成关于组织风险管理过程是否适当的意见。在收集此类证据的过程中，内部审计人员应当考虑实施下列审计程序：研究、检查与组织开展的业务有关的当前情况、发展趋势、行业信息以及其他恰当的信息资源，确定是否存在可能影响组织的风险，以及用以解决、监督与再评估这些风险的相关控制程序；检查组织政策和董事会会议记录以确定组织的经营战略、风险管理理念和方法、风险偏好以及风险接受水平；检查管理层、内部审计人员、外部审计师以及其他有关方面以前公布的风险评估报告；与行政经理和业务部门经理交谈，确定业务部门的目标、相关的风险以及管理层开展的降低风险的活动、控制和监督活动；收集信息以独立评估风险降低、监督、风险报告和相关控制活动的有效性；评估针对风险监督活动所建立的报告关系的恰当性；评估风险管理结果的适当性和及时性；评估管理层的风险分析是否全面；评估为纠正风险管理过程中发现的问题而采取的措施和提出的改进建议的完整性；确定管理层的自我评估过程的有效性，可以通过实地观察、直接测试控制和监督程序来测试监督活动所用信息的准确性以及以其他恰当的技术方式来进行；评估与风险相关、可能说明风险管理实务中存在薄弱环节的问题，在适当情况下，与高级管理层和董事会有关人员进行讨论。

（2）内部审计在风险管理中的咨询作用

内部审计对组织风险管理的咨询工作的深入程度取决于其他资源，包括董事会所能够获取的内部和外部的资源，还取决于组织的风险成熟度，并且可能会随时间而变化。内部审计机构和内部审计人员在关注和考虑风险、识别和了解风险、确定风险与治理之间的联系等方面具有专长，意味着内部审计机构和内部审计人员，特别是在组织引入风险管理理念的早期，完全有能力成为组织风险管理的重要推动者。随着组织风险成熟度的提高和风险管理在业务操作中的不断深入，内部审计对组织风险管理的推动作用可能会减弱。如果组织雇用了风险管理专家或专业机构提供相关服务，则内部审计更可能通过专注于其确认职能和作用，而不是更多地开展咨询活动，为组织带来价值增值。

内部审计可以发挥其咨询职能的风险管理领域包括：推动风险的识别和评估，指导管理层如何应对风险，协调组织的风险管理活动，合并风险管理报告，维护和发展风险管理框架，倡导组织树立风险管理的理念，以及制定风险管理战略提交董事会审批等。内部审计机构在该领域可以承担的一些具体的咨询活动主要包括：将内部审计分析风险和控制所用的工具与技术提供给管理层；作为将风险管理思想引入组织的倡导者，充分发挥其在风险管理和控制方面的专业知识及对组织的总体认知方面的优势；提供建议，推动专题讨论会，指导组织风险的控制，促进共同认知、框架和理解的建立；作为协调、监督和报告风险的中心；协助管理者确定降低风险的最佳方式。

内部审计在组织风险管理中的确认和咨询作用是否得到有效发挥，取决于内部审计人员是否承担了管理层对组织风险管理应当承担的责任。在组织风险管理活动中，只要内部审计没有实施风险管理，只要高级管理层积极认可和支持组织的风险管理活动，内部审计机构就可以提供咨询服务，并且内部审计机构和人员无论何时都应当致力于帮助管理层建立或改进其风险管理过程。

由于不同的组织实施风险管理的方法存在很大的区别，根据业务活动的规模和复杂性，组织的风险管理过程可能是正式的，也可能是非正式的；可能是定量的，也可能是定性的；可能是分散在各个职能部门的，也可能是集中在组织整体层面的。同时，组织所建立的风险管理过程是以该组织的文化、管理风格和业务目标为依据的。例如，组织如果利用金融衍生工具或其他复杂的资本市场产品，就必须使用定量的风险管理工具；相反，规模较小、业务和管理层级不太复杂的组织可以通过非正式的风险委员会讨论组织的风险事宜，并定期开展评估活动。

内部审计人员和组织负责风险管理的人员通常会共享某些知识、技能和价值。例如，他们都了解组织治理的要求，都具有项目管理、分析和推进的技巧，都重视良好的风险平衡而不仅仅是极端地承担或者逃避风险。然而，负责风险管理的人员只为组织的管理层服务，不必像审计委员会或组织中的类似机构那样提供独立和客观的确认服务。内部审计人员在介入组织风险管理活动时，不应该低估负责风险管理人员的专业知识储备量，例如风险转移与风险量化和建模技术，而这些知识对于大部分内部审计人员而言，可能还是比较陌生的。内部审计人员如果不能证明自己拥有适当的技能和知识，就不应当承担风险管理领域的相关工作。另外，如果内部审计人员没有充分的技能和知识可以利用，也无法从其他地方获取，内部审计机构就不应当提供此领域的咨询服务。

（三）内部审计在内部控制中的作用

随着组织规模的日益扩大和管理层级的日趋复杂，内部控制对于组织良好运行的作用变得越来越不可替代。但是，内部控制毕竟只是一些具体的政策和程序，是由人制定并执行的，要想让这些具体的政策和程序能够真正发挥应有的作用，对从其设计到运行的整个过程实施持续的监控至关重要。在组织的众多职能中，内部审计依靠其固有的独立性和客观性，必然要承担对内部控制进行监控的职能。

1.内部控制概述

内部控制思想有着十分久远的历史。内部控制最早可以追溯到苏美尔文明早期的内部牵制制度，实际上只要有人类群体的活动就会有控制系统的存在，只是各种社会形态下知识形态的繁简和运用的策略或技术水平各不相同而已。我们现在熟知的“control”一词直至17世纪才被正式提出。1600年左右，一本英文词典第一次列出了“control”一词，并将其定义为“一本账的副本，具有与其相同的品质和内容”。该词是从拉丁语“contrarotulus”派生而来的，其中“contra”意为“对比”，“rotulus”意为“宗卷”。著名学者塞缪尔·约翰逊将其定义为由一个职员保管的登记簿或账册，可由他人逐项检查。这是因为自15世纪开始，资本主义得到初步发展，复式簿记方法的出现推动了企业管理的发展，其以账目间的相互核对为主要内容，实施职能分离的内部牵制制度开始得到广泛的应用。对“control”一词的最初解释就是对内部牵制制度雏形的最好描述。继内部牵制制度之后，内部控制又经历了内部控制制度和内部控制结构的发展阶段。

随着社会经济环境的发展和企业经营管理环境的变化，人们对内部控制的认知也在逐步深化，对内部控制的定位必然是一个不断完善和不断发展的过程。1992年，COSO委员会发布了名为《内部控制——整合框架》的报告，通称COSO报告。该报告提出了“内部控制整合框架”的概念，不仅进一步延续和完善了内部控制的结构和体系，更试图整合人们对内部控制的不同理解，构造一个具有共识性的内部控制概念平台和框架。COSO报告中对内部控制的定位是：“内部控制是一个过程，是企业经营管理活动的一部分，与经营过程结合在一起使经营达到预期的效果，并监督企业经营活动的持续进行。”

在此基础上，COSO委员会又于2004年发布了新的COSO报告，进一步扩展了内部控制的范围，并以一个更广阔的视角，提出了一个内容更加宽泛的、层次更高的、建立在风险管理层面上的内部控制框架，即《企业风险管理——整合框架》。这标志着内部控制的发展已经进入风险管理整合框架阶段。2004年的COSO报告中对内部控制的定位是：“内部控制是企业风险管理的一个组成部分，企业风险管理是企业管理过程的一个组成部分，整个企业风险管理框架更像是一个扩大化的内部控制过程。”由此可见，COSO委员会将内部控制定位为一种管理工具，它是不能取代管理本身的。

2013年5月，COSO委员会发布了修订的《内部控制——整合框架》报告，保留了内部控制和内部控制五要素的核心概念界定，以及原来报告中已经被证明非常实用的内容。新的COSO报告继续强调了在评价内部控制系统有效性时需考虑五项内部控制要素的要求，也继续强调了在设计、运行和实施内部控制以及评价内部控制系统有效性时管理层做出判断的重要性。与此同时，新的COSO报告还包括了一些有助于其应用的改进和说明。最重要的改进之一是将原框架中引进的一些与内部控制五要素相关的关键性概念正式列为基本原则，为使用者在设计和运行内部控制系统及理解有效内部控制要求方面提供便利。

新的内部控制框架的另一大改进体现在，将目标中的财务报告类型扩展为诸如非财务和内部报告等其他的重要报告形式。同时，新的框架反映了对组织及其所面临的经营环境的众多变化的考虑，包括对政府监管的期望、市场和经营的全球化、经营的变化和更明显的复杂性、对法律法规以及标准准则的要求和复杂化、对胜任能力和受托责任的期望、对飞速发展的技术的运用和依赖，以及与防范和发现舞弊相关的期望等。

COSO报告和美国颁布的《萨班斯-奥克斯利法案》对世界范围内许多国家企业的内部控制产生了巨大的影响，我国内部控制的发展也以此为契机进入创新发展的崭新阶段。2006年6月，国资委发布了《中央企业全面风险管理指引》；7月15日，由财政部发起成立了企业内部控制标准委员会，上交所和深交所分别在7月和9月发布了《证券交易所上市公司内部控制指引》。2008年6月，财政部、证监会、审计署、银监会、保监会五部委在北京联合召开企业内部控制基本规范发布会，暨首届企业内部控制高层论坛，发布了《企业内部控制基本规范》。2010年4月，五部委又发布了《企业内部控制应用指引第1号——组织架构》等18项应用指引、《企业内部控制评价指引》和《企业内部控制审计指引》。《企业内部控制基本规范》和配套指引共同构成了我国的内部控制规范体系，这是全面提升上市公司和非上市大中型企业经营管理水平的重要举措，也是我国应对国际金融危机的重要制度安排。

企业内部控制标准委员会成立的目标是建立一套以防范风险和控制舞弊为中心，以控制标准和评价标准为主体，结构合理、内容完整、方法科学的内部控制标准体系，推动企业完善治理结构和内部约束机制。《企业内部控制基本规范》在总体结构上选择“1+X”模式，即在《企业内部控制基本规范》的基础上按照主要经济业务类型分别制定内部控制应用指引。《企业内部控制基本规范》将内部控制界定为“由企业董事会、监事会、经理层和全体员工实施的，旨在实现控制目标的过程”。内部控制这一内涵的界定基本上参考了COSO委员会的《内部控制——整合框架》，也借鉴和吸收了COSO委员会《企业风险管理——整合框架》对内部控制内涵的界定。

《企业内部控制基本规范》将内部控制的目标确定为：“合理保证企业经济管理合法合规，资产安全，财务报告及相关信息真实完整，提高经营效率和效果，促进企业实现发展战略。”《企业内部控制基本规范》确定的这五个层层递进的内部控制目标是对COSO内部控制框架和风险管理框架的目标体系进行整合的结果，其提出了一个较为全面的内部控制目标体系。

《企业内部控制基本规范》确立了企业建立与实施内部控制应当遵循的基本原则，包括：全面性原则，即内部控制应当贯穿决策、执行和监督全过程，覆盖企业及其所属单位的各种业务和事项；重要性原则，即内部控制应当在全面控制的基础上关注重要业务事项和高风险领域；制衡性原则，即内部控制应当在治理结构、机构设置及权责分配、业务流程等方面相互制约、相互监督，同时兼顾运营效率；适应性原则，即内部控制应当与企业经营规模、业务范围、竞争状况和风险水平等相适应，并随着情况的变化及时加以调整；成本效益原则，即内部控制应当权衡实施成本与预期收益，以适当的成本实现有效控制。

2. 内部审计在内部控制中的地位和作用

在组织内部，内部审计与内部控制历来就是密不可分的，内部审计是内部控制的重要组成部分，内部控制则是内部审计的监控对象。

（1）内部审计在内部控制中的地位

现代组织的内部控制并不仅仅是一些控制政策和程序，也不只表现为一些控制措施和活动，内部控制是一个整合的系统、一个完整的体系。《企业内部控制基本规范》提出的内部控制构成要素包括：①内部环境，即企业实施内部控制的基础，一般包括治理结构、机构设置及权责分配、内部审计、人力资源政策、企业文化等。②风险评估，即企业及时识别、系统分析经营活动中与实现内部控制目标相关的风险，合理确定风险应对策略；风险评估又具体分为风险识别、风险分析和风险应对三个方面。③控制活动，即企业根据风险评估结果，采用相应的控制措施将风险控制在可承受范围之内。④信息与沟通，即企业及时、准确地收集、传递与内部控制相关的信息，确保信息在企业内部、企业与外部之间进行有效沟通。⑤内部监督，即企业对内部控制建立与实施情况进行监督检查，评价内部控制的有效性，发现内部控制缺陷后，应当及时加以改进。

在内部控制的构成要素中，内部监督是重要的、不可或缺的组成部分，不论是组织内部控制环境的营造，还是风险评估和控制活动的规划和执行，抑或是信息与沟通系统的优化，都需要在持续的有效监督下才能得到有序和高效的运行。首先，内部监督机制具有事先的警示效应，组织中各级执行内部控制的人员在知晓存在监督机制的前提下都会更加积极主动地贯彻内部控制的具体措施；其次，内部监督机制在组织实施内部控制重要活动时可以进行实时的监控，发现问题及时解决；最后，内部监督机制还可以定期对组织的内部控制规划和运行情况进行系统性审查，在向外部监管机构和社会公众以及组织治理层和管理层进行及时报告的同时，增强对组织内部控制的信赖，实现对组织内部控制的持续改进。

内部审计的本质属性就是独立客观地提供确认和咨询，其独立于组织其他部门的地位和提供确认与咨询的职能定位，决定了内部审计是承担内部控制中重要构成要素的内部监督职责的最佳角色。建立完善的内部审计机构的组织可以向外界展示拥有良好的内部控制的形象，在组织内部则更有利于内部控制环境的营造，并做到身体力行和以身作则，对内部控制在组织内部的有效运行发挥行动示范效应。内部审计机构通过参与组织的风险评估、控制活动和信息与沟通系统的规划和设计，充分发挥内部审计人员在这些领域的专业知识和技能，促进组织内部控制各构成要素的不断完善。内部审计机构通过实施内部控制审计，可以及时发现组织内部控制在设计和执行过程中存在的各种缺陷和问题，并向组织治理层和管理层提出切实可行的改进建议，协助相关管理层对存在缺陷的内部控制进行修复，持续保持组织内部控制的先进性和有效性。

（2）内部审计在内部控制中的作用

为使内部审计作为内部控制的重要内部监督机制的作用得以充分发挥，内部控制必须作为内部审计的主要监控和审查对象。《企业内部控制基本规范》对内部控制的评价也提出了原则性的要求，即企业应当结合内部监督情况，定期对内部控制的有效性进行自我评价，出具内部控制自我评价报告。内部控制自我评价的方式、范围、程序和频率，由企业根据经营业务调整、经营环境变化、业务发展状况、实际风险水平等自行确定。企业应当以书面或者其他适当的形式，妥善保存内部控制建立与实施过程中的相关记录或者资料，确保内部控制建立与实施过程的可验证性。除了接受企业委托的从事内部控制审计的会计师事务所对企业的内部控制的有效性进行审计并出具审计报告之外，内部审计机构必须将内部控制作为其审计对象实施定期的审查，同时也要将内部控制运行情况作为其日常审计监督的关注点。内部审计机构开展内部控制审计具有以下两个方面的重要作用：

第一，有利于实现内部控制目标。内部控制是为了促进组织目标的实现而营造的控制环境和采取的具体控制政策及程序，内部控制本身并不是目的，实现组织目标才是目的，内部控制只是实现组织目标的手段。组织需要实现的目标主要包括：开展经营活动或进行组织运作的战略目标，保护资产安全和完整的目标，遵循法律法规和避免违法行为的目标，确保信息真实性和可靠性的目标，以及对有限的资源进行合理配置以最大限度地提高经营效率和效果的目标等。

任何组织都会面临资源的稀缺，如何有效地对资源进行合理的配置以实现对资源的高效利用是确保组织长远发展的重要目标。组织的经营和运作目标关系到建立组织的根本。组织的各项资产是组织进行生产经营活动所必需的资源，资产的安全和完整关系到组织的生存和发展。信息的真实性和可靠性决定着组织内外部决策者的决策准确性、科学性和合理性。遵循法律和法规是各类组织的首要义务和责任，是组织长期发展和持续经营的基础；组织内部的规章制度也是约束组织内部人员的基本规范，是组织正常稳定发展的必要条件。为了保证这些组织目标的实现，组织必须建立各种控制政策和程序，如果这些政策和程序健全、适当并能够得到持续有效运行，就能够为组织目标的实现提供合理的保证。为此，内部审计机构实施内部控制审计时，就需要密切关注组织内部控制在设计和执行层面是否有效地实现了上述控制目标。

第二，可以为组织目标实现提供一定的保证。某种意义上说，内部机制的目标与组织的目标是一致的。内部审计机构实施的内部控制审计是对组织内部控制设计与运行的有效性进行审查和评价的活动。内部审计机构对组织的内部控制实施审计是为了保证内部控制能够促进组织目标的实现，同时内部控制审计的实施还有利于组织实现多项目标。这就要求内部审计机构和人员充分了解组织的内部控制，并对组织的各项内部控制实施充分的测试和评价，在此基础上形成对组织内部控制状况的整体意见，从而提出改进内部控制的具体建议，确保组织内部控制各项目标的最终实现。

综上所述，组织治理、风险管理和内部控制之间存在着密不可分、水乳交融的联系。有效的组织治理活动在设定战略时必须考虑风险，风险管理是组织治理的重要内容；良好的风险管理活动必须依赖于有效的组织治理，例如高层基调、风险偏好和容忍度、风险文化，以及对风险管理的监督等。与此同时，有效的组织治理也有赖于内部控制以及就内部控制有效性与董事会所进行的沟通；良好的内部控制同样也依存于有效的组织治理，例如治理层和管理层对内部控制及其重要性的认识、态度和行动示范，治理结构和权责划分，以及对内部控制的监控等。风险管理与内部控制也是相互关联的，内部控制就是组织管理层、董事会及相关人员为管理风险、增加实现既定目标的可能性而采取的各种行动，对风险的控制就是内部控制的核心内容。有鉴于此，内部审计机构在规划内部审计活动时，必须充分考虑其与组织治理、风险管理和内部控制的关系。通过内部审计活动，应当确保组织的治理过程涵盖防范或发现对实现组织的战略、目标和目的、运营效率和效果、财务报告或遵循适用的法律和法规等方面可能产生的负面影响的控制措施。

同步思考1-2

内部审计在现代企业中发挥哪些作用？

（1）监控作用

监控就是促进组织内部各管理层级行为的合法性、合规性，促进组织各项规章制度和各项计划的落实和有效执行，并对执行中存在的问题进行揭示和查处，监督被审计对象进行整改和落实，以保证组织各项活动处于良性循环的活动。

（2）咨询作用

在对本单位的程序、风险及战略有了全面了解的基础上，内部审计就可以开展有关的咨询活动，起到咨询作用。

（3）风险预警作用

内部审计应更多地参与面向未来的规划和决策工作，对企业经营风险发生的可能性进行时时关注。这些风险包括公司经营现状带来的风险和计划规划、发展战略所带来的潜在风险。

（4）信息鉴证作用

内部审计机构要揭示经营管理中存在的问题和经济效益的真实情况及风险，从某种程度上为领导正确决策提供经过鉴证的可靠信息和依据，通过审计为公司的经营决策及发展战略提出审计意见和建议。

第三节 内部审计的特征

一、内部审计与外部审计的比较

按审计主体的不同，可将审计分为内部审计、国家审计与社会审计。内部审计是指由单位内部审计机构或专职审计人员实施的审计，其主体是内部审计机构或专职审计人员。外部审计包括国家审计和社会审计。国家审计是指由国家审计机关所实施的审计，其主体是审计署以及各省、市、自治区、县设立的审计机关。社会审计是指经政府有关部门审核批准的社会中介机构进行的审计，其主体是注册会计师。内部审计与国家审计、社会审计都是我国审计组织体系的组成部分，三者特征突出，自成体系，各司其职。它们的不同之处有以下几点：

1.审计性质不同

内部审计属于内部审计机构或专职审计人员履行的内部审计监督，只对本单位负责；外部审计则是由独立的外部机构以第三者身份提供的监督、鉴证活动，对政府有关部门、企业主管部门和社会公众负责。

2.审计的强制性不同

国家审计属于行政监督，具有强制性；社会审计属于社会监督，国家法律只能规定哪些企业必须由社会审计组织查账验证，而被审计企业与社会审计组织之间则是双向自愿选择的关系；内部审计是单位的自我监督。

3.审计权限不同

国家审计代表国家利益，其对被审计单位的违法违纪问题既有审查权，也有处理权；社会审计只能对委托人指定的被审计单位的有关经济活动进行审查、鉴证；内部审计有审查处理权，但其内向服务性决定了其强制性和独立性较国家审计弱，其审查结论也没有社会审计的权威性高。

4.审计独立性不同

国家审计是由审计机关实施的，独立于企业之外；社会审计更强调形式上和实质上超然独立于企业之外，因而独立性最强；内部审计在组织、经济等方面都受到本单位的制约，只是相对独立于企业内部的其他部门，与国家审计和社会审计相比，其独立性最差。

5.依据的审计准则不同

国家审计所依据的准则是审计署制定的国家审计准则；社会审计依据的审计准则是中国注册会计师协会制定的独立审计准则；内部审计所依据的则是中国内部审计协会制定的内部审计准则。

6.审计方式不同

国家审计是根据法律法规的规定或上级指令进行的；社会审计则大多是受委托实行的；内部审计是根据本单位管理工作的需要自行安排的，具有一定的灵活性。

7.审计的主体不同

国家审计的主体是审计署以及各省、市、自治区、县设立的审计机关；社会审计的主体是会计师事务所或注册会计师；内部审计的主体是单位内部设立的内部审计机构或专职审计人员。

8.审计对象不同

国家审计的对象以各级政府、事业单位及大型企业的财政、财务收支及资金运作情况为主；社会审计对象则包括一切营利及非营利单位的财务收支和经济活动；内部审计的对象是本单位及所属单位的财务收支和经济活动。

9.审计范围不同

内部审计的工作范围涵盖单位管理流程的所有方面，包括风险管理、控制和治理过程等；国家审计和社会审计则主要集中在企业的资金循环、财务流程及与会计信息有关的内部控制方面。

10.审计方法不同

内部审计的方法多种多样，在审计实务中应结合组织的具体情况，采取各种不同的方法，也可以采用外审的一些方法；国家审计和社会审计侧重于报表审计方法。

11.服务对象不同

内部审计的服务对象是单位负责人；国家审计和社会审计的服务对象是国家权力机关和各利益相关者。

12.审计报告的形式不同

内部审计可以根据需要采用非标准格式的报告，形式多样；社会审计基本采用的是标准格式的简式报告；国家审计与内部审计类似，可以采用形式多样的审计报告。

13.审计报告的作用不同

国家审计除涉及商业秘密或其他不宜公开的内容外，审计结果要对外公示；社会审计报告则要向外界公开，对投资者、债权人及社会公众负责，具有社会鉴证的作用；内部审计报告只能作为本单位进行经营管理的参考，为领导决策提供服务，对外不起鉴证作用，不能对外界公开。

14.审计时效不同

内部审计根据本单位的计划或安排可随时开展工作，并对某项经济活动进行事前、事中、事后的监督和控制；国家审计和社会审计则大多是事后进行监督和鉴证。

内部审计机构同国家审计机关和社会审计组织共同构成我国的审计组织体系。国家审计机关依法对各级政府及其部门的财政财务收支及公共资金的收支运用情况进行审计；内部审计组织则验证并报告本部门、本单位的财务收支和经营管理活动；注册会计师接受委托对客户开展报表审计和会计咨询业务。三者既相互联系，又各自独立、各司其职，泾渭分明地在不同领域开展审计工作。它们各有特点，相互不可替代，不存在主导与服从的关系。

二、内部审计与管理评审的比较

管理评审的主要内容是组织的最高管理者就管理体系的现状、适宜性、充分性和有效性以及方针和目标的贯彻落实及实现情况组织进行的综合评价活动，其目的就是通过这种评价活动来总结管理体系的业绩，并从当前业绩上找出与预期目标的差距，同时还应考虑任何可能改进的机会，并在研究分析的基础上，对组织在市场中所处地位及竞争对手的业绩予以评价，从而找出自身的改进方向。

管理评审是因为外部环境变化、新的客户增加、内部组织机构发生变动等情况进行的评审，目的是评审质量体系是否满足变化的要求。这种评审随着经济发展，在目前的市场中也被越来越多的公司所采用。管理评审与内部审计的确存在工作内容上的重叠，但二者存在着一个明显的区别：内部审计的本质是现场审核，由内部审计人员进行，进而得出审核内容符合或不符合组织体系要求的证据，而管理评审主要是由最高管理者召集开会，一起研讨解决体系运行过程中存在的矛盾冲突。内部审计从业者应当明确，自己输出的工作内容恰恰是管理评审工作内容的起始点之一，二者在流程上有先后之分。因此，内部审计人应当搞清楚自身定位，不要在工作中过分越俎代庖，掺杂过多的管理评审内容。

三、我国内部审计的特征

研究我国内部审计的特征，既要认识它与外部审计的异同，也要认识我国的内部审计与外国的内部审计的异同。下面结合国内外内部审计实践，阐述我国社会主义市场经济条件下内部审计的若干主要特征。

（一）服务上的内向性

内部审计是为加强企业经济管理和控制、提高经济效益服务的，因而内部审计人员既是本单位的审计监督者，又是本单位领导在经济管理方面的参谋。不论在我国还是外国，服务上的内向性是内部审计的基本特征。美国注册会计师协会（AICPA）在1975年所发布的《审计准则公告第9号》中指出："内部审计要经常为管理服务，其中包括（不仅限于）研究和评价内部控制制度、审计经营活动、提高经济效益，以便根据惯例要求提供专门咨询。”

内部审计人员与外部审计人员不同，其在本单位主要负责人领导下进行工作，一般只向本单位领导人负责。内部审计人员在内向服务中可以监控会计信息的真实性、可靠性、合法性和及时性，便于领导正确地做出决策；可以揭示经济工作中的错误、弊端及其原因，消除浪费，保护资源完整；可以监控单位负责人履行国家财经法纪的情况，使单位按预定的目标、方针开展业务活动；可以揭示经营管理中各项工作效果、效率以及节约的情况，提出积极的建议，促使挖掘内部潜力，实现预期目标，从而促进加强经营管理，提高经济效益。

因此，做好内部审计工作，充分发挥其内向服务的作用，对于进行社会主义经济建设及加强企业管理具有重要意义。

（二）工作上的相对独立性

无论是内部审计还是外部审计，都必须具有独立性，按规定的职权办事，不受干涉，才能保证审计工作的公正和客观。国家审计是由国家审计机关负责的，其地位超然，具有权威性，因而易于保持独立性。内部审计则是在本单位负责人领导下进行的，内部审计人员一方面是本单位职工，与本单位的情况休戚相关；另一方面是本单位的经济监督人员，要对工作进行检查，其独立性自然不如外部审计，但是在本单位负责人的支持下，在对本单位的所属部门或机构进行审计时，其仍可以超然的地位进行审计，具有相对的独立性。特别是我国的部门内部审计是由主管部门对所属单位进行的审计，其独立性较单位内部审计高。

保持单位内部审计的独立性，首先要求内部审计机构在单位的组织结构中有较高的地位。一般来说，单位内部审计机构所隶属的领导层次越高，其独立性就越大。目前，我国企业中的内部审计机构一般由企业的负责人（如厂长、经理）领导，虽然内部审计人员可作为企业负责人的经济监督代理人去独立行使审计职权，但其工作要受到企业领导的制约。

目前，西方国家的大中型企业，特别是上市公司，一般在公司的董事会之下设置审计委员会，内部审计由该委员会领导，并对该委员会负责和报告。这样内部审计就有较大的独立性，可不受企业厂长、经理的制约而独立地开展工作。

（三）审查范围的广泛性

内部审计的目的决定了其审查范围的广泛性。内部审计人员在单位负责人领导下履行其监督职能，并为加强经济管理、当好单位领导的参谋而工作。因此，其既可进行内部财务审计和内部经济效益审计，又可进行事后审计和事前审计；进行的审计工作既可是防护性的，也可以是建设性的。一般应做到，单位领导要审查什么，内部审计人员就应有的放矢地审查什么。

应该指出，内部审计在经济效益审计方面具有优越的条件。这是因为开展经济效益审计，要求审计人员熟悉企业的经营过程和有关行业的专业知识，单位内部审计人员对这些情况较为了解，对其管理要求和经营情况也比较熟悉。对此，内部审计人员能有效地确定经营管理的效率以及人力、物力、财力资源的利用情况，提出的意见和建议也比较有针对性和可行性。

（四）审计活动的全员性

我国开展内部审计，应该以专业审计人员为主，同时要充分依靠全体员工。单位职工最了解和关心单位经营管理的情况，最清楚单位经济活动过程中的成绩和缺点，知道哪里管理不善，哪里有物资积压，哪里有浪费，哪里有潜力。由于内部审计人员本身就是单位职工，因此在其工作中便于深入群众，便于与员工共同揭示矛盾，挖掘潜力，共同研究存在的问题和改进措施，使内部审计能在较短的时间内达到审计目的，并提出切实可行的建议和措施。

（五）审查问题的及时性

内部审计机构是本单位的一个部门，其审计人员亦是本单位的职工，因而可随时对本单位的问题进行审查。例如：（1）国家在检查单位对财经法纪的执行情况时，内部审计机构可给予及时配合，进行“自查”；（2）根据本单位经营管理的需要，可及时组织力量审查有关问题，如对经营管理中存在的较大问题或企业内发生的问题，即可组织内部审计人员及时进行专题审计；（3）除审计计划中安排的审查项目之外，对本单位或下属各单位经济业务可根据需要随时进行不定期的检查；（4）对单位的内部控制制度进行测试，及时完善内部控制制度并揭露问题；（5）对群众反映或揭发的问题可及时进行审查。

（六）与内部控制的依存性

现代内部控制的产生和发展，使内部审计建立在内部控制的基础上，从而促进了内部审计的发展。从某种意义上来说，内部审计是随着内部控制的产生而逐步发展起来的，二者存在着你中有我、我中有你的“血缘”关系，因此，西方有关论著中常把内部审计作为内部控制的一部分。

应该指出，内部控制与内部审计是互相依存、互相促进的。进行内部审计，先要了解单位的内部控制制度是否健全、有效，单位在执行其业务活动时是否遵守所规定的内部控制制度，据以确定会计信息的可靠性和单位工作的优缺点，从而可以有目的地进行深入审查，并提出中肯的建议。通过内部审计所揭示的企业管理工作中所存在的问题和提出的建议，又可反过来促进内部控制的完善。因此，内部控制与内部审计既相互联系又相互依存，而内部审计则起着“对内部控制进行控制”的作用。西方国家对以内部控制制度为基础而进行的审计，称为“制度基础审计”或“制度审计”，这是现代审计在方法上的重大发展。由此可见，内部审计与内部控制之间的依存关系也是内部审计的一个特征。

（七）审计过程和方法的灵活性

国家审计和社会审计的审计程序是法定的，具有强制性，一般由法律、法规、规章或审计准则做出明确规定，审计人员进行审计活动时必须按照法定程序执行。

内部审计是组织内部的一种活动，是组织自身的行为，是为组织的董事会或最高管理层服务的，这一特点决定了国家一般不以法律、法规、规章的形式对其业务过程做出强制性的、统一的规定。当然，为规范内部审计行为，保障内部审计质量，提升内部审计的专业水平，内部审计职业组织通过发布内部审计准则的方式对内部审计过程和采用的方法进行规定，但这种规定不具有法律约束力，没有强制性，实质上是一种最佳实务的推介。各个组织的内部审计机构可以根据本组织的实际情况，遵循成本效益原则，参照职业组织颁布的内部审计准则对本组织的内部审计程序做出灵活的安排。

（八）增值性

内部审计的增值性凸显了管理层对内部审计职能的期望。美国著名的内部控制专家迈克尔·海默（Michael Hammer）教授曾指出：“内部审计机构应将自己视为公司的一种资源。在帮助管理当局更有效地达至预期控制目标的过程中发挥作用，内部审计师的使命将从简单的‘我们实施审计’向‘我们帮助创建一些程序，以期达到组织成功所需要的内部控制水平’的方向发展。”管理层期望内部审计可以承担一部分“内部咨询顾问”的功能。

第四节 内部审计准则及职业道德规范

内部审计准则（Internal Auditing Standards）是内部审计职业发展的必然产物，是内部审计职业化的重要方面，同时也是推动内部审计职业规范化的重要力量。

一、内部审计准则的含义与作用

（一）内部审计准则的含义

内部审计准则是内部审计人员在实施内部审计工作时应当遵循的行为规范，也是评价内部审计工作质量的权威性规则。关于内部审计准则的定义，有如下不同观点：

观点1：美国审计署的观点

内部审计准则是审计师对其所进行的内部审计工作的质量和充分性的总的衡量。它与审计师的专业资格有关。

观点2：美国内部审计师协会的观点

内部审计准则是用以评价和衡量内部审计部门工作和作用的内部审计实务的准绳或标准。

观点3：国际内部审计师协会的观点

国际内部审计师协会于1974年成立了职业准则和责任委员会，由其负责制定内部审计准则，该委员会认为：内部审计准则不应机械套用社会审计的准则，应有自己的侧重点，应包括三个方面：一是内部审计的职责说明：二是内部审计职业道德准则；三是内部审计实务准则，这是其核心内容。

观点4：我国审计署的观点

内部审计准则是内部审计职业规范体系的重要组成部分，是内部审计人员在执行内部审计业务过程中必须遵循的行为规范，是内部审计人员审计工作质量的权威性判断标准。

观点5：我们的看法

内部审计准则是专职机构或组织负责制定并颁布的，用以规范和约束公司组织内的内部审计机构及其审计人员的执业资格条件和执业行为，衡量和评价内部审计工作质量的具有权威性的原则或标准。

《中国内部审计准则》所称内部审计，是一种独立、客观的确认和咨询活动，它通过运用系统、规范的方法，审查和评价组织的业务活动、内部控制和风险管理的适当性和有效性，以促进组织完善治理、增加价值和实现目标。

（二）内部审计准则的作用

作为内部审计的行为规范，内部审计准则是内部审计职业界对内部审计行为提出的技术性要求，是内部审计人员在审计工作过程中必须遵守的操作标准，也是各利益相关者评价内部审计人员工作质量的重要依据。内部审计准则的作用表现在以下五个方面：

1.为规范和指导内部审计工作提供依据；

2.是衡量内部审计工作质量的尺度；

3.是确定内部审计人员责任的标准；

4.有助于内部审计人员与各利益相关者的良好沟通；

5.是完善内部审计机构内部管理的基础。

另外，内部审计准则的颁布也为解决内部审计的争议提供了仲裁标准，为内部审计职业发展和后续教育确定了方向和努力目标。

综上所述，内部审计准则的作用已远远超出了内部审计业务工作的范围，某种程度上起到了促进整个内部审计事业发展的作用。内部审计准则在很大程度上反映了内部审计专业的水平，内部审计准则的建立和完善已经成为内部审计职业发展的重要方面。

二、内部审计准则的内容

内部审计准则是在总结内部审计人员的实践经验、适应时代需要的基础上，为保障内部审计的职业声誉而产生的。考察世界范围内部审计准则发展的历史和现状，可以发现各国的内部审计准则正在不断趋向统一，国际化已经成为内部审计准则发展的必然趋势。内部审计准则国际化的发展趋势源于社会需求的国际化、内部审计准则的技术特性以及国际内部审计组织的积极贡献。

（一）国际内部审计准则

国际内部审计师协会对《国际内部审计专业实务框架》（IPPF）的最近一次修订是在2016年，修订后的准则自2017年1月1日开始实施。它是国际内部审计师协会发布的权威指南的概念框架，由内部审计的使命、强制性指南和推荐性指南三部分构成。遵循强制性指南建立的原则对于内部审计专业实务而言是必需的，也是重要的。

新版《国际内部审计专业实务框架》的几个变化

强制性指南包括四个部分：

（1）内部审计实务的核心原则

（2）内部审计的概念界定；

（3）职业道德规范；

（4）国际内部审计专业实务标准。

强制性指南是通过正式的批准程序获得国际内部审计师协会认可的，它具体说明了在实务中的核心原则、对内部审计的概念界定、职业道德规范和国际内部审计专业实务标准的具体执行。

推荐性指南包括两个部分：

（1）执行指南；

（2）补充指南。

表1-2具体说明了2013年版《国际内部审计专业实务框架》的组成部分和各部分的主要内容。

2017年版《国际内部审计专业实务框架》的内容与2013年版相比的变化情况见表1-3。

（二）中国内部审计准则

1.概述

中国内部审计学会自2000年开始着手制定中国内部审计准则，首批准则于2003年6月

表 1-2　《国际内部审计专业实务框架》的结构和内容

强制性指南	内部审计定义	阐明内部审计的基本宗旨、性质和工作范围
	《职业道德规范》	阐明开展内部审计活动的个人或机构需要遵循的原则和行为规范，表明了对执业行为规范的最低要求，而不是具体活动
	《内部审计专业实务标准》（以下简称《标准》）	以原则为导向的强制性要求，为实施和推动内部审计提供了框架，其组成内容包括： ·关于内部审计专业实务和评价内部审计工作效果的基本要求，这些要求普遍适用于全球范围内的组织和个人。 ·释义，对《标准》中的名词或概念做出解释。 为了正确理解和适用《标准》，需要同时考虑相关阐述和释义，《标准》所用术语的特定含义在“词汇表”部分有详细解释
强力推荐指南	立场公告	有助于对内部审计感兴趣的社会各界人士了解重大治理、风险或控制事项以及内部审计在其中扮演的角色和作用
	实务公告	主要帮助内部审计师使用内部审计定义、《职业道德规范》和《标准》，同时推动良好的实践。实务公告涉及开展内部审计的方式、方法和需要考虑的因素，但是不包括详细的过程和程序。实务公告包含的内部审计实务与跨国、国内或特定行业的事项、特定业务类型以及法律法规事宜有关
	实务指南	为开展内部审计活动提供详细的指引，包括具体的过程和程序，例如工具、技术、程序以及分步骤的方法和形成书面文件的范例

表 1-3　2017年版《国际内部审计专业实务框架》的内容与2013年版相比的变化情况

2017年版《框架》内容		与2013年版相比的变化情况
内部审计的使命		新增
强制性指南	内部审计实务的核心原则	新增
	内部审计定义	没有变化
	职业道德规范	没有变化
	专业实务标准	新增两条标准，对六条标准及其释义进行修改，对十条标准进行了修改，对八条标准的释义进行了修改；词汇表新增一项定义，修改了三项定义
推荐性指南	执行指南	由原来的实务公告内容整合而来
	补充指南	由原来的实务指南、全球技术审计指南（GTAG）和基于风险的ITGC范围评估指南（GAIT）等内容整合而来
		立场公告不再作为《国际内部审计专业实务框架》的组成部分

正式施行。2005年5月，中国内部审计学会更名为中国内部审计协会，由其正式发布了《内部审计基本准则》、《内部审计人员职业道德规范》和十项具体准则，随后又相继发布了十九项具体准则和五个实务指南。2013年开始，中国内部审计协会对内部审计准则进行了全面修订，并于8月发布了《中国内部审计准则》，自2014年1月1日起施行，具体见表1-4。

表 1-4　《中国内部审计准则》及新增或修改时间

准则名称	新增或修改时间
《第 1101 号——内部审计基本准则》	2013 年
《第 1201 号——内部审计人员职业道德规范》	2013 年
《内部审计实务指南第 1 号——建设项目内部审计》 《内部审计实务指南第 2 号——物资采购审计》 《内部审计实务指南第 3 号——审计报告》 《内部审计实务指南第 4 号——高校内部审计》 《内部审计实务指南第 5 号——企业内部经济责任审计指南》	2011 年
《第 2101 号内部审计具体准则——审计计划》	2013 年
《第 2102 号内部审计具体准则——审计通知书》	2013 年
《第 2103 号内部审计具体准则——审计证据》	2013 年
《第 2104 号内部审计具体准则——审计工作底稿》	2013 年
《第 2105 号内部审计具体准则——结果沟通》	2013 年
《第 2106 号内部审计具体准则——审计报告》	2013 年
《第 2107 号内部审计具体准则——后续审计》	2013 年
《第 2108 号内部审计具体准则——审计抽样》	2013 年
《第 2109 号内部审计具体准则——分析程序》	2013 年
《第 2201 号内部审计具体准则——内部控制审计》	2013 年
《第 2202 号内部审计具体准则——绩效审计》	2013 年
《第 2203 号内部审计具体准则——信息系统审计》	2013 年
《第 2204 号内部审计具体准则——对舞弊行为进行检查和报告》	2013 年
《第 2301 号内部审计具体准则——内部审计机构的管理》	2013 年
《第 2302 号内部审计具体准则——与董事会或者最高管理层的关系》	2013 年
《第 2303 号内部审计具体准则——内部审计与外部审计的协调》	2013 年
《第 2304 号内部审计具体准则——利用外部专家服务》	2013 年
《第 2305 号内部审计具体准则——人际关系》	2013 年
《第 2306 号内部审计具体准则——内部审计质量控制》	2013 年
《第 2307 号内部审计具体准则——评价外部审计工作质量》	2013 年
《第 2205 号内部审计具体准则——经济责任审计》	2016 年
《第 2308 号内部审计具体准则——审计档案工作》	2016 年
《第 2309 号内部审计具体准则——内部审计业务外包管理》	2019 年
《第 3101 号内部审计实务指南——审计报告》 （备注：《内部审计实务指南第 3 号——审计报告》废止）	2019 年

2.主要目标

中国内部审计协会在制定现行内部审计准则时，确定的目标是：

（1）贯彻落实《中华人民共和国审计法》及相关法律法规，使内部审计工作做到依法审计、适法而为；

（2）规范内部审计机构和人员的执业行为和执业过程，保证内部审计质量，提高内部审计效率；

（3）明确内部审计机构和人员的责任，发挥内部审计人员在加强内部控制、改善风险管理和完善公司治理方面的职能；

（4）建立与国际内部审计惯例相衔接、与民间审计和政府审计准则相协调的《中国内部审计准则》，实现内部审计的制度化、规范化和职业化。

（5）修订后的《中国内部审计准则》由《内部审计基本准则》、《内部审计人员职业道德规范》和具体准则组成，截止到2019年共有23个具体准则相继修订。

3.主要内容

（1）中国内部审计基本准则

内部审计基本准则

新修订的内部审计基本准则由原来的27条调整为33条，内容包括总则、一般准则、作业准则、报告准则、内部管理准则和附则。

一般准则对内部审计机构和内部审计人员的基本资格条件和工作方式进行了规范，是内部审计人员合理确定审计目标、设计审计程序、形成审计结论的前提和保证。

作业准则是内部审计准则的核心，从如何根据审计目标了解被审计单位以充分识别和评估审计风险开始，到对评估的审计风险实施应对措施，即为既定的审计目标选择适当的审计证据，设计适当的审计程序，配置适当的审计测试，再到内部审计技术方法的具体运用和审计计划方案的具体实施，实现了对整个审计证据收集过程的技术性规范。

报告准则的规范重点在内部审计的结论上，其规范了内部审计结论的表现形式，包括内部审计报告的编写要求和内容，也规范了内部审计人员在形成审计结论过程中的具体要求。

内部管理准则是对内部审计机构构建内部管理制度和质量控制体系的具体规范，其目的在于确保内部审计目标的实现。

（2）内部审计人员职业道德规范

该内容将在下一部分详细讲述。

（3）中国内部审计具体准则

修订后的内部审计具体准则分为作业类、业务类和管理类三大类。

作业类准则是涵盖了内部审计程序和技术方法的准则，包括审计计划、审计通知书、审计证据、审计工作底稿、结果沟通、审计报告、后续审计、审计抽样、分析程序、审计档案工作等十个具体准则；业务类准则包括内部控制审计、绩效审计、信息系统审计、对舞弊行为进行检查和报告、经济责任审计等五个具体准则；管理类准则包括内部审计机构的管理、与董事会或者最高管理层的关系、内部审计与外部审计的协调、利用外部专家服务、人际关系、内部审计质量控制、评价外部审计工作质量、内部审计业务外包管理等八个具体准则。

三、职业道德规范

（一）《国际内部审计专业实务框架》（IPPF）中的“职业道德规范”

2009年1月，国际内部审计师协会在其颁布的IPPF中将“职业道德规范”确定为“强制性指南”。2017年修订时，这部分仍旧未变。该部分对内部审计人员明确提出了四个最基本的要求：诚信、客观、保密和胜任。这四项要求通过原则和行为规则两个层次加以明确和规范，见表1-5。

表1-5 IPPF中的“职业道德规范”

四项要求	原则	行为规则
诚信	通过内部审计师的诚信确立信用，从而为信任其判断提供基础	1.应当诚实、勤恳并负责地开展工作； 2.应当遵守法律，按照法律及职业要求进行披露； 3.不得蓄意参与非法活动，或做出有损于内部审计职业或其所在组织的行为； 4.应当遵守并协助实现组织的法律和道德目标
客观	内部审计师在收集、评价和沟通有关被检查活动或过程的信息时，要显示出最高程度的职业客观性。在做出判断时，内部审计师不受其个人喜好或他人的不适当影响，对所有相关环境做出公正的评价	1.不应参与可能损害或被认为会损害其做出公正评价的活动或关系，包括不应参与与组织利益相冲突的活动和关系； 2.不能接受可能损害或被认为会损害其职业判断的任何物品； 3.应当披露已知的，如果不予披露，可能会歪曲审计工作报告的所有重大事实
保密	内部审计师尊重所获取信息的价值和所有权，没有适当授权不得披露信息，除非是在有法律或职业义务的情况下	1.应当谨慎利用和保护履行职责过程中获取的信息； 2.不应当利用信息谋取私利，或者以任何有悖法律规定或有损组织法律和道德目标的方式使用信息
胜任	内部审计师在执行内部审计业务时能够使用所需要的知识、技能和经验	1.应当只从事与其所具备的知识、技能和经验相适应的服务活动； 2.应当依据专业实务标准提供内部审计服务； 3.应当持续提高专业能力和服务的效果、质量

（二）中国内部审计人员职业道德规范

为了规范内部审计人员的职业行为，维护内部审计职业声誉，根据《中华人民共和国审计法》及其实施条例，以及其他有关法律、法规和规章，中国内部审计协会于2013年5月对已有的内部审计人员职业道德规范进行了修订，并于8月发布了《第1201号内部审计具体准则——内部审计人员职业道德规范》（以后简称《第1201号》）。其体例结构上与其他准则保持一致，采用分章表述的形式，分为总则、一般原则、诚信正直、客观性、专业胜任能力、保密和附则七个部分，对职业道德规范进行了较为详细的规定。

《第1201号》指出，内部审计人员职业道德是内部审计人员在开展内部审计工作中应当具有的职业品德、应当遵守的职业纪律和应当承担的职业责任的总称。内部审计人员从事内部审计活动时，应当遵守职业道德规范，认真履行职责，不得损害国家利益、组织利益和内部审计职业声誉。内部审计人员违反职业道德规范要求的，组织应当批评教育，也可以视情节给予一定的处分。

《第1201号》在“第二章 一般原则”中提出的基本道德原则包括诚信正直、客观性、专业胜任能力和保密。

1.诚信正直

其主要明确：内部审计人员在开展内部审计业务时，应当诚实、守信，不应有下列行为：（1）歪曲事实；（2）隐瞒审计发现的问题；（3）进行缺少证据支持的判断；（4）做误导性或者含糊的陈述。

内部审计人员在实施内部审计业务时，应当廉洁、正直，不应有下列行为：（1）利用职权谋取私利；（2）屈从于外部压力，违反原则。

2.客观性

其主要明确：内部审计人员开展内部审计业务时，应当实事求是，不得由于偏见、利益冲突而影响职业判断。

内部审计人员开展内部审计业务前，应当采取下列步骤对其客观性进行评估：（1）识别可能影响客观性的因素；（2）评估可能影响客观性因素的严重程度；（3）向审计项目负责人或者内部审计机构负责人报告客观性受损可能造成的影响。

内部审计人员应当识别下列可能影响客观性的因素：（1）审计本人曾经参与过的业务活动；（2）与被审计单位存在直接利益关系；（3）与被审计单位存在长期合作关系；（4）与被审计单位管理层有密切的私人关系；（5）遭受来自组织内部和外部的压力；（6）内部审计范围受到限制；（7）其他。

内部审计机构负责人应当采取下列措施保障内部审计的客观性：（1）提高内部审计人员的职业道德水准；（2）选派适当的内部审计人员参加审计项目，并进行适当分工；（3）采用工作轮换的方式安排审计项目及审计组；（4）建立适当、有效的激励机制；（5）制定并实施系统、有效的内部审计质量控制制度、程序和方法；（6）当内部审计人员的客观性受到严重影响，且无法采取适当措施减弱影响时，停止开展有关业务，并及时向董事会或者最高管理层报告。

3.专业胜任能力

其主要明确：内部审计人员应当具备履行职责所需的下列专业知识、职业技能和实践经验：（1）审计、会计、财务、税务、经济、金融、统计、管理、内部控制、风险管理、法律和信息技术等专业知识，以及与组织业务活动相关的专业知识；（2）语言文字表达、问题分析、审计技术应用、人际沟通、组织管理等职业技能；（3）必要的实践经验及相关职业经历。

内部审计人员应当通过后续教育和职业实践等途径，了解、学习和掌握相关法律法规、专业知识、技术方法和审计实务的发展变化，保持并提升专业胜任能力。内部审计人员开展内部审计业务时，应当保持职业谨慎，合理运用职业判断。

4.保密

其主要明确：内部审计人员应当对实施内部审计业务所获取的信息保密，非因有效授权、法律规定或其他合法事由不得披露。内部审计人员在社会交往中，应当履行保密义务，警惕非故意泄密的可能性。内部审计人员不得利用其在开展内部审计业务时获取的信息谋取不正当利益，或者以有悖于法律法规、组织规定及职业道德的方式使用信息。

■ 本章内容结构图

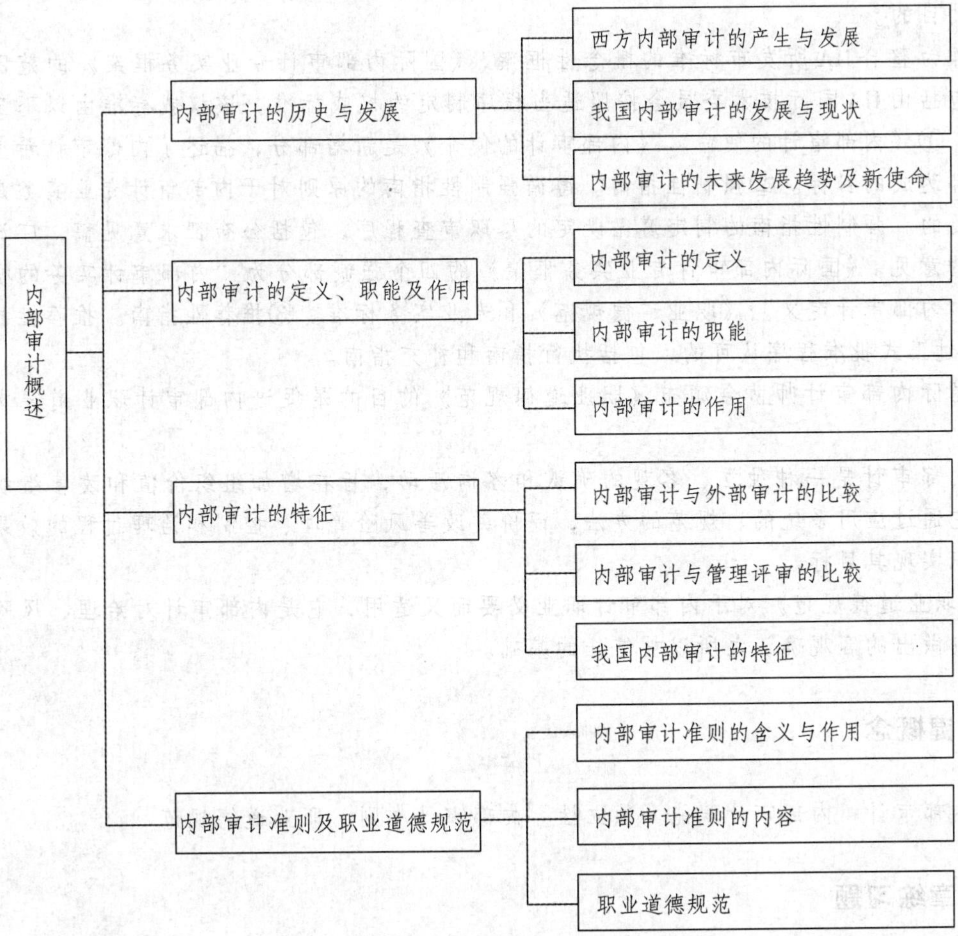

图1-3　本章内容结构图

■ 本章小结

2002年4月，国际内部审计师协会在对美国国会关于《萨班斯-奥克斯利法案》的意见陈述书中提出，内部审计、外部审计、董事会以及高层管理人员是有效公司治理的四大基石，内部审计被公认为有效公司治理的重要基础。内部审计作为组织内部的经常性监督机制，具有对组织充分了解和业务熟悉方面的优势，可以对所有存在疑问的业务、财务数据和内部控制进行调查。与此同时，内部审计还是组织风险管理的函数，通过对组织管理层所进行的风险管理过程实施监控和协调，能够帮助组织管理层进行有效的风险管理和科学的管理决策，提高组织的绩效水平，帮助组织增加价值，实现组织治理目标。作为组织内部传统管理领域的内部控制与内部审计也是不可分割的，内部审计是内部控制的重要组成部分，内部控制则是内部审计的监控对象。由此可见，在组织治理、风险管理和内部控制中均占有重要地位的内部审计，应适应飞速发展和纷繁复杂的组织环境，从业务活动、风险管理和内部控制入手，通过评价和改进组织治理、风险管理和内部控制过程中的效率、效益和效果，以确保披露组织潜在的风险，达到经济并有效地为组织增加价值和改进运营的目的。

作为整合IIA所发布标准的概念性框架，《国际内部审计专业实务框架》的范围缩减到只包括由IIA国际技术委员会按照适当程序制定的权威标准。该权威标准由以下三部分构成：①《内部审计的使命》。《内部审计的使命》是新增部分，描述了内部审计希望在组织内部达成的目标。②强制性指南。遵循强制性指南的原则对于内部审计专业实务是必须且重要的。强制性指南的制定遵循既定的尽职审查程序，包括公布征求意见稿，广泛听取各界的意见。《国际内部审计专业实务框架》的四个强制部分为“内部审计实务的核心原则”、“内部审计定义”、《职业道德规范》和专业实务标准。③推荐性指南。推荐性指南是IIA通过正式批准程序认可的，包括执行指南和补充指南。

国际内部审计师协会颁布《职业道德规范》的目的是促进内部审计职业道德文化的发展。

内部审计是一种独立、客观的确认和咨询活动，旨在增加组织价值和改善组织的运营。它通过应用系统的、规范的方法，评价并改善风险管理、控制和治理过程的效果，帮助组织实现其目标。

《职业道德规范》对于内部审计职业必要而又适用，它是内部审计对治理、风险管理和控制做出的客观确认之所以被信任的基础。

■ 关键概念

内部审计　内部审计职能　独立性　内部审计准则　职业道德规范

■ 本章练习题

一、单选题

1.（　　）时期的司会是我国内部审计的最初萌芽。

A.东周　B.西周　C.春秋战国　D.夏

2.中国的国家审计起源甚早，早在（　　）时期，皇家（政府）审计就有了一定的发展。

A.春秋战国　B.西周　C.唐朝　D.北宋

3.目前，我们的内部审计都是事后审计，主要起（　　）作用。

A.评价　B.监督　C.鉴定　D.报告

4.我国审计监督体系中，不包括（　　）。

A.政府审计　B.注册会计师审计

C.内部审计　D.后续审计

5.（　　）年，中国内部审计协会首批颁布了《内部审计基本准则》、《内部审计人员职业道德规范》和10项内部审计具体准则。

A.2000　　B.2001　　C.2002　　D.2003

6.内部审计开展的审计类别中，一般不包括（　　）。

A.经营审计　　B.财务审计　　C.财务报表审计　　D.专项审计

7.（　　）年，中国内部审计学会成立。

A.1986　　B.1987　　C.1988　　D.1989

8.以下各项中，不会影响内部审计人员客观性的是（　　）。

A.审计人员本人持有被审计单位股票

B.审计人员与被审计单位领导有直系亲属关系

C.审计人员本人从未参与过被审计单位的业务活动

D.审计人员与被审计单位存在长期合作关系

9.在内部审计关系上，（　　）是审计人员与被审计单位之间关系的特性，它保证审计人员的审计发现和审计报告只受取证和审计准则、职业训练原则的影响。

A.权威性　　B.独立性　　C.经济性　　D.全面性

10.（　　）年，中国内部审计学会被正式更名为中国内部审计协会。

A.1986　　B.1987　　C.1988　　D.2002

11.《审计署关于内部审计工作的规定》自（　　）起施行。

A.2018年3月1日　　B.2018年9月1日

C.2018年10月1日　　D.2018年11月1日

12.以下情形违反了IIA的《职业道德规范》的是（　　）。

A.在一起合伙人起诉某公司诈骗的案件中，该公司内部审计师被法庭传唤，他在法庭上泄露了机密审计信息

B.某办公用品制造公司的内部审计师最近完成了对公司市场部进行的审计，基于本次审计经验，周末他花费几个小时为本地一家医院提供有偿咨询，指导这家医院市场部实施类似的审计

C.某内部审计师在当地举办的IIA会议上发表了一次讲演，概括了他为某公司电子数据交换系统进行审计而设计的程序，许多该公司主要竞争者的审计师都参加了此次会议

D.在一次审计中，内部审计师了解到某公司将要推出一种能使该产业发生变革的新产品，由于新产品可能成功，该内部审计师接受了生产经理的建议，购入了该公司股票

13.内部审计职业道德基本原则不包括（　　）。

A.客观　　B.诚信　　C.胜任　　D.评价

14.按（　　）的不同，可将审计分为内部审计、国家审计与社会审计。

A.审计主体　　B.审计客体　　C.审计范围　　D.审计权力

15.2013年修订的《中国内部审计准则》开始施行的时间是（　　）。

A.2013年9月1日　　B.2013年12月1日

C.2014年1月1日　　D.2014年5月1日

16.制定《内部审计基本准则》的依据是（　　）。

A.《审计法》

B.《审计署关于内部审计工作的规定》

C.《审计法实施条例》

D.《审计法》及《审计法实施条例》，以及其他有关法律、法规和规章

17.《内部审计基本准则》将内部审计界定为一种（　　）。

A.审查和评价活动　　B.监督和评价活动

C.确认和咨询活动　　D.保证和评价活动

18.根据《内部审计人员职业道德规范》，内部审计人员职业道德所涵盖的内容不包括（　　）。

A.职业品德　　B.职业纪律　　C.职业责任　　D.职业声誉

19.以下对内部审计人员的要求，在《内部审计基本准则》和《内部审计人员职业道德规范》中都强调的是（　　）。

A.保持职业敏感　　B.接受后续教育

C.考取职业资格　　D.全面关注风险

20.下列各项中，不符合内部审计人员职业道德要求的是（　　）。

A.不得从事损害所在组织利益的活动

B.保持合理的职业谨慎，并合理使用职业判断

C.在履行职责时，做到诚信正直，保持客观性

D.在审计报告中根据被审计单位的意愿披露相关事项

二、多选题

1.企业内部审计通过对经济活动的检查和评价，来判断这些活动的合法性和效益性，以及反映经济活动的各种资料的真实性和可靠性，所以内部审计内容包括（　　）。

A.内部财务审计　　B.内部经营审计

C.内部管理审计　　D.内部效益审计

2.内部审计的职能主要有（　　）。

A.监督职能　　B.评价职能

C.观察职能　　D.咨询职能

3.关于内部审计机构的设置原则，下列说法中正确的是（　　）。

A.公平原则　　B.专职高效原则

C.权威性原则　　D.独立性原则

4.内部审计开展的审计类别中，一般包括（　　）。

A.经营审计　　B.财务审计

C.财务报表审计　　D.专项审计

5.内部审计职业道德基本原则包括（　　）。

A.保密　　B.胜任　　C.客观　　D.诚信

6.以下各项违背了内部审计师协会的《职业道德规范》的是（　　）。

A.某公司的内部审计师在完成对公司采购部门的审计活动后，利用周末的时间在一家产品加工企业担任带薪顾问

B.因为受到法庭传唤，在需要时向法庭披露了可能对组织不利的、机密的审计资料

C.在审计过程中，内部审计师发现该公司推出的新产品市场前景很好，所以告知家人购买了该公司的股票

D.在审计活动完成后接受了被审计公司提供的工作报酬

7.内部审计是一种独立、客观的确认和咨询活动，可以实现如下目的（　　）。

A.旨在增加组织价值

B.改善组织的运营

C.通过应用系统的、规范的方法，评价并改善风险管理、控制和治理过程的效果

D.帮助组织实现其目标

8.制定内部审计准则的目的是（　　）。

A.为内部审计人员免除审计责任　　B.指导内部审计工作

C.为考核内部审计工作质量提供准绳　　D.帮助公众了解内部审计

9.《中国内部审计准则》包括（　　）。

A.内部审计基本准则　　B.内部审计具体准则

C.内部审计职业道德规范　　D.内部审计实务指南

10.2002年4月，国际内部审计师协会在对美国国会关于《萨班斯–奥克斯利法案》的意见陈述书中提出，（　　）是有效公司治理的四大基石。

A.内部审计　　B.外部审计　　C.董事会　　D.高层管理人员

三、判断题

1.（　　）内部审计经历了从注重价值到强调独立的过程。

2.（　　）内部审计是一种非独立、客观的确认和咨询活动，旨在增加组织价值和改善组织的运营。它通过应用系统的、规范的方法，评价并改善风险管理、控制及治理过程的效果，帮助组织实现其目标。

3.（　　）现代内部审计具有监督、鉴证、评价、反馈、确认与服务等职能。

4.（　　）内部审计提供的是一种咨询和保鉴服务。

5.（　　）内部审计的审计职能由查错防弊向增加价值转变。

6.（　　）内部审计章程是国际内部审计师协会统一制定的。

7.（　　）发现和揭露舞弊是内部审计师必须掌握的基本技能。

8.（　　）内部审计师可以向审计委员会报告工作。

9.（　　）内部审计师应该精通IT技术。

10.（　　）《国际内部审计专业实务框架》凌驾于《中国内部审计准则》之上。

四、简答题

1.影响内部审计产生和发展的因素有哪些？

2.怎么看待内部审计的发展趋势？

3.内部审计的基本职能是什么？怎么理解？

4.内部审计与外部审计的主要区别是什么？

5.简述内部审计在现代企业中扮演的角色。

6.为什么要制定内部审计准则？

7.请比较国际内部审计准则与中国内部审计准则的异同。

8.如何理解内部审计的独立性与客观性?

9.请比较中国与IIA关于内部审计职业道德规范在内容上的差异。

五、案例分析题

某公司在年末处理一批年内陆续从客户处退回的三包货物，这些货物分散存放在公司外地客户的中转库里。虽然退货已经过公司质检处的检验，但由于考虑到年终绩效考核问题，公司管理层没有对该批退货是否应该核销当年销售收入做出处理决定。公司的外部审计师在审核公司年度报表并对销售收入进行符合性测试时，没有条件对该公司众多的外部中转库存货情况进行全面盘点，因此无法及时发现该公司的这批退货。最后，还是公司的内部审计师在检查质量部工作报告时发现了线索，并追踪到了这批退货，及时向该公司管理层提出了核销销售收入和调整存货的意见。

本案例说明了什么问题?

■ 本章参考文献

[1] 王宝庆. 现代内部审计 [M]. 上海：立信会计出版社，2007.

[2] 时现. 内部审计学 [M]. 北京：中国时代经济出版社，2015.

[3] 张庆龙，沈征. 内部审计理论与方法——基于2013内部审计准则的解释 [M]. 北京：中国财政经济出版社，2014.

[4] 沈征. 内部审计学 [M]. 北京：电子工业出版社，2015.

[5] 罗伯特 R.穆勒. 布林克. 现代内部审计：通用知识体系 [M]. 章之旺，等，译. 北京：电子工业出版社，2015.

[6] 张红英. 中国内部审计准则——阐释与应用 [M]. 上海：立信会计出版社，2007.

[7] 中华人民共和国财政部. 企业内部控制基本规范——企业内部控制配套指引 [M]. 上海：立信会计出版社，2016.

[8] 张红英. 国际内部审计专业实务框架——阐释与应用 [M]. 上海：立信会计出版社，2010.

[9] 中国内部审计协会. 中国内部审计规定与中国内部审计准则 [M]. 北京：中国石化出版社，2005.

[10] 秦荣生. 现代内部审计学 [M]. 2版. 上海：立信会计出版社，2019.

[11] 张宏伟. 财务报告舞弊行政处罚与审计质量的提高 [M]. 北京：中国财富出版社，2014.

第二章

内部审计机构与人员管理

学习目标

◇了解法律法规及准则对设立内部审计机构的相关规定
◇了解三个层次的内部审计制度
◇了解内部审计人员应掌握的能力
◆理解审计机构的权限和职责
◆理解内部审计机构与各利益相关者的关系
◆理解胜任能力的含义及特征
◆理解人力资源管理
★掌握内部审计机构设置的基本原则
★掌握单一企业法人内部审计的几种模式
★掌握企业集团中内部审计机构的设置与模式选择
★掌握提升职业胜任能力的途径

案例导入：意大利帕玛拉特事件

内部审计机构管理，是指内部审计机构对内部审计人员和内部审计活动实施的计划、组织、领导、控制和协调工作。中国内部审计协会颁布的《第2301号内部审计具体准则——内部审计机构的管理》将内部审计机构的管理分为部门管理和项目管理，具体包括审计计划、人力资源、组织协调等内容。本章将重点介绍内部审计机构设置、内部审计机构的职责权限、内部审计制度建设及人力资源管理等内容。

第一节　内部审计机构设置与职责权限

一、法律法规及准则对设立内部审计机构的相关规定

尽管内部审计机构设置是组织内部的事，但为了保证审计质量，国内外相关法律法规及准则等对其有着明确规定。本书略举部分重要条款，期望能够给予企业管理层、内部审计人员等以启迪并使其能够适当遵循。

（一）《国际内部审计准则》的相关规定

《IPPF属性标准第1110条——组织的独立性》规定：首席审计执行官必须向组织内部能够确保内部审计部门履行职责的层级报告。首席审计执行官必须向董事会确认内部审计部门在组织中的独立性，且每年至少一次。

《IPPF工作标准第2060条——向高级管理层和董事会报告》规定：审计执行官必须定

期向高级管理层和董事会报告内部审计活动的宗旨、权利、职责及其与计划有关的工作开展情况，报告中还必须包括重大风险披露和控制事项，其中包括舞弊风险、治理以及高级管理层和董事会需要或要求的其他事项。

（二）《中华人民共和国审计法》及其实施条例

我国2006年修订的《中华人民共和国审计法》第二十九条规定：依法属于审计机关审计监督对象的单位，应当按照国家有关规定建立健全内部审计制度；其内部审计工作应当接受审计机关的业务指导和监督。

2010年修订的《中华人民共和国审计法实施条例》第二十六条规定：依法属于审计机关审计监督对象的单位，可以根据内部审计工作的需要，参加依法成立的内部审计自律组织。审计机关可以通过内部审计自律组织，加强对内部审计工作的业务指导和监督。

（三）《审计署关于内部审计工作的规定》

审计署关于内部审计工作的规定

审计署2018年发布的《审计署关于内部审计工作的规定》第四条指出：单位应当依照有关法律法规、本规定和内部审计职业规范，结合本单位实际情况，建立健全内部审计制度，明确内部审计工作的领导体制、职责权限、人员配备、经费保障、审计结果运用和责任追究等。

另外，《审计署关于内部审计工作的规定》的第六条指出：国家机关、事业单位、社会团体等单位的内部审计机构或者履行内部审计职责的内设机构，应当在本单位党组织、主要负责人的直接领导下开展内部审计工作，向其负责并报告工作。

国有企业内部审计机构或者履行内部审计职责的内设机构应当在企业党组织、董事会（或者主要负责人）直接领导下开展内部审计工作，向其负责并报告工作。国有企业应当按照有关规定建立总审计师制度。总审计师协助党组织、董事会（或者主要负责人）管理内部审计工作。

（四）《中国内部审计准则》

为适应内部审计的最新发展，更好地发挥内部审计准则在规范内部审计行为、提升内部审计质量方面的作用，中国内部审计协会（CIIA）对2003年以来发布的内部审计准则进行了全面、系统的修订，新准则自2014年1月1日起施行。《第1101号——内部审计基本准则》（2013年）规定：（1）组织应当设置与其目标、性质、规模、治理结构等相适应的内部审计机构，并配备具有相应资格的审计人员；（2）内部审计机构应当建立合理、有效的组织结构，多层级组织的内部审计机构可以实行集中管理或者分级管理的方式；（3）内部审计机构应当接受组织董事会或最高管理层的领导和监督，并保持与董事会或最高管理层及时、高效的沟通。

上述规定和办法说明，内部审计机构的建立与完善不仅是组织提高管理水平、提高风险防控能力、促进实现组织目标的必要保障，更成为监管部门以及行业主管机构的强制性要求。

二、内部审计机构设置的基本原则

任何组织形式都应遵循一定的组织原则，才能发挥自己的作用并达到目标，内部审计机构也不例外。为了实现内部审计的职能，设置内部审计机构应遵循下列原则：

（一）独立性原则

独立性是审计的特征之一，设立内部审计机构也必须遵循审计独立性的原则。无论是部门中的内部审计机构，还是企业中的内部审计机构，都必须保持其组织上和业务上的独立地位。独立性可使内部审计师做出公正的、不偏不倚的判断，这对业务工作的恰当开展而言是必不可少的。独立性与客观性是审计监督区别于其他监督形式的主要特征，失去了独立性，审计也就改变了性质。与外部审计相比，内部审计的独立性主要以“内部审计机构在组织中的地位”为基础保障。

IIA在《IPPF第1100条——独立性与客观性》中规定：内部审计部门必须保持其独立性，内部审计师必须客观地开展工作。

（二）效率性与功能性相统一原则

审计是组织治理不可或缺的重要组成部分。内部审计的目的之一是提高部门或公司单位的经济效益，因此，审计机构本身必定讲求效益与效率。具体而言，就是要求管理层：一是应注意审计机构内部组织的小组、工作室数量不宜过多、过杂，因为这种多并不代表强大和权威，切忌因人设岗，而应因事设岗；二是应注意审计机构中审计人员的配备要适度，要根据公司的日常审计工作量的多少和特殊工作要求进行定额配备。如果审计机构没有专业或者必备的小组，没有高素质的专业人员，就会显著影响甚至降低审计部门的威信和工作质量，影响审计工作的开展。

另外，内部审计机构应是单位中专门从事审计工作的独立部门，为真正发挥其专业监督职能，应该设置专职工作岗位。其不参加直接经营活动，不直接承担经营责任，不能替代其他部门甚至其他单位经管其钱财、物资及账目。只有在形式和实质上都置身于具体的业务之外，才能保持内部审计的客观公正地位，维护审计工作的独立性，其审计工作成果才能被管理层和其他部门认可。

（三）权威性原则

内部审计机构要有一定的权威，才能顺利开展工作。内部审计机构在建立时，领导就应该明确授予其人员独立地进行审计的权力。内部审计机构的主要职权已在《审计署关于内部审计工作的规定》中加以明确，这是国家授予的权力，是内部审计人员依法审计的依据。此外，部门和企事业单位的领导还要根据上述规定，使内部审计人员明确其具体任务和职权，并向本部门、本单位的员工通报，宣告内部审计机构的成立，宣传内部审计机构的职权，使内部审计机构具有权威性，以便于开展工作。至于内部审计机构建立以后是否能保持较高的权威性，还要取决于其人员是否认真踏实地工作，是否进行客观公正的评价，以及是否对本部门、本单位改善经营管理、提高工作效率和经济效益做出贡献。

（四）分工协作原则

内部审计机构的设置应该注意分工协作原则。这里的分工协作有两方面的含义：

一是内部审计机构与其他内部控制部门应保持分工协作，即设置内部审计部门时，就应准确定位其应帮助管理层进行监督和提供独立建议，因此，它与其他检查控制部门的工作应各有侧重点，同时又相互配合，这样才能有效地提高公司整体管理质量。

二是应保持内部审计机构内部的分工与协作，即机构内部人员应明确分工，并在工作中相互配合、支持和帮助。组织内部审计机构各部分（如内勤与外勤、专业和辅助等）人员的职责应划分清楚，明确分工，同时，在审计机构中强调协作。审计人员落实责任后，必须协作完成共同的审计目标。在审计的全过程，从开始确定审计项目到写出审计报告，往往是审计人员意见一致才能完成，是协作的结果。当执行一项综合性审计时，各审计人员或小组间的协作尤为重要，因此，在安排和设置其内部科室、小组和人员时，必须考虑分工协作原则。

三、内部审计模式及主要类型

早期，大多数企业内部审计部门是设在财务会计部门之中的，后来随着内部审计业务范围的拓展和对独立性的要求，内部审计机构逐渐从财务会计部门分离出来。随着现代企业制度的建立和企业集团的不断形成，内部审计部门在组织中的地位也跌宕起伏，因组织利益相关者的主导需求不同，内部审计部门的设置模式也有所不同。

我国审计法及有关规定大多强调在组织内部设立独立内部审计机构的重要性和必要性。现实中，我国营利性组织内部审计组织模式呈现多样化，非营利组织内部审计机构设置模式比较简单。因此，本部分以企业为主阐述内部审计机构设置与模式选择问题。

（一）单一法人企业内部审计模式

从单一法人组织（以企业为主）的角度看，我国内部审计机构的设置主要有五种模式：（1）隶属于高管层；（2）隶属于财务部门负责人；（3）隶属于纪委书记（或纪检组长）；（4）隶属于董事会和高管层；（5）隶属于监事会和高管层。单一法人企业内部审计组织机构设置的主要模式见表2-1。

表2-1 **单一法人企业内部审计组织机构设置的主要模式**

内部审计组织机构设置模式	特点
隶属于高管层	总裁或总经理主管，副总裁或副总经理协管内部审计
隶属于财务部门负责人	审计机构设在财务部门之下，内部审计工作由财务部门负责人领导
隶属于纪委书记（或纪检组长）	纪检、监察、审计等职能融为一体，相关机构合署办公
隶属于董事会和高管层	内部审计机构由高管层和董事会双重领导，内部审计机构负责人向高管层和董事会同时报告内部审计工作
隶属于监事会和高管层	内部审计机构由高管层和监事会双重领导，内部审计机构负责人向高管层和监事会同时报告内部审计工作

下面具体分述这五种模式的优点与不足：

1.隶属于高管层

高管层是公司的最高层管理人员，拥有专业的管理知识和经验，熟知企业的日常经营业务，对公司的最高决策机构——董事会负责。这种模式下，内部审计机构根据高管层的要求开展工作，并将审计结果直接向其报告，有利于及时、快捷地向经营管理者提供决策建议，直接为日常经营决策服务，在公司内部控制体系中更好地发挥确认与咨询职能，有利于企业管理人员根据审计结果采取改善经营管理、提高经济效益的措施。

内部审计机构是组织的一个组成部分，各部门的很多活动是在总经理的授意下进行的，内部审计机构对这些部门的检查可能会在一定程度上受到阻碍，内部审计机构只能从事日常的内部审计工作，难以对公司的财务人员和总经理的经济责任、业绩等进行独立、有效的评价和监督，在高度敏感的问题上，不能很好地保持独立性和客观性，使得审计范围相对狭窄，审计工作受到一定限制。

2.隶属于财务部门负责人

内部审计机构设置在财务部门之中，内部审计机构的负责人向财务部负责人报告内部审计工作。20世纪80年代初，在内部审计的起步阶段，我国大多数设置了内部审计机构的单位选择了这种组织模式。后来，随着内部审计的发展，这种组织模式逐渐被其他模式所取代。理由是内部审计的主要对象是本单位的财务会计，内部审计机构设在财务部门之下会严重影响其独立性。

但如果存在这样两个条件，这种组织模式还是具有一定优势的：企业是个集团公司，下设若干个分公司；总公司的财务审计由外部会计师事务所完成，分公司的财务审计以“上审下”的方式由总公司内部审计人员完成。

从保持内部审计独立性的角度分析，不应选择这种组织模式，但如果因条件限制无法改变组织模式的话，企业应该实行“上审下”内部审计制度。

3.隶属于纪委书记（或纪检组长）

这种组织模式的实质是纪检、监察、审计三种职能融为一体，相关机构合署办公。纪检部门是党的办事机构，而审计部门归属于行政监督机构，因此，合署办公易造成党政不分、政企不分的职能混乱。当然，此种定位将内部审计当作纪检、监察部门办案和监察工作的延伸和补充，有助于提高纪检、监察与审计合署办公的效率。

从职能对应的角度来看，应该将审计与纪检、监察分属办公，如果纪检、监察部门需要审计协作的话，审计可以给予适度的帮助；如果企业现有的组织模式难以更改，则需要在纪检、监察、审计部门内部对人员按照工作属性进行分工，设专门的内部审计人员，并至少由一位机构负责人直接负责审计工作。

4.隶属于董事会和高管层

内部审计机构由高管层和董事会双重管理，内部审计机构负责人向高管层和董事会双重报告内部审计工作。董事会是公司制企业的最高权力机构，内部审计机构隶属于董事会，其组织地位能与其重大使命相适应，能够很好地体现内部审计的独立性。

5.隶属于监事会和高管层

监事会是公司的监督机构，由股东代表和职工代表组成，其主要职责是对董事会、高管层进行监督。这种双重领导模式下，内部审计机构负责人向高管层和监事会报告内部审计工作。在这种模式下，能够最大限度地实现内部审计的独立性。如果选择这种组织模式，必须在组织制度中明确内部审计机构和监事会的分工，监事会主要监督高管层及董事会履行代理职责的情况及重大的决策行为，内部审计重点审计高管层以下层级管理者负责的经营和管理活动，并向监事会报告。

（二）企业集团中内部审计机构设置与模式选择

企业集团是一种以大企业为核心，以经济技术或经营联系为基础，实行集权与分权相结合的领导体制，规模巨大、多元化经营的企业联合组织或企业群体组织。目前，企业集团中内部审计管理模式主要有如下几种类型：

1.垂直管理与分级管理相结合模式

这种模式是各层级根据需要设置内部审计机构，各层级内审机构对本级管理层负责，公司总部根据下级分（子）公司的分布设置区域派驻机构，对公司总部负责。这种体制的主要特征是“上审下”和“同级审”并存。这种体制是现在国资委和审计署在大型中央企业中比较推崇的内部审计管理体制，其代表目前现代内部审计模式的发展趋势。一方面，这种体制对于下级内审机构来说，在业务上受到公司总部内部审计机构的指导和监督，具有较好的适应性、灵活性和针对性；另一方面，对于公司总部派驻的内审机构，其具有较高的独立性，能够站在公司整体的高度，对体制机制建设方面提出全局性建议。

华润集团内部审计机构的设立采取了该种模式，集团设立审计部，向集团董事会负责并报告工作，集团审计部接受国家审计机关的业务指导和监督；集团直属上市公司设立审计部，向上市公司董事会及审计委员会负责并报告工作；其他上市公司可根据具体情况设立审计部，向上市公司董事会及审计委员会负责并报告工作。同时，业务链条长、管理环节多的一级利润中心，可根据具体情况经上级公司批准设立审计部，向一级利润中心董事会及上级审计机构负责并报告工作。

华润（集团）有限公司内部审计条例

2.集中管理与分级管理相结合模式

这种模式是在公司总部设立一个功能完善的审计中心，审计中心审计力量强大，人员较多，职能细化，分工明确，下属各级管理层根据需要设置审计机构。审计中心对下级审计机构的审计计划实行统筹管理，统筹配置审计资源。其主要优点包括：上级审计机构对下级审计机构的业务指导具有较强的力度，上级审计机构对其所属企业的内部审计具有较高的控制能力。缺点包括：审计工作调控集中在总部，不利于及时了解和发现所属企业经营发展中的矛盾和问题。

3.分级管理与垂直管理相结合模式

这种模式是总部和二级单位都设置审计机构，二级单位内部审计机构执行总部80%以上的审计任务。各二级单位的审计机构向本级管理层负责，并且根据需要对三级单位实行派驻制，或设置审计联络员，三级及以下单位基本不设置审计机构。

其主要优点包括：通过二级单位审计力度的加大，能够较好地体现对三级单位内部审计独立性的要求。缺点包括：三级单位配合不积极，审计成本提高，审计效率降低。同时，反馈到总部的审计信息也存在扭曲的可能性。

4.分级管理模式

这种模式是指公司各管理层级根据自己的需要设立内部审计机构，各级内部审计机构向本级管理层负责，各级审计机构所配置的审计人员，其人事、行政、经费都由本级管理层管理，在审计业务上，以本级管理层管理为主，上级审计机构可以有一定的指导作用。其优点包括：集团公司中各级企业的内部审计活动具有较好的适应性、灵活性和针对性。缺点包括：内部审计机构受本级企业的领导，内部审计的独立性较差，内部审计信息可能背离公司总体发展目标和管理要求。

5.垂直管理模式

内部审计机构设置在集团公司总部，各层级的下属单位都不再设立内部审计机构，总部分区域设置派驻机构，对各自区域范围内的所有单位进行审计。各派驻机构在人事、行政、经费及审计业务方面由总部审计机构统一管理。这种审计体制的主要特征是“上审下”，适于上下级单位的业务内容比较统一、管理体系本身实行垂直控制的企业，例如银行系统。

✼请注意✼

组织结构的类型包括直线制、直线职能制、事业部制、矩阵制、子公司与分公司。

四、内部审计机构的权限与职责

（一）内部审计机构的权限

我国《审计署关于内部审计工作的规定》第十三条规定：内部审计机构或者履行内部审计职责的内设机构应有下列权限：

（1）要求被审计单位按时报送发展规划、战略决策、重大措施、内部控制、风险管理、财政财务收支等有关资料（含相关电子数据，下同），以及必要的计算机技术文档；

（2）参加单位有关会议，召开与审计事项有关的会议；

（3）参与研究制定有关的规章制度，提出制定内部审计规章制度的建议；

（4）检查有关财政财务收支、经济活动、内部控制、风险管理的资料、文件和现场勘察实物；

（5）检查有关计算机系统及其电子数据和资料；

（6）就审计事项中的有关问题，向有关单位和个人开展调查和询问，取得相关证明材料；

（7）对正在进行的严重违法违规、严重损失浪费行为及时向单位主要负责人报告，经同意做出临时制止决定；

（8）对可能转移、隐匿、篡改、毁弃会计凭证、会计账簿、会计报表以及与经济活动有关的资料，经批准，有权予以暂时封存；

（9）提出纠正、处理违法违规行为的意见和改进管理、提高绩效的建议；

（10）对违法违规和造成损失浪费的被审计单位和人员，给予通报批评或者提出追究责任的建议；

（11）对严格遵守财经法规、经济效益显著、贡献突出的被审计单位和个人，可以向单位党组织、董事会（或者主要负责人）提出表彰建议。

（二）内部审计机构的职责

按照《审计署关于内部审计工作的规定》第十二条要求，内部审计机构或者履行内部审计职责的内设机构应当按照国家有关规定和本单位的要求，履行下列职责：

（1）对本单位及所属单位贯彻落实国家重大政策措施情况进行审计；

（2）对本单位及所属单位发展规划、战略决策、重大措施以及年度业务计划执行情况进行审计；

（3）对本单位及所属单位财政财务收支进行审计；

（4）对本单位及所属单位固定资产投资项目进行审计；

（5）对本单位及所属单位的自然资源资产管理和生态环境保护责任的履行情况进行审计；

（6）对本单位及所属单位的境外机构、境外资产和境外经济活动进行审计；

（7）对本单位及所属单位经济管理和效益情况进行审计；

（8）对本单位及所属单位内部控制及风险管理情况进行审计；

（9）对本单位内部管理的领导人员履行经济责任情况进行审计；

（10）协助本单位主要负责人督促落实审计发现问题的整改工作；

（11）对本单位所属单位的内部审计工作进行指导、监督和管理；

（12）国家有关规定和本单位要求办理的其他事项。

五、内部审计机构与各利益相关者的关系

内部审计是组织内控机制的重要组成部分，日常工作中不可避免要与组织内外相关机构和人员发生业务合作与交流，内部审计人员应树立良好的关系管理理念和意识，在确保独立性、客观性的前提下，正确处理好与各利益相关者的关系，取得其的理解和配合。

（一）与董事会或者最高管理层的关系

内部审计机构应当接受组织董事会或者最高管理层的领导和监督，定期向其报告工作。在日常工作中，内部审计机构应注意建立并保持与董事会或者最高管理层进行双向沟通的有效渠道，一方面可以充分了解董事会或者最高管理层对内部审计的需求，确保内部审计活动能满足董事会或最高管理层的需要；另一方面可以及时向董事会或者最高管理层汇报审计过程中发现的重要信息，适时提交审计报告，并定期向其汇报审计工作开展情况，积极寻求董事会或最高管理层对内部审计工作的理解与支持，以实现董事会、最高管理层与内部审计机构在组织治理中的协同作用。

（二）与适当管理层及内部各职能部门的关系

内部审计师作为控制机制的组成部分，要为组织的适当管理层和内部各职能部门提供确认和咨询服务，帮助他们发现和控制风险，同时，在某些情况下，又具有对他们的行为进行监督的职能，因此处理好与他们的关系，获取支持与配合，对有效开展审计工作十分重要。组织应通过机构设置尤其是报告关系的科学设置，帮助内部审计协调好治理层与管理层的不同需求和冲突。内部审计人员应当积极、主动地与组织内相关管理层进行沟通，获取支持和帮助。内部审计机构应该就年度审计计划，适当征求管理层意见以确定工作重点；通过向适当管理层咨询，了解内部控制环境；根据审计中发现的问题，及时向适当管理层提出审计意见和建议；在发出书面审计报告之前，征求适当管理层对审计结论、意见和建议的意见。

内部审计人员应与组织内其他职能部门建立并保存良好的关系，增强与其之间的业务交流与互动，通过多种形式共享审计成果。及时通报相关业务领域风险管理和内部控制中存在的问题，对把握不准的问题积极同相关业务部门进行探讨，听取职能部门意见，寻求审计中发现问题的解决方法。审计结束后，内部审计人员还应将审计报告和整改意见同时

抄送相关职能部门。

（三）与被审计单位的关系

内部审计机构与被审计单位的接触最多，需要实施的沟通和协调也最多。处理好与被审计单位的关系，首先要注意应在尊重对方的情况下开展审计工作，以帮助对方的心态服务于被审计单位，获得被审计单位的理解、配合和支持。在工作中，内部审计机构应主动与被审计单位就审计依据、审计发现、审计结论、审计意见、审计建议进行讨论和交流，听取被审计单位意见。当然，内部审计机构也要防止审计组成员与被审计单位的关系过于密切，使独立性受到威胁，影响审计工作的效果。

（四）与组织外部相关机构和人员的关系

内部审计人员应当与组织外部相关机构和人员建立并保持良好的人际关系，以获得更多的认同、支持及协助。内部审计机构应建立与国家审计机关、税务机关、监察机关和会计师事务所等部门和单位的协调沟通机制，以帮助组织及时消除各种外部风险，维护组织合法权益。

加勒比海地区的内部审计

第二节　内部审计制度建设

企业应当建立健全内部审计制度、审计工作程序、工作方法、岗位职责、质量管理、职业道德、继续教育等方面的内部审计工作准则和规范，使内部审计工作有章可循、有规可依，为促进内部审计健康、有序发展提供制度保证。

为了保证内部审计部门能够正常、有序地开展内部审计工作，企业应当具备至少以下三个层次的内部审计制度：

一、内部审计章程

《第2301号内部审计具体准则——内部审计机构的管理》第六条规定：内部审计机构应当制定内部审计章程，对内部审计的目标、职责和权限进行规范，并报经董事会或者最高管理层批准。

内部审计章程应当包括下列主要内容：

（1）内部审计目标；

（2）内部审计机构的职责和权限；

（3）内部审计范围；

（4）内部审计标准；

（5）其他需要明确的事项。

内部审计章程应当与我国的《中华人民共和国审计法》、《审计署关于内部审计工作的规定》和《中国内部审计准则》等法律法规的原则保持一致，按照组织管理制度的规定，采用书面形式进行正式规范，并报经董事会或最高管理层批准。

内部审计章程有助于定期评估内部审计活动的宗旨、权力和职责是否适当，以确保内部审计活动发挥应有的作用，并作为对管理层和董事会进行评价这一职能开展情况的评价依据。如果出现问题，内部审计章程也能提供与管理层和董事会达成的关于内部审计活动在组织中作用和职责的正式书面协议。

二、内部审计操作性制度

内部审计操作性制度，是依据组织内部审计章程的有关规定制定的，是关于审计计划、审计程序、审计方法、审计档案等方面的制度，是较之于内部审计章程更为详细，但仍然带有总括性质的制度，对本组织及本组织所属单位具有普遍的适用性。

三、内部审计工作手册

某股份有限公司内部审计管理制度

所谓内部审计工作手册，是指用来规范某一审计内容或者某一有关工作内容的具体指南。内部审计工作手册应当根据组织的性质、规模和特点，对审计程序、审计方法、审计质量控制及相关审计要求做出详细的规定，以帮助内部审计人员开展具体审计工作。内部审计工作手册可以按照审计业务内容进行设计，如招投标与合同审计、工程项目审计等。

内部审计工作手册应包括以下主要内容：

（1）内部审计机构的目标、权限和职责的说明；

（2）内部审计机构的组织、管理及工作说明；

（3）内部审计机构的岗位设置及岗位职责说明；

（4）主要审计工作流程；

（5）内部审计质量控制政策与程序；

（6）内部审计道德规范和奖惩措施；

（7）内部审计工作中应注意的事项。

黄山永新内部审计制度示例

实行内部审计制度的组织，其规模和条件各不相同，因此，对内部审计制度建设的要求也有所不同。对于规模较大、管理制度较为规范的组织，建立内部审计制度体系是必不可少的；对于规模较小的组织，要求可以略微降低，但也要朝着这个方向努力。

第三节　内部审计人力资源管理

案例导入：美国GE内部审计

《第2301号内部审计具体准则——内部审计机构的管理》第三章“部门管理的内容和方法”第十一条规定：内部审计机构应当根据内部审计目标和管理需要，加强人力资源管理，保证人力资源利用的充分性和有效性。其主要包括下列内容：

- 内部审计人员的聘用；
- 内部审计人员的培训；
- 内部审计人员的工作任务安排；
- 内部审计人员专业胜任能力分析；
- 内部审计人员的业绩考核与激励机制；
- 其他有关事项。

一、内部审计人力资源结构设置

（一）内部审计人力资源结构设置原则

内部审计工作能否有效开展，内部审计人员能否保持其独立性和权威性，与内部审计人员的结构和素质是有联系的。内部审计机构中的人员结构是一个十分重要的问题，只有审计人员结构合理，才能发挥最大的群体力量。凡是有一定规模的审计机构，都应当注意以下四方面的结构要求：

1.注意保持内部审计人员高低互补的业务水平结构

在专业背景方面，企业内部审计机构应注意高级、中级和初级审计人员的配套和合理的比例。例如，规模较大的企业的内部审计机构，应争取高、中、初级审计人员的配套；规模较小的单位可只配中、初级人员。由于我国高等教育事业的不断发展，每年都有大批具有大学文化的学生和会计专业人员进入内部审计行业，因此，内部审计师的水平结构中大学毕业及有经验的人员所占比重较高，而且有不断增加的趋势。

2.应保证内部审计人员具有较高的、多方面的专业技术，并保持这样的专业技术结构

公司人事部门在配备内部审计人员时，应尽可能做到由会计师（或审计师）、经济师、工程师和律师四方面人员组成。不具备这些配套条件的单位或者规模较小的单位可主要由会计师（审计师）、经济师组成，并可根据工作需要，聘请工程技术人员和律师为兼职审计人员，或临时聘请他们参加审计工作。审计机构要大力鼓励审计人员学习经营管理技术和法律知识。

3.注意保持内部审计人员老中青结合的合理年龄结构

内部审计工作任重而道远，吸纳有丰富经验、勇于奉献的中老年审计人员能为公司的内部审计工作打下坚实基础，提供保障，吸纳有拼搏精神、勇于改革创新的年轻审计人员能为公司内部审计工作带来新的想法。只有内部审计人员的年龄结构合理，才能发挥他们的长处，激发他们的积极性，相互补充，相互支持，以充分发挥内部审计的职能。

4.要定期进行工作轮换

为避免出现舞弊、互相串通等现象，审计人员需要适当轮岗，此举还可使内部审计人员得到不同的工作经验和体会，有利于内部审计工作的健康发展。

（二）内部审计人员的具体设置

内部审计部门的核心人力资源便是审计人员。一个合格的内部审计人员应该具备专业胜任能力，即具备履行职责所需要的知识、技能和其他能力，应具备良好的沟通、交流和书面表达能力，应具备良好的思想品质和职业道德。

内部审计工作要想顺利执行，必须依据职权给予适当的人员编制。人员编制一般有四级，其组成情况如下：

（1）内部审计部门负责人：负责整个内部审计部门的目标设定、政策制定、制度建立、机构管理，以及年度审计计划和审计报告的最终审核等工作。

（2）审计项目小组负责人：负责审计项目的全部审核工作，规划及掌握审计项目的有关工作，并对审计人员进行指导、监督。

（3）审计工作人员：负责规划制度范围内的具体审计工作，并指导、监督审计助理人员的工作。

(4) 审计助理人员：作为刚刚从事内部审计工作的新人，须有人指导、监督其实地开展审计工作，其才能掌握工作重点，提高工作效率。

另外，为了内部审计部门能够有序运作，需要一定的行政人员。根据成本效益原则，在规模较小的组织，行政工作可以由审计人员兼职；在规模较大的组织，内部审计部门审计人员较多，行政工作较繁重，这时需要专职的行政人员从事各项行政工作，发挥支持内部审计工作的职能。

二、内部审计人员的聘用

人员雇佣是人力资源管理的首要环节，为此，内部审计部门应当会同单位人力资源管理部门制定雇佣程序，以选择正直的、具有专业知识储备及职业素养、通过培养能够具备执行业务所需的必要胜任能力的人员。

内部审计工作具有专业性高、技术性强等特点，因此，从事内部审计工作的人员应具备较强的专业能力和应有的职业谨慎。在选择内部审计人员时，应注意挑选一些已取得相关专业资格证书（如CIA、CPA、AICPA、CGA等）的人才，专业资格证书在一定程度上能够体现专业知识的储备水平，没有基本的知识与能力根本无法适应内部审计复杂多变的技术要求。

在考察专业知识能力的同时，还可以考察其是否具备应有的业务素养。业务素养可以从其是否能准确地理解和执行国家方针政策、财经法规及单位内部规章制度等方面体现，也能从其是否坚持原则、是否有强烈的事业心和责任感、是否愿意为内部审计事业奉献等方面进行考察。

只有综合进行考量，才能严把选人关，提高内部审计队伍的整体综合素质。

三、内部审计人员的培训

（一）建立内部审计人员的培训制度

内部审计人力资源的培养是内部审计部门的一项重要工作。IPPF属性标准要求内部审计人员“通过持续的职业发展来增加知识，提高技能和其他方面的能力”。

培训是内部审计人员更新知识和进行能力建设的重要途径。组织要完善岗位培训和职业培训相结合的培训制度，根据本单位的特点以及内部审计人员的基本素质制订切实可行的培训计划，为内部审计人员提供学习的机会。同时，自学是内部审计人员后续教育的重要补充方式。内部审计人员可以采用自学课程、研读专业杂志、参加课题研讨和专业会议等多种方式加强自身的学习。

职业实践是内部审计人员提升专业能力的最佳方式。内部审计人员应该参加不同层次、不同领域的审计实践活动，通过参加不同复杂程度、不同审计内容和由不同督导人员监督的各种类型的审计业务，积累工作经验，增强审计思维和对审计业务的敏锐性。内部审计机构也可以通过导师帮带、挂职锻炼等形式，帮助内部审计人员通过审计实践不断提升专业胜任能力。

所以，在内部审计人员入职后，应当由公司的负责人和内部审计机构的负责人组织进行职业培训、挂职学习，要有计划地对内部审计部门工作人员进行各类期限的轮流培训，提高内部审计人员的业务素质和道德素质。

具体而言：

（1）制订计划。单位要制订一系列的培训方案，包括脱产培训课程的教学方案、短期的在职培训方案、不定期地参加审计专业讲座等。在许多大型组织里，内部审计人员会参加正式的内部培训课程，包括课堂培训、导师制、现场培训等。此外，有些组织通过对在职内部审计人员进行交叉培训，使其能够熟悉整个组织的情况。有些组织采取更为灵活的培训方式，让内部审计人员自己制订个人培训计划，鼓励内部审计人员通过IIA的国际注册内部审计师的全球认证。

（2）具备理论。要组织相关方面专家和学者编写一系列适合内部审计人员学习、培训用的内部指导手册、新颖的教材和参考书、案例资料等，不断更新内部审计人员的知识结构，以实现继续教育的教学目标，提高教学效果。

（3）注重方式。培训可以是以电脑网络的形式进行，也可在指定地点进行，有条件的大型公司可以在公司内部组织进行。

（4）保证时间。单位内部审计机构负责人和人力资源部门应当一起制定带薪学习时间安排，保证有足够的学习时间，才能确保内部审计人员的培训效果。

（二）明确后续教育的内容

根据单位内部的需求及内部审计人员的具体情况，有针对性地引导内部审计人员明确后续教育的内容。在企业实际工作中，内部审计人员通常可以分为以下三个层次：内部审计机构负责人（首席审计官）、内部审计项目经理、内部审计助理人员。

第一层次：内部审计机构负责人（首席审计官）是内部审计机构中负责内部审计工作的最高职位。其应该掌握组织内部审计工作的业务及行政方面的技能，包括制订年度审计计划、批准和审查审计项目计划和审计方案；应该具备配置审计资源、管理内部审计部门、正确运用内部审计准则、制定审计程序、应用审计技术、出具审计报告以及处理与协调内外关系等方面的技能；应该掌握战略管理理论，内部审计在企业再造过程中的作用，有关公司治理、控制和风险管理理论等方面的知识。

对于内部审计机构负责人，应进行以下内容的培训：

（1）国际、国内最新内部审计理论与技术方法；

（2）内部审计在公司治理、控制和风险管理中的作用及最新发展；

（3）有关公司治理、风险控制等管理理论；

（4）国际、国内会计准则和审计准则的最新变化情况；

（5）国际、国内税收法规及其他有关的法律法规的最新变化；

（6）最新国际、国内审计案例及成功与失败的审计管理案例研究；

（7）开展正式咨询服务的有关理论和实务。

第二层次：内部审计项目经理应掌握独立完成一个项目所需的技能和知识，包括依照《中国内部审计准则》编制综合的涵盖项目业务范围的项目计划和审计方案，组织实施内部审计项目以及解决相关的复杂问题等。

针对内部审计经理（项目经理）应进行以下内容的培训：

（1）与本单位密切相关的会计、财务管理、经济学以及管理理论等方面的知识；

（2）内部控制与风险管理的最新理论；

（3）以国际、国内内部审计案例为主，研究、讨论如何编制一个综合的、长期的涵盖所有业务范围的审计项目计划和审计方案；

(4) 综合审计技术（计划、组织、实施、管理、协调等业务）以及计算机知识（信息系统审计、计算机审计）；

(5) 就内部审计的一些新业务类型（除传统的保证业务以外的咨询服务、非审计业务、第三方审计业务、环境审计业务、司法鉴定审计业务）进行培训。

另外，对高级审计师还应进行以下内容的培训：国际、国内的内部审计准则；相关法律法规；有关管理学、心理学、组织行为学、财会、金融、制造、工程、采购等方面的知识；计算机审计和其他审计业务知识；具体的审计程序、技术和原理；案例分析与研究等。

第三层次：内部审计助理人员应掌握从制订审计计划、项目计划和审计方案，到执行、起草审计报告所需的技能以及内部审计准则、审计基本理论、基本技术方法和相关的计算机知识。

对内部审计助理人员应进行以下内容的培训：

(1) 内部审计基本理论与技术（包括基本的内部审计技术）；

(2) 国际、国内会计和审计准则（包括内部审计准则）；

(3) 内部控制与风险管理的一般知识；

(4) 国内税收法规最新变化及其他有关的法律法规的最新变化；

(5) 计算机基础知识；

(6) 从事内部审计业务所必需的其他知识和技能。

四、内部审计人员的工作任务安排

在实务中，内部审计部门所承接的每项业务都是委派给项目组具体办理的。委派项目组是否得当，直接关系到业务完成的质量。

内部审计部门应当对每项业务至少委派一名项目负责人，并配备具有必要素质、专业胜任能力和时间的员工组成审计项目组。这样规定对于明确每项业务的质量控制责任、确保业务质量有特别重要的作用。

委派项目组成员时，应考虑下列事项：

(1) 项目负责人必须具有履行职责所必需的素质、专业胜任能力、权限和时间，项目负责人必须清楚界定自己的职责。

(2) 业务类型、规模、重要程度、复杂性和风险。

(3) 需要具备的经验、专业知识和技能。

(4) 对人员的需求，以及在需要时能否获得具备相应素质的人员。

(5) 拟执行工作的时间。

(6) 人员的持续性和轮换要求。

(7) 在职培训的机会。

(8) 需要考虑独立性和客观性的情形。

五、内部审计师应具备的职业胜任能力

为了更好地履行职责，内部审计人员应具备一定的专业胜任能力，即具有良好的专业

能力、适当的知识结构、融洽的人际关系和优良的素养，并通过持续职业学习来增加知识，提高技能和其他能力。

（一）胜任能力

胜任能力是驱动个体产生优秀工作绩效的各种个性特征的集合，它反映的是可以通过不同方式表现出来的人员的知识、能力与职业素养。胜任能力是判断一个人能否胜任某项工作的起点，是决定并区别绩效差异的个人特征。

胜任能力拓展阅读

胜任能力模型被定义为担任某一特定的任务角色所需要具备的胜任能力的总和。

麦克利兰把胜任能力划分为如下六个层次：

（1）知识。其是指一个人在某一特定领域的专业知识。

（2）能力。其是指结构化地运用知识完成某项具体工作的能力，即对某一特定领域所需技术与知识的掌握情况。

（3）社会角色。其是指一个人基于态度和价值观的行为方式与风格。

（4）自我概念。其是指个人自我认知的结果，关于一个人的态度、价值观与自我形象。一个人的价值观可以用于预测该人在一段时间内在有监督条件下的行为方式。一个员工能否胜任本岗位的工作，在岗位上能否有所建树、有所创造、有所发明、有所进步，取决于其是否有着较强的自我概念。

（5）特质。个体的特性以及拥有的对情境或信息的持续反应，使个人有某种倾向而导致做出某些行为，如自信、能忍受压力、做事小心谨慎、善于倾听别人的意见、工作能持之以恒等。

（6）动机。动机是一个人对某种事物持续渴望，进而付诸行动的念头。它能推动人追求或者避开某一事物，开始或停止某一活动。动机会指导个人行为方式的选择朝着有利于目标实现的方向进行，并防止偏离。

个人胜任能力与职业胜任能力的区别如下：

假设：A为个人胜任能力，即个人能做什么和为什么这么做；B为岗位工作要求，即组织期望个人在工作中做什么；C为组织环境，即个人所处的某一个具体组织的结构、文化、制度等。

那么：职业胜任能力就是A、B、C三部分的交集D（如图2-1所示），即职业胜任能力是管理者最有效的工作行为或潜能发挥的最佳领域。

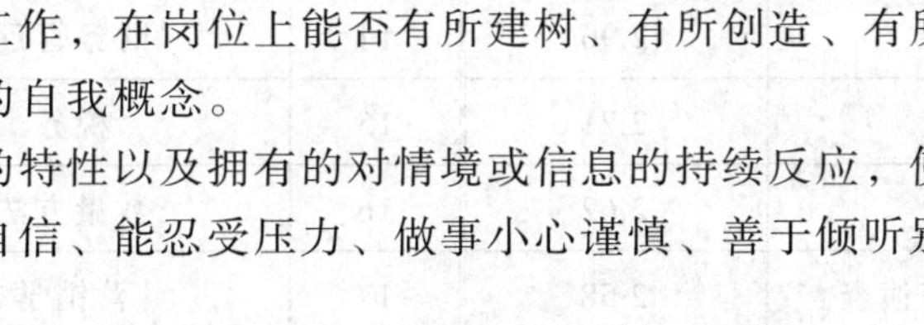

图2-1　个人胜任能力与职业胜任能力的关系

胜任能力可从专业知识、能力及职业素养三个方面入手进行考察。

（二）内部审计人员应具备的专业知识

鉴于内部审计工作专业性、技术性要求比较高，内部审计人员具有丰富的专业知识储备和应有的职业谨慎是加入内部审计队伍重要且必要的条件和基本要求。

内部审计在其发展过程中，主要经历了财务审计、经营审计、管理审计等阶段，现在西方发达国家内部审计已经进入了风险管理审计阶段。管理审计的对象和目标层次都有很大的提高，深入企业经营管理核心层面，因此对内部审计人员职业能力的要求更高了。内部审计职业团体建立了一系列的职业规范标准，对内部审计人员的执业、行为等方面提出了要求。

1993年，IIA经过广泛调查，归纳了20项公认的内部审计人员必须掌握的知识（Common Body of Knowledge），并按重要性进行排列，见表2-2。

表2-2　　内部审计人员必须掌握的知识（IIA，1993）

排名	知识	权数	排名	知识	权数
1	分析推理	3.37	11	管理会计	2.28
2	沟通	3.13	12	政府组织及运作	2.11
3	审计理论与实务	3.10	13	法律	2.08
4	职业道德	2.96	14	财务管理	1.96
5	组织理论	2.71	15	税务	1.96
6	社会学	2.62	16	数量方法	1.94
7	舞弊的预防与侦查	2.58	17	营销学	1.91
8	计算机技术	2.49	18	统计学	1.88
9	财务会计	2.34	19	经济学	1.82
10	资料收集技术	2.31	20	国际观	1.63

1994年，IIA又对内部审计人员必须进行后续教育的知识进行了调查，调查结果表明，内部审计人员必须进行后续教育的知识主要包括以下几个方面：

（1）沟通知识，涉及书面沟通、口头沟通、商业沟通；

（2）审计、会计信息系统；

（3）职业道德规范；

（4）计算机软件；

（5）统计学原理、统计抽样技术；

（6）逻辑推理；

（7）电子表格、数据库和管理系统、系统分析与设计；

（8）组织行为；

（9）风险管理；

（10）企业经营所处的法律环境；

（11）文字处理；

（12）人事管理。

上述两个调查是IIA针对内部审计人员职业能力所做的广泛调查。调查结论显示，内部审计人员必须熟练掌握分析推理的方法、沟通的方式和方法，具有改善人际关系、管理和处理信息的能力。这些能力比大学教育中强调的经济学、统计学、会计学等方面的知识更为重要。

内部审计人员应具备的能力

（三）内部审计师应具备的职业素养（品质）

IIA前会长霍华德·约翰逊（Howard Johnson，1999—2000年度任会长）认为，在风险导向审计阶段，内部审计人员必须具备以下七个品质[①]：

（1）具有广博的知识。内部审计人员需要了解组织、行业近况与竞争情况，特定机制和流程与整个组织的关系，同时必须善用信息技术分析有关资料。

（2）化被动为主动。内部审计人员需要在多变的环境下主动确认、分析风险，寻找问题所在，寻找服务机会。

（3）具有前瞻性。内部审计人员在制订年度审计计划时，应关注内部审计人员现在及未来应该具备的能力，具有前瞻性和某种程度的弹性。

（4）表达意见必须做到公平。如果被审计单位管理良好就给予肯定，管理不善就指出问题并帮助评估问题严重性及其带来的机会。

（5）必须具有强烈的求知欲，培养多元化的专业技能，做到训练有素。

（6）与组织内部各单位及各阶层管理者建立良好的正式关系。

（7）必须保持良好的工作心态，包括：积极进取，努力，做得比预期还要多；追求卓越，立志在任何工作上都有良好的表现；有紧迫感；能换位思考，以顾客的立场和观念来执行每项审计任务；相信他人，并鼓励他们更有信心、更熟悉其职责；使自己及他人更具活力；积极表达自己的意见并与管理当局讨论重要经济问题。

除此以外，我们认为，内部审计师还必须保持应有的职业谨慎。

谨慎指的是审慎、细心、慎重。谨慎是一种生活的态度和倾向，谨慎是一种优秀品质。持有此种态度的人，会对事物做整体的、细节性的考虑，小心评估利弊得失，并且反复思量自己的决定和行动所造成的结果，他们经常是深思熟虑的，注重长期、实质的结果，而不是短期、表面的利益。谨慎往往给我们带来利益，是做人的优秀品质，但是如果过于谨慎，也会引发问题，如丧失机会。

应有的职业谨慎是指相当谨慎且能胜任的内部审计师在相同或相似的情形下应具备的审慎态度和技能。《IPPF第1220号——应有的职业谨慎》要求："内部审计师必须具备并保持合理的审慎水平和胜任能力所要求的谨慎和技能。"

应有的职业谨慎应该与所开展业务的复杂程度相适应。在开展审计业务时，内部审计师应该警惕故意不当行为、错误和遗漏、怠工、浪费、无效工作和利益冲突等情况存在的可能性，应该警惕最可能发生违法乱纪现象的情形和活动。内部审计师应识别不适当的控制，并提出促进遵守可接受的程序和实务的改进建议。

IIA要求，内部审计师在实施审计过程中，必须通过考虑以下因素，并保持其应有的职业谨慎：

（1）为实现业务目标而需要开展工作的范围；

---

① 王光远．内向型管理审计：从控制导向到风险导向［J］．财会月刊，2002（7）．

（2）所要确认事项的相对复杂性、重要性或严重性；

（3）治理、风险管理和控制过程的适当性和有效性；

（4）发生重大错误、舞弊或不合法行为的可能性；

（5）与潜在效益相对的确认成本。

在保持应有的职业谨慎时，内部审计师必须考虑利用适当的审计方法和其他数据分析技术。

内部审计部门整体必须具备或获得履行其职责所必需的知识、技能和其他能力。当内部审计师缺乏完成全部或部分审查业务所必需的知识、技能或其他能力时，其必须向他人寻求充分的专业建议和帮助。如果内部审计师缺乏完成全部或部分咨询服务所必需的知识、技能或其他能力，其必须谢绝开展此项业务或寻求充分的建议和帮助。同时，内部审计师必须通过持续的职业学习来增加知识，提高技能和其他能力。但是，保持职业谨慎并不意味着永不犯错，因此，应有的职业谨慎意味着合理的谨慎和能力，而不是绝无差错或者业绩优异。

此外，在招聘内部审计人员时，还要注重业务素养的考察。既要考察其是否有准确理解和执行国家方针政策、财经法规及单位内部规章制度的能力，还要考察被聘用的人员是否敢于坚持原则，是否在主观上能以强烈的事业心和责任感甘于献身审计事业，是否具有任劳任怨、爱岗敬业、不计个人得失的奉献精神。只有这样，才能做到严把进人关，从整体上提高内部审计人员的综合素质。

六、内部审计人员的激励机制与业绩考评

我国和国际内部审计准则都要求内部审计机构建立有效的质量控制制度、内部激励约束制度，对内部审计人员的工作进行监督、考核，评价其工作业绩。组织应建立健全内部审计人员考核激励机制，明确业绩评价的政策、方法和考核标准，全面评价内部审计人员的工作能力和发展潜力，制定科学合理的奖惩激励措施，使物质奖励与荣誉奖励相结合、榜样激励与感情激励相结合，促进内部审计人员提升综合业务能力。同时，也应考虑这些机制是否会损害内部审计人员的独立性和客观性，是否能够激励内部审计人员，使其目标与组织目标保持一致，为组织增加价值。

（一）内部审计人员的激励机制

激励机制主要包括工薪制度和晋升制度。

工薪制度应当体现对员工的激励作用，因此，每年的薪金调整应当与人员当年评估结果直接相关。表现良好的员工在同级别薪金中处于高端，表现不足的员工处于同级别的低端。

晋升制度向员工传递了清晰的职业发展道路，直接帮助员工制定规划，具有明显的激励作用。内部审计部门应明确定义各部门不同级别职位对应的工作内容、职责范围和技能要求，并在业绩评价过程中使员工充分了解提高业务质量和遵守职业道德规范是晋升的主要途径。

（二）内部审计人员的业绩考评

业绩考评可以通过定期的内部评价、持续的质量保证监督和定期的外部评价等多种方式进行。例如，可以客户满意度、内部审计工作质量、后续教育水平、资格证书等为基

础，对内部审计人员的业绩做出评价。业绩评估结果应当记入档案，以建立和保持内部审计人员的成长记录。除了常规考核外，内部审计机构可对审计人员工作状况等进行定期或不定期的评估，提醒审计人员注意自己的工作状况，了解需要改进的地方。内部审计机构对审计人员进行评估应考虑业绩因素和个性因素。业绩因素包括工作量、工作质量、完成审计工作的复杂程度、工作能力、书面和口头表达能力、自上次评估以来是否有进步、参加继续教育情况等内容；个性因素包括创造性、判断力、说服能力、工作态度和与他人一起工作的能力等内容。

业绩考评也可通过“项目执行情况评估表”和“个人发展计划评估”进行。

（1）项目执行情况评估表

参照国际通行的做法，审计小组成员应该就每个预算在40小时以上的审计项目，准备“项目执行情况评估表”。

在审计计划阶段，所有参与审计项目的小组成员在了解审计项目的目标、范围、自己应该承担的任务之后，就应该准备“项目执行情况评估表”。首先，制定出个人在审计项目中所要达到的目标，包括八个方面：达到客户的期望、项目组内的沟通、个人发展、对项目组其他成员的帮助、审计效率、审计效果、风险控制与审计技巧。设定目标时应该充分考虑工作分配、难易程度、经验水平，不能盲目订立完全不切实际的或者不经过任何努力就能达到的目标。与上级沟通后，就八个目标达成一致，双方签字确认。

在审计实施阶段，每个审计人员都应该按照预先设定好的目标实施审计程序，完成项目经理和审计小组负责人分配给自己的任务。在过程中要注重期中评价，期中评价不一定需要书面形式，但仍可作为期末评估的参考和依据。

在审计报告阶段，项目小组负责人应该就所督导的审计人员在审计项目实施过程中的表现进行评价。项目小组负责人的评估应由项目经理来完成。评估标准如下：

“1”：非常优秀。完全超出了一般胜任的专业水平和期望水平，具有超常的实力和表现。

“2”：基本上超过了一般胜任的专业水平和期望水平，个别方面具有超常的实力和表现。

“3”：达到一般胜任的专业水平和期望水平。

“4”：基本上达到一般胜任的专业水平和期望水平，个别方面还有待改进。

“5”：完全没有达到一般胜任的专业水平和期望水平。

但是要注意，不同级别的审计人员在上述八个方面的要求是不同的。

（2）个人发展计划评估

对于个人发展计划，要求审计部门员工以半年为一个期间，制定个人职业发展的目标，在期末按照发展计划来评估员工的整体表现。

个人发展计划主要包括：个人的主要长处、需改进的方面、个人发展计划的实施过程、对未来工作重点的期望。

个人发展计划的实施过程：每年12月和6月制订未来6个月的个人发展计划，每年1月和7月就以前6个月的员工个人发展计划执行情况进行评估，评估后对工资和奖金的发放提出建议。

对未来工作重点的期望：员工可以表达个人对未来工作重点的期望，比如希望从事更多财务审计，内部审计部门负责人应在未来的工作中尽可能考虑员工的需求。

墨西哥的内部审计

■ 本章内容结构图

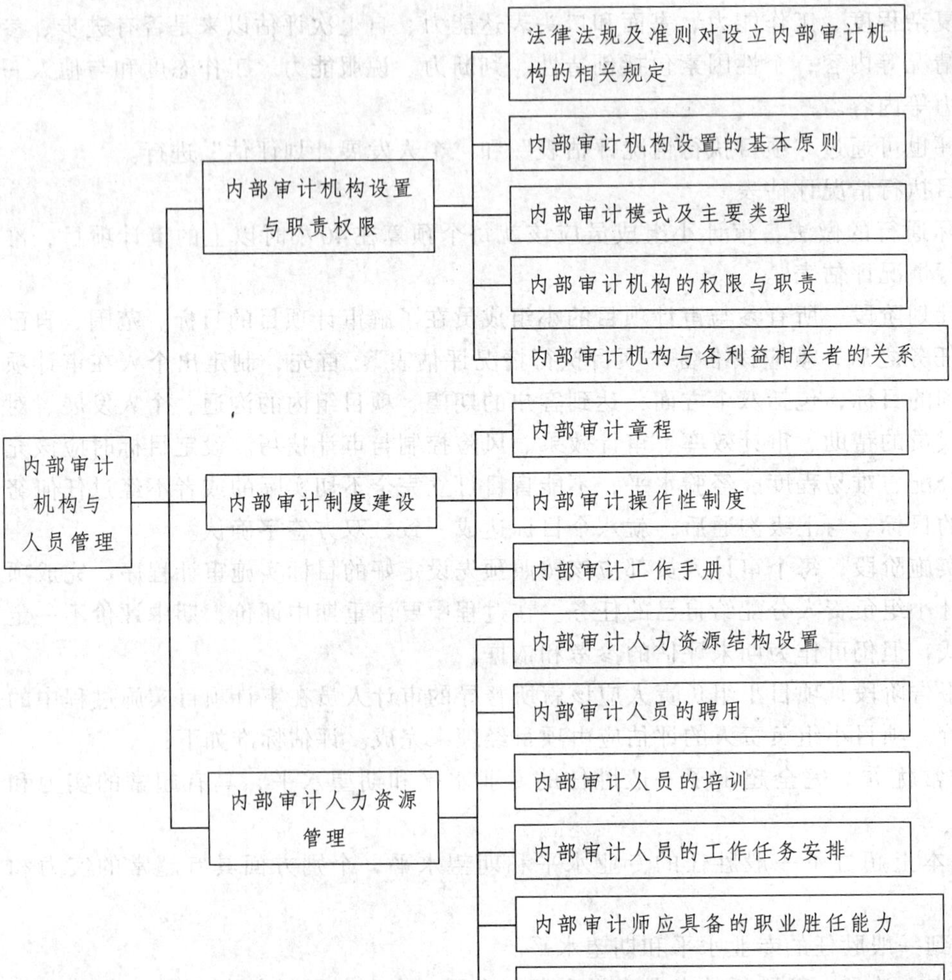

图2-2　本章内容结构图

■ 本章小结

本章详细介绍了内部审计机构与人力资源管理，分为三小节，分别是内部审计机构设置与职责权限、内部审计制度建设、内部审计人力资源管理。其中：

1.内部审计机构设置与职责权限。首先从《国际内部审计准则》的相关规定、《中华人民共和国审计法》及《审计法实施细则》、《审计署关于内部审计工作的规定》、《中国内部审计准则》这四个方面分别介绍了关于内部审计的部分准则。接着详细地阐述了内部审计机构设置的四个基本原则：独立性原则、效率性与功能性相统一原则、权威性原则、分工协作原则。紧接着从单一法人企业和企业集团入手，介绍了内部审计的模式和主要类型，之后又具体说明了内部审计机构的权限与职责。最后从内部审计机构与董事会或者最高管理层、与适当管理层及内部各职能部门、与被审计单位、与组织外部相关机构和人员四个角度介绍了内部审计机构与利益相关者的关系。

2.内部审计制度建设。本节介绍了内部审计章程、内部审计操作性制度、内部审计工作手册。

3.内部审计人力资源管理。本节首先介绍了人力资源结构设置的原则和具体设置。之后又详细介绍了内部审计人员的聘用、培训以及工作任务安排的相关内容；接着从胜任能力、专业知识、职业素养三个维度具体介绍了内部审计师应具备的职业胜任能力，最后介绍了内部审计人员业绩考核与激励机制的具体内容与方法。

■ 关键概念

内部审计机构管理　内部审计模式　内部审计制度建设　胜任能力　基准性素质　鉴别性素质　深层次特征　知识　能力　职业素养　谨慎　学习型组织　人力资源管理

■ 本章练习题

一、单选题

1.以下（　　）活动违反了内部审计的独立性原则。

A.审计师马上就要升职负责管理某个分部，但仍继续对该分部实施审计

B.由于预算限制而缩小审计范围

C.参加特别小组，对新的配送系统的控制标准提出建议

D.在采购代理执行合同之前检查合同的初稿

2.以下（　　）情况说明内部审计师可能缺乏客观性。

A.一个与主要客户相连接的新的电子数据交换程序运行之前，内部审计师对其进行检查

B.前任采购助理调入内部审计部门4个月后，对采购业务的内部控制进行检查

C.内部审计师建议制定控制和业绩考核标准，以便评估与某服务组织签订的处理工资和雇员津贴的合同

D.编制工资单的会计职员，协助内部审计师确认小型电动机的实际库存量

3.以下模式中，内部审计机构的独立性和权威性最强的是（　　）。

A.董事会领导的组织模式

B.监事会领导的组织模式

C.总经理领导的组织模式

D.主管财务的副总经理领导的组织模式

4.下列行为中，不会削弱内部审计师的客观性的是（　　）。

ⅰ.建议新信息系统的应用程序的控制标准。

ⅱ.为运行新的计算机应用程序编写程序初稿，确保建立了恰当的控制。

ⅲ.在新的计算机应用程序安装之前，检查其程序。

A.仅有ⅰ B.仅有ⅱ C.仅有ⅲ D.ⅰ和ⅲ

5.内部审计师近期接到一个营销部门经理提供的周末免费使用海滨度假的提议。目前内部审计活动不会对营销部门实施审计，而且也不在计划安排中，则内部审计师（ ）。

A.应该拒绝这个提议，并向恰当的领导报告

B.可以接受这个提议，因为这个提议是非实质性的

C.可以接受这个提议，因为没有开展或计划对营销部门的业务

D.如果得到了适当的领导批准，就可以接受这个提议

6.内部审计师在开展工作中应保持客观性。假定首席审计执行官收到一笔年度奖金作为个人报酬的一部分，那么在（ ）情况下，这种奖金会损害首席审计执行官的客观性。

A.该奖金是由董事会或其所属的薪酬管理委员会管理的

B.将收到的货币金额或所提议的未来的节约额作为审计结果

C.内部审计工作范围是评价内部控制而不是评价账户余额

D.以上三项都对

7.管理层要求内部审计活动对某主要分部的电话营销情况开展审计，并要求其对加强该经营管理控制问题提出相应的程序与政策上的建议。审计师应当（ ）。

A.不接受该业务，因为建议控制措施将有损未来对该分部进行审计的客观性

B.不接受该业务，因为审计部门精通的是会计控制，而非市场营销控制

C.接受该业务，但是需要向管理层指出提供控制方面的建议将有损其客观性，将来在市场营销领域的业务也会受影响

D.接受该业务，因为没有损害客观性

8.内部审计机构设置的基本原则不包括（ ）。

A.独立性原则 B.权威性原则

C.分工协作原则 D.客观公正原则

9.企业集团中内部审计机构设置与模式选择不包括（ ）。

A.垂直管理与分级管理相结合模式

B.母公司与子公司模式

C.集中管理与分级管理相结合模式

D.分级管理模式

10.内部审计师最好采用以下（ ）方法，以便管理层认识到内部审计的必要性及其所带来的效益。

A.通过公司的股东和监管机构去说服最高管理者接受这一观点

B.向最高管理者宣传内部审计的作用，并与他们经常保持沟通和联系

C.与最高管理者协商，许他们以好处，如提交他们最喜欢的审计报告

D.允许最高管理者参与决定何种审计发现可以在审计报告中反映

11.《职业道德规范》中的行为规则（ ）。

A.为内部审计实务提供了基本标准

B.是帮助内部审计师开展审计工作的指南

C.是在任何情形下均必须遵循的规则

D.有助于总体上理解内部审计责任

12.在内部审计部门的指导下开展环境审计的好处是（　　）。

A.已经具备了独立性和权威性

B.更容易获得技术专长

C.不强调财务方面

D.内部审计工作的成果具有保密性质

13.对组织行为规范的审核表明，该规范旨在提高职员的道德水平，且组织员工非常熟悉这些规定，然而，仍有某些员工不遵守该规范。为提高效果，行为规范应当包括（　　）。

A.所有员工必须定期复习和学习行为规范

B.鼓励员工参与行为规范的制定

C.行为规范的内容和目的公开化

D.对于违规事件规定惩戒条款

14.（　　）既能代表适当人事部门的职能，又能防止薪金舞弊。

A.薪金支票的发送　　B.加班时间的授权

C.薪金增减的授权　　D.未记名薪金支票的收集和保留

15.在开展经营审计业务时，内部审计师将当前部门员工与既定行业标准相比较是为了（　　）。

A.确认领取部门薪酬的虚假员工

B.评估部门的当前业绩，提出恰当的改进建议

C.评价部门既定内部控制的充分性

D.确定部门是否遵守了管理其员工的所有法律和规章

16.下列各项中，不符合内部审计人员职业道德要求的是（　）。

A.不得从事损害所在组织利益的活动

B.保持合理的职业谨慎，并合理使用职业判断

C.在履行职责时，做到独立、客观、正直和勤勉

D.在审计报告中依据被审计单位的意愿披露相关事项

17.在运用《职业道德规范》中的相关行为规则时，内部审计师应该（　）。

A.运用其个人判断

B.将其与其他专业标准相比较

C.遵从审计的情况

D.谨慎决定是否采用这类标准

18.专业组织中制定行为规范最主要的目的是（　　）。

A.降低组织成员因工作不符合标准而被起诉的可能性

B.保证组织中所有成员以几乎相同的胜任能力工作

C.向接受职业服务的利益相关者表示职业组织对职业责任的认可

D.要求职业组织成员表现出对与组织事务相关的所有事情的忠诚

19.内部审计专业界使用的标准，不包括（　　）。

A.用于评估和衡量内部审计部门运行情况的标准

B.内部审计师最低限度的道德行为标准

C.旨在说明内部审计应当怎样实施的陈述

D.适用于各种内部审计部门的标准

20.国际注册内部审计师的缩写是（ ）。

A.CIA B.CPA C.CGA D.ACCA

二、多选题

1.以下关于内部审计的说法，正确的是（ ）。

A.内部审计是我国审计监督体系中重要的组成部分

B.内部审计是针对企业的

C.内部审计人员可以兼任企业部门主管

D.内部审计人员的独立性不如注册会计师

2.内部审计制度建设至少有以下层次（ ）。

A.内部审计章程 B.内部审计规章

C.内部审计操作性制度 D.内部审计工作手册

3.与外部审计相比，内部审计具有以下（ ）特征。

A.更强的独立性 B.审查评价的及时性和广泛性

C.服务的内向性 D.与本单位目标的紧密相关性

4.下列不属于内部审计机构权限的是（ ）。

A.检查权 B.执行权 C.经营权 D.处理处罚权

5.实践中，内部审计地位的高低取决于（ ）。

A.内部审计机构的设置层次 B.内部审计的职责

C.内部审计机构人员数量的多少 D.内部审计工作开展的效果

6.《国际内部审计实务准则框架》中不属于强制性规范的部分包括（ ）。

A.内部审计定义 B.职业道德规范

C.实务公告 D.发展与实务支持

7.《国际内部审计职业道德规范》是由（ ）两个规范合并而成的。

A.《注册会计师职业道德规范》

B.《内部审计职业道德规范》

C.《特许公认会计师职业道德规范》

D.《注册内部审计师职业道德规范》

8.1999年颁布的《国际内部审计职业道德规范》，明确提出了对内部审计人员的基本要求是（ ）。

A.正直 B.客观 C.保密 D.能力

9.不符合《中国内部审计职业道德规范》的是（ ）。

A.内部审计人员应保持职业谨慎

B.内部审计人员不得聘请专家协助工作

C.内部审计人员可不披露所了解的全部事项

D.内部审计人员应接受后续教育

10.（ ）属于内部审计机构在选择审计对象时所考虑的常见风险因素。

A.管理人员正直程度　　B.内部控制的健全有效性

C.职工的道德水平　　D.信息电算化程度

11.麦克利兰把胜任能力划分为（ ）层次。

A.知识　　B.能力　　C.社会角色　　D.特质

三、判断题

1.（ ）我国最高国家审计机关是审计署。

2.（ ）《内部审计具体准则》是依据内部审计基本准则制定的，是内部审计机构和人员在进行内部审计时应当遵循的具体规范。

3.（ ）《内部审计实务指南》是根据《内部审计基本准则》《内部审计具体准则》制定的，为内部审计机构和人员在进行内部审计时提供具有可操作性的指导性意见。

4.（ ）内部审计机构的审计成员应与被审计单位保持密切联系。

5.（ ）内部审计机构应该设置在财务部门。

6.（ ）与外部审计相比，内部审计的独立性主要是以“内部审计机构在组织中的地位”为基础保障。

7.（ ）具有职业审慎性意味着永不犯错。

8.（ ）大学生可以报考注册会计师考试。

9.（ ）培训是审计人员更新知识和进行能力建设的重要途径。

10.（ ）内部审计部门的核心人力资源便是内部审计人员。

11.（ ）如果内部审计师缺乏完成全部或部分咨询服务所必需的知识、技能或其他能力，内部审计负责人必须谢绝开展此项业务或寻求充分的建议和协助。

四、简答题

1.内部审计机构设置的基本原则是什么？

2.阐述内部审计与管理层的关系。

3.有人认为，既然公司设立了审计委员会，就没有必要再设置监事会，因为它们的职责有许多重叠的情况。谈谈你对审计委员会与监事会的看法。

4.知识、能力、职业素养三者间的关系是什么？

5.阐述内部审计师具备职业胜任能力的途径。

6.内部审计师应该具有哪些品质？

■ 本章参考文献

[1] 尹维劼. 现代企业内部审计精要 [M]. 北京：中信出版社，2015.

[2] 张庆龙. 成为明日胜任的内部审计师 [M]. 北京：中国财政经济出版社，2014.

[3] 李晓慧. 审计学是实物案例 [M]. 北京：中国人民大学出版社，2014.

[4] 李冬辉. 内部审计理论与实务 [M]. 北京：北京交通大学出版社，2015.

[5] 中审网校. 国际内部审计专业实务框架精要解读：国际注册内部审计师 [M]. 北京：中国财政经济出版社，2014.

[6] 刘明辉. 审计 [M]. 大连：东北财经大学出版社，2015.

[7] 中国注册会计师协会. 审计 [M]. 北京: 经济科学出版社, 2015.
[8] 章之旺, 李宗彦. 内部审计理论前沿 [M]. 北京: 中国时代经济出版社, 2012.
[9] 郑智园. 零基础学内部审计 [M]. 北京: 机械工业出版社, 2015.
[10] 尹维劼. 现代企业内部审计精要 [M]. 北京: 中信出版社, 2015.

第三章

内部审计程序

学习目标

◇了解风险的概念和识别方法
◇了解选择审计对象的方法的分类
★掌握制订审计方案的步骤
★掌握实施审计作业的程序
★掌握审计报告的编制流程
◆理解审计结果的评估方法
◆理解后续审计的开展程序

面对偌大的一个组织或集团公司，内部审计人员如何开展工作？如何确定审计内容与方法？**内部审计程序**，是指在开展具体审计活动时，内部审计人员必须遵循的先后工作程序。按程序履行审计职责，是规范内部审计工作、保证内部审计质量的重要条件；它代表着一个内部审计项目从开始到结束的完整程序；它是内部审计工作过程的简明指导；它能为内部审计人员明确工作步骤，说明工作过程与重点。为了实现内部审计工作的目标，有必要将内部审计活动科学地划分为几个阶段，并赋予每个阶段相适宜的工作内容和具体要求，以此作为对内部审计工作的指导和控制，从而保证内部审计工作有计划、有步骤地进行，保证内部审计质量，提高内部审计效率，促进内部审计流程的规范化，降低内部审计风险，同时也有助于提高内部审计人员执行审计工作的熟练程度。一般而言，一个内部审计项目的执行过程可以分为审计计划阶段、审计实施阶段、审计报告阶段和后续审计阶段等。也有教材将内部审计流程分为三步，如朱荣恩主编的《审计学》中提出的，按照审计准备、实施审计、审计结束来安排。国外许多内部审计资料、书籍将其分为9个步骤，如IIA考试指定用书《内部审计原理与技术》就将其分为9个步骤，包括：选择被审者，制订审计计划，初步调查经营活动，描述和分析内部控制，扩大内部控制测试范围，形成审计发现和审计建议，报告，后续审计，审计评价；也有分为10个步骤或12个步骤的。从中国现有情况分析，参考以往学者的研究，结合企业实际业务需求，本章将从审计计划、审计实施、审计报告、后续审计四个阶段共8个步骤来具体阐述：

百事（Pepsi）集团内部审计案例

审计计划阶段主要包括如下几个步骤：

（1）确定审计目标，依据公司组织的经营目标，明确本次审计目标及范围；

（2）全面风险评估，进行全面的风险分析，确定可能存在的问题；

第1101号内部审计基本准则中关于作业准则的规定

（3）选择审计对象，按照问题重要情况，确定审计对象（目标）；

（4）制订审计方案，根据审计目标，确定具体审计内容和步骤；

审计实施阶段主要包括：

（5）实施审计作业，根据审计方案，进行完整的内部审计过程；

审计报告阶段主要包括：

（6）编制审计报告，根据工作底稿及反馈，完成并汇报审计结果；

后续审计阶段主要包括：

（7）后续跟踪审计，根据审计建议，跟踪落实被审计单位整改措施；

（8）评估审计结果，总结审计过程，提升审计经验。

第一节　审计计划阶段

一、确定审计目标

（一）内部审计目标

在我们了解内部审计类型、明确内部审计战略要求之后，就好像我们已经踏上了内部审计工作的征程，然而，我们还必须知道未来的工作方向在哪里，也就是说，内部审计人员对自己所要进行的内部审计工作应进行定位，即明确内部审计的目标和范围。

内部审计的任务目标千差万别，形式多样，但归纳起来，所有的任务目标都包含在以下五种目标之中：

（1）确认资源使用的效率与效果；

（2）确认法律、法规、制度、合同的遵循；

（3）确认资产的安全；

（4）确认经营报告的完整与可靠；

（5）确认组织目标的实现。

（二）内部审计范围

不同的内部审计目标决定了不同的审计范围，进而决定了如何利用不同的企业内部审计资源（人力、物力和财力等），因此，要想在成本效益原则的制约下高效地开展内部审计，就必须依据审计目标明确审计范围。

内部审计的范围回答了审计什么的问题，是内部审计对象所涉及的内容和相关的领域。

内部审计的工作范围包括：对被审计单位的内部控制系统的适当性和有效性，以及对相关工作的质量和结果做出检查和评价，即为了审计它，审计人员要做些什么，需要达到什么样的目的。前者可以称为内部审计的基本目标与兴趣范围，后者可以称为审计活动范围。它们阐明了审计师需要审查什么和评价什么。

二、全面风险评估

运作环境巨大的差异化使内部审计职业面临巨大的风险挑战。内部审计职业界及其从业人员必须认真考虑的一个重要问题就是，如何更好地在内部审计的计划、实施、报告以及后续追踪阶段合理地贯彻系统化的内部审计过程的设计思路，结合对风险的识别、评估和应对采取规范化的内部审计方法，强化对内部审计活动的规划、管理和控制，以改善内部审计的工作效果和效率，从而实现内部审计为组织增加价值的功能定位。本节主要分析集团公司存在的问题及风险，为确定审计组织及审计重点做准备。

（一）风险的概念

IIA将**风险**定义为：可能对目标的实现产生影响的事情发生的不确定性，风险通过影响程度和发生的可能性来衡量。具体而言，企业经营过程中不确定的事件包括外部环境、商业政策的变化、内部业务流程、操作方式、管理模式等，其都有可能对企业目标产生影响，所以说风险无处不在，无时不有。但在所有的风险中，无知的风险才是最大的风险，因为只有发现、知晓风险（问题）产生的可能性，才会采取相应的风险管理策略，通过规避、转嫁等方式降低或减少风险，并与企业风险承受能力或风格相匹配。

风险的衡量标准是影响的严重程度与可能性，影响的严重性与发生的可能性（概率）是决定风险损失的两大因素，其损失的金额可以用可能的损失额乘以发生的概率得出，用数学公式表示为：

$$R=Pr \cdot E$$

式中：R代表风险；E代表暴露的金额（用货币表示潜在的损失）；Pr代表由于内控无效造成损失的可能性（概率，一般用百分比表示）。

✲请注意✲

一些风险是可以被理性地度量的。这些风险可以通过统计工具生成利润和损失的概率分布来实现量化。其他无法度量的风险并不意味着不重要。

知识链接3-1

早在19世纪，西方古典经济学派就提出了风险的概念，认为风险是经营活动的副产品。随着社会的发展，人们的风险观念也在不断转变。风险在企业经营活动中有不同的表现，国资委将企业风险分为战略风险、财务风险、市场风险、运营风险和法律风险五类，见表3-1。

表3-1 **国资委对国有企业风险的分类**

类型	内部风险	外部风险
战略风险	新技术、新产品、购并、品牌建立、收益变化	市场需求变化、失去主要客户或供应商、竞争对手
财务风险	现金流、资产流动性	经济周期、信用风险
市场风险	定价、促销政策	股票市场、外汇汇率、贷款利息、期货市场
运营风险	安全生产、网络安全、环境保护、人力资源、新项目、价格谈判、火灾、车船事故、人身伤亡	管理责任、供应链、水灾、偷盗、恐怖袭击
法律风险	知识产权、员工纠纷	合规、法律改变、诉讼

（二）风险管理

风险管理是指对影响组织目标实现的各种不确定性事件进行识别与评估，并采取应对措施将其影响控制在可接受范围内的过程，风险管理旨在为组织目标的实现提供合理的保证。风险管理是企业管理的重要组成部分，它越来越受到企业管理层的关注与重视，诸多企业设立风险管理委员会，下设有专门管理风险的部门及专职人员，目的只有一个，让组织在低风险的环境中运行，将可能的损失降到最低。对风险的处理方法有回避风险、降低风险、接受风险和转移风险四种。

（三）风险识别

风险管理是一个系统、全面的管理过程，这里主要讲企业风险的识别、确认方法，以对我们确定审计风险和重点有所帮助，具体的风险评估及风险管理在后面详述。

风险识别是指利用一系列的方法，辨别可能出现的各种风险及风险产生的潜在原因。它是风险管理的第一步，对内部审计而言，只有很好地识别企业组织运营业务所面临的风险，才能更好地进行鉴证，主动提出适当、有效的降低风险的处理方案。

实务中，对风险识别的方法有多种，以下是常见的五种方法：

1.生产流程分析法

对集团公司整个生产过程进行全面分析，找出关键控制点，分析各个环节可能存在的风险，找出各项潜在的风险。关键控制点是作业过程中的重要节点，如付款的审批签字、生产过程中的物料投放标准、产品检测、采购业务招投标环节、销售业务的价格确定等。通过对流程关键控制点的掌握，以识别可能存在的风险。

2.风险列举法

风险列举法可以理解为经验法，是指企业管理部门根据本身各项特征，列举、收集各个环节的风险。这种方法要求作业者对企业各部门熟悉，对企业各个环节有深入了解，熟知企业各个环节的管理历史，知晓曾经发生的风险案例。如果本企业没有设置相关的风险管理部门，则可由内部审计部门进行收集整理。

3.流程图法

流程图法是根据流程图对企业管理部门整个生产或管理过程，按各个环节、系统及顺序进行分析，以发现操作过程中存在的各项风险。它是内部审计风险识别中常用的一种分析方法，特别是在对新公司的新业务进行审计时用得最多，同时也是效果最好的一种方法。

4.财务报表分析法

财务报表分析法是根据企业各种财务表格，通过分析比较、比对等方法，识别和发现各项潜在的风险。审计人员通过采用分析性复核方法，发现财务报表数据上的异常和可能的差异，以发现可能存在的风险。这是内部审计工作中最常用的一种审计方法。

5.保险调查法

所谓**保险调查法**，就是直接通过保险种类一览表，查找并分析风险的重要性，从而按顺序确定风险大小的一种方法。在实务中，也可以委托保险经纪人及相关机构研究、评估企业的风险。

在整个的风险分析过程中，最难的是风险点识别，需要分析者对被审计的活动有深入的了解，最好有管理过类似业务活动的经验，而大多数审计人员不具备这个条件，可能的解决办法包括：阅读被审计单位以往的违纪记录；阅读关于本行业灾难的报道；向被审计单位外有类似活动管理经验的人员请教；向被审计单位上级部门请教等。

在对风险进行识别时，企业或内审人员要有一个框架来归集、分类、优化所有风险，它能涵盖所有的风险来源和分类。风险来源于事项的不确定性，按其来源可分为三大类：环境（外部）风险、业务过程风险、决策信息风险。

环境（外部）风险，就是外部因素影响到企业业绩或企业运营、客户和供应商关系、组织机构、融资策略时，可能出现的外部风险。这些外在因素包括监管部门行为、竞争对手行为、价格变动、技术创新等。

业务过程风险，就是影响企业模式运作的不确定性，企业业务过程中存在偏离预计目标的行为，就产生了业务过程风险。如业务过程未能确保经营目标实现，运行效率低下，成本高，不能满足客户需求，企业无法实现保值增值的目标。

决策信息风险，影响企业决策的信息可信度与可靠性，企业决策时所收集的信息不及时、不充分、不正确，或信息与决策制定过程不相关，就产生了决策信息风险。在企业实务中主要表现为专业性信息提供不准确，如工程造价信息、机械设备技术指标等。

江铃汽车股份公司的风险导向内部审计

通过以上论述，内部审计人员可以归集企业所有的风险，并进行相应的分类、评估，确定风险的优先顺序，为进行内部审计的确认与鉴证工作提供方向，为选择被审计的组织与对象提供依据。

同步思考 3-1

内部审计的计划阶段确定审计项目时主要考虑哪些风险因素？

理解要点：

常见的风险因素有：（1）职工的道德水平及管理目标形成的压力；（2）管理人员的能力、胜任程度和正直程度；（3）资产的规模、流动性或营业额；（4）财务及经济状况；（5）竞争的情况；（6）经营活动的复杂性或不稳定性；（7）客户、供应商及政策法规的影响；（8）信息电算化程度；（9）业务的地域分散化程度；（10）内部控制的健全性及有效性；（11）机构、经营、技术或经济的变化；（12）管理人员的判断及会计估计。

三、选择审计对象

（一）确定被审计对象

如果说上述所说的全面风险评估是确定“谁最值得审”的重要问题，这一部分主要是解决“审谁”的问题。谁有可能成为被审计对象呢？从理论上讲，被审计对象的确定可分为以下三种情况：

1.人财物供产销、制度流程与决策

整个公司所有的组成要素均可成为审计对象，如企业组成要素中的人员、财产（资金）、物资（固定资产）、生产过程、产量合理性采购、销售、物流，还有各项管理制度、流程、各项决议决策等。这类审计项目包括销售审计、财务审计、采购审计等。

2.有委托关系就有可能成为被审计对象

正如第一章所说，有委托就有审计对象。总经理与中层管理人员之间，中层与执行层、基层之间，集团总部与各分公司、办事处之间，采购与供应商、服务人员与被服务者之间等，均存在委托与被委托的关系，那么，对所有下一级管理或操作者均可以进行审计。对于一个集团而言，存在很多委托关系，也就是说存在很多可以审计的组织或对象。实务中，常见的审计对象或项目是经理离任审计、分公司利润审计等。

3.有风险就有可能成为审计对象

内部控制薄弱、人员素质低下、远离管控中心的地区，均可作为审计对象。再具体点，可审计的对象可以是集团总部各部门，可以是下属公司，可以是法规制度，可以是会议决议、决定与流程，也可以是战略、人事、文化等。从创新组合的角度看，各种因素交叉改变后，可审计的对象与项目成百上千，不可估算。孙子说：兵无常势，水无常形。没有哪个行业或哪个公司是处于静态的，不断变化的经营业务使企业在每个阶段、每个层面、每个时期的风险都不尽相同，故都可能存在风险。我们认为，只要存在风险，其就可能成为被审计对象。

（二）确定审计内容

接着，企业需要明确审计的内容。实际工作中，企业主要通过以下三种方法来确定审计内容：

1.照本宣科法

根据年度内部审计计划，即对公司进行全面的风险分析之后，按风险严重性及重要次序和事件发生的可能性确定审计内容，并做时间上的安排。如果公司已经做好年度审计计划，则按照年度审计计划执行即可。这种方法主要用于审计比较完善的集团公司，它们每年均会做好详细的审计计划，甚至安排到月度或周，内审师不必考虑太多，按照计划执行即可。

2.异常表象法

如内部控制中出现异常、企业经营出现变化、经营业务发生变革等，多为管理层或董事会通过分析判断，认为是重要的、风险高的必须关注、处理的问题，故交由内部审计人员进行核实。如上级突然交办的调查项目、业务变化极大的项目调查等。

实际工作中经常出现问题的环节

3.被动协查法

有些被审计组织的管理人员认为，本公司或部门中存在一些问题，自己无法解决或不便解决，需要内部审计部门进行协助，查清事情的来龙去脉，分析事件的原因及经过，以加强部门内部控制，规范操作流程，加强内部管理，但实际工作中，此类工作发生较少。

✲请注意✲

审计对象是内部审计师发挥作用的舞台。内部审计部门要制订年度审计计划，必须先选择审计对象。对审计对象宏观方面的把握，体现了审计师的战略眼光；对审计对象细节方面的控制，体现了审计师的职业素养。

同步思考3-2

内部审计的计划阶段可选择的审计项目主要有哪些？

理解要点：可选择的审计项目一般包括：（1）政策、程序和惯例；（2）成本中心、利润中心、投资中心；（3）合同、项目；（4）管理、生产、服务部门或流水线；（5）业务交易、财务报表及信息系统。

知识链接3-2

审计战略的制定还要充分考虑公司的内部控制系统。如果制定审计战略依据的是公司内部控制系统，则对内部控制系统进行审查和评价的效率要远比单纯的财务收支审计、舞弊审计高得多。

四、制订审计方案

审计方案是指为了使审计人员能够顺利完成项目审计业务，达到预期审计目的，在执行审计程序之前编制的具体审计项目工作计划，是对具体审计项目的审计程序及其时间等所做的详细安排。

《内部审计具体准则第2101号——审计计划》中的相关规定

审计方案就像航海员手中的航海图、驾驶员手中的交通图一样意义重大。制订审计方案具有以下意义：

第一，审计方案是指导审计机构和审计人员完成审计项目任务的重要文件。对具体的审计项目制订审计实施方案后，可使审计人员明确审计的目的和任务，有步骤、有秩序地开展审计工作。

第二，通过审计方案，可以科学、合理地安排和调配审计资源，有利于控制审计成本，提高工作效率。

第三，通过审计方案，可以明确审计人员的责任分工，有利于调动审计人员的积极性、主动性，加强审计人员的责任心。

一般企业内部审计项目实施流程见表3-2，其一般分为表3-2中所示的四个阶段，制订审计方案处于第一个阶段，即计划阶段。

制订审计方案包括审计基础信息、确定审计目标与重点、设计审计程序、分配审计资源、编制及审批审计方案等。

内部审计经理（负责人）对审计工作计划与审计方案进行审核，对计划方案的可行性负责。下面从制订审计方案的各个步骤分别进行阐述。

（一）审计基础信息

作为内部审计人员，首先要明确审计基础信息，其主要包括：

（1）审计项目名称，如“××业务流程审计方案”。

（2）项目编号，就是本项目编排的顺序号，如NS08号。

（3）编制日期；被审计单位或部门；方案编制人；方案审核人；方案审批人；审计方式；审计分项时间安排和项目总体时间安排；审计的范围、内容、目的等。

表3-2 内部审计项目实施流程

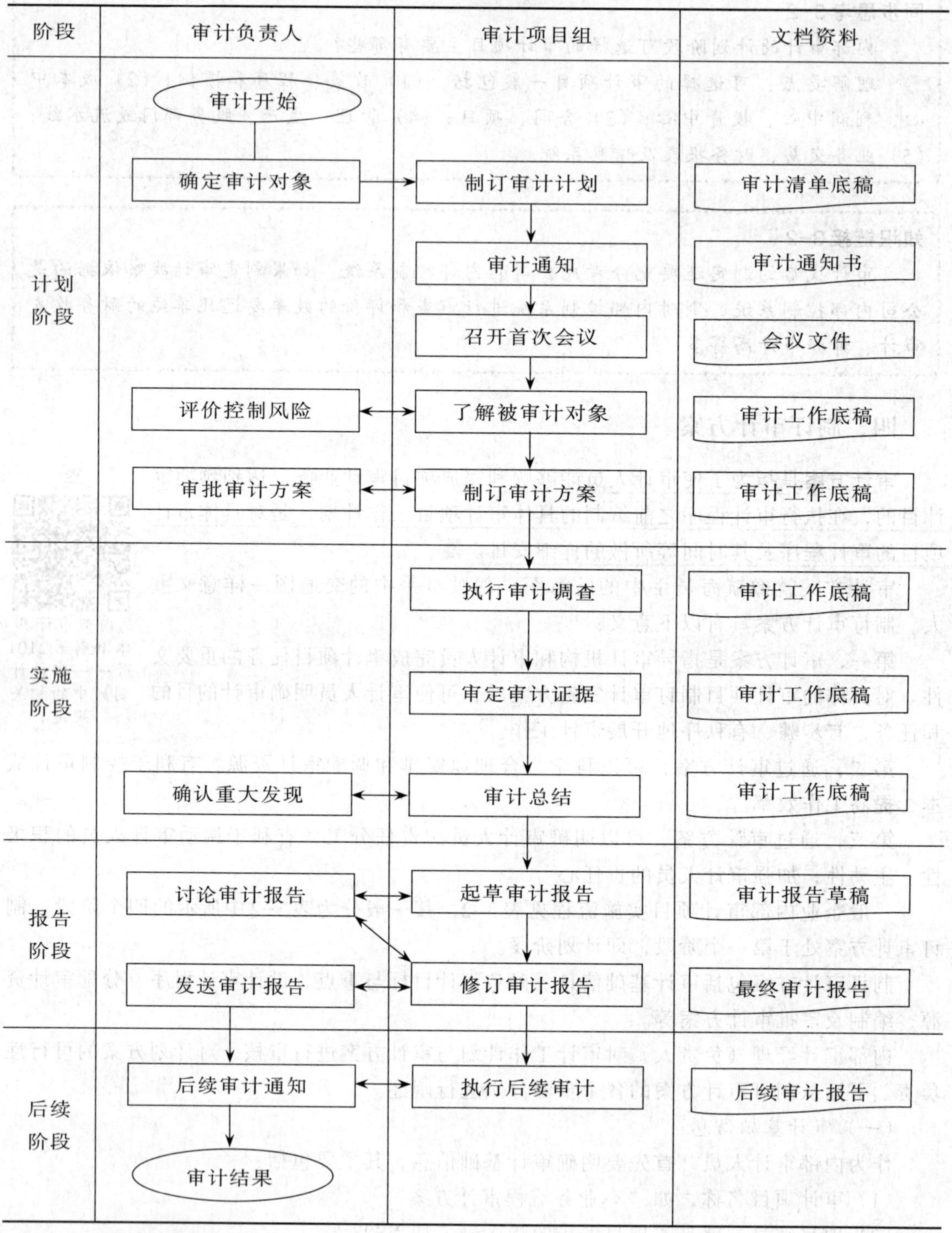

（二）确定审计目标与重点

1.审前调查

审前调查与资料收集，是内部审计不可缺少的一个步骤，它的具体工作内容包括以下五个方面：

（1）现场查看

主要查看经营场所、活动性质、工作环境、工作流程、实物资产，还包括与被审计部门或单位的员工进行会谈等。实际上，对于业务比较固定的公司或部门，不是每次审计前都要到现场进行查看，因为在相同的经营模式与业务下，风险基本变化不大。除非经营环境、设备发生重大变化，才需要每次必查。

（2）召开会议

与被审计单位进行面对面的交流，了解具体的运营信息，确定操作流程，发现存在的问题及需求事项，并做好相关的记录。

（3）研究、收集资料

通过查看、会议了解，对相关的资料进行综合的研究，包括相关的决策文件、组织政策、工作说明书、定期报表等，确定其存在性与完整性。

（4）书面描述

其主要反映被审计单位的基本情况，包括流程图、平面图、内外部经营文件等。应进行综合描述及概括，确保收集的资料无差错，涉及范围全面。

（5）实施分析性程序

通过比较与分析各种财务及经营报表，找出差异，确定重点。具体比较方法包括：实际与预算比较，每年同期比较，多期数据趋势分析，账户间关系分析，行业比率分析比较。通过上述分析，方便内部审计人员了解情况，更有利于其设计恰当的审计程序。

由于内部审计与外部审计有所不同，内部审计的对象基本上是集团各部门和下属各分公司，所以内部审计人员对被审计单位或部门的相关环境比较熟悉。审前调查这个步骤是对新增业务或内容等有关资料加以归集。如果是新的审计项目，则一定要做详细的审前调查。以上资料归集后应作为相关的审计附件或依据，以满足实际审计调查与取证的需要，而且应该归档留存。不管在什么情况下，撰写内部审计方案必须具备以下资料：

①组织（包括企业或部门，下同）工作流程图；

②以前年度的内部审计报告及审计方案；

③董事会审批资料及相关会议纪要资料；

④组织经营的长、短期目标及工作手册；

⑤组织权限（力）、职责及考核指标文档；

⑥组织的经营情况与报表资料；

⑦管理层（人员）关注的问题及已发生的事件。

2.审计目标与重点的具体确定

我们经常说精准，那什么要精准？就是审计的目标和重点一定要精准，这样才能为设计审计程序指明方向。通俗地说，就是排查风险因子，确定有着高风险的审计重点。

通过对审前调查资料的整理和总结，结合企业风险分析结果，汇总以前年度审计发现的问题与改正措施、审计方案的执行细节及存在的问题，对比组织操作规程及相关的流程图分析，识别组织运营目标、现状及确认潜在的风险；与现行的控制制度相比较，确定哪些是重要风险，哪些是次要风险；按风险的高低对风险进行排序，最后确定主要的风险，这也是我们常说的审计目标，在以下撰写的内部审计方案中常用“风险点（审计内容）”列示。

每个组织都有不同的重点，服务公司可能关注服务标准、规范性、投诉率、最佳方法等；银行可能关注贷款、流动性、产品线、监管机构等；制造企业可能关注原材料、工艺技术、产品质量、生产安全、资金政策等。

审计重点可以有一个或多个，一般情况下均有多个；否则，就不需要进行审计了。【例 3-1】列示了采购操作流程分析。

【例 3-1】采购操作流程分析

我们通过对采购操作流程图的分析，结合审前调查了解的实际操作情况，归集以下审计目标与审计重点：

①采购部没有制定相关的管理制度与操作流程。

②没有招、投标相应资料，没有谈判记录。

③报价单、比价单不按流程规定报批。

④没有建立价格监测系统，大宗商品没有进行市场询价。

⑤预算系统管理存在漏洞，超预算采购时常存在。

⑥定点供应商、价格系统没有经过领导审批。

⑦没有对供应商进行年度评审。

⑧没有对采购物品进行跟踪核对。

⑨采购员没有进行定期轮岗。

⑩部门之间沟通不畅、汇报不及时等。

✲请注意✲

公司生产管理经营的所有重要控制环节和管理领域，以及公司高层管理人员关心和提出的任何涉及经济利益决策方面的问题都具有重要性。

（三）设计审计程序

这一步骤很关键，也很重要。

1.审计程序

审计程序也叫审计步骤，是指审计人员为实现审计目标而采取的一系列方法与步骤的总和，是审计方案的核心内容。审计程序可以分为标准化的审计程序和差别化的审计程序。在确定了审计范围和审计目标之后，内部审计人员应该确定具体的审计步骤，包括应采用的审计方法，以说明如何收集证据、评价证据、完成审计工作。审计步骤应该适合特定的审计目标并覆盖整个已经确定的审计范围，要有效地完成现场审计工作，保证所收集的信息能够充分支持审计结论，达到审计目标，即通过一系列论证、检查、审核、测试等操作步骤，以证明审计目标的准确性。【例 3-2】为确定在册领工资人员是否为公司真正员工而设计的审计程序。

【例 3-2】审计程序设计步骤

如审计目标是确定某在册领工资人员是否为公司真正的员工，可以对其设计如下审计程序：

（1）查阅此人在人事部的资料，是否有入职审批资料，是否签订录用合同。

（2）核对此人某月份的工时卡或考勤记录。

（3）取得最近3～6个月的工资签署单据，确定其连续性。

（4）通过设定一定的操作方法与步骤，求证与确定其目标的准确性。每个审计程序均按一定的作业过程、关键节点设计审计过程，最终实现审计目标。

2.注意事项

在设计与确定审计程序时，内部审计人员要注意如下三个事项：

（1）精确。设计审计程序一定要一针见血，一定要具体明确，不能模棱两可，与审计目标无关或关系不大的审计程序应全部删除，一定要用最简洁的、精准的语言来说明。

如：抽查20××年5月份销售通知单100份。一段简单的话语说明了审计采用的方法，抽查样本的时间、范围、内容与数量。审计人员希望看到这种精准扼要的审计程序。

（2）简要。审计程序能准确描述操作过程、具体数量与步骤即可，不可无谓重复。审计步骤可分为若干点，并用数字符号标明。

（3）可行。有些方法或程序可能理论上是可行的，但是在实际中难以操作，执行起来难度大，不方便内部审计人员执行，所以在选择审计方法或程序时，可行、可操作才是关键。比如【例3-3】中，A公司所设计的审计程序是要对所有采购物品的价格进行调查，确定采购价格的合理性，这个审计程序的可行性就有待商榷了，而【例3-4】中所设计的审计程序相对来说更具有可行性。

【例3-3】审计程序注意事项

对A公司本年度所有采购物品的价格进行调查，确定其采购价格的合理性。对于上述审计程序，其可行性值得商榷。一般公司，特别是生产型的企业或集团公司，原材料、辅助材料、固定资产、低值易耗品、零星物品种类繁多，材质和规格型号也不同，审计人员是很难全部调查的，这种审计程序很难实施。所以，企业要达到审计目标，应考虑内部审计人力资源，以尽量少的资源达到尽可能大的效果。

【例3-4】确定审计程序

B产品实际损耗超出正常范围。为了达到审计目标，怎么样设计它的审计步骤及详细的操作过程呢？具体抽样的数量及时间是怎么确定的呢？通过分析，我们可以设计出如下具体的审计程序：

（1）先查看公司对生产能耗指标的相关规定（找到标准或实施的规章制度、决策资料等），然后向技术部门的专业人员询问并核实B产品的正常损耗率；

（2）查所属公司20××年1—12月份B产品的购进数量，并累计汇总数量；

（3）查全年实际使用量，累计相应的数量；

（4）分析比较其差异，计算损耗率，与相关的文件进行比对，得出其差异数量并分析产生差异的原因。

（四）分配审计资源

所谓**分配审计资源**，是指在审计负责人制订审计方案时对审计资源进行分配，主要包括审计时间分配与审计人员安排。

首先，要进行审计时间的安排，按照计划计算合理且可供支配的工作时间（扣除车船往返时间），最好把可使用的审计时间分解为小时计算，也可以按天或半天计算。如每人每天按8个小时计算，则全部可执行时间的计算公式为：

审计可执行时间=审计天数×审计人员数量×8

其次，按照计算出来的审计可执行时间，统计审计需用的工作步骤，预计各审计步骤所花费的时间，合理地分配各审计步骤的时间。在实际安排时间时，要依照“前紧后松，预多不预少”的原则，即在审计前期尽量多安排项目，后期多预备些时间，以防止审计执行过程中出现其他事情拖延审计时间，从而影响总体的审计工作安排。

最后，关于审计人员的安排，除了要考虑出差、交通、天气等因素外，还要根据审计内容的多少，审计程序操作的难易程度，审计人员的经验、能力与整体审计人员的水平等，适当安排相应的审计内容、人员。比如，财务专业的人员多安排在查账方面，管理专业或有一定经验的审计人员多安排在经营管理审计方面，外向的审计人员安排在咨询、沟通、访谈方面，思维敏捷、洞查能力强、办事谨慎稳重的人多安排在专案审计方面等。

还有一个原则：注意老少结合，新旧结合，男女结合，多安排专家带新人，做好传、帮、带工作，还要注意专业上搭配，生活上互助，工作上协调，人际上和谐。

在分配相应的审计资源时，建议配合审计方案并以表格形式显示，这样既直观，方便内部审计人员查核，又便于项目主管复核监督内部审计工作的进度。

（五）编制及审批审计方案

审计工作是一项组织、策划、实施与反馈工作，它需要进行周密的安排。从大的范畴来说，应该还包括审阅文件和资料等；如果是专项审计，应该还包括各领导及部门转交的相关资料，比如投诉资料等。这里所指的审计方案，多数情况下是指纯粹的审计执行方案，它的主要内容包括以下七个要素：审计目标（重点）、审计范围、审计过程、审计程序、拟收集的证据、时间安排和人员分工。

审计方案是针对具体审计问题提出的解决方法和行动流程。简单地说，审计方案就是安排什么人用什么方法以多久的时间完成什么任务。内部审计人员在撰写方案时应达到主要审计目标，并能准确阐述所涉及的人、方法、时间及程序等四个问题，完善相应的基础资料及审批手续，形成完整的审计方案。

关于审计方案的格式，不同的公司有不同的模式，也有不同的风格，每个公司都有自己通用的审计方案格式。一般而言，审计方案还可以细分为格式化审计方案和专项审计方案。

1.格式化审计方案

所谓**格式化审计方案**是指审计部门为了满足公司审计的需要，用规范、详尽、科学的固定格式制订的一套书面指令方案。这种方案一般由公司审计部门自行设计，审计人员自己使用。如集团公司编著的《××公司内部审计方案》或指南类册子。

笔者研究各类相关的审计方案时，总结了一种可用于审计、监督、检查的多功能审计方案。所谓多功能审计方案，是对内部审计工作具有规划、指导、控制等功能的审计方案。它除了一般审计方案所应有的时间、地点、人物、重点、审计程序与内容外，还具有年度项目序号统一化、工作步骤程序化、执行时间小时化等功能。

（1）多功能审计方案最大的作用

- 便于内部审计人员记录即时审计信息，以备查找工作错漏。
- 便于督导内部审计人员的审计工作。
- 便于审计主管（经理）检查、复核审计工作的具体内容。

（2）多功能审计方案包括的要素

整个审计方案除了名称外，还包括15个要素，方案名称一般定为某公司（部门）某业务流程（事项）的审计方案，如ABC公司采购业务流程审计方案等（见表3-3），其他要素的明细如下：

表3-3 **内部审计方案**

<table>
<tr><td>被审计单位（部门）</td><td colspan="5">××子公司</td></tr>
<tr><td>审计目的</td><td colspan="5">1.对财务收支的真实性、合理性进行确认
2.对相关制度的建设与执行进行评价
3.对子公司负责人张××的任期经济责任进行审计评价</td></tr>
<tr><td>审计方式</td><td colspan="5">就地审计</td></tr>
<tr><td>编制依据</td><td colspan="5">集团公司审计部2017年工作计划及审计部的工作安排</td></tr>
<tr><td>审计范围</td><td colspan="5">2016年1月1日至2016年12月31日的财务报表</td></tr>
<tr><td>审计内容</td><td colspan="5">1.××子公司2016年1月1日至2016年12月31日的资产、负债、损益、所有者权益的真实性、合规性、准确性
2.××子公司负责人张××经济责任审计
3.××子公司内部控制管理情况
4.××子公司会计核算管理情况
5.××子公司资产管理情况
6.××子公司会计核算体系、会计基础工作规范情况
7.××子公司资产保护措施及执行情况
8.××子公司担保、重大资产处置情况
9.其他需要审计的事项</td></tr>
<tr><td>计划工作时间</td><td colspan="5">外勤工作时间××</td></tr>
<tr><td>费用预算</td><td colspan="5">××元</td></tr>
<tr><td rowspan="10">审计组人员及分工</td><td rowspan="2">姓名</td><td colspan="4">具体工作事项</td></tr>
<tr><td>职责</td><td>审计内容</td><td>时间</td><td>审计重点</td></tr>
<tr><td></td><td rowspan="8">项目负责及审计实施</td><td>1.草拟审计通知书</td><td></td><td rowspan="8">1.公司规章制度执行情况
2.会计核算管理情况
3.财务制度执行情况
4.资产管理情况
5.资产的安全性
6.内部控制有效执行
7.印章管理
8.资产的真实、完整性
9.负债的存在性
10.收入的真实性
11.成本费用的真实、完整性
12.固定资产、存货账实是否相符</td></tr>
<tr><td></td><td>2.草拟审计工作方案</td><td></td></tr>
<tr><td></td><td>3.内部控制审计</td><td></td></tr>
<tr><td></td><td>4.财务报表审计</td><td></td></tr>
<tr><td></td><td>5.房租审计</td><td></td></tr>
<tr><td></td><td>6.货币资金、固定资产、存货（含物流存货）抽查</td><td></td></tr>
<tr><td></td><td>7.张××经济责任审计</td><td></td></tr>
<tr><td></td><td>8.撰写审计报告初稿</td><td></td></tr>
</table>

续表

	一、准备阶段	时间	执行人
	2016年4月15日至4月25日根据年度审计计划及审计部的实际情况进行审前准备		
	1.收集查阅××子公司相关资料、文件，进行初步分析		
	2.对××子公司2016年1—12月账务情况、财务报表情况进行查询		
	3.草拟审计工作方案、审计通知书		
	4.2016年4月28日前送达审计通知书		
	5.2016年4月28日与××子公司负责人见面，宣读审计通知书，与被审计单位就本次审计工作进行安排、沟通，审阅与核查××子公司所提交的资料		
	二、实施阶段	时间	执行人
	2016年5月6日至5月26日按审计工作方案实施审计，时间顺序可根据实际情况进行调整，审计内容可交叉进行。具体安排如下：		
	1.发放往来询证函并做回函统计		
	2.对××子公司货币资金进行盘点与检查		
	3.对××子公司银行存款进行函证或实施替代程序检查		
	4.对××子公司并账情况进行审计		
	5.对××子公司上线情况进行审计		
具体实施步骤	6.准备门店及物流商品盘点资料、门店固定资产实物清单、现金盘点资料		
	7.对物流库存商品进行抽盘		
	8.对门店库存商品及固定资产、现金进行抽查		
	9.对门店房租支付情况进行审计		
	10.对内部控制管理进行审计		
	11.进行张××经济责任审计		
	三、整理报告阶段	时间	执行人
	1.整理审计底稿；汇总审计情况；草拟初步审计意见；与被审计单位沟通；按项目情况的安排实施追加的审计程序；复核审计底稿；汇总审计情况及交换意见		
	2.撰写审计报告交换意见初稿报审计部领导审核		
	3.交换意见初稿报部门领导审核后与被审计单位初步交换意见；根据初步交换意见的反馈结果，决定是否追加审计程序		
	4.根据反馈结果，修订交换意见，撰写审计报告初稿报部门领导审核		
	5.根据部门领导意见，出具正式的审计报告		
	四、终结阶段	时间	执行人
	1.根据公司领导对审计报告的批示意见，出具审计意见书，下达审计结论		
	2.审计底稿装订归档		
项目审计方案编写人			
高级审计师审核意见			
审计部负责人审批意见			

- 项目编号：如NS08号；
- 编制日期：　年　月　日；
- 被审计单位或部门；
- 方案编制人；
- 方案审核人；
- 方案审批人；
- 审计方式；
- 审计总时间安排；
- 审计范围、目的；
- 审计的重点；
- 审计内容（风险要点）；
- 审计具体步骤；
- 审计执行步骤简摘；
- 每个步骤的执行时间（天或小时）；
- 内审人员签字确认。

虽然设计方案内容比较齐全，但也不一定适合所有公司使用，具体还要根据自己所属公司的经营模式和需要来设计审计方案。

2.专项审计方案

专项审计方案是对特殊的审计项目制订不同的书面指令方案，多用于非常规审计项目，如临时核查、投诉审计、舞弊审计等。

所谓**专项审计**，就是内部审计人员对公司经营管理中出现的某个问题进行全面调查与评估的过程。它包括常规专项审计与突发事件专项审计。这类审计项目具有审计方向明确、审计目标集中、审计重点突出等特性，所以专项审计在企业管理中尤为重要，具有及时收集信息、分析并追查原因、分清各种责任、提供决策依据等功能，特别适用于快速决策型公司或主管领导。

具体而言，专项审计项目具有内容专一、范围宽广、时间紧迫、调查迅速等特点，具体内容简述如下：

（1）**内容专一**。针对某一细节问题或单独一类的事项，或专项计划，或举报或管理层指示，均可作为专项审计的目标与依据。

（2）**范围宽广**。专项审计的内容涵盖方方面面，既包括财务、销售、采购专项审计，也包括人事、生产、效益专项审计，特别是并购审计、舞弊调查等。

（3）**时间紧迫**。公司或集团或许是生产线、流水线作业，问题不及时处理就会影响生产，给公司造成不必要的损失。为了防止事件的进一步扩大，必须做到三个“第一”：第一时间做出审计决定；内部审计人员第一时间进驻现场；第一时间汇报审计调查结果。

（4）**调查迅速**。领导需要决策依据，必须等待内部审计人员的调查结果，不迅速调查清楚就会影响管理层快速正确地决策，所以，要快速地进行调查分析与判断，及时给高层及管理人员提供准确信息，以方便相关的领导做出正确的决策；反之，如果不能及时做出判断，将会对公司运营造成严重的影响。

专项审计方案可以是文档形式，也可以是口头形式，有时可能就是一个电话。那么，专项审计方案该怎么写呢？写作思路是怎样的呢？要写审计程序，要考虑的因素有哪些呢？

（1）审计重点

专项审计包括两个部分，其中一部分是公司年度审计，属于常规的专项审计项目。它可以是公司运营中每个环节的审计，如产品产量的合理性专项审计、采购原材料的质量专项审计、销售费用的合理性专项审计等，此类审计的重点由制订年度计划时依据风险进行排列所得，比较容易把握。

另一部分是根据突发事件或临时工作安排，包括对高风险事件进行的专项审计，如舞弊事件专项审计、举报信（电话）专项审计等。对于此类审计，应收集有关信息并根据事件发生的经过进行分析，或对举报信（电话）的内容进行总结分析、梳理，最后整理、归纳其有关的内容，确定审计重点。

（2）审计目标

根据年度审计计划或归纳整理出来的审计重点，分析与重点相关的方面，将总审计目标分解到具体的目标中。如产品产量的合理性专项审计，就要分解合理性到具体明细项目，如总体产量合理性分析、材料质量影响分析、生产工艺分析和生产指标分析等。先进行行业或本公司往年的产量与今年产量的比较，从总体上分析其产量合理性；再进行材料质量影响分析；最后，进行生产工艺分析、生产指标分析，确定其对产品产量合理性的影响。

如果是投诉举报内容，则应该对其中的内容重点分别进行分类，并分项设定目标。如为了鉴定或证明某人舞弊的真实性，其审计步骤如下：

首先，从整体或流程上分析其发生徇私舞弊的可能性，如果发现与控制不符或超出正常的指标出现，则说明发生舞弊的可能性极大，必须进行深入的调查与审计。

其次，从举报内容材料及人员入手，直截了当地向举报人或相关人员查询，进一步了解事件的真实性与重要性，并挖掘新的线索与内容，以便加强审计内容材料的收集。

最后，从相关方面进行外围访谈、抽查及复核，得出相关的论据，以验证其舞弊的可能性。

通过以上“三步法”，从可能性到实质性进行分析，再从外围入手，掌握大量可能的证据，从而达到审计要求。此外，审计师在进行外围审计调查时可以借鉴做空机构的相关做法，其常见的调查方法见表3-4，具体可参考浑水做空瑞幸咖啡事件。

从浑水公司做空瑞幸看尽职调查手段

（3）审计程序

审计程序可分为两种：标准化的审计程序和差别化的审计程序。

标准化的审计程序即为正常业务所设计的审计程序，它根据相应的审计目标，分别写出审计步骤与实施程序，它是对审计目标求证的过程，具有规划、指导与监督作用，所以其是审计方案执行中的关键点。

差别化的审计程序主要针对的是专项审计业务，由于专项审计具有专、快的特点，所以要特事特办，不要制定太多的相关程序，只对重点目标进行着重核实即可。要拓宽调查

表3-4 做空机构的调研方法

调研方法	具体操作及目的
查阅资料	研读招股说明书、年报、临时报告、官方网站、媒体报道等公开资料，寻找漏洞
调查关联方	利用关联方交易是常见的财务造假方式
实地调研	观察工厂环境、机器设备、库存，与工人及周边的居民交流，了解公司的真实运营情况，与公司披露的口径进行对比
调查供应商	获取供应商的产能、售价、销量等经营数据作为比对基准
调查客户	核实客户的实际采购量、采购价格以及客户对上市公司及其产品的评价
调查竞争对手	获取业内评价，进行业内对标
请教行业专家	获取可靠性高的行业相关信息
重估价值	根据实际调研结果估计上市公司业务情况

面，点面结合，查出真实情况，从而为合理提出审计建议打下坚实的基础。

（4）人员安排

依据不同水平的内审人员的特点，做出合适的工作安排：安排协调能力和沟通能力较好的内审人员从事访谈工作；安排账务调查经验丰富的内审人员进行资料查询、核对与收集工作。

注意：对一些特殊或敏感性的程序，要实行“双人”在场原则，防止在审计过程中发生变化，同时现场取得相关书面证据（扫描资料或拍照），确保证据的真实性，这样有利于巩固和确认证据，谨防事后书面证据被置换或更改。对时间性较强的审计步骤要同时进行，如同时安排内审人员盘点公司的现金或实物等。

3.审批审计方案

审计工作方案经部门经理审核，再呈送上级主管审批，未获上级主管领导批准的，则重新修改，直到获得批准，特殊情况除外，也可以采取打电话、邮件确认、待后补批的方式。

知识链接3-3

总体方案一般由项目负责人制订，具体审计方案由审计项目小组制订，审计作业方案则由具体审计作业的执行人制订。审计项目较小的话，审计项目的各种计划也可由项目负责人制订，其他审计人员补充完善。

第二节 实施审计阶段

审计人员在实施作业时，应该时刻保持警惕，关注错误、不当行为、浪费、低效作业、利益冲突及违法乱纪等情况。

一、审前准备工作

1.草拟审计通知书

审计通知书是审计部门告知被审计单位接受审计的一种文书，是审计人员执行审计的依据。通知作为文书的一种，有一定的规格与写法，但一般包括三个方面内容：一是标题；二是正文；三是落款。

审计通知书主要有以下几个方面的作用：

第一，内部审计通知书既是内部审计部门对被审计单位的一种正式的书面告知，也是内部审计职业的一种基本礼节。

第二，送达内部审计通知书有利于消除被审计单位的误解。送达审计通知书，只是告诉被审计单位，我们是按年度审计计划办事的，审计不是为了挑刺找毛病的，审计的目的是发现被审计单位管理方面可能存在的问题，为被审计单位提供一些可行的建议。如果审计人员没有发现问题，说明被审计单位的工作做得好，也可以将其成功的管理经验向上级领导汇报，向其他部门介绍推广。

第三，送达审计通知书有利于增强审计师与被审计单位双方的合作。审计师通过审计通知书的预先告知，可以让被审计单位为审计工作做好准备，提供与审计相关的文件资料，做好必要的工作安排（如存货盘点等），并提前通知受审计影响最大的那一部分职员。被审计单位也可以通过审计通知书，要求审计部门在实施审计程序时尽量不影响被审计单位正常经营业务的开展，必要时也可以请求审计部门推迟本次审计工作的时间。

审计通知书的内容包括（见表3-5）：

表3-5 **审计通知书**

呈送：×××总裁

抄送：×××副总裁、×××部、会计部、财务部、资讯/IT部

批示
领导批示：
内容
根据内审工作计划，为了帮助相关部门更好地做好管理工作，内审部将于20××年5月19日起对总部××部业务操作流程进行审计，必要时可追溯到以前年度事项，请××部、会计部、财务部、电脑部等有关部门给予积极协助与配合。 并提请××人员提供以下资料：1.……2.……3.…… 妥否？请批示。 审计人员名单：×××项目经理 ×××（项目组长） ×××（男） ×××（女） 内审部：××× 20××年5月4日

关于对××业务进行审计的通知　　文号：ZNS〔20××〕08

（1）**标题**。一般写“关于对×××公司×××审计的通知”，文本加上公司标识，文号按审计计划顺序编号，被审计单位另起行顶格书写。

（2）**正文**。正文包括审计依据、审计事项、审计人员及其他事项。审计依据包括实施审计的法规依据或公司相关制度；审计事项包括审计时间、审计范围、审计方式或延伸事项等；审计人员包括组长、主审人员等；其他事项包括提供资料、清单、联系方式等。

（3）**落款**。落款包括审批签章、时间等。

对于审计通知书，每个公司的具体要求与格式可能有所不同，主要内容能表达清楚即可，在此不做论述。在实施审计前，内部审计人员应通知被审计单位，告知进行审计的时间、项目内容、审计目标、审计范围、审计所需支持的部门人员、需准备的资料清单，并注明内审人员名单，以便接待、通联等。

2.下放审计通知书

内部审计部门将草拟好的审计通知书根据工作计划向直接主管领导做实施审计的请示，经主管领导批准后，交由相关部门行文下发。通知的形式可以是传真、电邮、邮寄等。

对于特殊的审计项目，如舞弊专项审计，则不用提前下发审计通知书。如果提前下发审计通知书，会使当事人提前做好反审计工作（如销毁证据或伪造证据），直接影响审计效果。作者建议可以由审计人员直接将审计通知书送达被审计单位，当面交给被审计单位的领导或当事人，这样才有利于专项审计工作的顺利开展。例如，突击盘点库存现金、查封相应的资产、与舞弊者个人面谈等，都是比较特别的通知方式。

如果公司高层领导（总经理、总裁、董事会）指示要对某个项目进行专项检查，内审部门应将批文转交相关部门（如集团公司办公室），使其下发审计通知书，请被审计单位给予协助与配合。

需要注意的是，应要求被审计单位确认收到通知书，不管是电话、电邮还是其他确认方式。

二、实施审计程序

1.审前会议

经过前期多方面的准备，内审人员终于可以进驻被审计单位或部门了。一般进驻现场前需要召开审前管理层会议，主要是要争取被审计单位高层的支持，以便使之更好地配合内部审计工作，最好能当场确定相关的联系人员及负责人。同时，审前会议也是审计人员与领导加强沟通与交流的较好方式。有了领导的参与和支持，内审工作也更容易顺利开展。

2.实施审计

接下来，内审人员就要按照设定好的审计步骤、审计程序及分工情况，根据审计方案的内容和时间安排，对接相关的部门及人员，收集相应的资料和依据。内审人员分别对需审计的事项进行了解、访谈、整理、汇总、核对、测试、观察、录像、录音等，严格依照审计方案内容，进行内部控制分析，按要求进行抽样。在审计过程中，审计组长应统筹兼顾，整合审计资源，实行信息共享，避免内审人员进行重复工作，以加速审计进程。

3.审计发现

当内审人员在抽查资料的过程中，发现与国家法规、公司政策、制度、决议、流程不符的事项，即存在事实与标准不一致、存在风险和违反操作规程的现象，应该进行标识（贴标或标记），调查取证，确认事实，复印有关文件、资料、凭证，注明来源，并贴标说明存在或待核定的问题或事实。对于审计发现的问题，需要收集复印资料，以审计资料摘录表的形式给予固定，这就是我们所说的固定证据。

审计资料摘录表主要是整理罗列出检查中发现的不符合事项，详细说明不合理项目或错误数据，由被审计部门经办人、负责人签字确认，相关的方案、流程图、文档等作为相应的附件（见表3-6）。现场与被审计单位人员进行沟通分析，探讨如何避免和防范不合规事项的再次发生。

表3-6 **审计资料摘录表**

被审计单位名称		被审计事项所属年度	
资料名称	日期	来源	编号或文号

事项说明

摘录或复制内容：

审计人员：

年 月 日

被审计单位意见：

被审计单位签章：

主要负责人签章：

年 月 日

审计发现分为无关发现、次要发现、重要发现，重要发现也被称为缺陷发现。所谓缺陷发现，就是在企业运营中不该出现的情况或行为，包括未达目标的制度、不恰当的行动或是对预期标准产生的偏离。

一般认为，缺陷发现应该包含事件的标准、情况、原因、效果及建议等五个要素。《索耶内部审计》认为，它还应该包括背景这个要素。结合现阶段中国内部审计的实际情况，缺陷发现的具体要素包括：

（1）标准（应该是什么）是指内部审计师在进行评价或核证时应用的标准、措施或期望值，如公司制定的制度流程、用料标准、会议决定、预计利润等。

（2）情况（实际/现状是什么）是指内部审计师在检查过程中发现的事实证据、现状及存在的事实。

（3）原因（为什么会出现这种情况）是指预期目标和实际情况之间存在差异的原因。内部审计师应顺藤摸瓜，追溯其产生的源头，查找其产生差异的经过，从而找出问题症结，为采取控制措施做好准备。

（4）效果（引起什么后果，包括经济和声誉、形象）是指由于实际情况和预期目标不一致而对组织或运营产生的影响。内部审计人员最好能算出具体的差异金额，这样才具有说服力。

（5）建议（应该采取什么措施）。内部审计人员在对问题提出审计建议时，可以帮助纠正发现的问题或建议采取重大改进。那么，怎样才算是有效的审计建议呢？一般而言，有效的审计建议应该遵循以下原则：

• 解决主要问题。内审人员所提建议应就事论事，必要时应扩展追踪其根源，如实地解决问题。

• 建议切实可行。内审人员所提建议应符合操作实际，切实可行。

• 符合成本效益原则。内审人员所提建议应符合成本效益原则，在充分分析可行性的基础上，使其效益大于成本，否则该建议就不可行。

• 考虑备选方案。任何方案均要考虑一套备选方案。

4.有效证据

综观整个审计过程，是审计人员不断收集证据、分析证据、最终做出审计判断的过程。但是作为审计人员，如何收集、分析、评价和记录足够的、有说服力的资料证据呢？如何确定证据的种类及证明力？如果一个内部审计人员像复印机一样，复印一大堆无用的资料回来，那么可以肯定他对证据的掌握与判断是不够的。那么，审计判断对证据的要求是什么呢？从来源看，可分为多少种呢？从法律上看，又可以分为多少种呢？现具体分析如下。

（1）审计判断对证据的基本要求是：充分、有力、相关、有用。

充分的审计证据，是指以事实为依据，充分适当且有说服力，任何谨慎的人都能根据该证据得出与审计人员相同的结论。

有力的审计证据，是指运用适当的审计技术取得的最好、最可靠的证据。

相关的审计证据，是指取得的证据能支持审计发现、审计意见、审计建议，并与审计目标相一致。

有用的审计证据，是指取得的审计证据有助于实现审计目标。

（2）按证据来源分析，可以分为：内部证据、内－外证据、外－内证据和外部证据四种。其中外部证据证明力最强，它是从外部直接获得的，无法修改，所以证明力最强，如提货单、机票等。

根据证据特征来分类，可分为：**实物证据**——可以直接观察和审查获得的人、财、物和事件（如盘点）；**证明证据**——被审计单位个人和与单位有关联系人、独立第三方提供的口头或书面证明，这种证据说服力弱；**文件证据**——支票、发票、运输记录、验收报告和采购订单，属内部或外部证明；**分析证据**——通过分析数据关系、内部控制、特殊政策及数据构成而形成的证据。

（3）从法律概念上分析，审计证据可分为8种，依次为：

• **直接证据**。从提供证据人直接取得，最有证明力的一种证据。

• **旁证**。证明尚待证实的事情真相提供的一种声明，证明力弱，一般不被接纳。

• **最优证据**。最有说服力，典型的是文件证据。

• **次要证据**。由原始复印件或口头证据形成。

• **意见证据**。该证据可能会存在偏见，一般不能做证明，但可作为佐证，专家意见除外。

• **附属证据**。该证据从最优证据中推断出来，属于间接证据。

- **确证证据**。该证据同直接证据，间接证据不是确证证据。
- **佐证证据**。支持其他证据的证据，越多说服力越强。

内部审计人员在整理审计证据时，需重点注意以下三个问题：

第一，审计证据的取舍。内部审计师不必也不可能把审计证据所反映的内容全部反映到审计发现和审计结论中，在编写报告之前，审计师必须对不同内容的证据做适当的取舍，舍弃那些无关紧要的，选择那些具有代表性的、典型的审计证据加以反映。证据的取舍标准根据金额的大小和问题的严重程度来确定。

《内部审计具体准则第2103号——审计证据》

第二，应分清事件的表象与本质。某些审计证据所反映的可能是一种假象，审计师必须对其进行认真的分析研究，透过表象找出它所反映的事实的本质，而不能被事物表面的假象所迷惑。

第三，排除伪证。所谓伪证，是指审计证据的提供者出于某种动机而伪造的证据，或是有关方面基于主观或客观原因而提供的假证。这些证据或因精心炮制而貌似真证据，或与被审计事实之间存在某种巧合而以假乱真，因此，审计师如不认真排除，往往就会鱼目混珠、真假难辨。

知识链接3-4

相关规范：《第1101号——内部审计基本准则》第十七条规定："内部审计人员可以运用审核、观察、监盘、访谈、调查、函证、计算和分析程序等方法，获取相关、可靠和充分的审计证据，以支持审计结论、意见和建议。"该条款是制定内部审计证据准则的依据。

5.审后会议

审后会议也叫审计退出会议，即审计工作结束以后，审计方应该召集被审计单位有关管理层人员参加的总结会议，进行审计结果的沟通并感谢被审计单位的支持与配合，对做得好的工作给予肯定与表扬，对存在的问题进行友好商讨，分析组织运营存在的风险，可能产生的损失或后果，并鼓励他们进一步改进。同时，通过审计退出会议，能加强审计人员与被审计单位的交流沟通，增进互信互通，改善内部审计人员与被审计单位的关系，树立内部审计的良好形象。

重要一点：与被审计单位达成共识，确认审计发现，提出整改措施。

如果受到条件限制，不能召开审计退出会议，那么，内部审计人员至少也要和被审计单位的领导或主管进行简单的交流与沟通，或电话沟通，重点表示感谢并道别，确保人际关系的畅通、审计结果的及时反馈。

三、编写审计工作底稿

审计工作底稿是编写审计报告的重要依据。

取得证据后，内审人员还需要进一步整理、汇总、分析，得出相应的概括性结论或审计建议，之后可以编写审计工作底稿。审计工作底稿作为审计过程中形成的与审计事项有关的工作记录，应内容完整、真实可靠、重点突出，一事一稿。审计人员对已审未发现不合规事实，也应根据实际情况进行记录，并由项目经理复核，作为内审人员工作考核的依据。审计组长应及时组织审计组成员进行讨论分析，对主要问题、审计评价形成初步意见，并由专人记录。对于持有不同意见的内容，也要在工作底稿中反映。审计工作底稿具有极为重要的作用，主要包括以下四点：

（1）工作底稿是编写审计报告的基础，是形成审计结论的依据。审计工作底稿包括审计程序、审计依据、审计分析、审计评价与审计结论等，可以快速地帮助审计人员确定审计意见、审计建议与审计结论。

（2）工作底稿是控制审计质量的依据。项目经理或组长可以通过检查审计工作底稿来监督审计人员是否按审计方案进行工作，是否按审计程序和抽样要求执行审计程序，从而达到控制内部审计实施质量的目的。

（3）工作底稿是考核审计人员的依据。工作底稿是审计人员工作成果的体现，它能反映一名审计人员的工作情况，包括工作能力和业务水平。

（4）工作底稿是复查或诉讼的依据。当被审计单位对有关的审计结论持有不同的意见时，可用工作底稿作为事实依据进行核查；如涉及司法程序，工作底稿则可作为佐证资料进行列举。

审计工作底稿格式见表3-7。审计工作底稿有如下项目：名称、内容、目的、日期或时期；记录的数据应注明来源，并注明报告和记录是否一致；工作底稿的目录或索引；审计师签字，并注明日期。

表3-7　　　　审计工作底稿

索引号：ZNS-001

被审计单位名称	公司、部门、单位		
审计事项			
审计期间或者截止日期			
审计人员		编制日期	
审计结论或者审计查出问题摘要及其依据			
复核意见			
复核人员		复核日期	

共　页　第　页（附件　页）

在编写审计工作底稿时，虽然各种审计工作底稿具体细节要求有所不同，但总体要求是基本相同的，下面是根据工作底稿的特点和需要总结出的工作底稿写作48字箴言：

- 注意格式，外观统一；
- 重要优先，一事一稿；

- 逻辑排列，详略得当；
- 简洁完整，易读易懂；
- 计算准确，分析到位；
- 结论正确，依据齐全。

审计工作底稿的主要内容有：目标、程序、事实、结论和建议。其包括审计计划、目标；执行的审计程序，审计发现的事实；汇总分析的结论；审计的管理建议。下面举一个案例以说明这个过程。

关于审计销售业务的工作底稿

（目标）为了检查20××年销售部在销售产品的过程中，是否按公司规定的销售价格进行销售。（程序）审计人员按照预定的审计方案，抽查了20××年双月份每月50份，合计300份的销售单，核对了对应的销售价格审批表。（事实）在核查的过程中，我们发现有1088号、1099号等合计30份销售单的销售价格没有达到公司批准的价格，也就是说销售价格比公司规定的价格要低。

（分析）销售部主要目标之一是按公司规定的价格完成本年度的销售任务，销售部在销售过程中没有按照公司的销售制度和流程进行操作，违反公司关于在销售产品前对价格进行核对的规定。经核算，（后果）由于销售价格偏低造成经济损失180 000元。

建议：①对违反相关规定的销售人员酌情给予处罚，以达到警示的目的。②相关人员对文件传递流程进行重新梳理，确保销售价格文件的传达能按时到达，并要签字确认，明确责任。③对销售人员进行定期轮岗，防止员工长期在某一固定岗位工作。

以上是编写审计工作底稿的主要内容，当然，审计工作中的审计工作底稿有各式各样，各不相同，没有哪个是最好的，还是那句话，合适的就是最好的。

如果审计工作底稿写得好，在编写审计报告时直接复制过去，加以提炼与修饰，一篇精彩绝伦的审计报告就出来了。由于审计工作底稿的重要性，一般情况下，项目经理或审计组长都要进行严格的审核，审核的主要内容包括：

- 审计过程是否按计划或指令执行；
- 审计证据是否支持审计结论；
- 证据是否充分，是否有足够的证明力；
- 工作底稿是否按要求编制；
- 审计结果是否与被审计单位达成共识，并签字确认；
- 计算是否准确，分析是否透彻；
- 工作底稿是否反映了工作过程；
- 审计结论是否合理。

审核完成后，由审核人签字并签署审核意见。

审计工作底稿的资料包括以下几个方面：

- 内控调查表、流程图、核对清单和记录；
- 审计调查记录和备忘录；
- 组织机构图和工作流程图；
- 重要合同、协议的复印件；
- 有关经营和财务政策的资料；

- 对内部控制系统的评价意见；
- 确认和陈述的信件，如应收账款询证函等；
- 有争议的交易事项及其处理意见；
- 对账户余额的检查、分析；
- 实施的分析性审计程序；
- 审计报告及管理层意见；
- 审计结论及被审计单位反馈意见；
- 重大事项概要及结果；
- 重大事项的往来信件（包括电子邮件）；
- 相片、录音整理资料等；
- 其他与审计结论相关的资料。

同步思考3-3

审计工作底稿可以分为哪些类别？

理解要点：根据审计工作底稿的性质与作用，可将其分为综合类、业务类和备查类工作底稿。

（1）综合类。综合类工作底稿是审计师在审计准备和报告阶段，为规划、管理和总结整个审计工作，并发表审计意见所形成的审计工作底稿。

（2）业务类。业务类工作底稿是审计师在审计实施阶段所形成的审计工作底稿。

（3）备查类。备查类工作底稿是审计师在审计过程中形成的，对审计工作仅具有备查作用的工作底稿。

第三节 审计报告阶段

一、审计报告格式

审计报告可以是正式的，也可以是非正式的，包括口头报告、中期报告、汇总报告和最终审计报告。

口头报告用于补充和支持书面的审计报告，一般是审计人员与听众或被审计单位人员进行讨论时所使用。

中期报告是过程报告的一种，它一般为需要采取快速行动时所使用，主要用于报告审计期长、特殊的或敏感的审计业务进程，便于管理层采取相应的管理措施。

汇总报告是将审计报告的不合规事项进行高度概括，力求言简意赅，清晰、准确地表述审计事项。主要汇报给高层管理人员或董事会，因为他们没有时间看详细的审计报告。

最终审计报告必须严格按照相关的标准进行编写，而且一定要经过权限领导的检查、批准和审批后才能签发。

【例 3-5】

表 3-8 **中期审计报告基本格式**

关于“出纳付款程序”的中期审计报告（标题）

××公司总经理：（收件人）

从正在进行的××公司××年度财务收支审计中，我们发现公司财务部付款内部控制程序存在严重缺陷。出纳员××保管着公司财务专用章及财务经理私章，可随时支取公司款项，在我们的初步审核中，已经发现未经审批的付款××笔，共计××万元，如果不采取紧急措施，将可能导致更大的舞弊风险。（审计发现）

根据上述情况，我们建议由财务经理收回相关印鉴，对每一笔公司款项的支付严格审核后才能签发，同时责成出纳员说清××万元款项的去向，采取各种手段追回款项，并建议临时停止出纳员的职务工作。（审计建议）

附件：1.××

2.××

3.××

审计项目负责人：××

审计小组成员：××、××

××审计机构（签章）

××年××月××日（报告日期）

表 3-9 **中期审计报告备忘格式**

多余和废旧财产的控制

×××部经理：

贵单位过剩的、残余的和废旧的物资设备存放在三个地点的仓库中。经审查并与有关人员讨论发现，这些物资设备的账面净值约××××元，如此大量的剩余废旧物资设备是由于改变生产线产生的，其中厂房仅供新产品检测所用。有关这些项目在资产分类账户的情况是：(1) 资产的账户余额过大；(2) 所提折旧费用过大；(3) 非生产用资产占用的资金过大。

你们解释目前正在准备两份报告：一份是多余物资设备的报告；一份是残余废旧设备物资的报告。我们认为越早对它们进行技术鉴定并报告有关部门批准备案，就越有利于对其妥善处理和回收。

为此，我们建议：这两份报告应该在本月上旬编制完毕，并尽力将这类物资设备控制在适当的水平上，适当地调整资产分类账，将多余、残余、废旧的物资设备从该类分类账中分离出来，并编制明细清册。

请你们将处理结果和净值较大的资产（例如，编号117设备）的处理计划通知我们，如果同意我们的意见。我们希望在××月××日之前收到您的答复。

审计员：×××

×××（签章）

××年××月××日（报告日期）

表3-10　　**中期审计报告备忘格式**

资本性支出授权的中期报告（标题）

××供销部经理：（收件人）

在审计贵单位资本性项目的过程中，我们发现目前所发生的资本性支出没有取得相应的批准文件。在××个资本性项目中，我们抽取了××个进行检查。累计支出××万元人民币，在档案资料中，均没有发现取得相应的批准文件。（审计发现的事件）

造成这种结果的原因是：最近改组重建的会计部门还没有在项目建设之前授权专门的人员负责批准；另外，采购订单的复核、批准还没有建立相应的程序。（审计发现的原因）

为了确保按照企业管理层的意图对资本性支出业务进行有效的控制，我们建议贵单位授权专门人员负责采购业务的批准；另外，在实施采购之前，采购订单应该与经过批准的文件进行核对验证。（审计建议）

我们希望在××月××日之前收到您的答复。（期待的回复）

审计员：×××

×××（签章）

××年××月××日（报告日期）

表3-11　　**终结审计报告基本格式（范例1）**

关于××公司内部会计控制的审计报告（标题）

××公司总经理：（收件人）

为了配合今年年底公司组织的行业检查活动，我们临时调整了审计计划，组成了以王××为项目负责人的5人审计小组，对公司内部会计控制制度进行了局部审计，旨在自我评价，消除内部控制的弱点，改善公司管理水平，争取在行业评比中获得优异成绩。我们的审计目标是测试内部会计控制方面是否存在漏洞，寻找与同行业其他企业的差距。审计涉及的期间是20××年1月1日至20××年12月31日。审核的范围包括会计制度设计、会计核算程序、会计工作机构和人员职责、财务管理制度等方面。（审计概况）

我们按照内部审计准则的规定计划和实施本项内部审计工作，并采用了我们认为应当采用的必要的审计程序，根据抽查结果，我们认为，下列情况应当予以关注：

1.没有定期进行银行对账单调节。截至我们进行审计时，银行对账单的调节工作已延误4个月，严重削弱了公司对资金安全性的控制。（见附件第××页）

2.由于没有防止投资收益账户上舞弊行为的控制程序，导致超过×××元的现金股利被非法挪用。（见附件第××页）

3.……（审计发现）

除上述问题外，我们认为，组织管理层对内部会计控制的设计在整体上是符合公司的实际情况的，其运行取得了预期的效果。（审计结论）

我们认为，上述问题的发生，主要原因是相关职位人员配备不足，不相容职务未予以分离。建议财务部门健全资金控制制度，并招聘一名有经验的会计人员充实相关职位。（审计建议）

附件：1. ××

2. ××

3. ××

审计项目负责人：×××

审计小组成员：×××

×××

××审计机构（签章）

××年××月××日（报告日期）

表 3-12 **终结审计报告基本格式（范例2）**

ABC集团内审字〔20××〕第×××号

我们于20××年××月××日至××月××日对C公司进行了审计。C公司资料的提供和编制、建立健全内部控制制度、保护资产的安全完整是分公司财务及××管理部门的责任，我们的责任是在实施审计工作的基础上发表审计意见。

我们按照《中国内部审计准则》的有关规定计划和实施审计工作，通过审计，目的在于掌握C公司经营情况、内部控制制度执行情况，以便进行分析，从中评价经营中存在的差距及揭示主要问题，针对重大缺陷提出审计意见。本审计报告中提出的问题及审计意见，请其他各分公司及公司相关部门在此基础上认真进行自查、完善、整改，后续审计中再发现此类问题按集团公司规定及本次审计意见进行处罚。

一、C公司的基本情况（略）

二、审计中发现的问题及审计意见

（一）C公司资金管理不规范

1.职工借款随意性大，借款金额大，期限长，有的借款理由不充分，甚至有的旧账不结又添新账，截至审计日借款金额情况……借款超3个月的有……借款超1年的有……

审计意见：对超3个月的借款一律无条件收回，收不回来的，由分公司经理、会计按4：6承担责任。以后不准出现超3个月的借款，不准出现业务理由以外的借款，职工辞职要清理欠款，否则分公司经理、会计按4：6承担责任，并从借款之日起按月1%的利率计算利息并按借款额的20%处以罚金。

2.××资金存在不能及时上缴公司账户的现象，如C公司20××年××月××日的××资金××元，截止到20××年××月××日尚未上缴，时间长达××个月。

审计意见：严格财务控制制度，对不执行财务规定的分公司经理、会计各处以违规金额25%的处罚。

……

（十）分公司财务基础薄弱，不能适应财务管理的要求

库龄分析是一项很重要的基础管理工作，但分公司不能提供出存货的库龄，也从未进行过库龄、库存结构分析，更无从谈起为公司存货决策提供信息……

合同签订、跟踪管理……

审计意见：以集团公司财务部牵头，组织××部、××部共同对存货管理、合同管理等基础性的财务管理工作……

附件：1.C公司基本情况表；

2.C公司职工借款情况表；

3.C公司借贷明细表；

4.C公司销售分析表；

5.C公司费用分析表。

ABC集团有限公司总审计师：×××

高级审计师：×××

集团公司审计部

20××年××月××日

表 3-13　　中期审计报告

关于C公司的审计报告（标题）
一、封面
（机密文件 No.×××）内部审计报告
报告名称：关于C公司的审计报告
报告编号：ABC集团内审字〔20××〕第×××号出具
报告时间：20××年××月××日
报告抄送：董事长、各副总裁、董事长助理、财务总监、××部门
二、报告正文
关于C公司的审计报告

二、审计报告撰写

国内最普遍、最常用的审计报告框架包括：报告题目；前言或引言；审计范围和目标；审计发现及整改；审计结论。

（一）报告题目

这个容易理解，主要说明被审计单位的名称、审计内容及时间，力求言简意赅，要以最少的字数说明审计的性质。通常可以这样写：关于对××集团××公司20××年度××业务流程进行检查的审计报告。

其缩写格式为：关于对××××的审计报告。

（二）前言或引言

前言或引言可以独立一段，也可以与审计范围和目标合并为一段，主要看领导对被审单位的熟悉及了解程度。具体内容包括，介绍此次审计的来龙去脉，被审单位的基本情况，审计的起止时间，审计的主要内容，审计重点及审计方式等。

（三）审计范围和目标

这部分内容可以与前言或引言合并。

（四）审计发现及整改

这是报告的核心部分，它主要是对审计检查结果进行分析、总结，然后根据收集到的资料编写检查报告。如详细说明违反规章制度或工作流程的事项、原因和责任人；分析违反程序可能产生的风险；提出改进建议等。实际工作过程中，你只要写好审计工作底稿，基本上已包括上述分析内容，直接复制即可。

审计师在撰写报告时，一般要注意以下五个“要”：

1.条理要清晰

撰写内审报告的主要一条是：重要事项优先，正常业务按流程，以此类推，直到报告完毕。因为高层不会关注一些小问题，或者说是风险不大的问题。正常业务按流程，就是正常的审计发现按业务发生的流程阐述。如采购审计，除了重大发现外，其他发现则按“预算——招标——开标——议标——合同——验收——付款”的流程撰写内审报告。

在写作中要说明为了查明什么，已经抽查了多少数量或资料，经过汇总、核对与分析发现了什么问题，事情的严重性及影响，最好能说明金额统计数量，此举违反了什么法规、制度、决定及工作程序。还要有当事人及主管领导的解释，以及现在的管理与控制状况。最后是内审人员就此事所提出的管理建议。

一般对某个审计发现的问题进行报告时，建议写作顺序为：为了审计________，我们抽查了________，发现________，损失金额________，违反________或者与________不相符。容易造成________损失或影响（员工、供应商、公司声誉等）。

当事人或主管解释________。（给人一个公平的解释机会）

我们通过分析总结________。（公正合理）

建议：列举①②③等，这样的写作顺序显得条理比较清楚。

2.归类要合理

同类问题统一归纳，撰写时按工作流程顺序书写。由于审计项目时间较长、审计人员较多、发现问题较多且复杂，在撰写报告时容易产生以下问题：

（1）报告问题不按问题重要性或工作流程顺序。在写作审计报告时，一般是按工作流程顺序各点分类书写，例如，撰写采购的内审报告时，可以按采购部门工作流程顺序书写，即按“采购申请单——采购比质比价——领导审批——发出订购单——物资验收单——财会付款”等顺序分类书写。

（2）如果报告问题没有分类，各类问题常常交叉罗列，整篇文章读起来杂乱无章，无法掌握重点及类别。例如，第一点讲系统软件出现的问题，第二点讲工作流程的问题……第五点又讲关于系统软件的问题，这样简单的罗列无法集中深入地揭示问题和剖析问题形成的原因，自然也就无法提出好的对策和建议，报告使用者也难以归纳问题的要点和重点，不利于汇报工作，不便于执行相关的管理措施。当然，这些是写作基础和常识问题，多注意即可。

3.分析要详尽

审计要用事实与数据说话，还原事实真相。通过对发现问题的汇总与分析揭示问题，以寻找原因、界定事实。

（1）收集数据要具体。审计报告要注明抽查的数量及发现问题多少件（单），汇总金额是多少等，数据越具体，后期的分析和对比就越容易，结论就越准确。

（2）分析思路要开阔。分析思路不能局限于项目之内、公司之间，要把项目审计取得的数据放在更大的深度与广度上进行分析。如市内数据要放到全市、全省乃至全国范围来看；市场信息与网上信息比较。通过多方多维度的对比分析，情况就会逐渐明朗。此分析方案对价格的变化、经营状况等情况的分析适用。

（3）了解原因要深入。管理层主要是针对发现的问题而采取必要的管理措施，所以查找事件发生的原因是内审工作必不可少的步骤。审计师只有对事件了解深入，才能作出一个比较合理的解释。

在实践中，审计师切不可被表象蒙蔽了双眼，所见或许只是冰山一角，要多问几个为什么、原因是什么、根源是什么、源头在哪里、是制度原因还是流程存在问题，是个别现象还是普遍情况，只有找到根，才能连根拔起，标本一起治。

4.表达要简明

俗话说：一表（图）抵万言。内审报告写作时尽可能多用图形，多用表格，图形或表格能把复杂的数据及文档一目了然地展示给报告的使用者。这在实际工作中被证实是非常简洁明了，利于沟通的。例如，为了说明工程预算与实际验收测量比较后发现工程量相差较大，可用表3–14说明。

表3–14　××公司装饰工程预算与实际比较表　金额单位：元

序号	项目名称	预算数量	单价	预算金额（A）	实际数量	实际金额（B）	多计金额（A–B）
一、	换衣间						
1.	隔离区矮柜	12m	1 650	19 800.00	6.4m	10 560.00	+9 240.00
⋮	⋮	⋮	⋮	⋮	⋮	⋮	⋮
三、	洗水消毒室						
⋮	⋮	⋮	⋮	⋮	⋮	⋮	⋮
11.	洁净吸顶灯	5套	250	1 250.00	3套	750.00	+500.00
⋮	⋮	⋮	⋮	⋮	⋮	⋮	⋮
四、	工作间						
15.	防爆灯	6组	250	1 500.00	3组	750.00	+750.00
	合计			22 550.00		12 060.00	+10 490.00

从抽查数字上分析：××公司抽查预算数总额为22 550.00元，误差（多计）达10 490.00元，误差（多计）率达到46.52%。装修项目预算工程量与实际验收测量不符。

5.建议要可行

通过上述步骤，内审报告已初具雏形，现在只剩下管理建议了。这一部分也很重要，如果说审计是为了发现问题，那么管理建议就是为解决问题而出谋划策，建议方案水平的高低，直接影响到管理层对问题的解决速度与决策。撰写管理建议时最常见也最忌讳的毛病就是针对性不强，分析问题部分与管理建议之间缺乏相关性，造成建议没有针对性，管理建议泛泛而谈，没有明确的方案与做法，没有操作性，更不用说有效果了。如常见的有“建议加强会计法、合同法的学习，提高自觉遵守国家法律法规的意识”“建议进一步完善公司管理制度，加强内控管理”等。完善公司管理制度，这么大的公司，是要完善什么制度？也就是说针对性要强，表述要准确点。

《内部审计原理与技术》认为审计师提出审计建议时必须考虑如下因素：

- 审计建议能否解决问题？能否降低成本？
- 被审计者是否有执行审计建议的能力，是否有必需的专门人员？是否有必需的有效的技术？
- 审计建议是否适合被审计者的经营活动？
- 审计建议是否考虑成本效益？例如，建议的收益是否超过建议的成本？
- 审计建议是解决长期问题还是短期问题，或仅是权宜之计？

【例3–6】管理建议示例

列举的建议具有一定的针对性。仍旧以上文装修验收问题为例。因为工程预算（总包价）与实际验收时数量相差较大，其原因是验收人员责任心不强，验收流于形式等，所以我们针对所发现的问题提出建议。

（1）财务部门按重新核准的装修工程款及相关审批手续，调整工程项目费用，对于未付的工程款，在支付时予以扣除；对于已付完工程款的项目，建议在质保金中扣除10 490元工程款。

（2）建议集团总部制订或修改验收制度，对所属公司在进行工程验收时实行交叉验收制度，即A公司的验收人员对B公司完工项目进行验收，B公司的验收人员对A公司完工项目进行验收。

（3）对工作失职的验收人员给予相应的处分。

上述第一点针对具体单位具体问题有针对性地提出建议措施，提醒财务部在支付款项时要扣除剔减的工程款；第二点则是对整个集团或个别公司存在的管理漏洞提出一个解决的方案，防止以后出现类似的情况，这两个建议都可行且有针对性，一个建议治标另一个则治本，这种有针对性的建议对于完善公司的管理制度非常有利。第三点则是对违规人员作出相应的处理，对今后工作起到警示的作用，也提醒相关人员引以为戒，不再违规操作。注意：内审人员提出审计建议时，避免使用独断式或含蓄式语句，如“必须”“一定”等语言。

审计建议至少要遵守以下原则（包含但不限于）：①成本效益原则；②可执行原则；③标本兼治原则。

（五）审计结论

根据审计发现与分析，合理公正地得出不偏不倚的审计结论。

至此，内部审计报告全文草稿完成。进行检查与自我复核阶段，再一次对报告进行结构审视，确定框架是否明了，是否遵循重点、重要在前原则，标题是否明白，语句是否通顺、简练，能否使用语句代替长句，语法是否有错，数字的大小写是否准确，标点符号运用是否正确，是否有错别字。

一篇报告，至少要通过“隔天二人三审”审核才能呈报。具体说，隔天就是审计师今天完成报告，检查过一遍没问题，需要等到明天再重新审核一遍，这个时候往往会发现许多需要修改和完善的地方，这就是隔一天复查的效果。二人就是交叉检查，让项目主管审查一遍，不同的思维与经验视角会拓宽审计发现的深度和广度，还能从语法、词汇与结构上提出建议，更加丰富了审计报告的内容；三审就是三级审核，报告书写本人一级、复查者二级和经理三级审核，最后该审计报告基本上可以定稿了。

审计结论或审计报告，遵守以上审核原则，才能尽量减少差错，及时修正报告中的偏差，实际工作中效果才会更好。【例3-7】说明审计结论经修正后效果更好。

【例3-7】区别对外加工产品和自产产品的情况

根据××公司财务科提供的公司对外加工产品成本表，完工对外加工产品单位成本为3 281.72元/吨，合计销售成本为3 281.72×（17 068.474+265.45）=56 885 085.07元。销售收入为80 787 356.329元，因此考虑内部损益抵销因素，集团公司对外加工产品平均销售毛利率为（80 787 356.329-56 885 085.07）÷80 787 356.329×100%=29.59%，即对外加工产品毛利率为29.59%。

根据公司提供的产品成本表，自产主要产品累计销售收入为810 648 077.75元（含运费），累计销售成本为569 780 668.57元，因此自产产品平均销售毛利率为（810 648 077.75-569 780 668.57）÷810 648 077.75×100%=29.71%，即自产产品毛利率为29.71%。

根据以上计算结果，我们认为：公司对外加工业务毛利率为29.59%，自产产品毛利率为29.71%，对外加工的产品存在收发、运输、税金等诸多因素，运营环节增多，存在不确定风险因素较大，两者相比较，产品外加工不具备明显优势。

三、审计报告定稿

审计报告反馈。在审计报告定稿以前，还有一步工作要做，那就是将审计报告送达被审计单位的相关人员，请他们提交反馈意见（审计报告意见反馈表见表3-15）。主要目的是让被审计单位对报告内容的真实性和正确性进行最终确认，也给被审计单位最后一个解释的机会，如有不同的见解，可以及时将解释和确认的信息反馈给审计部门，以便审计部门对报告进行终审。

内部审计报告范例

表3-15　　**审计报告意见反馈表**

（征求意见稿）

内审征字〔20××〕第　号

被审计单位：

对审计报告的意见：

1.
2.
3.
4.
5.

单位和负责人签字盖章：

年　月　日

一、请将本征询单连同审计报告（征求意见稿）于　年　月　日交回总部内审部。

二、征询意见栏不够用可另附纸。

发单时间：　年　月　日

收集审计反馈的具体操作步骤如下：

第一步：撰写审计意见反馈表，内附相关的审计报告，并注明被审计单位反馈的时限。由审计经理签字后发送至被审计单位，并要有签收记录。

第二步：追踪被审计单位在规定的期限内是否将反馈意见和改进建议送交内部审计部门。

第三步：了解被审计单位为改进工作而采取的措施。必要时从第三方对整改措施的落实情况进行核实。

根据被审计单位按时反馈的意见表，以及作出的整改措施，内部审计人员收集、整理拟加入审计报告的部分，为了方便阅读审计报告和便于区分报告主体内容和被审计单位的反馈意见、整改措施，笔者建议采用不同的字体或文字等表示，这样可使审计报告更立体、更形象。

然后，整理审计报告文档，套入公司的报告模板，如有些公司会套入公司标志，限制阅读对象，注明保密级别等。如一般报告均为保密，但是舞弊审计、中高层人员审计及领导层认为重要的报告应注明为绝密。

编辑审计报告序号时，一般情况下是按年度计划编号，也有按审计项目统一编号的，以方便查阅与归档。同时，应注明呈送、抄送人员名单，通常情况下报告会被送达被审计单位的主管手中。

注意：高管和董事会一般只看汇总报告（摘要），超过10页的报告建议写成汇总报告，或者将同类多个公司的审计报告写成汇总报告，并将明细审计报告或分公司报告附后备查。

同步思考3-4

审计报告可以进行哪些分类？

理解要点：审计报告可以从三个方面进行分类：

（1）按审计报告的格式和措辞是否统一，可分为标准审计报告和非标准审计报告两类。

（2）按审计主体，可分为国家审计报告、内部审计报告、民间审计报告三类。

（3）按审计内容和目的，可分为财务审计报告、符合性审计报告、绩效审计报告、经济责任审计报告四类。

知识链接3-5

《内部审计基本准则》第十七条规定："内部审计人员应在实施必要的审计程序后，出具审计报告。审计报告的编制应当以经过核实的审计证据为依据，做到客观、完整、清晰、及时，具有建设性，并体现重要性原则。"

第四节　后续审计阶段

一、后续审计

没有后续跟踪的审计是残缺的审计。后续审计作为内部审计发现的延伸，作为审计闭环的最后一环，它起着至关重要的作用。它不但能落实对审计建议的执行情况，而且能树立内部审计威信。如果没有后续审计，没有相关的后续评价与监督措施，审计发现未得到整改，建议未得到采纳，内部审计的作用就无法体现，就会出现屡审屡犯、屡教不改的情况。

同时，对内部审计而言，就会失去其权威及评价作用；对管理而言，就达不到管理的目的，失去其"理"的内涵。所以在比较规范、稳健的集团公司，都很重视内审部门的审计发现，把审计发现作为修正企业目标的关键事项来做，所以发现问题就一定要有控制措施，有控制措施就一定要有措施监督，有措施监督就一定要有后续跟踪审计，这就是后续审计存在的原因及作用。

理想的操作方式是：审计发现问题，高管牵头组成一个督查小组，负责对后续整改措施事务进行监督与检查。在内部审计实务中，作为完整审计过程的一个阶段，后续审计意味着对审计报告中反映的问题和提出的建议进行跟踪检查，直到被审计单位采取了相应的行动，使内部审计人员感到满意为止。显然，后续审计也常常会引发一些忧虑和冲突，需要掌握一定的程序和技巧，并进行相应的评价。

本节将主要讨论以下几个方面：

（1）什么是后续审计？

（2）怎样开展后续审计？

（3）如何让后续审计更有效？

（一）后续审计的概念与意义

1.后续审计的含义与特点

《第2107号内部审计具体准则——后续审计》指出，后续审计是指内部审计机构为跟踪检查被审计单位针对审计发现的问题所采取的纠正措施及其改进效果，而进行的审查和评价活动。后续审计具有以下特点：

第一，后续审计不是一个独立的审计项目。后续审计是前一次审计的延续，内部审计机构负责人如果初步认定被审计单位管理层对审计发现的问题已采取有效的纠正措施，后续审计可以作为下次审计工作的一部分。

第二，在后续审计中，审计人员重点关注的应当是问题能否得以解决以及对被审计单位的影响，而不是审计报告中所提出的具体建议是否得到严格执行。因此，被审计单位所采取的纠正措施及其效果是后续审计的主要内容。

第三，后续审计的程序和方法与一般的审计程序和方法基本相同，但针对性较强。

2.后续审计的意义

一般说来，后续审计具有以下几点意义：

（1）可以提高审计工作质量，充分发挥审计的职能和作用

审计人员通过后续审计，评价并报告管理者纠正错误的态度是否积极、措施是否得当、效果是否显著，因此是确保审计效果的重要措施。

（2）可以促进管理者的工作

后续审计可以在一定程度上约束管理者切实采取措施，纠正错误而不是敷衍了事。内部审计人员应将有说服力的审计结果送交管理层或董事会，使之对管理者施加影响，促使管理者改善生产经营。

（3）可以积累审计工作经验

实行后续审计，验证正确审计结论和审计建议将增强审计人员的工作信心；若经实践验证其属于审计失误，则有利于找出差距，分析原因，把审计工作做得更好。

知识链接3-6

《内部审计基本准则》第二十一条规定："内部审计人员应进行后续审计，以促进被审计单位对审计发现的问题及时采取合理、有效的纠正措施。"

（二）后续审计的总体规划

后续审计是整体审计的一部分，而不能简单地把它独立出来。要不要开展后续审计，

什么时间开展后续审计，如何开展后续审计，开展后续审计的深度与广度等，审计师针对这些问题必须进行系统的规划。下面将从后续审计的总体规划和被审计单位的业务安排和时间要求两个方面进行阐述。

1.总体规划内容

是否需要开展后续审计、何时开展后续审计、如何制订后续审计方案等，内部审计负责人确实需要对这些问题进行深思熟虑。依据《第2107号内部审计具体准则——后续审计》的规定，制订后续审计方案时应考虑以下基本因素：

（1）审计意见和建议的重要性

审计意见和建议的重要性决定了后续审计的深度和广度，当存在的问题关系重大、会对组织产生重大影响时，应要求被审计单位尽快采取措施，解决问题，并对被审计单位解决问题的及时性、有效性及问题是否已得到解决进行认真、细致的审查。

（2）纠正措施的复杂性

审计师在后续审计中，不应该过于关注被审计单位有没有执行审计建议，纠正行动有没有力度，而应该重点关注问题是否得到解决。在开展后续审计之前，内部审计师必须考虑纠正措施的复杂性，如果纠正措施很复杂、难度很大的话，自然要留给管理层一定的时间去筹划实施，相应的后续审计的时间就要向后拖一拖。如果纠正措施简单、没有难度，后续审计的时间安排就可以相对地紧凑一些。

（3）落实纠正措施所需要的时间和成本

内部审计师必须事先考虑纠正措施的时间问题。倘若审计建议涉及问题较多，管理层次较复杂，需要管理层一层一层分别贯彻落实的话，落实纠正措施所需的时间期限将很长，这样的纠正措施可以安排靠后的后续审计。此外，成本因素也需要考虑。审计工作作为一项检查经济活动的工作，更应该遵守成本效益原则。纠正措施的效益如果超过成本，管理层采纳的可能性就比较高，后续审计才会有意义；如果管理层从更高的角度或者说从企业整体考虑认为纠正措施没有可行性，开展后续审计也不会有任何结果，而且，还会浪费宝贵的内部审计资源。

（4）纠正措施失败可能产生的影响

对纠正措施的复杂性、落实纠正措施所需要的时间和成本及纠正措施失败可能产生的影响进行评估，是为了根据被审计单位采用纠正措施的预计难易程度编制合理、适当的后续审计方案，这充分体现了内部审计机构与被审计单位之间的服务关系。

2.被审计单位的业务安排和时间要求

现代企业追求的是时间的充分利用，生产要实时进行，客户管理要实时进行，销售要实时进行。后续审计当然不能破坏企业正常的经营活动，所以事先的、适当的时间安排显得尤为重要。审计部门首先要做好审计时间的安排，估计从开始到结束大概需要多长时间，然后再与被审计单位进行充分交流，确定最佳的审计入驻时间，最好安排在审计对象不忙甚至闲暇的时间，这样既可以不耽误工作又可以让被审计对象充分配合。

✲请注意✲

在实施后续审计工作时，内部审计师要考虑被审计单位的业务安排和时间要求，尽量减少对被审计部门的业务、管理者、雇员以及先前审计过的业务的影响。

（三）后续审计的实施程序

后续审计工作是保证内部审计人员落实审计建议和实现纠错防弊职能的重要步骤，审计师只有认真履行一定的审计程序才能保障审计质量，并树立审计的职业威望与声誉。

后续审计中的三方职责

在公司现行操作中，后续审计一般可由三个层面的人员进行。

（1）由高级管理层进行落实，负责跟踪实施相关的整改措施。

（2）由被审计单位进行自我整改，针对审计发现的问题，提出有关的改正措施。

（3）由内部审计人员进行监督落实，一般在实施相关审计业务时一并进行跟踪审计。如果时间、人员等资源充足，建议进行专门的后续审计。

后续审计的重点是由于控制目标未能实现而产生的风险，如审计人员认为风险过高，下级管理人员有混淆或迷惑高级管理层的行为，或有意降低评估风险的行为，则一定要实施后续审计。

后续审计的方式可以是专项后续审计，也可以是附带式的后续审计。专项后续审计就是针对某一个问题进行后续跟踪审计；附带式的后续审计就是在进行其他审计项目时，针对本次审计发现及反馈的书面报告，抽查相关的整改措施，确保被审计单位已采取措施并已取得有效的风险控制。

在实际业务中，后续审计可以按以下的基本步骤进行，具体实施程序为：

后续审计的实施程序

（1）审阅被审计单位反馈的书面报告，分析报告存在的问题。包括与审计报告的细节对比，确定、分析、判断回复的条款内容是否有错漏，是否采取了相关的措施。

（2）通过与被审计单位主管沟通，确定被审计单位对报告存在的不明确、不清楚的事项，包括未进行整改和改正的事项。

（3）对重要审计发现和整改措施进行现场确认。通过现场观察、查阅凭证等方式进行确认，有必要时要对其整改业务实行穿行测试进行验证。

（4）进行沟通、交流和现场确认后，重新评估存在的风险。

（5）报告后续审计发现。总结评估审计发现，重新提出审计建议，评价整改现状，汇报主管领导，督促其落实整改措施，将后续审计的报告或复印件发放给原接收报告的管理人员。

后续审计的时间根据审计发现问题的严重性及整改时间来确定，如果事态严重，必须立即进行后续审计或管理层进行的督办检查。还有就是根据被审计单位反馈意见，明确整改时间后，在整改时间结束后进行审计。

（四）如何让后续审计更有效

如前文所述，后续审计需要内部审计人员、被审计单位和高级管理层三方共同参与和配合。有些读者可能会觉得，在许多情况下这是不实际的。例如，高级管理层可能不会监督后续过程，而是期望审计人员承担更多的责任。这种期望将会给审计人员造成负担，使其被卷入决策过程。若高级管理层不参与相应的工作，被审计单位将为了回应审计而应付式地执行所有的任务，这将会严重地削弱审计的有效性。

我们在进行相关的后续跟踪审计时，要注意遵守以下五项基本原则及六项注意事项：

1.五项基本原则：

（1）**全面原则**，在实施审计阶段，应尽可能对更多的审计发现事项实施后续审计，以增强内部审计的权威性与严肃性。

（2）**依据原则**，按被审计单位的整改依据，在后续审计前，先审查是否有书面回复意见，无整改方案的要查实并追究相关责任。

（3）**差别原则**，对于不重要的审计发现，只审查有关纠正措施的文档记录，不必分配太多时间进行核对。

（4）**重点原则**，对于重要的审计事项应进行后续审计，如违反流程、金额较大的事项。对制度、内控缺失但并不重要的审计事项，则不进行后续审计。

（5）**测试原则**，对于较重要、风险较大的控制点，值得注意的具体问题应进行后续审计测试。

2.六项注意事项：

（1）内部审计只是对事不对人，不要给被审计单位人员留下心存偏见或找茬的感觉。

（2）不要把个人喜好与意愿强加给管理层，内部审计人员只有建议权，没有决策权。切记！

（3）审计人员应集中关注控制的目标、控制的原则，并允许管理层选择可行的方法去实现控制。

（4）审计人员应避免对纠正措施负责，我们的工作责任是评价与监督。怎么样纠正、如何整改是管理部门的事情，我们只是提可行性的建议。

（5）审计人员应避免对非重要事项进行过多的说明与关注。

（6）审计人员应查找并分析整改后控制目标是否存在风险，并作出适合的报告。

虽然后续审计如此重要，但是在实际工作中，还是有许多单位没有给予应有的重视，认为审计完了，工作就结束了。其实重要的正是后续评价与管理，它对企业运营管理起到关键作用。

（五）后续审计的政策

有效减少此类问题发生的途径是建立书面的审计政策来规范后续审计。若审计政策能分别列出被审计单位、高级管理层和审计人员在后续审计中的作用，则效果更好。这些政策（越具体越好）将有利于后续审计的顺利开展。

一个有效的后续审计政策具有以下特征：

（1）政策以书面载明。

（2）清楚地表明审计政策中的有关规定来自组织中的最高权力层。

（3）应对存在例外情况的所有审计事项实施后续审计。

（4）应列出审计人员、被审计单位和高级管理层在后续审计中的作用和责任（这三方在后续审计中的作用和责任应予以特别列示，或至少应比描述内部审计一般作用和责任的其他政策明显）。

（5）应赋予内部审计人员评价和报告纠正措施效果的权力和责任。

（6）审计政策应声明高级管理层对后续审计原则的认同。

（7）具体规定被审计单位应在确切的时限内对审计发现和建议作出书面回复，并说明谁应对纠正措施的实施负责。

（8）审计政策应具体规定被审计单位的回复和后续审计报告的发送对象。

（9）审计政策应建议回复所采用的格式。

（10）审计政策应规定回复应发送给所有管理层的主管，包括业务部门和参谋部门。

包括以上项目在内的后续审计政策将有助于增强内部审计的效用。

（六）拒绝被审计单位的回复或措施的原则

即使有高级管理层的协调，审计人员与被审计单位也不总是能就纠正措施的必要性或结果达成一致意见。在这种情况下，审计人员的反对意见将确保事实不被误解或解释不当。拒绝一项回复或措施的原则是，既要表明意见的分歧，又要与被审计单位和高级管理层继续保持良好的工作关系。下列指导意见有助于实现这个双重目标，提高后续审计工作的成效：

（1）审计人员不要把个人的偏好强加给被审计单位。他们应避免充当监督者或审批者的角色，因为只有这些人才有权认可将要采取的任何行动。被审计单位应有决策权。审计人员的责任是审查、评价、建议和报告。

（2）被审计单位选择可接受的方法去实现控制目标。

（3）审计人员应避免对纠正措施负责。

（4）审计人员应决定哪些缺陷是最严重的，并值得跟踪。如果有的审计发现（在复审中）被裁定为不值得证实，那么审计人员就可以决定不将它作为后续审计的一个事项。

（5）审计人员在报告中应对事不对人。他们只应评价风险、控制目标、控制方法和有关情况。

（6）审计人员应以书面的形式具体说明为什么他们认为被审计单位的回复不充分，以及哪些具体的控制目标存在风险。审计人员应客观地写出这些信息，避免使用感情色彩较浓的语句。但是，审计人员应尽量口头解决与被审计单位的分歧。书面解决只是最后的办法。

牢记以上意见，特别是在有争议的情况下，这将有助于审计人员更好地维持他们的职业形象，并最大限度发挥他们对组织的作用。此外，更重要的是，审计人员和被审计单位在认识到存在职业判断分歧的同时，不会危及彼此的工作关系。拒绝整个（或部分）回复和不充分的纠正措施，有时需要智慧和情感上的勇气。保持客观是一种重要的态度，它能使审计人员确定并如实地报告实际的纠正信息，在某些特定的情况下更是如此。

（七）减少后续审计时间的方法

后续审计是如此重要，以致几乎所有的内部审计部门都会要求对那些有重大发现的审计项目进行后续审计。但是，审计的资源是有限的，那么，如何将有限的审计资源投入到最能取得成效的审计工作中去，最大限度地提高后续审计的工作效用呢？

以下建议将有助于减少后续审计所需的必要时间，使后续审计更有效：

（1）在审计实施阶段，应尽可能地对更多的事项实施后续审计。若要达到这一目的，就必须在进场会议上鼓励被审计单位在审计结束前实施简便易行的纠正措施（对这些措施的决策应比较简单)。这样，审计人员可在审计报告中说明一些事项已被纠正。快速的纠正行动通常会得到管理层的赞赏。

(2) 鼓励被审计单位的主管定期通过电话或传真告知审计人员最新的纠正措施执行情况。

(3) 将注意力集中于最严重的或潜在的重大问题。对一般事项的后续审计可仅限于询问和简短的讨论。

(4) 对那些不十分重要的审计发现，可以只审查与纠正措施有关的文件记录。

(5) 只对值得注意的具体问题进行后续审计测试。

内部审计过程（范例）

同步思考3-5

后续审计的主要步骤有哪些？

理解要点：(1) 认真分析被审计单位的反馈；(2) 就反馈不充分或没有反馈的问题与被审计单位进行探讨；(3) 对重大的审计结果进行现场追踪审计和测试；(4) 针对已采取的各项措施进行评估，对控制风险进行重新评估；(5) 提交后续审计报告。

二、评估审计结果

评估审计结果，就是进行审计业务总结。通过评估审计结果，能对审计时间控制、有无审计程序、特别或异常的问题进行汇总，评价审计人员工作，变更、修改和增减审计程序，并可评价审计工作质量。

通常情况下，此项工作由审计小组组长、项目经理和审计经理执行，并召开部门总结会议。

评估审计结果的同时也要对内部审计人员进行业绩评估，主要评估指标包括：审计成果与质量，审计过程的沟通能力，完成审计程序的情况，以前评价的改正情况，具备的其他各种能力（计划能力、计算机应用能力、查找资料的技能），持续教育的需求。

最后，对审计有关资料进行分类归档保存，具体的操作过程及相关的装订顺序，详见后面章节。本节主要讨论以下几个方面。

(一) 审计项目后评估组织的成立及项目的选择

审计项目后评估不同于审计项目质量检查和优秀审计项目评选，它没有必要在所有的审计项目中进行，审计项目后评估应当选择那些具有一定特质并需要总结经验教训的审计项目。如审计项目实施过程中出现了重大失误的项目，项目规模庞大、内容复杂或带有探索性的审计项目，将来可能成为审计方向或主要审计业务的项目，社会关注、风险较高的审计项目，审计结果公开后产生重大社会影响的审计项目，为特定类别的审计制定实施规范的“打捆”审计项目等。

审计项目后评估组织是实施审计项目后评估的工作机构，它由一名负责人、审计项目内部人员（负责审计项目决策和审计项目实施的有关人员）和审计项目外部专家组成。为了保证审计项目后评估的客观公正性，审计项目后评估机构的负责人不应当参与该审计项目的决策和实施，而应由该负责人具体负责聘请审计项目后评估专家和组织审计项目后评估专家组的评估。审计项目后评估专家的选聘要根据所评估项目的具体特点、内部专家和外部专家的专业特长及经验的互补性、审计机构对项目后评估的具体要求以及项目的保密性等方面来选择。

审计项目后评估专家组由内部人员和外部人员组成。内部人员是与项目有关的内部专家，因为他们熟悉项目的决策或实施情况，但为了保证项目后评估的客观性，内部专家在项目后评估中不能作为主要的评估人员。外部人员是与审计项目无利害关系的外部咨询专家，他们既熟悉项目后评估的程序和方法，也熟悉被审计单位的业务活动，因此他们的评估就更加专业和客观。必须指出的是，外部人员包括审计机构以外的人员，也包括与被评估审计项目的决策和实施无关的审计机构人员，考虑到审计项目的客观性要求，审计项目后评估专家组成员应当以与被评估审计项目的决策和实施无关的审计机构的人员为主。

（二）资料的收集与评估的实施

审计项目后评估首先应当从资料的收集入手。审计项目后评估的资料包括：审计项目的立项类资料、审计项目的证明类资料、审计项目的结论类资料和审计项目的备查类资料等，这些资料均包含在审计项目的档案材料中。此外，审计揭露的违法违纪问题或违法犯罪案件线索、审计意见和建议的采纳情况、审计结果采用情况及其社会影响等资料则需要向有关单位索取或经过适当的研究获得。

收集的资料还包括立项和计划部门有关被评估项目立项背景和计划制订情况的资料、法制部门有关被评估项目质量控制情况的资料（如质量检查的情况和优秀审计项目的评选情况）、业务管理部门有关被评估项目有关情况的资料等。

（三）现场调研和资料整理

现场调研是审计项目后评估的重要方面，进行现场调研的主要任务是听取审计项目组和被审计单位对审计项目情况和审计情况的介绍和看法，并通过发放调查表或开座谈会的形式了解审计项目组成员对审计项目的适当性、审计组织方式的有效性、审计内部控制的有效性、审计技术方法的有效性以及计算机技术的使用情况等方面的看法，了解被审计单位对审计纪律执行情况、审计技术水平、审计工作效率、审计工作方式的恰当性以及审计监督对被审计单位工作的促进作用等方面的内容。在资料收集和现场调研的基础上，对收集的资料和现场调研的结果进行必要的整理和归纳，如审计人员审计项目评价表和被审计单位审计项目反馈表，为开展相关的分析和得出评估结论做好准备。

现场调研还包括在现有资料的条件下，审计项目后评估专家组无法判定后评估事项时，对有关单位或个人的取证。例如，档案资料中没有审计通知书送达回证，项目后评估专家组为了弄清审计通知书的送达情况而对被审计单位的取证。

（四）审计项目后评估的方法和结论

审计项目后评估的方法应当借鉴一般项目后评估的方法并结合审计项目的特点来确定。一般项目后评估的方法有统计预测方法、逻辑框架法、对比分析法、层次分析法、因果分析法、综合分析法、成功度评估法等。由于审计项目后评估是对评估的评估，许多指标或判断具有间接性，审计程序的判断可以由相应的规章予以界定，审计的实质判断则需延伸到被审计单位的业务活动，审计项目后评估对实质性判断的大量验证是不妥当的。因此，审计项目后评估除了采用常用的调查法（问卷法、询问法、观察法、流程图法）、分析性复核、内部控制测试外，还采用统计分析法、因果分析法、综合分析法、表格评审法和会议研讨法。

审计项目后评估的方法

根据审计项目资料收集和现场调研的结果，采用适当的审计项目后评估方法，评估组专家通过对全部信息进行全面的分析，从而得出审计项目后评估的结论，这方面的内容包括：审计实施方案内容的完整性和恰当性，审计技术方法使用的准确性和普遍性，审计日记和审计工作底稿内容的完整性及与审计结论的匹配性，审计程序的完整性，审计业务活动的准确性，审计揭露的违法违纪问题或违法犯罪案件线索，审计意见和建议的采纳情况，审计结果采用情况及其社会影响，审计直接成本与审计直接效益，审计目标的恰当性及实现程度，审计创新等。

（五）审计项目后评估报告的撰写

审计项目后评估报告是对审计项目后评估各种评估结果的汇总，它应当真实地反映评估结果，客观地描述评估分析的问题和情况，认真全面地给出审计项目后评估的建议。审计项目后评估报告应当具有绩效评估的功能和对策建议功能，因此审计项目后评估报告应当包括：摘要，审计项目概况，评估内容，主要问题，原因分析，经验教训、结论和建议，评估方法说明等。审计项目后评估报告的摘要主要介绍审计项目后评估立项的科学性和审计项目后评估的主要结论；审计项目概况主要介绍审计项目的基本情况和审计的基本情况，包括被审计单位的经济性质、管理体制、资金和人员规模、职责范围、内部控制及法律制度、审计立项背景、审计目的、审计的成本效益及影响等；单项评估的内容由评估的具体目的确定，综合评估应当包括论述过的十个方面的内容；主要问题是审计项目后评估发现的审计项目实施中的问题；原因分析是对问题的原因分析，在进行原因分析时既要一一对应——每个问题都应有相应的原因，又要注意进行综合分析，发现共同的带有根本性质的原因；经验教训、结论和建议要注意普遍性、重点性以及针对性；审计项目后评估方法的科学性是确保项目后评估成功的关键，方法说明既要阐述所用方法的适当性，也要说明该方法的局限性，使项目后评估结论的使用者正确评估使用该结论的风险。审计项目后评估专家组也可以归纳不同审计项目后评估的结论，对审计项目实施中存在的普遍性或专门性问题提交专题报告。

（六）审计项目后评估结果的使用

审计项目后评估报告经过审计机构的审查后，应当附上审计项目后评估的必要资料在审计机构内部公开，使审计项目后评估的结果在较大范围内得到应用。一方面，决策和计划部门可以利用审计项目后评估成果完善决策和计划，法制部门可以利用审计项目后评估结果完善规章制度，审计组可以利用审计项目后评估结果完善审计项目的组织实施，审计人员个人可以利用审计项目后评估成果发现自身知识和能力上的不足。对于审计项目后评估报告指出的普遍性和规律性问题，各相关部门应当制定具体的措施和办法。同时，审计项目后评估报告的公开有利于提高审计项目后评估的透明度，增强评估人员的责任感，提高审计项目后评估的质量；另一方面，审计人员可以通过“四步走”策略（见表3-16）充分、有效地运用内部审计结果，并进一步通过审计中心制定的完整结果运用评价体系（见表3-17）提升审计结果运用的效果，使内部审计的质量得到最终检验，使内部审计的价值真正得以体现。

“四步走”助力审计结果运用效果提升

表3-16　　审计结果运用“四步走”策略

名称	阶段	具体内容
审计结果运用	第一步	运用矩阵式管理快速整改，及时追责
	第二步	利用信息技术排查风险、改善内控、完善审计模型
	第三步	审计公告、风险综述报告、审计案例宣导
	第四步	审计结果运用效果评估、指导后续审计计划

表 3-17 **审计结果运用评价指标体系**

考核点	审计结果	矩阵式管理	信息化建设	管理提升
指标	审计发现重要性 审计建设有效性 审计发现整改率 审计发现整改效果 审计发现整改及时性	各部门协同程度 整改责任划分清晰度 各部门尽职度	审计数据可获得性 审计模型适当性 完善审计模型	内控完善 风险预警 审计结果可推广性

■ 本章内容结构图

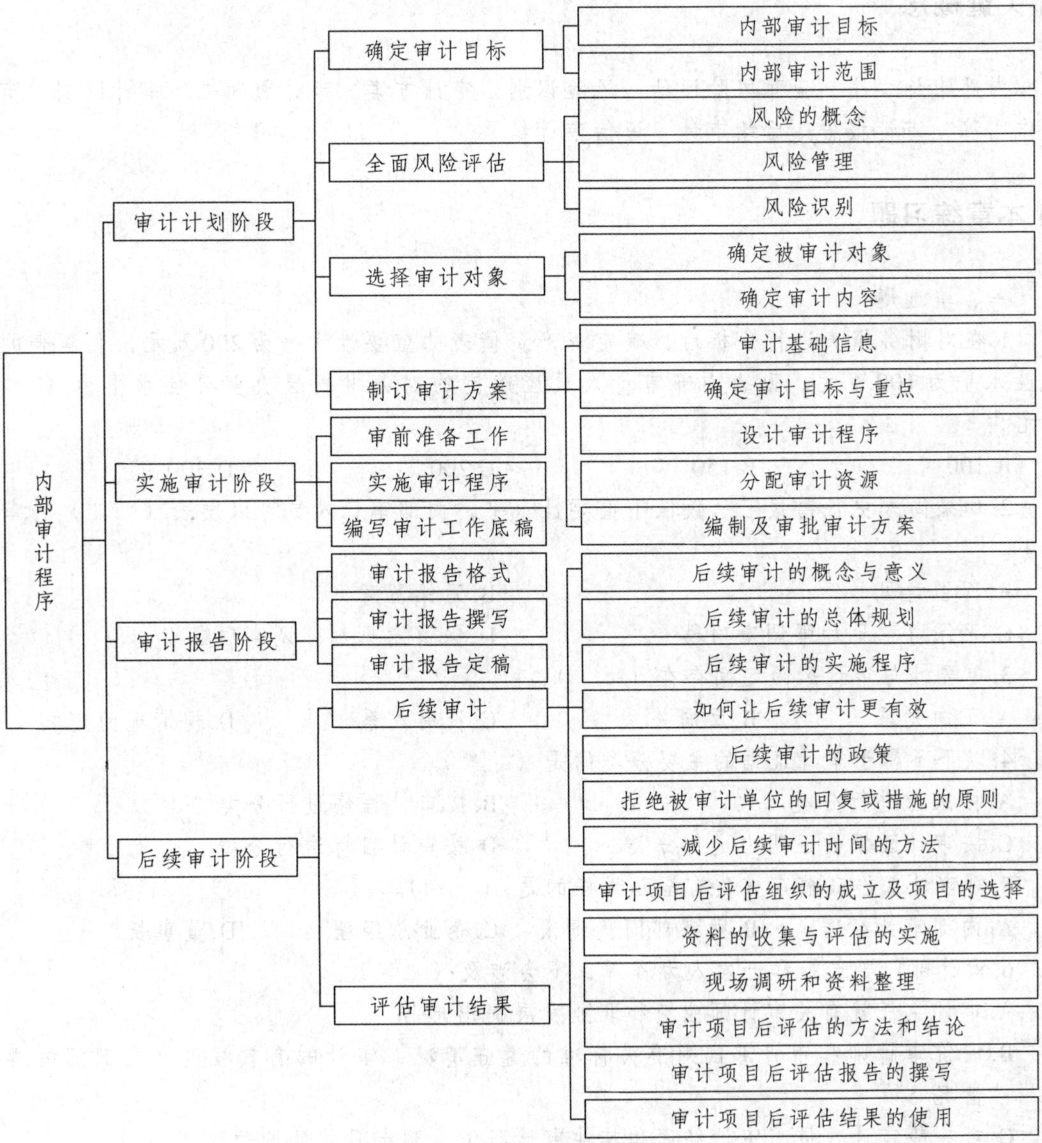

图 3-1 本章内容结构图

■ 本章小结

内部审计需要系统化、规范化的程序以对业务活动、内部控制和风险管理进行有效的审查和评价。这一系统化、规范化的审计程序是内部审计工作得以顺利完成的根本。内部审计机构应当严格执行内部审计程序：在计划阶段确定年度审计事项；在实施阶段编制和执行项目审计方案，收集充分适当的审计证据；在报告阶段形成客观公正、全面、公允的审计结论和编制审计报告并提出整改意见；在后续审计阶段，需要对相关审计事项进行必要的追踪检查。

■ 关键概念

内部审计程序　全面风险评估　风险识别　审计方案　审计通知书　审计证据　审计工作底稿　审计报告　后续审计　评估审计结果

■ 本章练习题

一、单选题

1.在对财务报表进行分析后，确定资产负债表的重要性水平为200万元，利润表的重要性水平为100万元，则A内部审计人员应确定的财务报表层次重要性水平为（　　）万元。

A.100　　B.150　　C.200　　D.300

2.如果尚未更正错报汇总数低于重要性水平，内部审计人员可以发表（　　）的审计报告。

A.保留意见　　B.无保留意见

C.无保留意见加强调事项段　　D.保留意见加强调事项段

3.重要性与审计风险之间存在（　　）。

A.正向关系　　B.反向关系　　C.没有关系　　D.视情况而定

4.以下不属于审计证据的主要分类的是（　　）。

A.按来源进行分类　　B.按审计程序进行分类

C.按审计证据的证明力进行分类　　D.按审计目标进行分类

5.对审计工作底稿审核负有全面责任的是（　　）。

A.内部审计经理　　B.财务部门负责人　　C.企业总经理　　D.董事长

6.审计部门要选择和开发人力资源，不会涉及（　　）。

A.审计主任就有关审计师业绩和职业发展提出忠告

B.评价审计师和审计部门对有关标准的遵守情况，审计的有效程度和对部门的遵守情况

C.对一般审计人员、审计经理和其他审计职位，制定具体的职位说明

D.就计算机技术设置单位内部培训并要求审计人员拥有后续教育经验

7.最有可能促使某审计主任在审计规划阶段应用风险评估方法的原因是风险评估提供了（ ）。

A.可能对被审计单位产生影响的清单

B.被审计单位可供审计的活动清单

C.一个用以对可能产生的不利情形进行分析评估，并对由此做的职业判断进行综合的系统过程

D.某事件或行为可能对被审计单位产生不利影响的概率

8.（ ）是内部审计师在应用风险分析过程编制审计时间表时，应首先受到关注的内容。

A.外部审计师要求为其即将开始的年度审计提供协助

B.公司的信息技术部门正对新的应付款系统测试

C.管理层已要求对应收账款可能发生的截留挪用情况进行调查

D.上年中没有对现有的应付款系统进行审计

9.未经授权许可访问系统不会对（ ）方面产生负面影响。

A.关键表格的准确性

B.审计线索的可靠性

C.开发人员访问生产系统的机会

D.对存取控制记录的定期审查

10.（ ）说明在销售部门可能存在着舞弊行为。

A.没有证据证明购入一部新的自动销售机所发生的大额支出

B.销售经理的生活方式和消费开支是他的正常薪金所不能负担的

C.控制环境非常松散，但在管理上认为这样的环境有利于员工发挥创造力，是合理的

D.以上所有情况

二、多选题

1.审计过程中，重要性的运用有（ ）几种情形。

A.计划审计工作　B.执行审计程序　C.评价审计结果　D.控制测试

2.审计风险是指财务报表存在重大错报而内部审计人员发表不恰当审计意见的可能性，包括（ ）。

A.重大错报风险　B.检查风险　C.固有风险　D.控制风险

3.下列属于内部审计人员可以控制的有（ ）。

A.审计风险　B.重大错报风险　C.控制风险　D.检查风险

4.具体审计计划包括（ ）。

A.风险评估程序　B.控制测试

C.计划实施的进一步审计程序　D.计划其他审计程序

5.确定计划的重要性水平时应考虑的因素有（ ）。

A.被审计单位业务的性质　B.审计的目标

C.财务报表各项目的性质及相互关系　D.财务报表项目的金额及波动幅度

三、判断题

1.（ ）实际审计风险水平与收集的审计证据的数量是同向变动的。

2.（　　）详查法的主要优点是能全面查清被审计单位所存在的问题，特别是对弄虚作假、营私舞弊等违反财经法纪行为，一般不易疏漏，以保证审计质量。

3.（　　）风险评估程序和实质性程序是每次财务报表审计都应实施的必要程序，而控制测试则不是。

4.（　　）审计计划阶段制订的方案和计划可以在实施阶段进行修改调整。

5.（　　）内部审计人员可以就计划审计工作的基本情况与被审计单位管理层进行沟通，但独立制定总体审计策略和具体审计计划是内部审计人员的责任。

四、简答题

1.内部审计的规划阶段应如何选择审计项目？

2.审计结果对审计工作有什么意义？

3.从哪些方面评价审计证据的充分性和适当性？

4.简述审计工作底稿的作用。

5.编制审计报告的步骤有哪些？

6.简述后续审计的作用。

7.概述内部审计经理的责任。

8.编制审计工作底稿有哪些要求？如何对其进行复核？

五、案例分析题

1.因审计工作底稿保管不当而被处罚

河北省华安会计师事务所（以下简称华安所）负责华夏建通科技开发股份有限公司（以下简称华夏建通）2003年至2006年年度报告的审计工作，均出具了无保留意见的审计报告。但经中国证监会查明，华夏建通在2003年至2005年年度报告中，存在虚假记载、重大遗漏等违反证券法律法规的行为。

在中国证监会调查中，因光华所①无法查找并提供华安所对华夏建通北京分公司2004年度、2005年度短期投资科目及预付账款科目的审计底稿、对世信科技发展有限公司2005年度其他应收款科目及预付账款科目的审计底稿，导致中国证监会调查人员无法了解注册会计师相关年度相关科目的审计工作过程，也无法判断审计尽职情况。因此，光华所对华安所审计华夏建通2004年年度报告和2005年年度报告的业务工作底稿的保存和借阅管理工作存在疏漏。中国证监会决定：对光华所给予警告，并处以10万元罚款。

资料来源　改编自《中国证券监督管理委员会行政处罚鉴定书（光华所）〔2010〕47号》（2010年12月9日）.

问题：

（1）审计工作底稿的保管期限是多少年？相关保管规定有哪些？

（2）本案例揭示了审计工作底稿有何作用？审计师应当如何编制工作底稿？

2.资料分析

资料：某内部审计人员在评价某被审计单位的审计风险时，分别假定了A、B、C、D四种情况见表3-18。

① 光华所的全称为“中兴财光华会计师事务所有限责任公司”，系由多家会计师事务所在2008年12月重组而成，华安所是其中之一。华安所的审计工作底稿由光华所负责保管。

表 3-18　　审计风险评价表

风险类型	情况A	情况B	情况C	情况D
可接受的审计风险（%）	1	2	3	4
重大错报风险（%）	60	50	80	70

要求：计算分析上述四种情况下，可接受的检查风险水平分别是多少？哪种情况下内部审计人员需要获取最多的审计证据？为什么？

■ 本章参考文献

[1] 穆勒. 布林克现代内部审计：通用知识体系 [M]. 章之旺，等，译. 北京：电子工业出版社，2015.

[2] 林柄沧. 内部稽核理论与实务 [M]. 北京：中国三峡出版社，2003.

[3] 尹维劼. 现代企业内部审计精要 [M]. 北京：中信出版社，2015.

[4] 杨文梅. 企业内部审计全流程指南 [M]. 北京：人民邮电出版社，2016.

[5] 中国内部审计协会. 内部控制理论与实务 [M]. 北京：中国时代经济出版社，2008.

第四章

内部审计技术及应用

学习目标

◇了解风险评估方法的分类及应用
◇了解内部控制自我评价的组织形式
◆理解流程分析的步骤
★掌握问卷的设计及问卷调查法的实施步骤
★掌握分析性复核的基本内容、主要方法及实施步骤
★掌握抽样审计执行步骤和选择样本的方法

案例导入：美国GE的内部审计案例

本章主要介绍审计常用的分析方法。这些方法为判断事实、解决问题提供决策信息和依据。常用的分析方法主要包括流程分析法、分析性复核、审计抽样、风险评估法、内控自评法、调查问卷法。本章将就每种分析方法介绍它的作用、实施步骤和方法、运用举例等内容。实际操作中内部审计方法有多种，审计人员在进行审计时常使用不同的审计方法，有时同时结合几种方法进行审计。

内部审计方法

第一节　流程分析法

流程分析法是内部审计快速查找业务风险事项最好的分析方法之一。

流程图是某种作业过程所涉及步骤与程序的逻辑关系的图形表现方式。有时也叫输入-输出图，它能直观地描述一个工作过程的具体步骤。正式的流程图应该是标准化的，它提供了对系统真实的了解和分析复杂经营的一种工具，能帮助企业管理者作出因为详细叙述方式并不能总是取得成功的分析，管理人员（内审人员）更加喜欢这种图解式的分析方式。流程图的主要作用是明确运营步骤及职责人员，有助于内审人员分析确定工作中无效环节、缺少环节或存在的控制弱点。

一、流程图的分类

流程图是由一些图框和流程线组成的图形。其中图框表示各种操作的类型，图框中的文字和符号表示操作的内容，而流程线条则表示操作的先后次序。流程图分为系统流程图、程序流程图、数据流程图、程序网络图、系统资源图。

流程图按其表现形式分为水平流程图和垂直流程图。水平流程图（也叫系统流程图）将系统中所涉及的部门和职能以水平的方式表述在页面上。垂直流程图则是从上到下的形式反映某程序的连续步骤，但不能清晰地反映系统所涉及的各个部门及职能。

工作流程分析方法是内部审计工作中最重要、最基本的分析方法，是对企业流程进行优化和流程管理的基础和前提，是对企业运行方式的全景式扫描和慢镜头式的检阅。比如一个组织从输入品到输出品的整个过程，或从工作开始到工作结束过程，进行全面的分析与整理，以确定工作流程是否高效、是否增值等。一般而言，经过整个流程后的产品或服务应起到增值作用。有些可能是增加价值，如加工产品；有些可能是增加服务，如审批等。

二、流程分析的作用及步骤

（一）流程分析的作用

一般而言，流程分析具有如下作用：

（1）分析一个复杂的系统，确定工作流程的有效性与合理性。

（2）步骤环节分析，确定存在的风险。

（3）优化流程分析，确定高效运转。

（4）确保控制有效，产品服务增值。

（5）对各个风险控制点进行归集，确定风险重点。

（二）流程分析的步骤

企业中流程分析的步骤如下：

（1）根据工作需要，选择确定相应的工作流程图。

（2）按照流程图的步骤，进行对应的分析。

（3）标出各个步骤存在的问题及风险。

（4）根据存在的风险，确认关键风险控制点。

（5）对各个风险控制点进行归集，确定风险重点。

三、流程分析运用举例

从整个企业组织来看，企业组织机构是流程管理的起点，而岗位是流程运行的连接点。对于整个集团公司流程而言，首先要从公司战略与愿景开始，再根据企业总目标，到企业组织机构设置，最后到流程结构、流程活动的分析。内部审计常用的就是对流程活动的分析。其目的在于寻找流程存在的问题、关键控制点、主要风险点，以便展开内部审计工作，更好地为集团服务。为了分析存在的问题，内部审计人员需要对如下的普通工作流程图进行分析（如图4-1所示）。

通过对以上各个流程步骤进行分析后，审计师会发现各个环节存在的问题及风险，如果分别对以上问题进行汇总，就是整个业务流程风险汇总，也就是采购业务审计的总风险。如果对采购业务进行审计，则以上就是审计重点与难点内容。

我们还可以对所有问题（风险）进一步分析，审计师就会发现，在整个业务过程中，如何确定供应商，如何确定价格这两个步骤是整个过程的重中之重，也就是最关键的控制点。这两个步骤，主要是给所有供应商一个公开、公平、公正的内外部竞争环境，防止采购员偏爱某些供应商，给予超过比例的采购额度，防止采购过程出现管理漏洞；同时，也

需求计划	分析1：此步骤主要风险是确定需求计划是否经权限领导审批，是否符合公司需求，是否超过公司预算
↓ 采购计划	分析2：此步骤主要风险是计划是否经过仓库的确认，数据是否准确，手续是否齐全
↓ 选择供应商	分析3：主要风险是合格供应商的选择与评定是否按制度执行；采购物品是否公开，是否向所有合格供应商进行邀标；收集标书是否密封，是否存放在公共保管箱；开标是否有独立的监督方；议标是否公正公开，谈判是否由权限人员参加，谈判过程是否有记录
↓ 确定价格	分析4：主要风险是报价单是否与比价单价格一致；谈判人员权限是否充足；是否对市场价格进行评估，是否与公司价格库进行比较；明确报价税率及是否为含税价格
↓ 签订合同	分析5：主要风险是公司合同是否经律师审核；合同是否条款齐全，罚则合理；合同是否经过业务部门审核；合同审批是否符合权限；合同签订是否及时；是否按规定进行汇报与归档
↓ 供货验收	分析6：主要风险是供应商是否按时供货；是否按清单明细验收；品牌、规格、型号、数量是否相符；不合格品的处理是否按流程；让步验收是否合理
↓ 付款	分析7：主要风险是预付款支付是否合理；是否超过规定金额；结算手续是否齐全；结算是否及时等
↓ 供应商后续评估	分析8：主要风险是供应商评审表不合理不齐全；供应商与工厂勾结，更改评审结果；评分表格计算不准确，采购员偏爱某些供应商，随意更改评审分数

图4-1 AA公司采购业务流程图

为公司选择物美价廉的商品，从而降低采购价格，降低公司的生产经营成本，以达到增加公司利润的目标。

另外，通过流程分析，审计师可以查找出问题在哪里，操作人员涉及哪个部门，管理漏洞在哪个层次，可以快速发现问题发生环节、地点、人员，能比较迅速地查找到原因；而且，根据流程分析，审计师可以据此提出更改、优化或流程再造的管理建议，以加快业务过程，提高企业运营效率。

在内部审计过程中，流程分析方法是不可或缺的审计方法。

✲请注意✲

流程图是一种用特定的图形符号来反映公司业务的处理程序，它将一笔业务从发生到终止的整个过程，用事先规定的具有一定代表意义的符号如实地绘制出来。

第二节　分析性复核方法

分析性复核方法是内部审计人员对财务和非财务信息资料中的一些关系或比率进行分析和比较，以确定审计重点、获取审计证据的一种审计方法。它是内部审计师分析和解释审计过程中收集到的证据的最有效手段，其有助于内部审计师确认是否需要开展进一步的审计工作。分析性复核方法适用于审计准备阶段、审计实施阶段、审计报告阶段。

一、分析性复核的作用

分析性复核方法是比较常用的一种方法，通常来讲有如下作用：

（1）确定各种数据之间的关系。

（2）发现并确定存在的意外差异。

（3）分析确认是否存在异常变化。

（4）发现潜在的不合规、不合法的情况。

（5）对企业经营能力评估。

（6）结束审计，减少详细的审计测试。

二、分析性复核的基本内容

分析性复核的基本内容如下：

（1）将当前信息与前期相类似的信息进行比较，确定其波动情况及发展趋势。如今年的销售收入比上年同期增加了20%。

（2）将当前信息与预测、计划与预算信息进行比较，并比较分析存在差异。如预算的实际使用情况与计划信息进行比较，超过计划的15%。

（3）将财务信息与合适的非财务信息进行比较。如将所记录的工资开支与雇员平均人数的变化进行比较。

（4）将被审单位的信息与其他同行业的信息进行比较，并作出相关的差异分析（见表4-1）。

表4-1　行业信息比较表

比率	被审计单位		行业平均	
	2014年	2015年	2014年	2015年
存货周转率	3.5	3.4	3.4	3.9
毛利率（%）	26.4	26.3	26.2	27.8

通过与行业数据比较：能帮助了解被审计单位的业务经营情况和预测财务失败的可能性；寻找与行业的差距，为评价企业运营情况提供依据。

（5）研究信息组成因素之间的关系，如将所记录的利息开支的浮动与相关债务余额变化进行比较，以分析其组成因素之间是否存在一定的关系。

（6）将本部门信息与机构其他类似部门的同类信息进行比较，如将来源于经营部门的数据与财务数据进行比较。

（7）对重要信息内部组成关系或比率进行计算与分析。如利用复式记账原理，对账户内部关系进行比较。我们发现，在对比的过程中，只要具有可比性就有可比的可能。

三、分析性复核的主要方法

在进行分析性复核时，内部审计人员可以根据被审计部门的情况、特征，利用自身的专业判断采取不同的分析性技术方法。通常而言，常用的分析性技术方法包括简单比较分析法、比率分析法、结构分析法、趋势分析法及回归分析法。

（1）简单比较分析法，是指将被审计单位相关的财务数据、指标或比率与既定的标准进行比较，以获得审计证据的一种技术方法。【例4-1】即为运用简单比较分析法的例子。

【例4-1】年度销售费用比较

为了比较公司年度销售费用的使用情况，内审人员统计被审单位本年度销售费用为1 000万元，而公司制定本年度的费用标准为800万元；通过简单比较，发现实际使用比制定的费用标准多了200万元（1 000-800），需要进一步查找原因及经过。

（2）比率分析法，指通过财务或非财务数据与其相关的另一组数据相比所得的比值，多指对财务数据比率进行分析，以获取审计证据的一种技术方法。一般而言，要进行比率分析，要求先计算各种相关比率，再将比率与相关的参照标准进行比较，以取得审计线索或证据，如【例4-2】所示。

【例4-2】辅助材料使用比率分析

经过内部审计人员统计，分析发现被审计单位本年度辅助材料A所占产品成本比率为5%，而公司制定的辅助材料占产品成本的使用标准仅为4%，通过比率分析，我们可以确定实际使用情况比标准多1%。经过了解，初步发现被审计单位在辅助材料的使用上存在较大的差距，为进一步查找原因或深入调查指明方面。

（3）**结构分析法**，指通过被审计单位某一财务项目换算为占总体的百分比，并将其与以前年度的相关数据进行比较，以获取审计证据的一种技术方法。

（4）**趋势分析法**，指通过被审计单位连续几个时期某一财务项目的变动金额或百分比的计算，分析该项目的增减变化方向和幅度，以获取审计证据的一种技术方法。其主要目的是揭露财务或经营成果的变化及原因，协助预测未来的发展发生趋势。

（5）**回归分析法**，根据变量之间的关系，用于确定和衡量一个变量和另一个或多个变量之间可预见的一种数学方法。它用于对产品销售、成本、利润等方面进行预测或检验，以分析公司计划、定额或预算是否正确。

四、分析性复核的实施步骤

分析性复核在审计准备阶段、实施阶段和报告阶段均可运用，各个使用阶段实施的步骤有相同，也有差异。准备与实施阶段的步骤基本相同。

在审计报告阶段，其重点差别步骤是要确定是否进行分析性复核。

下面以审计准备阶段为主，分析其必须执行的操作步骤：

（1）选择并确定需要执行的计算与比较项目；

（2）查找或估计相对应的标准或期望值；

（3）查找、获取可比较的会计信息或其他资料；

（4）分析相关资料数据，确认重大差异；

（5）查找重大差异原因；

（6）确认相关的风险及对组织的影响。

在实际工作中，内部审计人员应根据具体的问题，单独或联合使用以上方法。当使用分析性复核程序发现一些非预期的成果或关系时，审计师应当检查并评价审计发现。在进行检查和评价时，应该采取对当事人了解、对管理人员进行问询等方法，还可以应用其他审计程序，直到审计师相信这些审计发现得到了合理的解释。否则，就表明存在潜在错误、违规或违法行为等严重情形。内部审计师应将这些通过分析性复核程序发现的、无法得到合理解释的结果或关系通报给适当权限层次的管理人员。内部审计师可以根据管理层决策情况，建议采取适当的防控措施。

✲请注意✲

应当注意，并非所有认定都适合使用分析性复核程序。在确定分析性复核程序对特定认定的适用性时，内部审计师应当考虑评估的重大错报风险和针对同一认定的细节测试等因素。

同步思考4-1

在一次审计活动中，内部审计师在确定分析性复核程序的使用范围时应当考虑什么因素？

理解要点：系统内部控制措施的适当性、所检查领域的重要程度、分析性复核审计程序所预测结果的精确度。

西方有句谚语，“你不必吃完整头牛，才知道肉是老的”。这就是抽样的精髓。

第三节　审计抽样方法

抽样是指从样本总体中选取一定数量的样本进行考察，通过样本的结果来推断总体特征的一种技术方法。审计抽样技术是内部审计最常用的技术之一，抽样的样本量的准确度直接影响审计判断与审计结果。但由于它的内容较多，且有些内容在内部审计实际工作中不常用，所以，在内部审计实际工作中，常用的抽样技术只用到较少的一部分。现在根据实际情况，对抽样方法作一个简单的介绍。

一、审计抽样的概念

1.抽样总体

抽样总体指为了某一审计目的，准备要用审计抽样方法进行审计的、具有相同性质的待查项目（可以是经济业务、会计记录或有关资料）的集合。总体中所包含待查项目的数量叫总体量，一般用N表示。

例如，对采购部门进行审计的目标之一就是确定对包含现金折扣的发票延迟付款的成本。进行抽样的适当总体是已付款的供应商发票。

2.抽样单位

构成抽样总体的各个项目或元素称为抽样单位。在上例中，每一张发票即为一个抽样单位。

3.样本

样本是指从被审总体中抽出的用于审查测试的若干个抽样单位。样本中包含抽样单位的数量叫样本量，一般用n表示。在确定样本量时，审计师应当考虑抽样风险，预计可以接受的差错量，预期差错的范围。

4.可靠程度

可靠程度又称置信水平或置信度，是指预计根据样本推断总体特征能够代表真实的总体特征的概率。例如，可靠程度为95%，则表明有95%的把握得到这样的结论。如果要达到100%可靠程度，则需对总体中每一个项目进行检查。

5.可容忍差错率

可容忍差错率指审计师愿意接受且能够实现审计目标的总体最大差错率。可容忍差错率需要审计师的主观判断。预计差错率是在检查中预先估计会出现的差错率。实际差错率是检查后确认出现的差错率。公司、项目的情况不同，可能有不同的可容忍差错率。

知识链接 4-1

我国《内部审计实务标准》指出：内部审计师应审查和评价审计资料，包括收集、分析和解释所审计的资料，审计师应用的审计程序，包括所采用的检查和抽样技术，应事先选定。在可能的情况下，若有正当理由，可以扩展或变更。

二、审计抽样方法的分类（如图4-2所示）

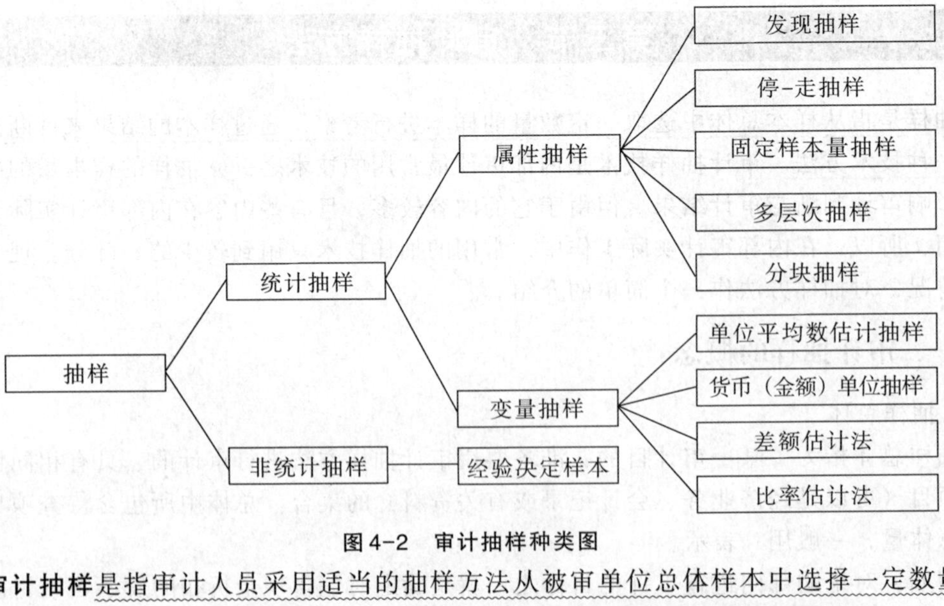

图4-2 审计抽样种类图

审计抽样是指审计人员采用适当的抽样方法从被审单位总体样本中选择一定数量有代表性的样本进行测试，用样本审查结果推断总体特征并作出相应结论的过程。

抽样分为统计抽样与非统计抽样，统计抽样以客观方法确定样本量的大小，而非统计抽样是根据内审人员以前的经验主观判断样本量的大小。在实际工作中，内部审计人员常用概率抽样或随机抽样，主要考虑的是可量化抽样和审计风险。

1.统计抽样

统计抽样又称概率抽样，是以概率论和数理统计方法为基础，按照随机原则从总体中抽取一定的样本量进行审查，从而对总体特征进行推断的审计抽样方法。它最典型的抽样模式是属性抽样和变量抽样，以下是对两种抽样方式的简单总结：

（1）属性抽样

属性抽样是出于对总体特征和内部控制的遵循而实施的统计抽样方法。它主要用于符合性测试，主要能确定是或否、对与错，适合于确定内部控制的有效性，但不能确定准确率，只能确定有“多少个”。其又包括如下种类：

①**发现抽样**：内部审计人员怀疑存在舞弊或重大差错的行为已经发生，需要进行核实，此时可用发现抽样法，如果要证明100%发生，很少也用此法，只要有一个偏差，就停止抽样。例如，内部审计人员检查部门重复付款、未经批准的业务、工资表中的假冒职工等。发现抽样主要用于查找重大舞弊事件或极少出现的例外事件。

②**停-走抽样**也叫连续抽样或行止抽样，它没有固定的样本量，采取边抽样边判断的做法，一旦能作出审计结论就终止抽样审查。在总体错误率较小的情况下，停-走抽样会使审计效率进一步提高，是比较经济的一种审计方法。

③**固定样本量抽样**是一种基本的、广泛采用的属性抽样方法。它是根据公式或表格确定固定的样本数量进行审查，并以全部样本审查结果推断总体的一种审计抽样方法。

④**多层次抽样**是对总体样本进行分层或划分成几个区间，以每个区间作为一个新的抽样总体，抽取并审核样本，以推断总体。如将金额分为5 000～10 000元，10 000～20 000元等。

⑤**分块抽样**也称分群抽样或聚类抽样，是先把总体分为若干个子群（块），然后一群一群地抽取作为样本单位。它通常比简单随机抽样和分层随机抽样更实用。具体做法是：先对各子群体编码，随机抽取分群码，然后对所抽样本群或组实施调查。因此，整群抽样的单位不是单个的个体，而是成群成组的。凡是被抽到的群或组，其中所有的成员都是被调查的对象。这些群或组可以是一个家庭、一个班级，也可以是一个街道、一个村庄等。

（2）变量抽样

变量抽样主要是对被审单位总体进行定量估计，并对总体的数量特征加以描述，常用于与货币金额有关业务的实质性测试。也就是说，主要对金额或数量进行抽样，适用于应收账款、存货及固定资产的测试，确定其有“多少数额”，这也是它与属性抽样的主要区别。其又包括如下种类：

①**单位平均数估计抽样**是以样本的单位平均数作为总体的单位平均数来推算总体数额的一种抽样方法。该方法适用于被审计对象总体较接近正态分布，样本的平均值能较好地代表总体的平均值的情况。

②**货币（金额）单位抽样**，也叫按概率比例大小抽样，简称PPS抽样。该方法在货币金额大时最有效。常用于应收账款、投资、贷款、固定资产增加的审计，缺点是样本量

大。所谓货币单位抽样是以总体中的每一货币单位（如一元）作为一个抽样单位，并根据抽出的货币单元样本选出其所在的物理单元（如一张凭单、一笔业务或一个明细账）作为审计样本的一种统计抽样技术。因为以每一元作为总体的一个抽样单位，即每一元被选中的概率是相等的，所以金额越大的项目被选中审查的概率就越大。

③**差额估计法**首先求出审定值与账面值的平均差额，再乘以总体中的个体数量，从而推断出总体价值。当存在大量不成比例的差异时用此方法最有效。

④**比率估计法**先计算样本总审定值与账面值的比率，再乘以总体的账面值来推断总体价值。如果审定值与账面值呈比例变化，则选比率估计法；否则选差额估计法。比率估计法是以样本的审定值与账面值之比作为总体真实值与账面值之比来推算总体的一种变量抽样法，适用于被审计对象总体中各项目的真实值与其账面值有一定比例关系的情况。

比率估计法与单位平均数估计抽样的不同之处在于：(1) 估算总体的标准差不同；(2) 由样本的审查结果推算总体的方法不同。

统计抽样的优点：统计抽样可以从最小的样本量中产生希望得到的结果。统计抽样提供了量化的数据和对抽样风险、置信水平、精确度的量化。统计抽样非常适用于计算机审计。统计抽样提供了可靠的测试结果和客观的业务建议。

统计抽样的缺点：统计抽样费时费力，且成本较高。统计抽样需要专门的软件，且需要进行人员培训。

针对统计抽样的特点，内部审计人员应采取相关的措施以防范其相应的风险。在实施内部审计时，首先要严格遵守数理统计原理和科学的抽样程序和方法；其次选取样本时既要符合相关原则又要结合实际情况；最后在特定情况下应结合使用判断抽样，并对审计新手进行指导和监督。

同步思考4-2

什么是属性抽样？它最适合在哪类审计测试中使用？

理解要点：属性抽样是一种用来推断总体中具有某一特征的项目所占比重的统计抽样方法。

属性抽样比较适用于内部控制中凭证的处理、工资的计算、存货的计价、折旧的计算等业务的测试。

2.非统计抽样

非统计抽样，又称判断抽样，是指根据审计师的审计经验和专业判断能力来确定需要抽查的样本量大小，选取样本和推断总体的抽样技术。判断抽样中选择样本依据的是审计师的工作经验和职业判断能力。当总体的变化程度不大，几乎没有变化时，判断抽样是非常适用的。例如，审计信息系统中判断订单处理程序的正确性时，计算机程序对订单的处理要么是正确的，要么是错误的，那么审计师只要检查一个订单就足以得出结论。判断抽样还可以为是否继续进行统计抽样提供线索。

相对于统计抽样，判断抽样有着明显的优缺点。**优点**主要表现在判断抽样技术简单、灵活、易于操作，能充分利用审计人员的经验和判断能力，成本低廉。**缺点**即无法产生量化的、有充分依据的结果，也无法量化抽样风险，存在审计过多或审计不足的风险，审计人员要承受较大的风险。

鉴于非统计抽样的特点，内部审计人员要根据实际情况，注意防范这种抽样方法存在的风险。首先，多采用测试方法确定重点事项及风险；其次，对异常业务、金额较大业务进行重点检查；最后，不断对非统计抽样的领域进行确认与更新，提高内部审计业务水平。

三、审计抽样的执行步骤

审计抽样执行的步骤主要包括：

（1）制订审计抽样的计划方案；

（2）确定被审计对象，并对总体样本进行整理归类；

（3）对样本特性、抽样方式等进行设计；

（4）确定审计抽样的具体方法；

（5）按计划选取所需的样本，对样本进行审查；

（6）评价抽取样本的结果，拟定审计工作底稿。

四、选择抽样的方法

选择样本是抽样技术中最重要的环节，样本适合与否直接影响总体推断的准确与否。首先，我们要确定审计抽样的三大原则：

第一大原则：样本要尽可能代表总体，否则无法得出正确的审计结论。

第二大原则：从审计目标角度进行抽样，否则无法有的放矢。

第三大原则：总体中的每个抽样单位都拥有相等的被选中的机会，否则审计结论不准确。

既然样本如此重要，那么，选择样本的方法就显得更加重要了。根据现有资料，可以发现有六种选择抽样的方法。下面对这六种不同的方法进行简单的阐述。

1.随机抽样

随机抽样通常被认为是可以产生一个具有代表性的样本最可靠的方法。在随机抽样中，总体的每个抽样单位都有一个对应码，这些对应码组成一个随机数表，然后通过计算机程序进行随机选号，再将号码对应的抽样单位组成样本。这样就可保证每个抽样单位被选中的概率都是已知的且不等于零。随机抽样最重要的是为每个抽样单位分配对应码。

2.分层抽样

当总体中的抽样单位存在很大差异的时候，应采用分层抽样，就是将总体分成经过明确定义的具有相似特性的子体，从而使每一个抽样单位只属于某一层，然后分别对每一层进行随机抽样或间隔抽样。分层抽样实质上就是把抽样总体细分，使样本能更好地反映总体的特性，降低抽样风险。至于如何分层则需要审计师的判断。

3.间隔抽样

间隔抽样又称系统抽样，是指间隔地抽取样本。【例4-3】即为间隔抽样案例。

【例4-3】间隔抽样案例

例如，内部审计人员要从2 000张发票中抽取100张作为样本，则样本间隔为20。首先在前20张发票中随机抽取1张作为第1个样本，假设抽到的是第20张发票，随后再抽取第40张、第60张、第80张……每20张发票抽取1张，直到100张发票被全部抽取为止。

为了保证样本的代表性和无偏性，通常会选择多个随机起点，抽出多个样本，这样得出的结果会更可靠。

4.分组抽样

分组抽样是把总体分为若干组，把每一组（而不是每个项目）作为一个抽样单位进行选样，被选出的组内的所有项目都作为审查的样本。

分组抽样实质上是对抽样单位的重新划定。此抽样方法可缩短选样和抽查的时间。但因其样本分布不均匀，代表性可能有所降低，因而抽样风险较大。

5.任意抽样

任意抽样是由审计师自行挑选样本，具有一定的随意性和主观性，因此这种方法缺少可靠性。例如，杂志末页的读者调查问卷，只有靠读者自行填写并寄回才能据以推断出调查结果。这种方式就是任意抽样。这样的样本一般都是有兴趣作出反馈意见的人。

6.整群抽样

整群抽样是随机从总体中抽取整批的项目作为样本的一种选择方法。在这种抽样方式下，抽样单位可能是一年中的某一个月、几个月或某一连续编号文件总体中某一区间的全部项目。实例见【例4-4】。

【例4-4】整群抽样案例

为了检查被审计单位合同或订单的执行情况，审计人员可能从编号为001至400号的合同文件中任意确定011～100或301～400之间的合同为样本；又如，若审计人员想审查一个月内的销售收入是否及时入账，则有可能抽取当年1月份或12月份的全部销售业务为样本。一般来说，整群抽样方式下所抽取的样本代表性较差，遗漏存在问题项目的可能性较大。因此，在依据其测试结果推断总体的特征时，内部审计人员必须保持足够的谨慎，以保证推断总体特征的准确性。

五、实施抽样时的注意事项

实施抽样时，审计师需要注意如下几点：

（1）样本选取采用并遵守成本效益原则。

（2）尽量让总体中的每个项目有相等的被选机会。

（3）注意多利用分层、分类、分区抽样方法。

（4）注意个人观点与偏见对抽样的影响。

（5）关注样本反映的事件本质及其原因。

（6）当样本量超过5 000个时，样本量对总体抽样结果影响不大。

下面以【例4-5】说明审计师在实施抽样时应注意的事项。

【例4-5】采购业务权限抽查

内部审计师要审计采购环节是否存在未授权采购，对于经济业务量庞大的组织来说对每一张采购发票进行审查无疑会花费大量的时间和人力，所以符合成本效益原则的方法就是采用抽样技术。内部审计师在衡量风险水平后，通过抽取部门采购发票作为样本，只要审查出样本中有多少未授权采购数量，即可推断或评估所有采购发票的未授权采购情况，这就是抽样技术。

第四节　风险评估法

风险评估是风险管理的基础，是制订审计计划、审计方案的重要依据。评估就是确定风险在哪里，也就是说审计的方向或目标，只有找到企业组织在什么地方会出现问题，才能确定要审哪里，进而才有可能对问题进行防范与控制。这里所做的全面风险分析，目的是确定组织机构风险的重要性与严重程度。进行风险排序后确定风险最高的组织或部门，以便安排内部审计人员进行确认、鉴证风险，并管理风险，对企业管理层提出可执行的风险管理建议，通过排除、化解、转移、预防等措施，确保组织机构在相对安全的环境中运营。

一、风险评估的概念

风险评估是对评估对象所面临的威胁、存在的弱点、造成的影响，以及三者综合作用而带来风险的可能性的评估。风险评估分为三步：风险辨识、风险分析及风险评估。

二、风险评估的方法

一般而言，审计师主要运用如下几种风险评估方法：

1.定性分析法

定性分析法是目前采用最为广泛的一种方法，它带有很强的主观性，往往需要凭借分析者的经验和直觉，或者业界的标准和惯例，为风险管理诸要素的大小或风险高低程度定性分级，例如“高”“中”“低”三级。它是有经验的内部审计人员常用的风险评估方法。

定性分析法又包括：小组讨论（例如Delphi方法）、检查列表、问卷调查、人员访谈等。定性分析操作起来相对容易，但也可能因为操作者经验和直觉的偏差而使分析结果失准。与定量分析相比较，定性分析的准确性稍好但精确性不够；定性分析没有定量分析那样繁多的计算，但却要求分析者具备一定的经验和能力；定量分析依赖大量的统计数据，而定性分析没有这方面的要求；定性分析较为主观，定量分析基于客观；此外，定量分析的结果很直观，容易理解，而定性分析的结果则很难给出统一的解释。组织可以根据具体的情况来选择定性或定量的分析方法。

2.评分法

评分法，一般又叫专家评分法，它是针对各个特性（如各部门、系统、项目等）分配风险程度及权数，两数乘积为该风险分数，再将领域内各特性分数加总，即得该领域风险总分。依照分数可将不同领域依风险高低排出顺序，分值越高，风险越大，分值越低，风险越小。

评分法的具体操作步骤如下：

①根据风险识别的结果，确定每个风险因素的权重，确认每个项目的影响程度。

②确定每个风险的等级值，等级值按很大、较大、中等、不大、较小分为五等。

③将每项风险因素的权重乘以每个风险的等级值，求出各项等级分值总分。

④将各项等级分值总分相加，高分者风险高。

3.打分法

将各因素的具体情况与标准水平作比较，然后根据其差异情况用绝对分值来表述要素的风险程度的方法。在此不做详细论述。

4.定量分析法

定量分析就是通过计算的数字金额对安全风险进行分析评估的一种方法。定量分析方法的步骤如下：

①列出构成风险的所有要素（风险因子）；

②对所有风险要素确定其损失的水平或比例；

③计算累计各风险要素的数值或货币金额。

对定量分析来说，有两个指标是最为关键的：一个是事件发生的可能性；另一个就是威胁事件可能引起的损失。【例4-6】说明了定量分析法的运用。

【例4-6】定量分析案例

假定某公司投资100 000元建了一个网络运营中心，其最大的威胁是发生火灾，一旦火灾发生，网络运营中心的估计损失程度是45%。根据消防部门的推断，该网络运营中心所在的地区每5年会发生一次火灾，于是我们得出了事件发生的可能性为20%（100%÷5）的结果。

基于以上数据，根据计算公式：R=Pr · E，测算该公司网络运营中心的预期损失为9 000元（100 000×45%×20%）。

理论上讲，通过定量分析可以对安全风险进行准确的分级，但这有个前提，那就是可供参考的数据指标是准确的，可事实上，在信息系统日益复杂多变的今天，定量分析所依据的数据的可靠性是很难保证的，再加上数据统计缺乏长期性，计算过程又极易出错，这就给分析的细化带来了很大困难。

内审人员可以根据表4-2进行理解，并对它们的异同作出总结。

5.风险清单

风险清单由好事达保险公司（Allstate）的内部审计机构开发，它能提供一个框架，用来识别成为公司最大威胁的风险，使这些风险在计划中得以考虑。内部审计人员在实际工作中，应结合公司的具体情况，划分各类风险区域，从企业外部环境到内部管理，从内部的组织机构、部门设置到管理制度、流程、职责等方面进行考虑，针对不同的风险因素，制定适用于本组织的风险评估问题清单。

（1）风险清单的制定必须经过四个步骤：①识别可以接受的最高风险；②合并和组织风险；③制定一个标准的风险清单和风险术语表；④精简风险清单。

（2）风险清单由两个基本部分组成：外部风险包括：环境、灾难、金融市场、风险评级；内部风险包括：人力资源、正直、信息和技术、会计和报告、财务。组织一直在对风险评估的不同方法进行评价。下列问题（风险因素）已经被运用于风险评估中：

①该实体提供的产品和服务是否发生了什么变化？

②控制的资产的实际价值是多少？

③实体的交易金额是多少？

表4-2 风险评估方法应用

适用于所有行业	定量方法一	评分		1	2	3	4	5
	定量方法二	企业损失占销售额或利润的比重（%）		1%以下	1%～5%	6%～10%	11%～20%	20%以上
	定性方法	文字描述一		极轻微的	轻微的	中等的	重大的	灾难性的
		文字描述二		极低	低	中等	高	极高
		文字描述三	企业日常运行	不受影响	轻度影响（造成轻微的人身伤害，情况立刻受到控制）	中度影响（造成一定人身伤害，需要医疗救援，情况需要外部支持才能得到控制）	严重影响（企业失去一些业务能力，造成严重人身伤害，情况失控，但无致命影响）	重大影响（重大业务失误，造成重大人身伤亡，情况失控，给企业带来致命影响）
			财务损失	较低的财务损失	轻微的财务损失	中等的财务损失	重大的财务损失	极大的财务损失
			企业声誉	负面消息在企业内部流传，企业声誉没有受损	负面消息在当地局部流传，对企业声誉造成轻微损害	负面消息在某区域流传，对企业声誉造成中等损害	负面消息在全国各地流传，对企业声誉造成重大损害	负面消息流传世界各地，政府或监管机构进行调查，引起公众关注，对企业声誉造成无法弥补的损害

④该实体对母公司的重要性是什么？

⑤该实体资产的流动性如何？

⑥该实体的职责分离如何？

⑦该实体中的信息的敏感性如何？

⑧实现目标或其他业务标准的压力如何？

⑨法律法规是如何影响组织的？

⑩员工遭受非道德行为的潜在程度如何？

⑪发挥该实体作用要求什么样的知识？

⑫员工与该实体的顾客联系的频度？

⑬该实体经营的复杂性如何？

目前，在企业内部审计部门中，定性分析、定量分析、问题清单法使用较多。社会上对评估风险有较多的资料介绍。有心的读者可以多查阅、多了解风险评估的具体操作过程，多做实践，找到一个适合本组织，同时也适合本人操作的评估方法。表4-3和表4-4列出了与风险相关的数据。

表4-3　**基于风险发生的概率的风险度标准**

风险发生的可能性	概率	风险度标准
很高：风险的发生几乎是不可避免的	≥1/2	10
	≥1/3	9
高：风险的发生与以往经常发生的事故类似	≥1/8	8
	≥1/20	7
中等：风险的发生与以往有时发生的事故有关，但不与主要营运流程有关	≥1/80	6
	≥1/400	5
	≥1/2 000	4
低：风险的发生较少，与以往偶尔发生的事故有关	> 1/10 000	3
很低：风险的发生很少，与以往极少发生的事故相同	> 1/15 000	2
极低：风险不太可能发生，与过去极少发生的事故相同	> 1/150 000	1

表4-4　**基于风险后果的风险度标准**

后果	评价	风险度标准
无警告的严重危害	可能危害财产或人员；风险可以严重影响系统安全运行；不符合法规；发生时无警告	10
有警告的严重危害	可能危害财产或人员；风险可以严重影响系统安全运行；不符合法规；发生时有警告	9
很高	企业运营被严重破坏；系统无法运行，基本丧失功能	8
高	企业运营破坏不严重；系统能运行，性能下降	7
中等	企业运营破坏不严重；系统能运行，但舒适性或方便性项目失效	6
低	企业运营破坏不严重；系统能运行；舒适性或方便性项目性能下降	5
很低	企业运营破坏不严重；产品有缺陷	4
轻微	企业运营破坏较轻；部分产品有缺陷	3
很轻微	企业运营破坏较轻；极少产品有缺陷	2
无	没有影响	1

知识链接 4-2

对相关项目进行排序之后，如果出现任意两个项目之间的风险分值相等时，内部审计人员则应考虑其他因素来决定新的审计排序，可以按照加列一种风险因素进行排序，也可以考虑完成一项审计所需要的工时数，或者简单地看审计对象所处的层次。

第五节　内部控制自评法

企业的破产 85% 均与内部控制有关；任何内部控制系统都不是无懈可击的。

内部控制是风险管理的基础，是内部审计的根源。

内控自评方法是内部控制自我评价方法的简称，内控自评方法是管理人员和内部审计人员合作评价控制程序有效性的一种方法，又称为控制风险自我评价法。

内部审计传统的方法是，通过审计测试发现问题，与管理人员交换意见，然后提出审计报告，指出存在的问题和改进的建议。管理人员根据审计报告采取相应的措施，克服工作中存在的缺点和错弊。这种做法的缺点是管理人员没有参与，把监控工作完全委托给了审计人员，因而不能及时发现问题，揭示风险所在，缺乏应有的效率和效果。随着内部审计的发展，内部审计有必要用新的方法来改进。这种方法就是与管理人员结合，进行内控自评。

一、内部控制自我评价的意义

通过控制自评不但可以分析企业存在的风险，还可以发挥管理人员的积极性，他们可以学到风险管理、控制的知识，熟悉本部门的控制过程，使风险更易于发现和监控，使纠正措施更易于落实，使业务目标的实现更有保证。内部审计人员通过内控自评可以更好地了解控制程序的运作，以及剩余风险的严重程度；可以减少控制程序信息的收集，并取消某些测试工作；可以提高对控制过程评价和报告的质量。

二、内部控制自我评价的适用范围

内控自评适用于商业活动和财务状况的风险审查、控制活动、道德价值和控制效果等方面的控制，也可用于考察、了解各项控制活动和政策的执行情况。该法不适用于追踪不良行为、例行检查和实现复杂或不明确的目标等。

三、内部控制自我评价的目标

内部控制自我评价的四个目标分别为：

第一，确认风险，找出组织存在的风险。

第二，评价为减少风险而设置的风险管理和控制措施的有效性。

第三，制订把风险减少到可以接受程度的计划。

第四，确定实现业务目标的可能性。

四、内部控制自我评价的组织形式

为了实现内部控制自我评价的目标，内部审计人员可以采取以下三种组织形式：

1.举办协调小组研讨班

研讨班由各业务部门或职能部门不同层次的人员参加，组成工作小组去收集信息。研讨班有四种组织方式：

（1）以业务目标为基础的方式。这是一种实现业务目标的最佳方式。具体做法是，从检查为实现业务目标而制定的控制措施开始，评价控制措施是否有效，确定剩余风险是否可以控制在可以接受的水平上。

（2）以风险为基础的方式。这种方式按照目标、风险、控制过程的顺序开展工作。首先列示阻碍目标实现的各种风险，然后检查控制措施是否能对关键风险进行管理，最后确定剩余风险的严重性。

（3）以控制为基础的方式。这种方式在开始运作之前已确认关键的风险和控制，所以一开始便对减少风险的控制程序进行评价，分析其目前运作情况与管理人员的期望值之间的差距。

（4）以过程为基础的方式。过程是指某一事项从开始到结束的全过程。这种方式要评价覆盖全过程的目标和各个中间步骤。目的是评价、更新、证明、改善和简化整个过程及各组成活动的内容。它比以控制为基础的方式分析面更广，覆盖面更宽，为管理工作提供更多的支持。

2.通过开展调查方式

一般使用问卷调查形式开展调查。这种形式在人数多、地区分散不宜集中举办研讨班，或者文化环境不便于公开坦诚地讨论，以及管理人员为了节省时间和成本的情况下比较可取。

3.举行管理人员分析会

管理人员分析会，主要由了解情况的人员或辅助人员组成小组，提出有关业务过程、风险管理活动和控制程序的问题进行分析，作出知情人的判断意见。

内控自评的报告大多在研讨班中产生，报告记录小组的一致意见，在提交最终报告之前，小组要对报告进行审议。在意见不一致的情况下应进行无记名投票，以反映各种观点。

格力电器2019年度内部控制自我评价报告

以上介绍了内控自评的各种组织形式。由于内控自评是一种新的审计方法，以及各个组织所处的环境不同，在运用时要从实际出发，与时俱进、开拓创新，灵活运用各种方式和方法。参见表4-5和表4-6的例子。

随着《上海证券交易所上市公司内部控制指引》和《深圳证券交易所上市公司内部控制指引》的发布，我国上市公司内部控制信息披露趋向于强制性，而2010年发布的《企业内部控制配套指引》更是明确规定企业必须对内部控制的有效性进行自我评价，并披露年度自我评价报告。由此可见，内部控制自评法的重要价值和意义。但同时，目前我国自我评价内部报告及其披露都存在一定的问题，内部控制自评法也由此显现出一定的局限性，需要广大的审计人员共同努力完善，使其更好、更充分地发挥效用。

强制披露下内部控制自我评价报告披露状况分析

表4-5 **董事会自我评估表**

序号	评估项目	1	2	3	4
一	董事会信息				
1	您是否在董事会会议召开前收到能帮助您理解和评价董事会议程项目的清晰而扼要的背景资料				
2	董事会是否令人满意地确认并向管理层传达董事会需要的信息，包括用于监控结果和确认值得关注的潜在业绩问题的标准				
3	您是否及时收到关于董事会议程事项的信息				
4	在董事会会议之前提供给您的财务报表是否提供给您了解业务中重要事项和趋势所需的信息				
4.1	财务报表是否以某种方式突出了重要的事项和趋势				
5	在董事会讲演前及中间提供的信息是否包括您作出正确决策所需的资料				
6	董事会会议是否以一种确保开放地沟通、有意义地参与和及时地解决问题的方式进行				
6.1	董事会会议的时间在董事会讨论与管理层介绍之间的分配是否合理				
7	董事会是否与管理层一起集中关注于少数可能对公司产生重大影响的高风险事项				
8	董事会是否有一套机制能审议那些风险较低但在特定情况下会对公司业绩产生积极或消极影响的事项				
9	您是否有足够的渠道接触董事会之外的公司官员				
10	公司为新董事安排的熟悉项目是否提供了关于董事会程序及公司的有用信息				
二	董事会构成				
1	董事会规模是否恰当?若否，应有多大规模				
2	外部董事与内部董事的比例是否恰当				
3	董事会成员阅历，特长和技能上的组合是否合适？您认为什么特长应有更强的体现				
4	这些特长在董事会面对的各种问题上是否得到恰当的应用				
三	董事会的责任感				
1	董事会成员是否花了足够的时间去了解和领会公司的业务以提供关键性的监督				
2	董事会是否充分审议资本项目预算和战略规划并在一年中定期监控进展情况				
3	董事会是否知道并理解公司的价值观、使命、战略和业务计划，并在一年中的关键问题上反映这一理解				
4	董事会是否在一年中对财务指标进行充分的监控并了解公司是否如预计的那样在运营				
5	董事会是否鼓励或确保董事会与高层管理人员间、董事间开放性的沟通				
6	您如何评价董事会在做决策的过程中对股东价值的关注				
7	董事会和委员会是否正常运作？若否，您有何建议				
8	董事会的目标、期望和关注是否公开地传达给CEO				
9	董事会是否为评价CEO做了充分的工作				
10	董事会是否为CEO的继任问题做了充分的工作				
11	是否存在足够的非正式讨论的机会以加深一种与董事会相联系的感觉				
12	执行职位的继任是否公正，富有建设性的进行方式会不会引起群众的异议和疑问				
四	行为标准				
1	你认为董事会成员是否提出适当的管理问题				
2	董事们是否公开个人在交易中的利益并在恰当的时候放弃投票				

注：本评价问卷分4个标准：①需要很大的改进；②需要改进；③持续良好；④杰出（在这方面最好）。

资料来源：世界500强公司之一（网络）。

表4-6 董事会评估表

序号	项目	1	2	3	4	5
1	董事会了解并领会公司的信念、价值观、经营理念、使命、战略计划和业务规划，并在一年中的关键问题上反映出这一理解					
2	董事会拥有并遵循高效率会议的程序					
3	董事会以一种确保开放的沟通、有意义的参与和及时解决问题的方式进行					
4	董事会成员及时收到会议记录和草案					
5	董事会收到准确的会议记录					
6	董事会审议并采纳年度资本性和经营性预算					
7	董事会对现金流量、盈利能力、净收入和费用、生产率和其他财务指标进行监控以确保公司按预计的方式运营					
8	董事会用行业可比数据对公司业绩进行监控					
9	董事会成员紧跟影响公司的事件和趋势，并运用这些信息，不仅在短期而且在长期内评估和引导公司的运营					
10	董事会成员理解并尊重董事会制定决策的角色与CEO的管理角色之间的差异					
11	董事会通过设立明确而广泛理解的政策协助CEO					
12	董事会的目标、期望和关注正确无误地传达给CEO					

注：对董事会的论断进行评价，评分从1（未执行）到5（表现优秀）。

资料来源：世界500强公司之一（网络）。

第六节 问卷调查法

在内部审计收集资料过程中，最基本、最重要的手段是“看”与“问”，看即查看、观察，问即询问、问卷。**问卷调查法**是通过设计问题的调查方式，帮助内部审计人员熟悉被审计单位的基本情况、评估控制与风险的一种技术方法。

问卷调查表包括开放式的调查问卷和内部控制调查问卷。

开放式的调查问卷主要要求被调查者以叙述回答的方式提出问题，寻找信息，帮助内部审计人员了解组织信息。而内部控制调查问卷是从一个已知的或想要的答案中去寻找一个是或否的答案，它是一种符合性的测试，主要用来对控制进行持续的评估，包括风险评估等，往往以“是”或“否”的答案形式存在。

一、问卷调查法的作用

问卷调查法适用于对现实问题、时效性强的问题的调查，内部审计人员应该在办公室设计好问卷调查表，以供审计现场调查使用，减少在被审计单位的工作时间，降低审计费用，提高现场工作的效率。

设计问卷调查的目的是帮助内部审计人员有效地进行现场调查工作，为确定审计范围及其重点、编制审计方案、查找审计线索提供适当的信息。

问卷调查表应该根据总的审计目标、被审计单位的基本情况，并参照审计文献中其他一些典型的问题表来编制，使之既规范，又有针对性，能够反映审计的目的和应予关心的重要方面。

二、问卷调查法的实施步骤

问卷调查法的实施步骤如下：

1.设计调查问卷

主要经过选题、初步探讨、提出设想等步骤，最后是设计问卷阶段。调查问卷的长短没有统一标准，它由调查的目的、内容、性质及相关的人、财、物等方面的因素决定。一般来说，内容不宜太多，以15~20分钟完成为宜。

问卷问题的排列非常重要，它不仅影响问卷的填写，还间接影响问卷的回收率。一般而言，安排问卷问题时应遵循以下原则：①先易后难原则；②同类集中原则；③先次后主原则；④先一般后特殊原则；⑤先封闭后开放原则；⑥先客观后主观原则。

2.选择调查对象

调查对象的选择可以采用抽样方式，也可以全部实施调查。

3.分发调查问卷

调查问卷的分发可以采用邮寄、派人送发等多种分发方式。在内审实际工作中，多以送发方式进行。

4.回收问卷

调查问卷的回收也可以采用邮寄、派人回收等形式。

5.对结果进行统计、分析与研究，总结问题形成工作底稿

三、问卷调查法的优缺点

问卷调查法的优点是：突破时空限制，节省时间、人力和物力；不用匿名，便于收集真实情况；便于对问题进行处理与分析，减少人为的差错。其缺点在于：不能了解具体、生动的情况；很难对调查的问题进行深入了解、察看；问题的真实性和质量得不到保证，回收率有时难以得到有效的保证。

四、设计调查问卷时需注意的问题

设计调查问卷时需注意的问题主要表现在如下几个方面：

（1）调查问题表格要尽可能简短。

（2）提出的问题要通俗、易懂、可答。

（3）调查问题的语言使用要准确。

（4）提出的问题要带有中立性，不偏不倚。

（5）调查的问题要考虑全面。一般而言，问题调查表的调查方面和范围应该覆盖与被

审计活动相关的所有重要方面，其总的调查方面和范围大致包括：

①被审单位的方针政策、政府的法律条例和行业标准的遵循情况；

②被审计单位目前最重要的事情、存在的问题及解决方案；

③内部控制系统（包括管理控制和内部会计控制）是否适当和有效，关键性控制环节和措施有哪些；

④被审单位的资源的使用是否经济与高效；

⑤业务信息和会计信息是否真实、可靠等。

在具体工作中，内部审计人员应该根据具体的审计目标有选择地利用上述所列方面的调查内容，设计出更为具体的有针对性的问题调查表。

调查问卷要求内部审计人员在现场调查或实际使用中，要根据具体情况做必要的、及时的修改补充，使之适合特定的审计环境。否则，千篇一律地加以使用，则可能遗漏某些重要事项，达不到预期的效果。另外，在实施调查问卷的过程中还要保持谨慎的态度，不断地完善内审调查审计工作。如【例4-7】~【例4-9】，可以说明问卷调查法的运用。

【例4-7】销售部门问题调查清单

集团公司在销售产品时可采用集中销售、分散销售及联合销售等方式。为了降低资金运作风险和便于统一筹划与管理，公司采用集团集中销售的方式。以下为工作中总结的销售部门存在的风险调查问卷要点，问题回答均以“是”或“否”的形式进行。

1.销售部门是否制定全年销售策略及销售计划？

2.销售策略及计划是否经过董事会的审批？

3.是否制定部门工作制度及工作流程？

4.是否制定销售汇报制度及审批制度？

5.所有客户问题、不同意见及投诉是否都定期追究？

6.销售员是否实行定期轮岗制度？

7.是否制定大客户信用评审制度？是否经过审批执行？

8.现销和赊销的比例是否在规定的范围内？

9.是否专人定期编制应收账款账龄分析表？

10.销售不寻常的折让是否经授权主管批准？

11.确定销售价格是否做利润分析？

12.管理人员是否按权限规定签批销售订单？

13.赊销额度实际执行情况是否与批准相符？

14.是否对赊销客户（现有客户）的资质能力、信誉度和诚信度进行评定？

15.部门主管是否参与审核和决策过程，销售人员自主权力是否过大？

16.销售布局是否存在局限性？交易客户是否单一？

17.新业务交易方式是否得到有效监控？单据传送是否及时高效？

18.电子商务或期货交易是否建立风险防范机制？

19.销售价格是否达到同行业水平？单位利润是否达到平均水平？

20.销售部门与物流、财会部门的沟通是否及时？有否错漏事项发生？

【例4-8】人力资源部门调查问卷

1.公司是否有专职的人力资源经理和人力资源部门？

2.公司是否在经过认真的招聘、面谈、考核和选择之后聘用员工？

3.公司给职工的福利待遇是否合理？

4.公司是否为职工提供培训和学习的机会？

5.公司是否有有效的绩效评价体系？

6.公司是否有良好的工资激励制度？

7.公司是否有良好的办事程序？

8.公司是否有良好的纪律规定？

9.公司是否为职工提供了他们事业发展的规划？

10.公司人事经理与其他部门的工作是否协调？

11.职工的劳动环境是否清洁和安全？

12.公司是否提供了公平、平等的就业机会？

13.公司的晋升评选制度是否公平？

14.公司是否为员工提供咨询和服务以解决思想问题？

15.公司是否制订公司人才发展与储备计划？人才战略是否经过领导的审批？

【例4-9】工厂评估调查问卷

对于一个陌生的制造中心（工厂），我们如何能快速精准地评估该工厂是否先进、规范与精益呢？曾担任多家制造企业首席执行官的尤金·古德森介绍了一种名为RPA（Rapid Plant Assessment）的方法，该方法主要借助于简单的分类评分和问卷调查，只需很短的时间就能迅速准确地评估一个工厂。特摘录如下：

1.参观者是否受到欢迎，并得到有关工厂布局、员工、客户与产品等方面的信息？

2.客户满意度与产品质量方面的得分有没有张榜公布？

3.设施是否安全、清洁、有序，并且光线充足？空气质量是否好？噪音是否低？

4.直观标志系统是否明确指示库存、工具、流程和物流方向？

5.所有东西是否都各有其位，并且各就其位？

6.最新的运营目标与相应的绩效评估标准有没有醒目地张榜公布？

7.生产物料是否沿生产线放置，而不是在几个库存区分隔储藏？

8.工作区是否可以看见工作指令与产品质量规格？

9.所有小组是否都能看到有关产出、质量、安全与“攻关”成果的最新图标？

10.运营现状是否可以通过中央控制室、进度板或电脑屏幕一目了然？

11.生产线安排是否采用一个统一的“进度程序”？每一工段的库存水平是否恰当？

12.物料是否只需移动一次？移动的距离是否最短？移动时物料有没有置于恰当的运输箱中以提高移动效率？

13.工厂布局是否保证产品流动持续顺畅，而不是一个个车间块状分隔？

14.工作小组是否受过培训、得到授权，并参与“攻关”和日常工作改进？

15.员工是否致力于持续改进？

16.预防性设备保养及日常工作流程改进的具体时间是否张榜公布？

17.启动新产品时，是否制定了有效的项目管理流程和具体的成本、时间目标？

18.供应商认证程序（包括质量、交货与成本衡量标准）是否张榜公布？

19.产品关键性能是否明确？是否采用了自动故障防护措施防治瑕疵蔓延？

20.你是否会购买该工厂的产品？

评价分析：工厂评估调查问卷包括20个相关的是非题，以确定工厂在这11个分类中是否采用了最佳方案。该问卷中“是”的数量标志着工厂的精益程度：“是”的数量越多，则工厂的精益程度越高。只有当工厂明显遵循了该问题隐含的原则时，才能回答“是”。如有任何疑问，则回答“否”。

审计方案（范例）

第七节 大数据审计法

信息化环境下审计工作发生了巨大的变化，以查账为主要手段的审计职业遇到了来自信息技术的挑战，利用信息技术开展审计工作成为必然。在这种情况下，审计工作的内容和方法发生了变化，电子数据审计成为近年来审计信息化领域的热点问题。审计人员若不掌握电子数据审计技术，将面临无法胜任审计工作的挑战。目前，随着信息技术的发展，大数据（Big data）时代的到来使得审计工作将不得不面临被审计单位的大数据环境，如果不研究大数据环境下如何开展审计工作，审计人员将再次面临无法胜任审计工作的挑战。当前随着审计理念的不断创新，审计技术方法创新也逐步聚焦于审计信息化，大数据审计更是成为炙手可热的审计方法。

一、大数据审计的内涵及特点

大数据审计是随着大数据技术的发展而产生的一种新的审计方式，它是伴随着大数据时代的到来，审计信息化的进一步发展而发展的。狭义的大数据审计是指国家审计机关组织，由计算机审计人员和业务审计人员依据国家法律法规条例、审计准则等，运用云计算、数据挖掘、人工智能等大数据审计技术，对与审计事项相关的跨地区、跨行业、跨领域、跨年度的巨量电子数据进行采集、整理和关联分析挖掘，从中把握总体情况，判断发展趋势，发现审计线索，获取审计证据，揭示审计问题的独立经济监督活动。广义上，大数据审计还应包括与审计事项实施相关的制度建设、组织架构、系统建设、质量控制和安全防范等一系列相关工作[①]。

大数据审计存在以下特点：

（1）过去数据分析工作只是传统审计的辅助手段，但大数据时代，数据就是业务本身，审计对象发生了改变。大数据汇集了各单位、银行、企业等的数据，为审计人员提供了更广泛的线索和证据，为审计提供了更好的基础。

（2）审计人员对风险的感知从根据职业判断到借助大数据分析，通过数据来“说话”，审计人员可以通过从大量数据中挖掘出隐藏的重要信息，再通过系统的分析，找出异常和疑点，使得审计工作更有针对性。

（3）利用分布式处理技术改变审计技术方式，从了解“过去式”发展为监控“正在进行时”，提高审计效率和风险预警能力。

① 引自大数据审计理论与实践研讨会综述。

二、大数据审计的作用

（1）实现大数据审计需要构建审计数据库和大数据模型以及建立内部审计系统，这就推动内部审计的信息化建设，使得内部审计更适应时代的变革，满足各种数据的处理需求。

（2）推动内部审计职能的转变。由于大数据审计可以实现几乎实时的跟踪和监督，使得内部审计的职能从查错纠弊向完善内部流程，防范风险转化，未来内部审计将会从监督工具转为效益工具。

（3）促进内部审计流程标准化。传统审计流程烦琐、效率低，而且对审计人员的职业判断有很强的依赖，应用大数据能促使内部审计标准化、规范化、信息化。

三、大数据审计流程

大数据审计流程主要由日常数据分析流程和年度计划项目审计流程两部分工作内容组成。

（一）日常数据分析流程

在日常工作中根据审计需求和年度计划项目定期采集被审计单位数据和第三方相关数据，并按照统一要求整理和校验数据，减少数据处理环节的差错，提高数据质量。在数据收集整理完成后，技术人员深入系统研究数据内容、特征和相互关系，充分运用大数据技术对数据进行挖掘分析，为拟定项目计划意向、挖掘审计重点疑点和建立各行业分析模型、完善优化审计方法库提供信息支持。

（二）年度计划项目审计流程

年度计划项目审计流程分为计划阶段、准备阶段、集中分析阶段、现场实施阶段和报告阶段。其中准备阶段和集中分析阶段是大数据审计工作流程区别于传统审计工作流程的两个阶段，增加这两个阶段主要是为了准备和分析数据，解决审计前期数据准备和分析时间短、数据分析不够深入、审计方法不够创新的问题。在计划阶段，围绕服务党委、政府的工作中心，关注社会热点，结合审计工作实际，以及日常数据分析工作提供的疑点参考来明确审计计划意向、拟订年度审计项目计划，对审计项目计划进行审核后，正式下达年度审计项目计划。在准备阶段，根据年度审计项目计划制订审计工作方案，数据部门根据审计工作方案、审计重点和数据行业类别组建不同的项目数据分析团队。数据分析团队根据审计工作方案进行预先研判，对大数据运用作出统筹谋划，明确项目的审计重点，紧扣审计工作方案开展调查了解，摸清审计所需的数据资源并收集完整。在集中分析阶段，数据分析团队利用关联分析、趋势分析、聚类分析等数据挖掘技术，建立分析模型，形成分析结果和问题疑点线索，实现数据分析的批量化、深度化与准确化，减少现场审计的时间，提高审计的工作效率。在现场实施阶段，现场审计组根据数据分析团队下发的疑点进行核实，数据分析团队密切追踪疑点核实情况，及时了解现场核查小组工作中遇到的问题，适时调整分析思路，细化分析指标，确保大数据分析的精准度。在报告阶段，数据分析团队根据疑点核实的效果及时对数据审计思路、数据采集范围、数据整理过程、数据分析模型、疑点核实情况进行归纳总结，形成数据分析报告。

四、大数据审计的应用

大数据审计的应用范围日趋广泛，在财政、金融、税收、社保和固定资产投资等审计领域都取得了很好的成效，积累了很好的经验。

1.大数据审计在预算执行审计中的应用

按照"总体分析、发现疑点、分散核查、系统研究"的审计项目组织模式，科学整合审计资源对预算执行单位进行数据采集、数据分析和现场核查，做到统一实施、统一方案、统一要求、统一定性，发挥预算执行审计团队整体效应。为确保审计数据安全，搭建了独立数据分析环境，项目组数据分析团队集中工作，业务数据封闭运行，形成的疑点和报表数据由专人专机负责输出。在审计数据分析模型建设方面，聚焦问题导向，形成部门预算执行分析模型用于数据分析，包括预算单位年度预算编制、预算执行、单位财务账分析等环节的电子数据分析。在智能化分析和审计疑点核查方面，对纳入年度审计计划进行现场审计的单位，相关疑点数据由项目审计组在现场审计期间组织核实，相关问题线索纳入项目审计报告反映；对未纳入年度审计计划的单位，由相关单位进行内审自查。运用大数据技术实现对海量财政审计数据的整合和分析，从宏观层面掌握总体情况，开阔审计思维，从微观层面通过数据比对分析，精准定位具体财政经济业务，有重点地分析和审查疑点，有效拓展审计深度和广度，确保审计监督效果。

2.大数据审计在领导干部自然资源资产离任审计中的应用

通过大数据处理软件和云平台技术，实时监控自然资源资产管理过程，实现平台上锁住疑点、平台下聚焦审计的思路，从多维视角关联分析，充分挖掘数据价值，提高审计效率和精准度，实现领导干部自然资源资产离任审计全覆盖。开展跨部门、跨机构、跨区域、跨领域数据挖掘、数据整理和数据分析，关注资金、政策、制度、法规及地方文件落实中存在的重大违法违规问题，对被审计单位财务及非财务信息实施全面审计，综合反映领导干部对自然资源资产管理绩效情况，清楚界定前后任责任，揭示存在的主要问题。

3.大数据审计在医疗保障基金审计中的应用

在审计实施过程中，审计人员采集了城镇职工、居民基本医疗保险基金管理数据，城乡大病保险基金管理数据，药品、耗材集中采购数据和医院信息系统数据等医保基金数据；同时采集了税务、海关报关、财政供养人员、死亡人员、建档立卡人员和最低生活保障人员等外围数据。审计人员通过医保数据与民政、公安等外围数据进行关联分析，发现了利用已死亡人员医保卡套取医保基金、未对低收入家庭未成年人参保所需个人缴费部分给予政府补贴，以及骗保、虚假参保、利用职权向亲属投资企业输送利益等大量有价值的线索，最大限度地发挥了数据作用。

第八节 其他新审计技术

在互联网、云计算、大数据、物联网和智能化的推动下，现代内部审计技术已取得突飞猛进的发展，内部审计机构和内部审计人员应以新的理念、新的举措，狠抓审计新技术的研究和使用，把坚持使用审计新技术作为推动整个现代内部审计工作创新和发展的基本条件，有力推进公司内部审计效率和质量的提高。

一、联网审计

联网审计又称非现场审计，或称持续审计，是近年来兴起的一项现代化审计技术，它是指通过网络与被审计单位信息系统进行互联后，在系统测评和数据动态采集分析基础上，对被审计单位财务收支及相关资料的真实性、合法性和效益性进行实时、远程监督的行为。联网审计给内部审计人员提供了前所未有的审计数据，审计领域空前扩大，对于促进审计预警机制建立、实现审计关口前移起着重要的作用，充分发挥现代内部审计“全覆盖”的功能。

（一）联网审计的特征和作用

联网审计是在充分获取被审计对象相关信息数据的基础上，运用信息技术手段开展非现场监测和分析，发现其经营管理中存在的问题和潜在的风险，并将检测分析结果用来服务各项审计活动的审计工作方式。

（1）联网审计的特征

与传统现场审计相比，联网审计有以下特征：

①实现实时审计。公司内部审计机构和内部审计人员通过网络连接被审计单位经营管理和财务信息数据库，缩短了每次检查活动的间隔时间以及检查时间，对于具体的财务收支事项，既可以在该事项结束后实施审计，也可以在该事项进行过程中适时进行审计，从而实现了事后审计与事中审计的结合，静态审计与动态审计的结合。

②实现远程审计。在联网审计中，公司内部审计机构和内部审计人员可以通过网络远程访问被审计单位的经营管理和财务管理系统及其数据库或数据库备份，对被审计单位远程访问完成审计的程度也将得到提高，实时性特征也因此而更加明显。

③实现高效率数据审计。在联网审计中，网络连接一次性完成，其数据采集和分析的数量基本不受设备限制，审计范围在事前确定为最大可能的范围，审计时间不受现场联网时间与审计期间影响。因此，联网审计具有更高的审计数据采集和分析效率。

④实现信息系统审计。在联网审计中，由人、计算机硬件、软件和数据源组成负责收集、加工、存储、传递和提供决策所需信息的信息系统，成为内部控制的新内容，涉及内部控制的各个要素。在网络互联的方式下，信息系统是经营管理和财务数据源的必然载体，因此它不仅决定了内部审计人员对财务和其他经济信息的依赖程度，更重要的是决定了是否可以依赖。

（2）联网审计的作用

开展联网审计，实现了对被审计对象的动态监控，辅助内部审计人员及时发现和反馈问题，取得了良好的效果和效益。联网审计的作用具体体现在以下几点：一是实施联网审计，可以提高内部审计的全面性。二是实施联网审计，可以增强内部审计的时效性。三是实施联网审计，可以提高内部审计的效率。四是实施联网审计，可以促进内部审计的科学性。

（二）联网审计的程序与方法

实施联网审计，内部审计人员应利用计算机技术、网络技术对被审计单位的数据进行实时采集、加工、存储、分析和传输，从而得到及时、科学和完善的审计数据和审计分析结果，使内部审计工作从事后审计转为事后审计与事中审计相结合，从静态审计转为静态审计与动态审计相结合，充分发挥内部审计的积极作用。

（1）联网审计的程序

联网审计的程序主要分为以下几步：

①数据采集和整理。数据采集是开展联网审计的前提。一般联网数据采集通过两种方式实现：局域网内部数据采集和广域网数据采集。采集完数据要对其进行初步的筛选和整理。

②数据分析和建模。根据整理得到的基础数据和资料，采用各种方法监测业务经营管理状况，分析、查找违规行为，潜在风险及异常情况，并进一步对经营管理状况进行风险评估。内部审计人员根据联网审计平台构建出的内部审计方法业务模型，完成对问题的审计。

③问题质询和评价。内部审计人员通过联网审计就发现的疑点、问题及异常，采用多种方式，向审计对象提出质询，根据反馈结果作出审计判断。

④出具内部审计报告。内部审计人员根据问题查找、风险评估、问题质询的结果，按照联网审计和其他有关工作需要形成报告。

（2）联网审计的数据采集和处理方法

数据的采集是实现联网审计的关键步骤。内部审计人员要实现和采集被审计单位的数据，从而保证能采集到被审计单位完整的数据，并能保证数据的一致性与可操作性。

数据采集方式。在数据的采集方式上，有以下三种选择：①远程采集；②直接复制；③采集并转换。

数据采集的方法。在联网审计中，数据的采集子系统在被审计单位中采用一个前置机分别连接通信设备和业务数据库，由前置机对审计数据进行采集，并同时作出一定的预先转换，然后，通过公司内部网络把采集到的电子数据传输到内部审计机构的服务器中。数据采集软件可采用数据迁移技术来实现。

联网审计的数据处理方法。采用联机分析处理（OLAP）以及数据挖掘等技术来分析内部审计数据是内部审计信息化发展的必然结果和过程。数据挖掘是指从数据库或数据仓库中提取隐含的、未知的和潜在的有用信息的过程。数据挖掘技术主要包括关联规则发现、分类、聚类分析、泛化、预测和孤立点检测等。

联网审计的模块化。联网审计的模块化是一种将联网审计复杂系统分解为更好的可管理模块的方式。联网审计模块具有以下几种基本属性：接口、功能、逻辑、状态。功能、状态与接口反映模块的外部特性，逻辑反映它的内部特性。

（三）完善联网审计的若干措施

近年来，随着联网审计发展不断加快，内部审计机构和内部审计人员加大了联网审计应用力度，完善了联网审计的功能，联网审计取得了长足进步。但开展联网审计仍然存在基础差、数据采集方法不完善、审计风险突出、人才队伍建设不足等诸多问题，应采取多方面措施不断完善联网审计系统建设。

1.营造良好的联网审计环境

2.完善联网审计的体制机制

3.提高联网审计安全意识

4.制定联网审计的准则和法规

5.培养联网审计的复合型人才

二、云审计

当今，互联网、云计算、大数据技术和方法的发展，正在对全球经济社会产生巨大的影响。云计算改变数据架构，大数据改变公司商业运作模式，大数据与云计算相互依托、互相促进、共同发展。云计算给现代内部审计提供了新的技术和方法，要求人们把握云计算的特点，变革现代内部审计的思维与技术和方法，推动云计算时代内部审计思维与技术和方法的发展。

（一）云计算的定义与特点

云计算由一系列可以动态升级和被虚拟化的资源组成，这些资源被所有云计算的用户共享并且可以方便地通过网络访问，用户无须掌握云计算的技术，只需要按照个人或者团体的需要租赁云计算的资源。

云计算的特征主要表现在以下几个方面：

1. 云计算是一种计算模式
2. 云计算是一条接入路径
3. 云计算是一个资源池
4. 云计算是一系列伸缩技术
5. 云计算是一项可计量的服务
6. 云计算使用成本低
7. 云计算具有潜在的危险性

（二）云审计的定义与特点

云审计是指在云计算的基础上搭建一个平台，通过数据的云存储，实现各类审计信息的数字化，使各种审计资源，包括审计人员、程序和相关的硬件设备，通过云来协同工作，使审计资源得到充分优化利用，以促进信息的交流和共享，从而为内部审计人员提供更富有效率、更科学的审计过程。

云审计不同于传统内部审计，有着传统内部审计方式所无法比拟的特征。第一，实现了审计时间的节约。第二，实现审计软件相互兼容。第三，实现审计资料充分共享。第四，实现审计信息实时交流。第五，实现审计全过程质量控制。

（三）云审计的基本框架

云审计是审计在云端的一个系统集合，它至少应包括三个方面的内容：一是依托第三方服务商提供的或专业建设的"云计算"基础平台，即"云审计平台"，对审计数据进行采集、存储、传输，并保障数据的安全；二是利用云计算专业技术对审计数据进行处理，实现内部审计手段智能化；三是审计资源通过云来协同，实现内部审计工作业务协同，促进信息共享及沟通。

首先，建设云审计平台。基于内部审计的特殊性，云审计平台只能由公司内部审计机构行业主管部门负责建设，并聘请独立第三方软件商做技术开发和维护。公司各级内部审计机构均建有自身完善的信息系统和基础数据库，通过联网审计系统向被审计单位进行数据采集、审计。

其次，实施云审计工作流程。内部审计机构在接受内部审计任务后，通过云审计平台的标准化接口将被审计单位的文字化标准数据信息传输到云端。同时，通过物联网，追踪企业贴有电子标签的实物资产和票据，使其信息通过无线传感技术接入标准化的云审计平台。然后分别对收集到云端的文字和实物信息进行任务分配、协同作业，最后由内部审计项目负责人来进行汇总和报告。

再次，建立云审计标准。制定权威的、公认的云审计标准，是实现云审计工作规范化、明确云审计责任、保证云审计质量的可靠保障。但是，云审计标准研究尚处于起步阶段，内部审计行业尚未形成相关云审计标准。云审计标准至少应包括认证标准、数据接口标准、数据安全标准、风险评估标准等。

最后，确保云审计安全。安全审计是确保信息系统运行安全、管理安全的有效技术途径，是内部审计参与公司治理、强化内部审计确认和咨询职能的内在要求。因此，实施云审计一定要把安全放在首要的位置，联合专业的安全设施厂商和第三方云服务商，加强云审计平台和应用端的云审计安全技术研发，采取有效措施加强云审计系统下的风险控制。

（四）完善云审计的若干措施

"云计算"时代的来临，内部审计机构和内部审计人员在云计算浪潮的冲击下将发生革命性的变革，内部审计朝着云化、创新性、智能化方向转变和发展。为了迎接这种发展趋势，内部审计理论界、实务界和行业组织应未雨绸缪，采取各种措施积极应对。

1.制定云审计应用的长远发展战略

2.加快云审计应用的审计法规建设

3.建立内部审计行业云审计平台

4.加强云审计模式和审计软件的研发

5.提高对云审计的认识和利用能力

三、区块链自主审计

目前，区块链技术已经在很多行业实现了应用，但在内部审计行业的认知度却不高。实际上，区块链对内部审计行业的影响也是巨大的，其强大的记录和防篡改功能可能大大减少甚至消除对内部审计的需求，最终颠覆整个内部审计行业。因此，为了促进内部审计行业的健康发展，内部审计机构和内部审计人员应该重视区块链的影响，积极迎接新技术并作出相应调整。

（一）区块链的定义与特点

区块链是一种新型去中心化协议，能安全存储比特币交易和其他数据，信息不可伪造和篡改，可以自动执行智能化合约，无须任何中心化机构的审核。交易既可以是比特币这样的数字货币，也可以是股权、债权、版权等数字资产，区块链技术解决了信息不对称和信任问题，大大降低了现实经济的信任成本和会计成本，重新定义了互联网时代的产权制度。区块链技术本质是去中心化且寓于分布式结构的数据存储、传输和证明的方法，用数据区块（Block）取代了目前互联网对中心服务器的依赖，使得所有数据变更或者交易项目都记录在一个云系统之上，理论上实现了数据传输中对数据的自我证明。

去中心化、开放性、自治性、不可篡改、可追溯性和匿名性是区块链技术的特征。理解区块链技术的特征应有以下认知：一是区块链具有承载信息的功能，可以记录、存储和传播交易信息；二是每个区块上记录着上一个区块的所有信息；三是同一网络中，每个节点都有一个完全相同的区块链副本，任一节点损坏不影响其他节点和整个网络。

（二）区块链的类型和核心技术

1.区块链的类型

区块链目前分为公有区块链、行业区块链和私有区块链三类。公有区块链是指世界上任何个体或者团体都可以发送交易，且交易能够获得该区块链的有效确认，任何人都可以参与其共识过程。行业区块链是由某个群体内部指定多个预选的节点为记账人，每个块的生成由所有的预选节点共同决定（预选节点参与共识过程），其他接入节点可以参与交易，但不过问记账过程（本质上还是托管记账，只是变成分布式记账，预选节点的多少，如何决定每个块的记账者成为该区块链的主要风险点），其他任何人可以通过该区块链开放的API进行限定查询。私有区块链是仅仅使用区块链的总账技术进行记账，可以是一家公司，也可以是个人，独享该区块链的写入权限，本区块链与其他的分布式存储方案没有太大区别。

2.区块链的核心技术

区块链的核心技术主要为以下方面：

（1）分布式账本。分布式账本是指交易记账由分布在不同地方的多个节点共同完成，而且每一个节点都记录的是完整的账目，因此它们都可以参与监督交易合法性，同时也可以共同为其作证。

（2）对称加密和授权技术。存储在区块链上的交易信息是公开的，但是账户身份信息是高度加密的，只有在数据拥有者授权的情况下才能访问到，从而保证了数据的安全性和个人的隐私。

（3）共识机制。共识机制是指所有记账节点之间应达成共识，去认定一个记录的有效性，这既是认定的手段，也是防止篡改的手段。

（4）智能合约。智能合约是基于这些可信的不可篡改的数据，可以自动化地执行一些预先定义好的规则和条款。

（三）区块链自主审计的影响及应用

如果区块链真的发展起来，以后内部审计人员不懂区块链的话，是没有办法做内部审计的。区块链技术所带来的分布式账本，具有透明、不可篡改并且不需要中介者的特性，正好冲击了传统内部审计的工作内容。

区块链对公司业务的影响：区块链能够降低公司的信任风险；从公司角度来看，区块链技术可以应用于股权、债权、供应链、利润分配等领域，并与客户、银行、供应商实施公开、透明连接和查询；区块链能够驱动公司形成新的商业模式，使公司能够及时满足客户的需求和降低公司的营销成本；公司可以合理选用不同种类的区块链，以增强区块链技术的适用性和降低成本；公司可以应用区块链防控金融风险，从而实现公司金融资产的保值增值；公司可以应用区块链促进创新和协作，促进公司不同开发人员、研究人员以及机构间的协作，相互取长补短，从而实现更高效、更安全的解决方案。

区块链技术通过开放性、自治性、不可篡改性等特征的实现，将会取代许多中介角色。区块链技术的特点之一就是，在每项交易被添加到分布式账簿前，都会经历极其复杂的前期鉴证和核实工作。区块链网络上的不同节点持续地监控和接受分布式账簿，这样的方式在确保一致性的同时，消除了由单一来源引发的风险。区块链技术是无须中间人或第三方就可用于记录和证明交易一致性和公司财务准确性的工具，它可以满足潜在监管者和公众对于信息有效性、准确性和时效性的要求。

基于区块链技术的应用，公司可以在私有区块链上建立一个全透明的财务系统，得到许可的人可以访问、写入账簿，或确认交易。这样一来，财务系统上建立的数据库将是永久的、实时的、不可更改的，从而完整和准确地保证了公司交易的全貌。

■ 本章内容结构图

- 内部审计技术及应用
  - 流程分析法
    - 流程图的分类
    - 流程分析的作用及步骤
    - 流程分析运用举例
  - 分析性复核方法
    - 分析性复核的作用
    - 分析性复核的基本内容
    - 分析性复核的主要方法
    - 分析性复核的实施步骤
  - 审计抽样方法
    - 审计抽样的概念
    - 审计抽样方法的分类
    - 审计抽样的执行步骤
    - 选择抽样的方法
    - 实施抽样时的注意事项
  - 风险评估法
    - 风险评估的概念
    - 风险评估的方法
  - 内部控制自评法
    - 内部控制自我评价的意义
    - 内部控制自我评价的适用范围
    - 内部控制自我评价的目标
    - 内部控制自我评价的组织形式
  - 问卷调查法
    - 问卷调查法的作用
    - 问卷调查法的实施步骤
    - 问卷调查法的优缺点
    - 设计调查问卷时需注意的问题
  - 大数据审计法
    - 大数据审计的内涵及特点
    - 大数据审计的作用
    - 大数据审计流程
    - 大数据审计的应用
  - 其他新审计技术
    - 联网审计
    - 云审计
    - 区块链自主审计

图4-3 本章内容结构图

■ 本章小结

常用的内部审计技术方法主要包括流程分析法、分析性复核、审计抽样、风险评估方法、调查问卷法、内部控制自评法、大数据审计法以及联网审计、云审计和区块链审计等新审计技术，每种方法均有其独特之处。然而，内部审计是一项综合性的工作，单一的审计技术和方法无法满足其目标要求。内部审计人员应该综合运用多种审计技术和方法，并与特定审计环境相结合，以收集充分适当的审计证据，得出客观公正的审计结论。同时，数字经济时代的到来给内部审计带来了一定的机遇和挑战，审计技术与方法也应当与时俱进，加强大数据和区块链等技术与审计的融合，从而为实现内部审计目标发挥事半功倍的作用。

现场审计范例

■ 关键概念

流程分析法　分析性复核法　审计抽样法　风险评估法　问卷调查法
内部控制自评法　大数据审计法　联网审计　云审计　区块链审计

数字经济时代内部审计面临的挑战和机遇

■ 本章练习题

一、单选题

1.为证实材料的真实数量，内部审计人员应采用（　　）。

A.盘点法　B.调节法　C.观察法　D.鉴定法

2.对银行存款实存数的审查，通常对企业单位与开户银行双方所发生的“未达账项”进行增减调节，以便根据银行对账单的余额来验证银行存款账户的余额是否正确，这种审计方法称为（　　）。

A.盘点法　B.调节法　C.观察法　D.鉴定法

3.假定上年年末存货账面数为200件，至今年盘点日，增加数为580件，减少数为630件，则账实相符的情况下，盘点日的盘存数应为（　　）件。

A.150　B.50　C.220　D.260

4.用来估计总体中的错误金额的抽样称为（　　）。

A.属性抽样　B.变量抽样　C.统计抽样　D.非统计抽样

5.采用系统选样法从连续编号的发票中每20张抽取1张进行审查，在抽取样本时，确定随机起点为凭证编号的第5号，则抽取的第5张凭证的编号应为第（　　）号。

A.85　B.65　C.105　D.135

6.审计人员决定对第3、8、13、18、23号……凭证进行审查，这种选择方法称为（　　）。

A.分层选样　B.随机选样　C.系统选样　D.属性抽样

7.下列（　　）的抽样审查属于变量抽样。

A.确认发运单是否附有发票副本

B.确认赊销是否经过批准

C.确认销货发票是否附有发运单副本

D.比较销货发票副本与相关发票单上的金额差异

8.应收账款编号为0001至3500，拟选择其中350份进行函证。如采用系统选择的方法，并确定随机起点为0005，则选择的10个样本的号码中第3个样本的编号是（ ）。

A.0005　B.0015　C.0025　D.0035

9.审计师使用统计抽样的主要原因是（ ）。

A.获得比非统计抽样技术所得更小的样本

B.获得比非统计抽样技术所得的更具代表性的样本

C.使审计师可以量化从而控制基于样本得出错误结论的风险

D.满足IIA标准的要求

10.分析性复核程序（ ）。

A.被视为评价管理层声明的直接证据

B.在附带重新计算程序时，可以作为令人信服的证据

C.可以为完整性声明提供可能获取的最佳证据

D.本身并不足以证明管理层声明，但应在追查舞弊时使用

二、多选题

1.趋势分析法的主要运用形式有（ ）。

A.若干期资产负债表项目变动趋势分析

B.若干期利润表项目变动趋势分析

C.若干期资产负债表或利润表项目构成比例的变动趋势分析

D.若干期财务比率变动趋势分析

E.特定项目若干期数据的变动趋势分析

2.在统计抽样中，样本规模的确定取决于（ ）因素。

A.总体数量　B.总体偏差水平

C.审计结论的精确度　D.审计结论的可靠程度

3.在审计抽样中经常采用的选样方法主要有（ ）。

A.随机数表选样法　B.系统选样法

C.分层选样法　D.货币单位选样法和整群选样法

4.对内部控制进行调查时可以采用的方法有（ ）。

A.查阅被审计单位的各项管理制度和相关文件

B.询问被审计单位的管理人员和其他相关人员

C.检查内部控制过程中生成的文件和记录

D.观察被审计单位的业务活动和内部控制的实际运行情况

E.对会计报表项目余额进行审查

5.下列各项中，属于内部控制测试方法的有（ ）。

A.追踪法　B.实验法　C.观察法

D.调查表法　E.文字表述法

三、判断题

1.（ ）审查书面资料的方法，按审查书面资料的技术可分为审阅法、核对法、查询法、比较法和分析法。

2.（ ）对原始凭证的审阅，只要看原始凭证上反映的经济业务是否符合规定。

3.（ ）审阅法在财政财务审计中运用最为广泛，主要是审阅会计凭证、会计账簿和财务报表。

4.（ ）核对法是指对被审计单位的被审计项目的书面资料同相关的标准进行比较，确定它们之间的差异，经过分析从中发现问题取得审计证据的一种方法。

5.（ ）比较法大多通过有关指标进行比较，包括指标绝对数比较和相对数比较。

四、简答题

1.请说明审计证据与审计方法之间的关系。

2.询问法使用过程中要注意的问题有哪些？

3.审计技术方法有哪些？试举例说明。

4.什么是统计抽样法？统计抽样有何优点？

5.简述大数据审计的作用。

6.其他新审计技术包括哪些？分别有何优点？

五、计算题

在对公司2×02年度会计报表进行审查时，发现下列情况：

（1）期初产成品余额多计2万元。

（2）2×02年公司管理部门经营租入管理用设备一台，支付租金15万元，并计提折旧5万元，两项共计20万元，在管理费用中列支。

（3）公司接受投资，按投资协议当年分出利润10万元，直接冲减本年利润。

（4）12月29日发往外省产品一批，尚未向银行办理货款托收手续，公司于产品发出当日确认产品销售收入30万元，该批产品成本为21万元。

（5）公司支付的未完工程借款利息12万元列入财务费用。

要求：分析上述每种情况的会计处理的正确性并指出对当年利润的影响数。

六、案例分析题

1.资料：在对公司应收账款进行审计时了解到，应收账款明细账中的部分情况如下：A客户，余额150万元，账龄2个月；B客户，余额4万元，账龄3个月；C客户，余额8万元，账龄2年零3个月。

试问：

（1）若上述A、B、C客户均是函证对象，你认为对他们应分别采用何种方式函证？为什么？

（2）若A客户回函表示所购货物从未收到，B客户回函表示曾于年初预付货款5万元，足以抵付对账单中所列货款4万元，C客户回函表示本公司资料处理系统无法复核贵公司的对账单。针对顾客复函中提出的意见，内部审计人员应该采取何种步骤进行处理？

2.隆佰公司审计抽样

审计师在审查隆佰公司的产成品账户时，发现该公司今年共生产了2 000批产品，入账成本为5 900 000元。审计师选取了200批产品作为样本，账面价值共计600 000元。经过审查后发现200批产品中共有52批入账成本存在错误。在将错误调整之后，样本的审定金额为582 000元。

要求：

（1）运用下列每种抽样方法说明审计师如何核算本年度各批产品的总成本：

①单位均值估计法。

②差异估计法。

③比率估计法。

（2）简要说明为什么在本例中单位均值估计法较比率估计法产生较高的总体价值估计。

■ 本章参考文献

［1］梁雄．增值：集团公司内部审计实务与技巧［M］．北京：机械工业出版社，2015．

［2］沈征．内部审计学［M］．北京：电子工业出版社，2015．

［3］贺志东．中国内部审计操作实务［M］．北京：电子工业出版社，2014．

［4］刘文梅，张宝娟．企业内部审计实务［M］．北京：电子工业出版社，2012．

［5］刘德运．内部审计原理与技术［M］．北京：中国经济出版社，2006．

第二部分

实务热点篇

第五章

经营活动审计

学习目标

◇了解企业经营活动包括的主要内容

◆理解经营活动审计过程中需要注意的问题

★掌握经营活动审计的程序和方法

第一节 经营活动审计概述

一、经营活动的含义

1.经营活动的定义

经营活动是指企业投资活动和筹资活动以外的所有交易和事项。经营活动的范围很广，以工商企业为例，其主要包括：销售商品、提供劳务、经营性租赁、购买商品、接受劳务、广告宣传、推销产品、缴纳税款等。经营活动是根据企业的资源状况和所处的市场竞争环境对企业长期发展进行战略性规划和部署制定企业的愿景目标和方针的战略层次活动，解决的是企业发展方向、发展战略的问题，具有全局性和长远性。

2.经营活动四要素

经营活动应具有以下四个要素：

（1）经营者。这是经营活动的主体，物质资料的经营者可以是单个人，也可以是几个人的集合，如企业。

（2）经营对象。这是经营活动的客体，经营对象主要包括商品经营、资产经营和资本经营。

商品经营，即企业通过一定的购销形式和流转环节将商品从生产领域转移至消费领域的经营活动。具体包括市场的调研预测、产品开发设计、销售、售后服务、生产等环节。

资产经营，即是对有形和无形的生产要素在企业内外广泛开展合理的流动与优化组合，提高其利用效率和效益，以满足和促进企业商品经营的要求与发展。有形生产要素包括厂房、原材料、半成品等，无形生产要素包括土地使用权、商誉、品牌等。

资本经营，即对产权进行合理的流动与优化组合，具体包括控股、合并、股票上市等。

（3）经营权。经营权是指企业对国家授予其经营管理的财产享有占有、使用和依法处置的权利，是实现经营的手段。

（4）经营活动的载体。这是指经营活动运行的组织。

二、经营活动审计的含义

1.经营活动审计的定义

经营活动审计是指对一个经营单位或者一个完整的组织的综合审查，用以评价其制度、控制和以管理目标衡量的绩效。其目的在于通过检查和证明被审计单位经营责任的履行情况，促进其改善经营，提高经济效益。

2.经营活动审计的目标

经营活动审计是通过审查企业经营活动过程和生产要素的开发利用情况，确认与评价企业经营目标的完成情况。具体目标包括以下几方面：

（1）审查业务经营计划的编制与完成情况，分析影响经营目标实现的因素，找出关键问题，提出相应措施；

（2）审查业务经营各个环节的状况，找出其薄弱环节和不适应的地方，找出影响经营效益的因素；

（3）审查各生产要素对经营的保证程度，提出合理调配生产力的各要素，保证业务经营能顺利进行，经营目标能按期实现的建议；

（4）审查各生产要素的利用情况，对生产要素的利用程度进行评价；

（5）研究改善经营活动，弥补经营缺陷，开发利用生产要素，挖掘利用潜力的途径。

3.经营活动审计的内容

经营活动审计主要包括如下内容：

（1）供产销业务审计；

（2）财务管理审计；

（3）会计核算活动审计；

（4）人力资源审计；

（5）管理活动审计。

第二节　供产销业务审计

一、采购业务审计

1.采购业务审计的目的与意义

采购是一个企业生产经营的起点，对于任何一个企业来说，采购都是必不可少的一环。而要对企业的采购活动进行管理和监督，仅仅依靠企业内部的规章制度约束是不够的，往往还需要对采购活动展开审计。在进行采购业务审计时，审计人员需要根据有关法规及公司制度，按照一定的程序和方法，对采购部门各流程和控制环节的合规性、合理性与有效性进行监督、检查和评估活动。

采购业务审计的目的主要是规范公司采购业务行为，预防与堵塞管理漏洞，减少采购成本，降低公司费用，增加公司效益。采购审计能评估采购执行情况，梳理采购业务操作流程，明确相关人员责任，威慑违法乱纪人员，为采购业务决策提供管理建议。

2.采购业务审计的内容

对于采购业务，主要应审计其计划及完成情况、采购方式和数量及采购成本的情况。

（1）审查材料物资的采购计划的制订情况。主要应审查采购计划中的材料物资品种、质量与生产计划需要的品种和质量是否相符，采购计划中需要量是否根据消耗定额及其他有关情况制定。通过下列公式来审查采购数量及其合理性。

$$\text{某种材料物资计划采购数量}=\text{该种材料物资计划需要数量}+\text{该种材料物资期末库存数量}-\text{该种材料物资期初库存数量}$$

（2）审查采购计划的完成情况。首先应审查采购计划完成的程度。审查时，应将采购计划与反映采购业务的实际会计等经济活动资料进行比较，审查计划的完成程度，如有较大差距，应分析其形成的原因。由于企业所需采购的材料物资品种较多，因此要有选择性地审查。审计人员还应审查实际采购的材料物资采购的时间、质量、数量、品种与计划和实际生产所需要的是否相符。审计人员还要审查采购计划中计划价格的完成情况等。

（3）审查采购方式和采购数量情况。企业的采购方式主要有计划分配物资的订货、合同采购、市场采购和函电采购等。审计人员应审查被审计单位是否采用了最合理的采购地点和供应商，所选用的采购方式是否合理。通过经济订货批量（EOQ）的公式来审查企业实际采购的材料物资数量是否合理。

$$Q^*=\sqrt{\frac{2CR}{PF}}=\sqrt{\frac{2CR}{H}}$$

其中，Q^*为经济订货批量；C为单次订货成本；R为年总需求量；P为货物单价；F为每单位存货的年保管费用占其价值的百分比；H=PF，为单位产品的库存成本，即每单位存货的年平均库存保管费用。

（4）审查采购成本的情况。首先，审查材料物资的买价与采购计划是否相符，检查有无相差过大的情况，并分析其原因。其次，检查采购费用有无问题。采购费用是指在材料物资采购过程中所发生的运杂费、装卸费、保险费等费用。将采购费用率与计划或实际或同行业水平进行比较，以确定采购费用的高低，如发现采购费用率过高，应究其原因。

（5）审查验收入库的情况。审查是否对收货、入库、发放过程进行验收控制；对不合格品控制执行情况审计，审查是否对发现的不合格品及时记录，是否及时反馈给供应商，以及供应商的处理方式是什么；是否保持一定的产成品存货以规避缺货损失；是否保持一定的料件存货以满足需求增长引起的生产需要。

二、生产业务审计

1.生产业务审计的目的与意义

生产业务审计是指审计人员根据有关法规及公司制度，按照一定的程序和方法，对产品形成过程的全程作业及流程进行评估、监督及评价活动。它包括原料（辅料）领用、投放标准，作业规程，工艺操作等全过程评价，结合现场生产管理制度，评估整个过程的合规性、有效性、合理性。

通过生产业务的审计，进一步规范生产流程，评价生产技术与生产工艺，评估各项生产指标是否达到企业、行业和国家的标准，降低生产损耗，减少生产成本，提高产品质量与数量，增加企业的效益。

2.生产业务审计的内容

对于生产业务，应该审查生产计划的制订是否合理，生产计划确定的企业计划年度内生产的产品品种、数量、质量等一系列指标也是审查重点，具体审查内容如下：

（1）生产计划制订的依据是否合理与可靠，即审查生产计划中是否保证了国家和上级主管部门指令性计划的完成，生产计划是否与市场预测情况相吻合，与企业的利润目标是否一致，是否与所签订的合同相一致。

（2）各项具体的生产计划是否达到了综合平衡，即审查生产计划中生产能力与生产任务、劳动力与生产、物资供应与生产任务等方面是否达到综合平衡。

（3）月度计划与年度计划、年度计划与长远计划、企业内部各部门之间的生产计划是否相互衔接一致。

（4）审查生产计划的完成情况。主要应审查生产计划中产品产量计划、产品品种计划、产品质量计划、产品成本计划等是否完成，如有过大差异，应查明其形成的原因，并采取相应措施。

三、销售业务审计

1.销售业务审计的目的与意义

销售业务审计是指审计人员根据有法规及公司制度，按照一定的程序和方法，对集团所涉及的销售业务各个控制环节的有效性、真实性、合理性及合法性事项进行检查、监督和评估活动。

销售业务审计的目的是评估销售业务所有流程是否符合公司目标，是否正确执行销售委员会（主管领导）的各种决策，确定各规程按销售制度与流程操作，梳理部门存在的问题与隐患，防止销售过程中出现漏洞，防范产品价格波动风险，增加公司的销售收入。

销售环节实现了企业生存和发展的必需收益，是实现企业经济效益的重要环节。销售计划、销售工具、销售价格和销售活动等因素都会影响企业经济效益的实现程度。进行销售业务审计具有重要意义。

2.销售业务审计的内容

对于销售业务，应该审查销售计划的制订以及完成情况，销售合同的执行情况，销售物品的定价是否合理以及是否完成了销售利润目标，具体审查内容如下：

（1）审查销售计划的制订。销售计划包括销售量计划和销售收入计划，销售计划的科学与否，取决于对销售数量和销售价格的预测是否合理。审查时主要关注：企业是否进行了市场调查，是否根据调查结果进行了合理的市场预测；计划销售量与生产计划中的计划需要量是否一致；与上期的实际销售量相比，本期的计划指标是否先进；计划销售价格是否遵循物价政策、是否有利于产品扩大市场销售、是否有利于增强竞争力；计划销售价格的制定是否考虑了产品在市场上可能产生的价格波动，并留有适当余地。

（2）审查销售计划的完成情况。将销售收入的实际总金额与计划总金额进行比较，检查产品销售收入计划是否完成，并运用因素分析法检查影响计划完成的原因。

（3）审查销售合同的执行情况。通过计算分析销售合同数量完成率和产品销售合同完成率等指标评价销售合同的完成情况。对于已签订但未履约的合同，应查明具体原因，及时采取措施，避免或减少因承担违约责任而导致的损失。

(4) 审查定价程序。制定产品价格，不仅要考虑产品生产和销售过程中所发生的成本费用，还应立足于企业外部环境，考虑消费者的满意程度以及竞争对手的反应，审查时应关注定价程序的科学性。

(5) 审查利润计划的完成情况。重点是对销售利润的完成情况进行审查。可采用比较分析的方法，将产品销售利润的实际数值与计划数值进行比较，确定利润的变动额。还可以计算利润变动率，将实际利润变动率与计划利润变动率进行比较，分析利润增长或下降的幅度是否达到计划要求。

第三节　财务管理审计

一、财务管理审计的定义

财务管理审计主要审查被审计单位为了实现其财务目标，是否最有效地利用其财务资源。财务管理审计既是一种制度审计，即审查被审计单位的财务管理制度是否健全，是否完善，是否严格执行财务管理制度；又是一种经济效益审计，即对被审计单位的财务管理效益进行核实、评价，促使被审计单位全面提高财务效益。

（一）财务管理审计的目的

在企业发展中，内部财务管理审计工作构建的具体目的主要有两点。第一，保证企业的正常运转。通过内部财务管理审计工作的构建，可以逐渐建立完善性的管理体系以及监督体系，通过各个不同的协调，实现监督审计的最终目的。内部财务管理审计也可以帮助企业提高凝聚力，实现奖惩制度以及财务工作的紧密配合，实现企业的正常运行。第二，在企业内部财务管理审计中，可以保证企业财务工作的安全性、准确性。内部财务管理审计人员可以结合企业的发展状况约束企业的行为，充分保障企业内部资料的完整性、真实性。而且通过内部财务管理审计工作的构建，可以对各项财务资料、财务信息进行核对，降低企业物资使用成本，促进企业经济发展。

（二）财务管理审计的对象

财务管理审计的对象是被审计单位的财务活动及其财务业绩。为了深入了解被审计单位的财务管理情况，需要对其财务活动的全过程进行详细的审查，不能仅仅审查它们的财务报表，虽然财务报表集中反映了它们的财务业绩和财务活动的结果，但要想对被审计单位的财务管理情况进行客观、科学的评价，就应对其财务活动的全过程进行深入审查，只有这样，才能对其财务管理水平的高低、财务效益的好坏作出实事求是的结论。

（三）财务管理审计的判断基础

财务管理审计应当由与被审计单位财务管理活动无关的独立的第三者，即审计人员通过分析研究被审计单位的财务状况来进行。审计人员在进行财务管理审计时，应建立起评判财务管理质量的各种评价标准。这些评价标准应该尽量客观、量化，虽然没有法定的强制力，但审计人员都应该严格遵守。系统的财务管理审计时间还不长，尚不存在公认的评价标准指标体系。但是如果没有可行的判断依据，要想开展财务管理审计是不可能的。

（四）财务管理审计的职能

财务管理审计的职能主要有评价的职能、指导的职能。

所谓评价职能，就是对被审计单位的财务管理是否正常、健康进行诊断并作出结论。它是指财务管理审计人员根据被审计单位的财务管理情况，结合公认的财务管理评价标准，对被审计单位的财务管理状况、水平及财务管理本身是否妥当作出评价。这是财务管理审计的基本职能。在评价时，应结合被审计单位财务管理人员、主要管理人员的素质，财务管理组织与管理系统的效率性、决策的正确性、财务制度的规范性等加以审查。在审查过程中，还应对被审计单位财务舞弊行为给予揭发。

指导职能是指财务管理审计人员在审计工作中，根据被审计单位财务管理审计结论，对发现的各种问题，向被审计单位提出建议和忠告，并指导被审计单位加以改进。财务管理审计人员可以凭借自己丰富的财务管理经验，指导被审计单位采用各种有效的方法，提高财务管理水平，使组织充满活力和生机。当然，财务管理审计人员的主要任务是对被审计单位的财务管理情况作出评价，而不是去具体解决被审计单位财务管理中存在的各种问题。对被审计单位财务管理中存在的问题，只提供改进的建议，是否接受则由被审计单位自己决定。但提出合理的建议应当是审计人员的义务和责任，有效地发挥其指导职能，才能提高财务管理审计的社会意义。

二、财务管理审计的内容

企业整个内部财务控制的对象（包括与财务活动和财务管理相关的所有内容）和内部财务控制系统的运行情况，都是内部财务管理审计的内容。财务管理的内容主要分为四个部分：筹资管理活动、投资活动、财务收支状况、分配财务活动，其对应的财务管理审计的内容如下。

（一）审计筹资管理活动

在审计筹资管理活动时，首先审计筹资方案的合法性、合理性；其次审计筹集的资金是否按计划要求及时到位，资金的使用效果是否满足生产经营需求；最后审计筹资的经济性，即筹资成本、筹资费用是否合理。

（二）审计投资活动

在投资活动中，首先审计投资决策是否科学、合理，投资决策过程是否规范，方法是否适当，可行性研究及相关的技术评价是否到位等；其次审计投资过程是否严格执行了投资决策要求，投资管理是否规范，各种支出是否合理；最后审计投资的效率、效果和收益实现情况。审计的资料包括投资可行性研究报告，投资风险评估资料、财务报表、投资过程中的相关资料，如银行转账证明、投资协议等。

（三）审计经营活动中的财务收支状况

关于财务收支主要审计资金的使用是否合理，能否加速资金周转、提高资金利用效率。

（四）审计企业分配引起的财务活动

企业利润分配过程中需要重点审计利润的真实性、分配的规范性、相关管理工作的适当性等。

美国管理专家威廉·桑希尔认为企业内部管理审计应在注重对组织的授权和责任、会计和行政管理及业务程序标准惯例、内部控制和牵制的水平的审计的基础上，将下列项目作为审计的关键性因素：（1）资本的适当性；（2）预算及战略计划；（3）资产负债管理；（4）风险资产组合；（5）流动性；（6）各级管理层的能力；（7）方针、程序、标准和道德准则的适当性；（8）获利能力。这些关键性因素几乎都涉及企业财务内控的内容，可供我国企业在实施内部财务管理审计时借鉴参考。

三、财务管理审计的方法

随着市场经济条件下企业内部财务控制重要性的日益提高，现代企业必将越来越重视财务内控问题，这就要求企业内部财务管理审计的评价和监控活动不能再是消极的、被动的和间歇的，而必须是积极的、主动的和经常的。在现代，企业自内部审计机构成立之日起就应将本企业的财务管理和控制活动置于内部财务管理审计的经常监控之下。由于企业财务管理具有的综合性强、涉及面广、灵敏度高等特点，这就要求内部财务管理审计所采用的审计方法必须逐步趋于科学化，必须更加重视采用抽样审计法，并以此为基础进行内部控制系统的实质性测试工作。负责内部财务管理审计的人员还必须努力提高职业素质，在对企业财务内部控制系统的健全性与有效性进行检查、分析的基础上，善于从中确定审计工作的范围和重点，以最大限度地提高内部财务管理审计工作的效率和质量。

审计人员在审计中应该结合企业内部管理状况，进行审计工作的有序计划。第一，检查企业的财务报表、相关资料等，对企业的运行状况有初步的运算。第二，对财务管理审计工作进行合理预测，修正执行计划。第三，审计完成之后应该对企业财务管理进一步评价，实现财务审计工作的有效性。通常状况下，在企业内部财务管理审计中，所评价的对象包括资金审计结果是否合理、资金投放对象、企业风险控制能力等，因此，在财务审计实施中，应该结合多种审计方法进行财务管理审计工作的构建，以实现审计工作的有效性。在审计过程中有几个重点要求需要关注，具体内容如下。

（1）要注意审计时间的选择和把握。比如在审计筹资投资时要重点关注项目的生命周期；在审计经营活动时重点审计该业务的职能特征；在审计利润分配情况时要重点关注会计年度。

（2）要注意审计重点的选择和把握。在内部审计过程中要重点关注企业增值情况并且要全程跟踪，而对于外部审计则主要审计财务管理活动的合法性和公允性，是一种事后审计。

（3）要注意发现舞弊的线索。

（4）要注意审计独立性与审计客观性的把握。

四、财务管理审计的意义

（一）维护财务利益关系人的利益

被审计单位财务管理的好坏，关系到与其相关的每一个财务关系人的切身利益。每个单位只有有效地利用好自己的财务资源，加强财务管理，财务关系人的利益才能有所保障。由拥有独立的公正态度的财务管理审计人员进行严格的财务管理审计，并就被审计单位的财务管理进行客观、公正的评价，那些财务利益关系人就可以通过审计结论避免自己不该遭受的损失。

（二）健全被审计单位财务管理的基础

财务管理审计人员通过对被审计单位的财务管理进行分析研究，并就其财务管理是否合理进行综合评价，同时，对其财务管理中存在的问题提出建设性的改进意见。所进行的评价和建议如果能被被审计单位接受并加以改善，其结果必然是提高被审计单位的财务管理水平，健全其财务管理基础。

（三）提高被审计单位的财务信用

被审计单位接受了财务管理审计，并将审计结果向社会公布，除了便于那些财务利益关系人正确认识该单位的财务管理状况，同时还可以提高被审计单位的财务信用。如果被审计单位是企业，为其发行新的股票和债券，并与金融机构、相关客户的经济往来提供了方便。

（四）改善被审计单位的财务管理组织

通过财务管理审计，可以看到被审计单位财务管理组织的效益性及有无舞弊和差错；可以发现其财务管理组织是否精简、高效，是否能及时作出成功的财务决策与计划，责权利是否明确，制度是否健全。总之，财务管理审计对于改善被审计单位的财务管理组织是有帮助的。

（五）确保企业内部财务信息的安全与准确

企业内部财务管理审计的重要作用之一是确保企业内部财务信息的安全与准确。财务信息的安全与准确是企业的生产经营活动正常进行的前提之一。企业内部的财务管理审计工作可以有效地控制与规范企业内部相关人员的财务行为，从而保证企业内部各项财务资料的真实性与完整性，避免因为财务信息的纰漏而给企业带来的经济风险。另外，企业内部的财务管理审计工作不仅是对企业内部各项财务信息进行核对与审阅，它还能够负责对企业的各项财产物资进行清查与控制，从而保障企业资产的安全，避免舞弊事件的发生。

第四节 会计核算活动审计

一、会计核算活动审计的目的与意义

会计记录经营业绩，内审揭露经营过程。

会计核算活动审计是指审计人员根据国家法律法规及国家规章制度，运用一定的程序和方法，对会计核算整个业务流程进行检查、监督和评价活动。

通过会计核算活动审计，目的是完善会计工作内容，梳理会计操作流程，评估会计业务运行风险，确保会计业务按照国家法律、规章制度执行，防患企业会计业务出现差错。

二、会计存在的主要问题与漏洞

(1) 没有制定相应的会计政策及流程。

(2) 会计与出纳工作职责不分离。

(3) 经济业务不真实、不合法、不完整。

（4）会计凭证编制与审核不准确。
（5）会计账账、账表、账实不符。
（6）会计档案的归类与存档不规范。

三、会计核算活动审计的重点与目标

（1）会计业务分工与职责分析。
（2）会计政策与工作流程。
（3）原始资料的审核与编制。
（4）会计凭证的编制与审核。
（5）会计账本与会计报表。

四、会计核算活动审计的内容

会计核算活动审计的内容包括资产审计、负债审计、所有者权益审计、收入审计、费用审计、利润审计以及会计报表审计。

（1）资产审计

资产审计主要围绕以下内容展开：①审查企业有关资产方面的内部控制制度等是否建立、健全、有效；②审计证实资产是否确实存在；③审计资产的所有权是否归属企业；④资产的计价是否合理（不良资产）；⑤审查资产是否已在会计报表上充分披露。

不良资产审计以企业现存资产为对象，以正确评价企业的财务状况和经营成果为目的，主要对应收账款、存货、长期股权投资、固定资产、在建工程、无形资产等方面进行审计。

（2）负债审计

负债审计主要围绕以下内容展开：①审查企业有关负债方面的内部控制制度等是否建立、健全、有效；②审查企业所列各项负债是否确实存在；③负债记录是否完整，有无漏列（应付账款）；④负债的会计计量是否准确；⑤审查与负债有关的费用会计处理，即收益性支出与资本性支出的划分；⑥审查各项负债是否已在会计报表上充分披露。

（3）所有者权益审计

所有者权益审计主要围绕以下内容展开：①审查企业有关所有者权益的内部控制制度等是否建立、健全、有效；②各项所有者权益的增减变动是否符合国家法律、法规以及企业章程规定（增资减资的法律规定）；③审查各项所有者权益的记录是否完整，有误遗漏；④审查各项所有者权益的余额是否正确；⑤审查各项所有者权益是否已在会计报表上充分披露。

（4）收入审计

收入审计主要围绕以下内容展开：①审查企业有关收入的内部控制制度等是否建立、健全、有效；②收入的记录是否完整（高估、虚构）；③各项收入的会计处理是否正确；④确定各项收入是否与相应的费用配比；⑤审查各项收入是否已在会计报表上充分披露。

（5）费用审计

费用审计主要围绕以下内容展开：①审查与各项费用支出有关的内部控制制度等是否建立、健全、有效；②费用的发生是否真实、记录是否完整；③各项费用的会计处理是否正确；④确定各项费用是否与相应的收入配比；⑤审查各项费用是否已在会计报表上适当披露。

（6）利润审计

利润审计主要围绕以下内容展开：①审查企业形成利润的各项内容是否真实；②审查企业利润的计算是否正确；③审查企业各项应交国家的税收及利润分配是否按规定及时足额缴纳和分配；④审查企业利润分配及其余额是否已在会计报表上充分披露。

（7）会计报表审计

会计报表审计主要围绕以下内容展开：①审查会计报表的完整性；②审查会计报表的及时性；③审查会计报表的真实性；④审查会计报表的合法性、合规性；⑤审查会计报表的正确性。

五、不良资产审计

（1）不良资产审计的目的与意义

不良资产审计是指审计人员根据有关法规及公司制度，按照一定的程序和方法，对企业不良资产的管理过程进行检查、监督和评价的活动。

不良资产审计，目的是清查公司不良资产，规范资产处置方式，摸清资产家底，提高资产使用效益，盘活公司资金，加强企业资产的管理与监督。

（2）不良资产审计存在的主要问题与漏洞

①资金账户中的呆死账难于回收。

②应收账款中超过一年收不回来的呆死账。

③固定资产或存货中的积压物资。

④在建工程或无形资产中的闲置资产。

⑤对外投资项目长期挂账。

（3）不良资产审计的重点与目标

①公司没有建立不良资产的管理制度和流程。

②银行账户、应收账款中的未达账项、坏账、呆死账。

③固定资产、在建工程中的不良资产。

④无形资产、减值准备中的不良资产。

（4）不良资产审计程序与步骤

1.管理制度与操作规程审计重点

①没有制定公司不良资产的管理制度与流程。

②公司坏账计提、报废处置不按公司的规定操作。

③处置固定资产没有经过主管部门的审批。

2.不良固定资产的审计重点

①长期闲置的固定资产未作出处理意见。

②报废的固定资产未作处理。

③在建工程坏账、多余材料物资没有及时处理。

④无形资产的清查与确认。

3.往来账不良资产的审计重点

①没有及时处理银行账户的未达账项。

②应收账款中的呆、死账没有催收。

③存货中的呆、坏账的处理不及时。

④委托代销或办事处不良资产没有处理。

⑤长期投资不良资产未作处理。

第五节　人力资源审计

一、人力资源审计的发展历程

人力资源审计的早期形式为人事审计（personnel audit）。Geneva将人事审计定义为对人事政策、程序和实践的分析和评价，其目的是评价企业人事管理的效果。审计程序包括收集和整理信息、分析和解释数据、评价数据和根据分析结果采取行动。早期的人力资源审计着重描述人力资源信息，检查管理过程的合法合规性。

随着程序、制度等作用的下降、管理文化的兴起以及企业对绩效目标的重视，人事管理开始向人力资源管理转变。在人事审计强调人事活动和程序合法合规性的基础上，人力资源审计开始着重审查人力资源活动的经济性、效率性、效果性及其对实现绩效目标的影响。美国国防部审计处（the Defense Control Audit Agency，DCAA）1997年进行的人力资源质量评估，实质上是人事审计向人力资源审计转变的典型案例。人力资源质量评估在关注具体的人事活动和数据的同时，开始寻求对企业目标的实现程度进行分析。

随着战略人力资源管理和人力资本理论的发展，人力资源审计开始朝着促进企业战略的实施和人力资本投资等方面拓展。这一阶段人力资源审计的一个重要特征，就是更加强调人力资源管理的目的性，而具体审计形式则趋于多样化，诸如战略人力资源审计、能力审计、生产技术准备审计、顾客满意度审计和人力资源管理合法性审计之类的多种审计形式在实践中得到广泛应用，大量的问卷调查表、平衡计分卡工具、定量和定性绩效指标、数据包分析技术等也得到开发和应用。

二、人力资源审计的内容

人力资源审计是一种确保企业管理中与人力资源有关的受托经济责任全面有效履行的专门控制机制。表现为审计人员对企业管理层人力资源核算和人力资源效益等与人力资源有关的受托经济责任的履行情况进行监督、评价和鉴证，委托人就此对管理方偏离受托经济责任的行为发出纠偏指令，企业管理层进而采取纠正措施，从而完成整个控制活动。

企业人力资源审计的主要内容应与企业人力资源管理全流程的各项工作内容相一致，分布于企业人力资源管理系统的各个子系统中。从人力资源管理职能角度谈企业人力资源审计，主要包括以下八个方面：（1）审计企业人力资源管理战略与策略：企业人力资源发展战略与企业发展战略的符合程度评价；企业各项人力资源管理政策与企业内外环境的符合程度评价。(2) 审计企业人力资源规划：分析企业人力资源规划过程，评估企业现有人力资源状况，企业近远期人力资源需求以及人力资源发展计划。(3) 审计企业人力资源招聘：企业人员招聘的方法和程序评估；招聘成本评估；招聘工作效率评估。(4) 审计企业人员配置：企业工作流程分析；企业组织分析与企业工作分析过程及其结果分析；企业人岗匹配性分析；工作标准化过程分析；企业整体工作效率评估。(5) 审计企业人力资源培训开发：对培训的目标与组织目标的匹配程度进行评估；对培训内容进行分析；对培训的形式进行分析；对培训的效果和效率进行评估。(6) 审计企业人员绩效考核：对现行绩效考核方法进行评估；对绩效考核的过程与结果进行评估。(7) 审计企业薪酬与激励机制：企业薪酬制度中薪酬体系、薪酬水平与薪酬结构评价；企业福利制度分析；激励制度与企业目标的匹配程度评估；激励制度作用评估。(8) 审计企业员工关系管理：诊断企业内部社会心理环境；企业领导方法类型分析；组织文化评估；安全生产管理分析；评价组织中员工职位提升系统。

人力资源审计的内容总体上可以分为三类：人力资源报表审计、人力资源管理审计和人力资源合规性审计。

(1) 人力资源报表审计

人力资源报表审计是对包含人力资源这一要素而专门编制的财务报表进行的审计，具体包括对企业人力资源的资产审计和权益审计。资产审计的主要内容包括：人力资源资产在特定时间的存在，人力资源资产的余额以及与人力资源有关的现金流量，完整的人力资源资产增减变动记录，人力资源资产的估价和分摊，人力资源资产在会计报表上的揭示和披露。权益审计的主要内容有：有关评估机构对企业人力资源作价的评估，完整的企业人力资源权益的增减变动信息，会计报表对企业人力资源权益的揭示和披露。

具体到企业会计报表的相关元素，人力资源报表审计的具体内容包括：

合理性：全部人力资源核算是否合理，有无重大错报。

所有权：公司对所列人力资源是否有所有权，所列人力资产和负债是否归公司所有。

分类：所列人力资源分类是否恰当。

估价：企业人力资源作价是否由有资质的评估机构给出，人力资源账面数量与人力资源实有数量是否相符。

披露：报表中是否恰当反映人力资源账户余额和相应披露的要求。

截止：接近资产负债表日，人力资源交易是否记录于恰当期间。

机械准确性：人力资源各个项目的总计数和总账是否一致，账户之间的钩稽关系是否正确。

完整性：所有人力资源是否均已计入人力资源总额，所发生的金额是否已包括。

真实性：资产负债表日，全部人力资源记录是否存在，金额是否正确。

(2) 人力资源管理审计

人力资源管理审计指通过定量或定性分析，审查评价企业人力资源管理活动并提出改进意见和建议，以促进企业绩效改善的审计过程。人力资源管理审计的重点是人力资源管理在企业运营过程中的地位和作用。

企业人力资源管理审计分两个层次进行：

第一个层次：将企业人力资源管理部门作为一个内部服务单位，考察其为其他部门提供人力资源管理服务的经济性、效率性和效果性。经济性指的是，比较实际人力资源投入与预计人力资源投入，是节约还是超支。效率性指的是，实际人力资源投入与实际所得相比的获利状况。效果性指的是，实际人力资源所得与预计所得相比结果是否理想。这一层次人力资源管理审计，评价方式是顾客满意度审计。

第二个层次：在企业整体框架内，考察人力资源管理对企业整体绩效的作用和影响。关注的重点是，人力资源管理这一管理方式在企业中是否得到充分运用，是否正确地发挥了作用，是否呈现出最佳成本效益关系。由于很难全面获得有关企业人力资源管理绩效的量化信息，而且很难定量分析人力资源管理活动对企业绩效的贡献程度，因此，通常采用一种依赖定性分析、将顾客的主观评价与定量分析相结合的顾客满意度审计方法。

（3）合法性审计

合法性审计的重点是企业遵守劳动法律法规的情况，目的是规避雇佣关系中的法律风险。企业管理者在人力资源管理实践中，面对不断变化的环境和日益复杂的法律条文，必须考虑避免因人力资源管理不当而产生的高昂法律诉讼成本和因败诉导致的法律诉讼损失等问题。

合法性审计采取全面排查法，对企业在防范与劳动法律法规相关的风险方面所做工作作出评价。合法性审计涵盖法律法规对企业劳动关系的所有规定，需要逐项评价企业人力资源管理各项活动的合法性，识别可能引起法律诉讼的各种风险因素；提出改进意见和建议，形成企业人力资源管理合法性评价报告。

内容具体涉及两方面：

一是，企业的劳动关系政策，包含建立和解除劳动关系的政策、薪酬政策、劳动纪律等方面；

二是，企业的劳动关系实践，包含雇员操作手册、招聘和选拔程序、工作说明、绩效评价以及相关的雇员招聘、使用、培训、辞退和后续管理等实践活动。

三、人力资源审计的方法

（一）比较分析法

比较分析法，即由人力资源管理审计小组将本企业或企业内部的人力资源管理活动情况与另一类似企业或部门的有关情况进行比较，以发现本企业或企业内某部门在人力资源管理方面的差距，这种方法通常用于审计特定的人力资源管理活动或计划的成效。

（二）外部借鉴法

外部借鉴法，即审计小组利用经企业外部人力资源管理咨询专家鉴定或已出版的研究成果作为评价企业内部人力资源管理活动成效的标准，来诊断企业内部人力资源管理方面的问题。

（三）统计核算法

统计核算法，即审计小组通过对以往企业内部人力资源管理活动记录进行统计分析，归纳出衡量本企业人力资源管理活动的标准，以对人力资源管理现状作出评价。

（四）法规衡量法

法规衡量法，即根据已颁布的有关法律、政策以及企业内部既定的有关政策和程序，来检查实际的人力资源管理活动，目的在于敦促和保证各级人力资源管理严格遵守这些法律、政策的程序。

（五）目标管理法

目标管理法，即根据事先确定的人力资源管理活动目标，衡量人力资源管理活动的实际结果。

四、人力资源审计的程序

（一）准备阶段

1.和内部审计经理召开计划会议，对范围、方法和时间进行讨论，确定被审计单位的期望值，确定恰当的联络人。

2.对审计的领域有充分的了解：

获得和讨论任何和人力资源有关的材料；

考虑在计划和执行审计阶段和人力资源专家讨论的必要性；

和审计组其他成员讨论他们在这个领域已经完成的工作；

了解人力资源最佳实务，另外查阅以前有关人力资源方面的审计报告；

查阅永久的政策和程序，例如书面的规定，以获得全面的了解。

3.发出包括审计范围、途径和时间的通知书以及具体的文件需求清单到恰当的联络人，清单应包括以下方面：

现存的人力资源政策和程序的拷贝；

组织结构图和流程图；

新雇员的名单；

离职员工名单；

进入人力资源系统的用户名和密码；

查阅人事档案的权限。

4.计划和召开与人力资源经理的见面会，重新说明审计范围和时间安排，确保上述事项的恰当并且达到了人力资源职能和内部审计职能的要求。确定交流会议的时间表以及沟通方式。

（二）现场阶段——招募

1.记录对招募流程的理解。

2.对以下内容进行确定/询问：

是否使用了新雇员文件清单来保证所有必需的文件都已取得并保存在员工档案中；

新员工的档案是否被复核以保证所有文件均已保存在档案中；

员工档案是否放置在上锁的文件柜抽屉中；

是否设立签名权限系统来保证招募活动得到批准。

3.查阅人事招募报告，并且随机选择15个新雇员样本进行测试：

追踪新员工信息到员工档案的支持文件和在线系统，确保信息的一致性；

确保恰当的管理层批准了新招募的员工；

确保人力资源部门及时地将新雇员的附加信息输入到系统；

确保新雇员的档案有恰当的授权。

还应包括以下内容：录用信息，任职申请，个人资料，保密协议，员工登记表，期权要求表（假如有），迁移协议（假如需要），奖金计划（假如有），背景审查批准书，薪酬分析，面试评价表，证明材料，职业道德和价值观申明。

查阅公司的有关政策与程序，修改有关资料要求以确保所有附加的文件均包含在档案中。

（三）现场阶段—离职

1.记录对离职处理流程的理解。

2.对以下内容进行确定/询问：

人力资源部门如何知晓员工的离职/辞职？

离职信息如何传递到工资部门？

当前的人员流动率是多少：说明20%～25%或者更高的流动率意味着员工较高的不满意，甚至有潜在的诉讼可能。

人力资源部门开展离职面谈吗，或者离职后的面谈？

是否有程序保证所有大额的借出的资产（例如笔记本电脑、公司信用卡）在员工离开之前全部收回？

迁移计划或奖金计划是否被复核以保证在员工离开之前这些成本均已被收回。

第六节 管理活动审计

一、管理的定义与职能

管理是在一个特定的组织、特定的时空环境下发生、发展、直到终结的一种活动。它是一个动态的过程；管理活动具有明确的目标；管理是让别人去做，而不是自己操作；管理活动的载体是资源。

管理具体包括四项职能：计划职能、控制职能、组织职能和领导职能，具体如图5-1所示。

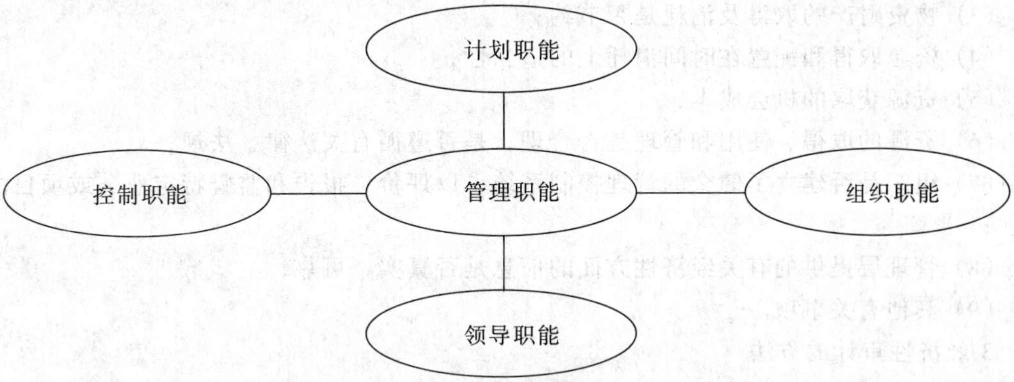

图5-1 管理职能

二、管理审计的产生与发展

第一次世界大战后，逐渐形成管理审计。1941年，维多克. Z.布瑞克的《内部审计》是管理审计的重要转折点；1948年3月，阿瑟·肯特的《管理审计》问世。管理审计的里程碑是1957年出版的《内部审计责任说明书》。

管理审计的发展过程可以分为两个阶段：第一阶段，对企业内部控制制度进行评价，促进其健全完善，间接提高经济效益。第二阶段，对效益进行评价，发现问题并提出改进建议，直接涉及经营管理过程的效益方面。管理审计发展的基本动因是内部受托责任的多级化。

三、管理审计的内容（管理职能审计）

管理审计是以改善企业的管理素质和提高管理水平为目的，审查被审计事项在计划、组织、领导、控制等管理职能上的表现，促使被审计单位提高管理水平以提高经营的经济性、效率性和效果性的一种内部审计。

（一）经济性审计

1.经济性及经济性审计的含义

经济性是指组织经营活动过程中获得一定数量和质量的产品和服务及其他成果时所耗费的资源最少。经济性主要关注的是资源投入和使用过程中成本节约的水平和程度及资源使用的合理性。

经济性=耗费资源÷获得一定的产品或服务的数量和质量

通俗地讲，内部审计人员要关注组织的成本管理水平，要对组织经营活动的资源耗费水平（单位成本水平）进行审查评价。

经济性审计的含义：内部审计机构和人员对组织经营活动的经济性进行审查与评价的活动。

2.经济性审计的内容

经济性审计的主要内容包括：

（1）资金的取得和使用是否节约；

（2）人力资源的取得及配置是否恰当；

（3）物资财产的取得及消耗是否节约；

（4）资源取得和配置在时间消耗上的适当性；

（5）资源获取的机会成本；

（6）资源的取得、使用和管理是否合理，是否遵循有关法律、法规；

（7）组织是否建立了健全的管理控制系统，以评价、报告和监督特定业务或项目的经济性；

（8）管理层提供的有关经济性方面的信息是否真实、可靠；

（9）其他有关事项。

3.经济性审计的方法

经济性审计除了运用常规的审计方法以外，还可以运用数量分析法、比较分析法、标杆法等。

（二）效率性审计（如何完成）

1.效率性及效率性审计的定义

效率性是指组织经营活动过程中投入资源与产出成果之间的对比关系。

效率性审计是指内部审计机构和人员对组织经营活动的效率性进行审查与评价的活动；效率性审计是管理审计的重要组成部分。

2.效率性审计的主要内容

（1）组织采购、销售等商业活动的效率。

涉及与组织外部产生作业的活动，要侧重以其单项或同类作业完成所需时间、人力、物力等配比情况为主，如订单下达之时到组织采购结束，或销售活动完成的时间。

（2）组织研发、生产等技术活动的效率。

研发项目所耗时间、人力、财力等与该类研发项目的配比情况；生产所耗时间、人力、财力等与该类生产订单的配比情况。

（3）组织筹资、投资等财务活动的效率。

（4）组织为确保财产、信息及人员的安全以及对风险的管理所采取措施的效率。服务响应所耗资源与完成安全措施或风险反应的配比情况，如接警反应时间、计算机系统故障与维修人员和时间。

（5）组织计划、控制等管理活动的效率。

（6）为提高上述经营活动效率所采取的措施是否遵循有关法律、法规。

（7）管理层提供的有关效率性方面的信息是否真实、可靠。

3.效率性审计的方法

（1）比较分析法

比较分析法是通过分析、比较数据间的关系、趋势或比率来取得审计证据、完成审计目标的方法。

（2）因素分析法

因素分析法是查找产生影响的因素，并分析各个因素的影响方向和影响程度的方法。

（3）量本利分析法

量本利分析法是分析一定期间内的业务量、成本和利润三者之间变量关系的方法。

（三）效果性审计（是否完成）

1.效果性及效果性审计的定义

效果性是指组织从事经营活动时实际取得成果与预期取得成果之间的对比关系，效果性主要关注的是既定目标的实现程度及对经营活动产生的影响。

效果性=实际取得成果÷预期成果

效果性审计是指内部审计机构和人员对组织经营活动的效果性进行审查与评价的活动。

2.效果性审计的内容

（1）组织经营活动的目标是否适当、相关及可行。

（2）组织经营活动达到既定目标或实现预期经济和社会效果等情况。

（3）组织为实现既定目标所采取的程序和方法的合法性、合理性及对有关政策、计划、预算、程序、合同等的遵循情况。

（4）分析组织经营活动未能及时达到既定目标的原因。

（5）分析组织无法按原计划开展相应项目、业务或终止的原因。

（6）组织是否建立、健全管理控制系统，以评价、报告和监督特定项目或业务的效果性。

（7）管理层提供的有关效果性方面的信息是否真实、可靠。

（8）其他有关事项。

3.效果性审计的方法

内部审计机构及人员在选择效果性审计方法时除运用常规的审计方法外，还可以运用调查法、问题解析法、专题讨论会等方法。

（1）调查法。调查法是凭借一定的手段和方式（如访谈、问卷），对某种或某几种现象或事实进行考察，通过对搜集到的各种事实资料的分析处理，进而得出结论的一种研究方法；

（2）问题解析法。问题解析法是通过确定总括性问题、相关子问题以及用来解答这些问题的具体步骤来开展效果性审计工作的方法；

（3）专题讨论会。专题讨论会是指通过召集组织相关管理人员就经营活动特定项目或业务的具体问题进行讨论及评估的一种方法。

四、管理职能审计

（一）审计计划职能

1.审计计划制订

审计计划的目标；是否选择了正确的设计程序；是否重视中长期计划编制；是否建立了整体的计划预算制度；是否注意到授权管理的加强；是否注重信息系统的建立。

2.审计目标的确定情况

3.审计策略、政策和经营计划情况

策略（长期战略），政策（弹性政策、政策的一贯性和完整性），经营计划（近期具体计划）。

4.审计决策情况（决策过程是否科学）

（二）审计组织职能

1.审计组织机构情况

审计组织机构类型：适应性、管理需求。

审计组织机构有效性：独立、职责分离、指挥体系、职责范围、授权管理、信息传递。

2.审计协调关系

审计协调关系主要关注纵向协调、横向协调、参谋协调、职权协调的有效性。

3.审计职责规定

4.审计人员配备情况，人力资源审计等

（三）审计领导职能

1.审计领导素质与方法

审计领导素质与修养；

审计领导方式（职权运用、领导风格）；

审计领导方法主要有压榨和权威式，开明与权威式，协商式，集体性参与式等。

2.审计激励机制的建立与执行情况

3.审计信息沟通机制

正式沟通主要有上行沟通、下行沟通以及平行沟通等方面。

（四）审计控制职能

1.审计控制制度的设计情况

2.审计控制目标的选择情况

关键业务活动；

关键资源；

关键费用或成本；

关键风险。

3.审计控制组织情况

控制组织机构（机构设置、层次划分、组织协调、职权分配）；

控制措施。

4.审计控制标准的设立与执行情况

控制评价标准的设立；

建立控制评价标准的目的；

建立控制评价标准的原则。

5.审计控制方法的应用情况

6.审计控制执行状况

7.审计控制的效率、效果

8.审计控制检查职能的发挥情况

管理审计的特征主要体现在如下几个方面：（1）经济性：指被审计单位是否在一个较长的时间内从取得利润出发，有效果和有效率的使用资源。（2）效率性：如何达到的？（3）效果性：是否达到或完成某个既定的目标，它不是指如何完成而是仅指完成了没有。

■ 本章内容结构图

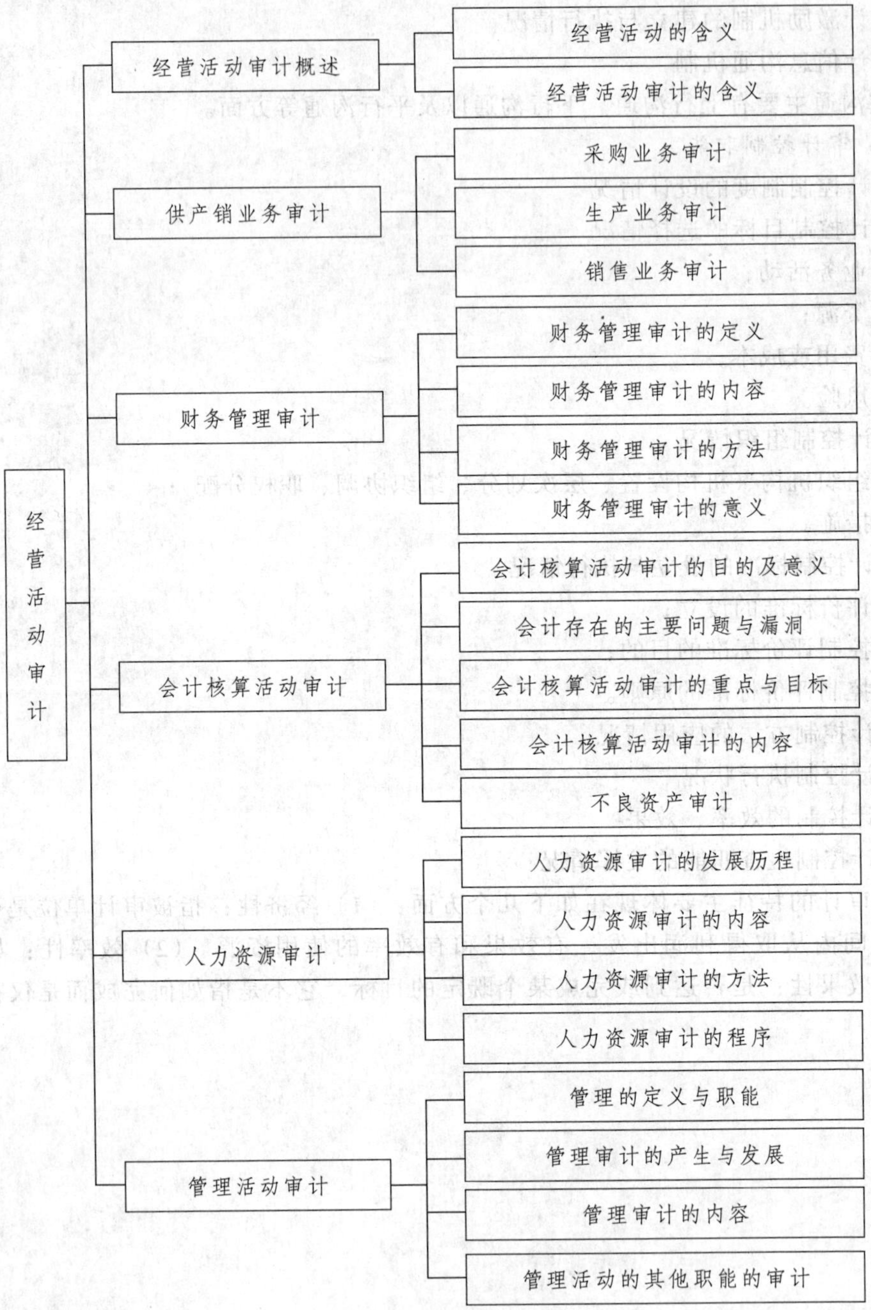

图5-1 本章内容结构图

■ 本章小结

经营活动审计是指对一个经营单位或者一个完整的组织经营活动的综合审查，其目的在于通过检查和证明被审计单位经营责任的履行情况，促进其改善经营，提高经济效益。

经营活动审计覆盖了企业经营活动的方方面面，主要包括如下内容：供产销业务审计、财务管理审计、会计核算活动审计、人力资源审计和管理活动审计。其中，供产销业务审计是重要环节。供产销业务审计是指审计人员根据有关法规及公司制度，按照一定的程序和方法，对采购部门、生产部门和销售部门各流程和控制的环节合规性、合理性与有效性进行监督、检查和评估的活动。通过供产销审计，进一步规范公司采购业务行为、生产流程和销售活动，预防和堵塞管理漏洞，降低成本，增加效益。业务审计人员应重点把握企业供产销各个环节中的主要风险点，实施恰当的审计程序，识别环节中存在的问题和漏洞，并给出改善建议。

■ 关键概念

经营活动　经营活动审计　供产销审计　财务管理审计　会计核算活动审计　人力资源审计　管理活动审计

■ 本章练习题

一、单选题

1.（　　）不属于经营活动审计。

A.供产销审计　　B.财务管理审计

C.人力资源审计　　D.信息系统审计

2.成本节约的定位属于（　　）。

A.项目结果审计　　B.合规性审计

C.财务审计　　D.经营审计

3.经营活动具备以下四个要素，（　　）是经营活动的客体。

A.经营者　　B.经营对象

C.经营权　　D.经营活动载体

4.（　　）不属于财务管理审计的内容。

A.筹资管理活动　　B.投资活动

C.人员任职情况　　D.经营活动中的财务收支状况

5.经营活动审计包括供产销审计，财务管理审计，会计核算审计、人力资源审计和管理活动审计五个部分，（　　）属于会计核算审计内容。

A.采购业务审计　　B.筹资管理审计

C.会计报表审计　　D.财务收支状况审计

6.如果即时采购政策成功减少了某制造公司的库存总成本，那么最有可能发生（　　）。

A.缺货成本增加，储存成本降低

B.质量成本增加，订货成本降低

C.采购成本增加，质量成本降低

D.采购成本增加，缺货成本降低

7.在对采购业务进行审查时，审计师发现目前的程序与公司规定的程序不符，但通过审计测试发现该程序能提高效率，缩短处理时间，控制方面也无明显减弱，此时审计师应该（　　）。

A.暂停业务的工作，直到业务客户将新程序文件化

B.绘制新程序的流程图并加入到给管理层的报告中

C.将未遵守规定程序作为一项经营缺陷进行报告

D.报告这一变化并建议将程序上的变动文件化

8.为证实某月份被审计单位关于销售收入的“发生”认定或“完整性”认定，下列程序中最有效的是（　　）。

A.汇总当月销售发票的销售商品数量，与当月开出的发运单数量相比较

B.汇总当月销售发票的金额，与当月所开发运凭证及商品价目表相核对

C.汇总当月销售收入明细账的金额，与当月开出销售发票的金额相比较

D.汇总当月销售收入明细账的笔数，与当月开出销售发票的张数相比较

9.注册会计师对被审计单位甲公司2018年度财务报表进行审计，实施函证程序时，下列说法中正确的是（　　）。

A.债务人A公司回函称由于20万元货物不符合质量要求，已经退货，注册会计师应检查甲公司对该批货物的验收报告、入库单等原始凭证

B.债务人B公司回函称尚未收到所订50万元货物，注册会计师将该笔货款认定为错报

C.债务人C公司回函称货物10万元为以收取手续费方式受托代销货物，至2018年12月31日该批货物未售出。注册会计师检查发运凭证、销售发票

D.债务人D公司回函称所欠30万元货款已于2018年12月30日通过银行付款。注册会计师认可该笔款项无错报

10.下列有关采购业务涉及的主要单据和会计记录的说法中，恰当的是（　　）。

A.验收单是收到商品时所编制的凭据，只列示采购商品的金额

B.采购部门在收到请购单后，请购单无论是否经过批准，都可以发出订购单

C.订购单是由采购部门填写，经适当的管理层审核后发送供应商，是向供应商购买订购单上所指定的商品和劳务的书面凭据

D.请购单是由生产等相关部门的有关人员填写，送交财务部门，是申请购买商品、劳务或其他资产的书面凭据

二、多选题

1.采购业务的绩效指标有（　　）。

A.质量　　　　B.成本

C.时间　　　　D.数量

2.审计师进行绩效评价时，可能用到的审计标准包括（　　）。

A.同行业平均水平　　B.历史水平

C.国际标准　　D.公司预算

3.财务管理审计的内容有（　　）。

A.审计筹资管理活动

B.审计投资活动

C.审计经营活动中的财务收支状况

D.审计企业分配引起的财务活动

4.对预测库存需求有用的有（　　）。

A.对商业周期行为的了解

B.计量经济模型的建立

C.关于季节性需求变化的信息

D.将成本在公司内部各部门之间进行会计分摊

5.采购内部控制中的风险点包括（　　）。

A.采购计划的制订　　B.采购计划的批准

C.物流公司的选择　　D.供应商选择

三、判断题

1.（　　）供应商选择是采购内部控制的主要风险点。

2.（　　）人力资源管理审计的重点是人力资源管理在企业运营过程中的地位和作用。

3.（　　）管理审计的特征包括经济性、效率性和效果性。

4.（　　）人力资源管理审计的主要内容是规划、招聘、培训、绩效考核。

5.（　　）业务活动审计包括内部控制审计和绩效审计。

四、简答题

1.经营活动审计的含义及内容是什么？

2.经营活动审计的一般程序和方法是什么？

3.人力资源管理审计的主要内容是什么？

五、案例分析题

审计人员在审计A股份有限公司2016年度财务报表时，发现2016年2月10日该公司通过增发1 000万股普通股（每股面值1元）取得B公司20%的股份，按照增发前20个交易日的平均股价计算，该1 000万股股份的公允价值为1 500万元。为增发该部分股份，A公司向证券承销机构支付了100万元的佣金和手续费。A公司对此的账务处理为：

借：长期股权投资　　16 000 000

　贷：股本　　16 000 000

你认为上述账务处理是否正确？如果不对，请列出正确的会计处理分录。

■ 本章参考文献

[1] 袁小勇. 内部审计：怎样才能有所作为 [M]. 北京：经济科学出版社，2012.
[2] 梁雄. 增值：集团公司内部审计实务与技巧 [M]. 北京：机械工业出版社，2015.
[3] 章之旺，李宗彦. 内部审计理论前沿 [M]. 北京：中国时代经济出版社，2012.
[4] 刘智勇. 人力资源审计初探 [J]. 审计理论与实践，2002 (04)：23-24.
[5] 柴雪瑞. 企业人力资源审计的主要内容浅析 [J]. 商场现代化，2012 (18)：61-62.

第六章

内部控制审计

学习目标

◇了解内部控制的发展阶段

◇了解内部控制审计与注册会计师内部控制审计的联系与区别

◆理解内部控制的含义及其与外部控制的关系

◆理解内部控制审计的定义与意义

★掌握内部控制的五要素及关系

★掌握内部控制审计的目标与内容

★掌握内部控制审计的程序与方法

20世纪，内部审计经历了从传统财务审计到现代管理审计的转变。传统上，内部审计侧重于揭露错误和舞弊行为等财务会计事项的审计，发挥积极的防弊功能；随着时代的变迁，政治、经济环境的改变，内部审计的对象已经逐步扩展到内部控制、风险管理和公司治理，具有积极兴利的功能。内部控制审计作为内部审计的重要业务类型，已经成为组织实现对内部控制进行监督的常规方式，在帮助管理层强化内部控制建设、防范组织各种风险、提高管理水平等方面发挥了积极作用。为此，中国内部审计协会专门制定了《内部审计具体准则第2201号——内部控制审计》。

案例导入

第一节　内部控制概述

一、内部控制的发展阶段

（一）内部牵制阶段

20世纪40年代以前是内部牵制阶段，其目的是保证账目正确。内部牵制基于以下假设：

假设一：两个或两个以上的人或部门无意识地犯同样错误的机会是很小的；

假设二：两个或两个以上的人或部门有意识地合伙舞弊的可能性大大低于单独一个人或部门舞弊的可能性。

内部牵制分为四种形式：实物牵制、机械牵制、体制牵制、簿记牵制。

（1）实物牵制。例如，把保险柜的钥匙分别交给两个以上工作人员持有。非同时使用两把以上钥匙，保险柜打不开。

（2）机械牵制。如保险柜的大门若非按正确程序操作就打不开。

（3）体制牵制。如现金空白支票与财务专用章及法人名章交由不同人保管，以预防错误和舞弊的发生。

（4）簿记牵制。如定期将明细账与总账进行核对。

（二）内部控制制度阶段

20世纪50年代，出于审计的目的，审计界将内部控制分为内部会计控制和内部管理控制。

内部会计控制由组织所有保护资产、保护会计记录可靠性或与此有关的方法和程序构成。内部会计控制包括：授权与批准制度，记账、编制财务报表、保管财务资产等职务的分离，财产的实物控制以及内部审计等。

内部管理控制由组织所有为提高经营效率、保证管理部门制定的各项政策得到贯彻执行或与此直接有关的方法和程序构成。内部管理控制的方法和程序通常只与财务记录发生间接关系，包括统计分析、时动研究、经营报告、雇员培训计划和质量控制等。

（三）内部控制结构阶段

在企业经营管理过程中，会计控制与管理控制交织在一起，很难清晰划分哪些是内部会计控制，哪些是内部管理控制。1988年4月，美国注册会计师协会发布了以“财务报表审计对内部控制结构的考虑”为题的《审计准则公告第55号》，该公告指出，“企业的内部控制结构包括为合理保证企业特定目标的实现而建立的各种政策和程序”，并且明确了内部控制结构包括以下内容：

（1）控制环境。这是指对建立、加强或削弱特定政策和程序效率产生影响的各种因素。

（2）会计系统。会计系统规定各项经济业务的鉴定、分析、归类、登记和编报的方法，明确各项资产和负债的经营管理责任。

（3）控制程序。这是指管理当局制定的用以保证达到一定目的的方针和程序。

（四）内部控制框架阶段

进入20世纪90年代后，COSO发布报告，提出内部控制整体架构主要由控制环境、风险评估、控制活动、信息与沟通、监督五项要素构成（如图6-1所示）。

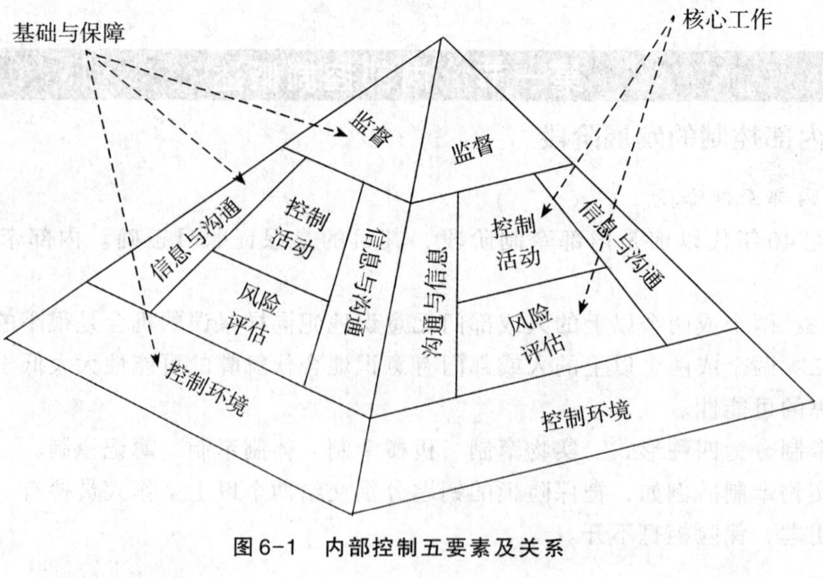

图6-1 内部控制五要素及关系

二、内部控制的含义

（一）内部控制的定义

根据COSO的报告，企业内部控制是由企业董事会、经理层以及其他员工共同实施的，为财务报告的准确性、经营活动的效率与效果、相关法律法规的遵循等目标的实现提供合理保证的过程。

知识链接6-1

1972年，美国审计准则委员会发布的《审计准则公告》，对内部控制提出了如下定义：“内部控制是在一定的环境下，单位为了提高经营效率、充分有效地获得和使用各种资源，达到既定管理目标，而在单位内部实施的各种制约和调节的组织、计划、流程和方法。”

（二）内部控制与外部控制的关系

内部控制是动力源于内部、设计结构基于内部、部署实施限于内部的管理行为，是各级管理部门在本部门、本单位内部因分工而产生的在相互制约、相互联系、相互协同的基础上，采取的一系列具有控制功能的策略、计划、方法、措施和程序的总和。

外部控制是来自组织外部的控制，比如税务、财政、卫生、市场监督管理、审计等部门。

两者有一定的共性：都具有控制目标和控制手段两个基本方面；均具有控制主体和客体；都具有控制信息反馈的渠道和方式等。

但内部控制也有如下不同于外部控制的明显特征：

1.内在性

设置内部控制是组织内部的自觉管理行为，其完全是组织内部的事情。虽然也有来自外部的压力成分，但“自觉”与“内需”的成分远大于“被动”和“服从”的成分。

2.广域性

内部控制对组织内部所有生产经营和管理活动进行规范、监督、考核和评价，涉及面广，从计划、指挥、协调到激励、考评，从生产经营实物流程到价值流转和信息流动，从生产、销售、采购到人、财、物、信息，几乎无所不包、无所不在。其众多的控制面和控制点，使之足以保障一个组织的活动和管理的整体安全性和有序运行。

3.适时性

内部控制的效力是连续的、适时的，一经启动便长期发挥作用，融于组织内部各方面、各环节，并能够根据生产经营活动和管理业务的具体情况，进行即时控制和适当调整，在第一时间发现问题、分析问题和解决问题。

4.潜在性

内部控制并非完全体现在一个组织的生产经营和管理活动的制度文本中，有时也会隐藏与融入思想意识当中，潜移默化地发挥作用。

5.关联性

在组织内部，各项控制活动之间都是相互关联的，一种控制活动是否发生及其有效与否，与另一种控制活动有关，并使后者得以加强或减弱。内部控制的关联性是指各项控制活动往往不是单独发挥作用的，而是有很强的互补性或制约性。

三、内部控制要素

（一）控制环境

控制环境是指一个企业的氛围，它是影响内部人员控制其他成分的基础。控制环境处于内部控制五大要素之首，其具体内容包括：治理结构、机构设置及权责分配、内部审计、人力资源政策、企业文化、法律环境等。

1.治理结构

治理结构是由股东大会、董事会、监事会和管理层组成的，其是决定公司内部决策过程和利益相关者参与公司治理的办法，主要作用在于协调公司内部不同产权主体之间的经济利益和矛盾，降低代理成本。治理结构是源头问题，一开始就要把它做好。

2.机构设置及权责分配

按照治理结构安排，董事会在公司管理中居于核心地位，董事会应该对公司内部控制的建立、完善和有效运行负责。监事会对建立董事会与实施内部控制进行监督。公司管理层对内部控制制度的有效执行承担责任，其中处于不同层级的管理者掌握着不同的控制权力并承担相应的责任，同时相邻层级管理者之间存在着控制和被控制的关系。

3.内部审计

内部审计是公司治理的四大基石之一，是内部控制的一种特殊形式。

4.人力资源政策

良好的人力资源是企业经久不竭的源泉。从某种意义上说，企业内部控制的成效取决于人力资源的素质。因此，人力资源政策是内部控制的一个重要因素。人力资源政策包括下列内容：员工的聘用、培训、辞退与辞职；员工的薪酬，考核、晋升与奖惩；关键岗位员工的强制休假制度和定期岗位轮换制度；掌握国家秘密或重要商业秘密的员工离岗的限制性规定；有关人力资源管理的其他政策。

5.企业文化

企业文化是一切从事经济活动的组织之中形成的组织文化，是企业在长期的经营实践中形成的共同思想、作风、价值观念和行为准则，是一种具有企业个性的信念和行为方式。企业文化包含四个要素：制度文化、物质文化、行为文化、精神文化。这四者相互影响、相互作用，共同构成企业文化的完整体系。

6.法律环境

企业如果不具有较强的法律意识，不能充分认识到法律风险的存在，并对其进行有效控制，轻则会给企业带来经济损失，重则会给企业带来灭顶之灾。

（二）风险评估

风险评估是组织辨认和分析与目标实现有关的风险的过程。风险评估提供了控制风险的基础。内部控制中的风险评估是一个比较宽泛的概念，包括了风险管理的全过程，即目标设置、风险识别、风险分析、风险应对。

1.目标设置

企业开展风险评估，应当准确识别与实现控制目标有关的内部风险和外部风险，确定相应的风险承受度。风险承受度是企业能够承担的风险限度，包括整体风险承受能力和业务层面的风险可接受水平。企业必须根据设定的风险承受度，全面、系统、持续地搜集相关信息，并结合实际情况，及时进行风险评估。

2.风险识别

风险识别实际上是搜集有关损失原因、风险因素及其损失暴露等方面信息的过程。风险识别作为风险评估过程中的重要环节，主要回答的问题是：存在哪些风险？哪些风险应予以考虑？引起风险的主要因素是什么？这些风险引起的后果及严重程度如何？风险识别的方法有哪些？而企业在风险评估过程中，更应当关注引起风险的主要因素，应当准确识别与实现控制目标有关的内部风险和外部风险。

3.风险分析

识别出风险后，企业应对其进行分析。可以采用定性与定量相结合的方法，按照风险发生的可能性及影响程度等，对识别的风险进行分析和排序，确定关注重点和优先控制的风险。

4.风险应对

在风险识别和风险分析的基础上，企业应该结合具体情况，选择合适的风险应对策略。企业风险应对策略有四种基本类型：风险规避、风险降低、风险分担、风险承受。风险应对的四种策略是根据企业的风险偏好和风险承受度来制定的，风险规避策略在采用其他任何风险应对措施都不能将风险降低到企业风险承受度以内的情况下适用；风险降低和风险分担策略则是通过相关措施，使企业的剩余风险与企业的风险承受度相一致；风险承受则意味着风险在企业可承受范围之内。企业应当结合不同发展阶段的业务拓展情况，持续搜集与风险变化相关的信息，进行风险识别和风险分析，及时调整风险应对策略，以实现对风险的有效控制。

（三）控制活动

控制活动是针对已经确认的风险采取措施，以确保企业实现目标的政策和程序。控制活动分为业绩评价、信息处理、实物控制和职责分离四个部分。常见的控制活动包括：不相容职务分离控制、授权审批控制、会计系统控制、财产保护控制、预算控制、运营分析控制、绩效考评控制和合同管理控制等。

1.不相容职务分离控制

企业应该进行全面系统的分析，梳理业务流程中涉及的不相容职务，实施相应的分离措施，形成各司其职、各负其责、相互制约的工作机制。企业进行组织规划时，首先要对不相容职务进行分离，尽量降低错误和舞弊发生的可能性。

2.授权审批控制

授权按照其形式的不同，可分为常规授权和特别授权。常规授权是企业在日常经营管理活动中按照既定的职责和程序进行的授权；特别授权是指企业在特殊情况、特定条件下进行的授权。授权审批控制要求企业根据常规授权和特别授权的规定，明确各岗位办理业务和事项的权限范围、审批程序和相应责任，严格控制特别授权。企业各级管理人员应当在授权范围内行使职权和承担责任。对于重大的业务和事项，企业应当实行集体决策审批或者联签制度，任何个人不得单独进行决策或者擅自改变集体决策。

3.会计系统控制

会计系统控制要求企业严格执行国家统一的会计准则制度，加强会计基础工作，明确会计凭证、会计账簿和财务会计报告的处理程序，保证会计资料真实完整。会计系统是为确认、汇总、分析、分类、记录和报告企业发生的经济业务，并保持相关资产和负债的受托责任而建立的各种会计记录手段、会计政策、会计核算程序、会计报告制度和会计档案管理制度等的总称，所以很有必要对会计系统进行相关的控制。

4.财产保护控制

企业应该建立财产日常管理制度和定期清查制度，采取财产记录、实物保管、定期盘点、账实核对等措施，确保财产的安全完整；严格限制未经授权的人员接触和处置财产。这里所述的财产主要包括企业的现金、存货以及固定资产等，它们在企业资产总额中所占的比重较大，是企业进行经营活动的基础，因此企业为了加强对实物资产的保管控制，保证实物资产的安全、完整，就应建立安全、科学的保管制度，实施限制接近控制、人员牵制控制以及定期盘点，进行账实核对，购买财产保险等。

5.预算控制

预算控制要求企业实施全面预算管理制度，明确各责任单位在预算管理中的职责权限，规范预算的编制、审定、下达和执行程序，强化预算约束。企业通过预算控制，使得经营目标转化为各部门、各个岗位以至个人的具体行为目标，且作为各责任单位的约束条件，能够从根本上保证企业经营目标的实现。一般来说，企业全面预算体系包括经营预算、资本预算和财务预算。

6.运营分析控制

一个企业的成功不仅仅依靠安全生产、扩大销售等手段，还要对运营成果进行总结分析。因此，企业应该建立运营分析控制，经理层应当综合运用生产、购销、投资、筹资、财务等方面的信息，通过因素分析、对比分析、趋势分析等方法，定期开展运营情况分析，发现存在的问题，及时查明原因并加以改进。

7.绩效考评控制

绩效考评控制要求企业建立和实施绩效考评制度，科学设置考核指标体系，对企业内部各责任单位和全体员工的业绩进行定期考核和客观评价，将考评结果作为确定员工薪酬以及职务晋升、评优、降级、调岗、辞退等的依据。绩效考评是一个过程，即首先明确企业要做什么（目标和计划），然后找到衡量工作做得好坏的标准并进行检测。发现做得好的，进行奖励，使其继续保持或者做得更好，能够完成更高的目标；对发现不好的地方，通过分析找到问题所在，进行改正，使得工作做得更好。

8.合同管理控制

所谓合同管理控制，指企业通过梳理合同管理的整个流程，分析关键风险点，并采取有效措施，将合同风险控制在企业可接受范围内的整个过程。加强合同管理对企业防范和降低合同风险，促进长期可持续发展具有重要意义。

合同业务的一般流程大致可分为合同订立与合同履行阶段。

（四）信息与沟通

信息与沟通是指为了有效地实现企业目标，企业要对内部信息和外部信息进行识别、记录和交流。

及时、准确、完整地搜集、加工、整理决策所需的信息是管理活动的重要组成部分，信息与沟通贯穿整个控制过程中。信息沟通是组织结构的核心，是组织存在的基础，没有信息沟通就没有组织。信息沟通是组织得以稳定的基础，其对一个组织的发展具有重要作用。

1.信息搜集

企业应当对搜集的各种内部信息和外部信息进行合理筛选、核对、整合，提高信息的有用性。企业可以通过财务会计资料、经营管理资料、调研报告、专项信息、内部刊物、办公网络等渠道，获取内部信息。企业可以通过行业协会组织、社会中介机构、业务往来单位、市场调查、来信来访、网络媒体以及有关监管部门等渠道，获取外部信息。因为不同企业需要的信息存在差异，各企业对每类信息的侧重点也存在差异，因此企业应结合自身特点以及成本效益原则，选择、使用合适的方式搜集有价值的信息。

2.信息传递

企业应当将内部控制相关信息在企业内部各管理级次、责任单位、业务环节之间与外部投资者、债权人、客户、供应商、中介机构和监管部门等有关方面进行沟通和反馈。对于信息沟通过程中发现的问题，应当及时报告并加以解决。所以信息传递对于企业来说是非常重要的，在信息传递中，管理者往往因为对信息传递的认识不够或传递方式的问题，使得信息传递中存在一些问题。常见的有准确性问题、完整性问题、及时性问题和安全性问题等。针对这些问题企业应该加强对信息传递过程的监督与复核，加强信息传递者和使用者的知识储备，加强对信息系统的改进以及信息传递与企业文化的结合。这样才能更好地为企业服务。

3.信息共享

企业的内部控制系统实质上是一个信息系统，是一个对信息进行搜集、核对、整合、传递的过程，并且通过反馈机制改进信息的搜集、处理和传递，从而形成一个灵敏的信息沟通机制，促进内部控制目标的实现。信息系统的发展离不开信息技术的进步和人们对信息需求的增加。在信息化社会中，对信息的需求无疑会持续增加，所以企业应当提高先进信息技术的应用水平，建设和完善自身的信息系统。同时，信息系统又是由许多子系统组成的，为了使信息流、物流、资金流在企业内部各部门之间、企业与外部机构之间充分流动，企业就必须依赖信息技术搭建信息共享平台。因此，企业应当加强对信息系统的开发与维护、访问与变更、数据输入与输出、文件储存与保管、网络安全等方面的控制，保证信息系统安全、稳定运行。

4.反舞弊机制

反舞弊机制包括举报人投诉制度和举报人保护制度。有效的信息沟通机制可以对防范以及及时发现舞弊行为起到很好的作用。所以，企业应当建立反舞弊机制，坚持惩防并举、重在预防的原则，明确反舞弊工作的重点领域、关键环节和有关机构在反舞弊工作中的职责权限，规范舞弊案件的举报、调查、处理、报告和补救程序。企业应当建立举报投诉制度和举报人保护制度，设置举报专线，明确举报投诉处理程序、办理时限和办理要求，确保举报、投诉成为企业有效掌握信息的重要途径。

（五）内部监督

内部监督是指对内部控制活动进行评价和监督。内部监督是内部控制体系中不可或缺的一部分，是内部控制得到有效实施的有力保障，具有非常重要的地位。内部监督可以发现内部控制的缺陷，改善内部控制体系，提高企业内部控制的安全性、合理性；提高企业内部控制施行的有效性；是外部监管的有力支撑；可以减少代理成本，保障股东的利益。《企业内部控制基本规范》第5条规定：内部监督是企业对内部控制建立与实施情况进行监督检查，评价内部控制的有效性，若发现内部控制缺陷，应当及时加以改进。

内部监督分为日常监督和专项监督。日常监督是指企业对建立与实施内部控制的情况进行常规、持续的监督检查。专项监督是指在企业发展战略、组织结构、经营活动、业务流程、关键岗位员工等发生较大调整或变化的情况下，对内部控制的某一方面或者某些方面进行有针对性的监督检查。

专项监督的范围和频率应当根据风险评估结果以及日常监督的有效性等予以确定。一般来说，风险水平较高并且重要的控制，对其进行专项监督检查的频率应较高。当然，如果企业的日常监督能够有效地起到监督效果，则可以降低专项监督的频率。

四、内部控制与内部审计的关系

1.内部审计是内部控制的重要组成部分

正如我们在内部控制要素中介绍的那样，内部审计是内部控制体系中重要的一环。内部审计作为企业自我评价的方式之一，本身就是一种控制。它按照内部控制体系的要求，通过内部控制制度制定的审计程序和方法，对指定的内部控制项目的执行效果进行审计，协助管理当局监督企业的内部控制政策和程序的有效执行，并为完善内部控制体系提供建议。这一过程，本身就是内部控制。所以，可以说内部审计与内部控制是部分与整体的关系。

2.内部审计能促进内部控制体系的完善

内部审计与内部控制是部分与整体的关系，但内部审计作为内部控制体系中一个特殊的“器官”，又具有其他任何部门或控制程序无法代替的重要作用。对于企业内所有被审计部门来说，内部审计部门都具有独立性，它通过专业的审计方法，代表企业高层管理者对整个企业内部控制制度的合理性、有效性、健全性及其遵循情况等进行评价、监督并给出合理建议，其目的是协助企业完善内部控制，促进内部控制的健全，维护内部控制的建设。可以说，没有内部审计及时评价、监督内部控制的执行，就不能形成企业良好的内部控制体系。从这个意义上讲，内部审计与内部控制又是“你中有我，我中有你”的关系。

3.内部审计工作依赖内部控制体系

要开展内部审计工作，就必须以有效的内部控制为基础，缺少有效的内部控制，内部审计工作也无法真正发挥其作用。因为只有规范执行内部控制体系，才能为内部审计提供多种具有较好证明力的审计证据。

第二节 内部控制审计的目标与内容

一、内部控制审计概述

（一）内部控制审计的含义

设计与实施内部控制是管理者的职责，也是企业管理的重要组成部分。对企业内部控制设计的合理性与执行的有效性开展审计，是企业生存和发展的客观需要，也是董事会（及审计委员会）和最高层管理当局的内在需求。内部审计人员应根据《内部审计具体准则第2201号——内部控制审计》、企业内部审计章程和董事会（及审计委员会）与最高层管理当局的要求，有效地开展内部控制审计。

内部控制审计是指通过对被审计单位的内部控制制度的审查、分析、测试和评价，确定企业内部控制有效性的过程，包括确认和评价企业内部控制设计、运行缺陷和缺陷等级，分析缺陷形成原因，提出改进内部控制的建议。内部控制审计是对内部控制的再控制，它是企业改善经营管理、提高经济效益的内在要求。

（二）内部控制审计的意义

近些年来，内部控制审计得到迅猛发展。这不仅源于组织自身对于内部控制重要性、内部审计在内部控制体系中作用的认识的逐步深化，也在很大程度上源于组织外部环境对建立健全有效内部控制期望的增长和监管要求的不断提高。

21世纪初，安然、世通等舞弊事件极大动摇了投资者对资本市场的信心，同时也暴露了内部控制缺陷导致的严重危害。随着社会的发展，控制环境不断发生变化，这种变化会使原来比较健全有效的内部控制失效。同时，随着人们对内部控制规律的深入了解，人们也需要对内部控制进行不断完善。这些都要求人们对现有内部控制的健全性、有效性进行不断的评价，以发现其中存在的问题，及时加以改进和完善，使其趋于健全、有效。企业可以聘请外部审计师进行这种评价，但内部审计部门更了解本企业的情况，而且更关心企业内部控制的健全性和有效性。内部审计人员进行这种评价，不仅更加准确、有效，而且成本更低，评价更及时。因此，内部审计部门是内部控制健全性、有效性的主要评价者与维护者。内部审计部门应把内部控制作为内部审计的一项重要内容，通过努力开展内部控制审计，协助董事会及其审计委员会和更高层管理当局，有效履行其内部控制方面的受托管理责任，以减少代理成本，增强内部控制其他子系统乃至整个内部控制系统控制的有效性。

（三）概念辨析

1.内部控制审计与注册会计师内部控制审计的联系与区别

我国《企业内部控制评价指引》对注册会计师开展内部控制审计提出了要求，将内部控制审计界定为：会计师事务所接受委托，对企业特定基准日的内部控制设计与运行的有效性进行审计。

两者的联系在于：

（1）均是针对企业内部控制开展的审计活动，都是为了提升内部控制设计和运行的有效性，促进内部控制目标的实现；

（2）审计客体均为企业内部控制，要以内部控制设计和运行的实际情况为基础开展工作，要围绕内部控制要素确定具体审查评价内容；

（3）注册会计师可以利用内部审计机构内部控制审计的结果来相应减少注册会计师的工作量，而且很多企业也通过加强内部审计机构的内部控制审计工作来降低注册会计师实施内部控制审计的成本。

两者的区别在于：

（1）性质不同

由内部审计机构实施的内部控制审计（以下简称“前者”），其本质上是企业对内部控制的内部监督行为；由注册会计师实施的内部控制审计（以下简称“后者”），其本质上是对企业内部控制的外部监督行为，是一种独立、客观的鉴证行为。

（2）强制性不同

外部监管机构对前者并无强制性要求；对于上市公司而言，后者则是强制性要求。例如，财政部等发布的《关于印发企业内部控制配套指引的通知》（财令〔2010〕11号）明确指出：“执行《企业内部控制基本规范》及企业内部控制配套指引的上市公司和非上市大中型企业，应当对内部控制的有效性进行自我评价，披露年度自我评价报告，同时应当聘请会计师事务所对财务报告内部控制的有效性进行审计并出具审计报告。上市公司聘请的会计师事务所应当具有证券、期货业务资格；非上市大中型企业聘请的会计师事务所可以是不具有证券、期货业务资格的大中型会计师事务所。”

（3）遵循的规则不同

前者遵循的是内部审计准则，而后者遵循的是《企业内部控制基本规范》《企业内部控制审计指引》《中国注册会计师鉴证业务基本准则》《中国注册会计师审计准则》等。

（4）审计侧重点不同

虽然二者针对的都是内部控制的设计和运行，但后者更加关注与财务报告公允性相关的内部控制和重要性程度高、风险较大的领域或者环节。

（5）实施的频率不同

前者并没有每年实施一次的强制性要求，也不针对某个特定基准日，通常是根据管理层的需要和内部审计工作计划实施；而后者是对特定基准日内部控制设计与运行的有效性进行审计，每年需要进行一次，并由会计师事务所出具内部控制审计报告对外报出。

（6）工作成果不同

前者实施后，应当向企业的适当管理层报告审计结果。审计报告应说明审查和评价内部控制的目的、范围、审计结论、审计决定及对改善内部控制的建议，并应当包括被审计单位的反馈意见。而后者实施后，要出具内部控制审计报告，内部控制审计报告中要对被审计单位财务报告内部控制发表审计意见。该意见包括四种类型，即标准内部控制审计报告、带强调事项段无保留意见内部控制审计报告、否定意见内部控制审计报告和无法表示意见内部控制审计报告。对于非财务报告内部控制的重大缺陷，注册会计师还应当在内部控制审计报告中提示投资者、债权人和其他利益相关者关注。

2.与审计过程中的内部控制测评的联系与区别

内部控制测评是指内部审计人员通过调查了解被审计单位内部控制的设计和运行情

况，并进行相关测试，对内部控制的健全性、合理性和有效性作出评价，以确定是否依赖内部控制和实质性程序的性质、范围、时间和重点的活动。内部控制测评并非一种独立的审计业务类型，而是一种审计技术方法，广泛运用于外部审计和内部审计。

内部控制测评与内部控制审计的工作对象均是被审计单位内部控制的设计和运行情况，其也会采用许多相同的方法，如询问、穿行测试、实地观察、重复执行等。有些情况下，内部审计部门出于提高效率、整合资源等考虑，会将内部控制审计与财务报表审计等整合进行，这时内部审计人员对内部控制进行测试，就能够同时实现两种目标：一是获取充分、适当的审计证据，支持内部控制审计中对内部控制有效性的审计结论；二是获取充分、适当的审计证据，支持财务报表审计中对控制风险的评估结果。

二者的区别在于：

（1）主要目标不同

内部控制审计的主要目标是评价内部控制设计和运行的有效性，从而帮助实现内部控制的目标；而内部控制测评的主要目标是确定相关内部控制是否可以依赖，评估控制风险水平，从而确定实质性程序的性质、范围、时间和重点。

（2）工作结果不同

内部审计部门实施了内部控制审计之后，应当向适当管理层报告审计结果，而内部控制测评只是一项审计业务工作的一个部分，内部审计人员实施内部控制测评之后，往往不必单独出具审计报告。

3.与内部控制评价的联系和区别

内部控制评价又称为内部控制自我评价。我国《企业内部控制评价指引》对内部控制评价的定义为：企业董事会或类似权力机构对内部控制的有效性进行全面评价、形成评价结论、出具评价报告的过程。

内部审计机构开展的内部控制审计与内部控制自我评价的联系体现在：

（1）工作目标均是审查和评价组织内部控制的设计和运行的有效性；

（2）具体审查评价的内容均是围绕着控制环境、风险评估、控制活动、信息与沟通、监督等内部控制要素来确定；

（3）工作程序基本一致。

此外，公司董事会或者类似权力机构往往授权内部审计机构负责内部控制评价的具体组织实施工作，此时工作的主体也是一致的。

两者的区别在于：

（1）责任主体不同

内部控制审计是一种内部审计行为，是根据公司内部审计的总体计划实施的，其责任主体是内部审计机构；而内部控制评价是一种管理行为，其责任主体是企业董事会，它是企业董事会或者类似权力机构实施的自我评价。当然，很多情况下，董事会或者下属的审计委员会将内部控制自我评价的工作委托内部审计机构实施，但是此时，该项工作的最终责任主体依然是董事会，而非内部审计机构，即企业董事会对内部控制评价报告的真实性负责。

（2）实施的强制性不同

外部监管机构对内部审计机构实施内部控制审计并无强制性要求，内部控制审计往往是根据组织内部治理层和管理层的要求，结合内部审计机构的工作重点和任务进行安排。而对于上市公司，实施内部控制自我评价是一种强制性要求。无论是美国的《萨班斯-奥克斯利法案》，还是我国的《企业内部控制基本规范》及企业内部控制配套指引等，都对上市公司管理层对内部控制有效性进行自我评价提出了明确要求。

（3）遵循的规则不同

内部控制审计遵循的是内部审计准则，而内部控制自我评价遵循的是《企业内部控制基本规范》《企业内部控制评价指引》等要求。2008年，财政部等五部委联合发布的《企业内部控制基本规范》第四十六条要求，企业应当结合内部监督情况，定期对内部控制的有效性进行自我评价，出具内部控制自我评价报告。2010年，五部委联合发布了《企业内部控制评价指引》，对内部控制自我评价应遵循的原则、评价内容、评价程序、缺陷认定等进行了详细规定，为企业开展内部控制自我评价提供了一个共同遵循的标准，为参与国际竞争的中国企业在内部控制建设方面提供了自律性要求。

（4）工作成果体现不同

内部控制审计的工作成果体现在内部控制审计报告上，该报告属于企业内部文件，由内部审计机构提交给企业内部适当层级。而内部控制评价的工作成果体现在内部控制评价报告上。该报告报经董事会或类似权力机构批准后，要对外披露或者报送相关部门。《企业内部控制评价指引》还规定企业应当以12月31日作为年度内部控制评价报告的基准日，内部控制评价报告应于基准日后四个月内报出。

二、内部控制审计目标

《内部审计具体准则第2201号——内部控制审计》明确提出，内部控制审计的目的是合理地保证组织实现以下目标（如图6-2所示）：

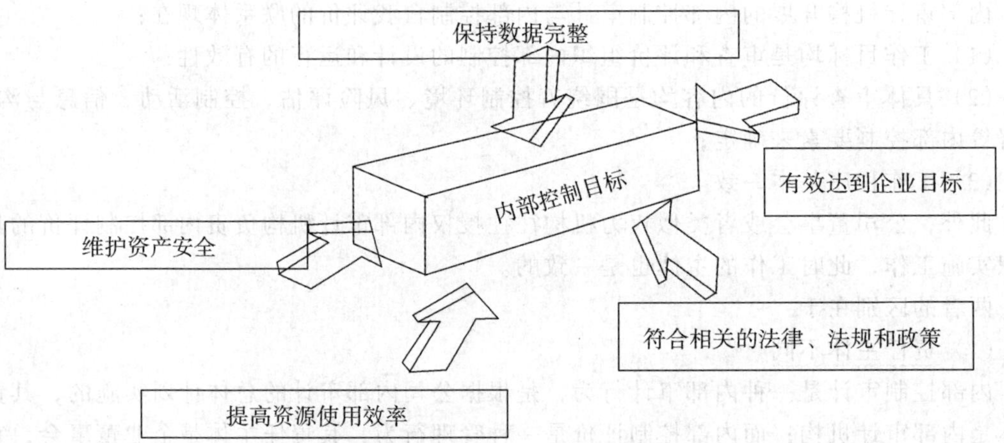

图6-2　内部控制审计目标

（1）遵守国家有关法律法规和组织内部规章制度；

（2）确保信息的真实、可靠；

（3）保证资产的安全、完整；

（4）促进经济、有效地使用资源；

（5）提高经营效率和效果。

✼请注意✼

内部控制审计的一些目标实际就是财务报表审计的具体目标。内部控制审计是为了使报表的项目是真实的，而财务报表审计是鉴证这一事实。

三、内部控制审计的内容

内部控制审计包括公司层面的内部控制审计和业务层面的内部控制审计，从这两个层面对内部控制设计和执行的有效性作出审查和评价。设计的有效性主要是评价内部控制设计能否合理保证内部控制目标的实现。此外，还要对内部控制设计的经济性、适当性和效率性作出评价。执行的有效性主要是评价是否执行了规定的控制步骤或方法，是否按规定权限执行，是否实现了既定控制目标等。

内部控制审计报告样本

公司层面内部控制审计主要是按照公司层面审计评价底稿的控制要求，结合企业主要负责人的风险偏好，在内部环境、风险评估、信息与沟通和内部监督中分别选择影响较重或风险较大以及管理较为薄弱的重要控制点进行审计评价。其中，内部环境重点关注管理层分工是否明确合理，权责分配体系的制衡和授权机制是否恰当等。风险评估重点关注企业是否建立风险管理目标、策略及风险识别机制，重要及重大风险的应对措施是否有效等。信息与沟通重点关注是否建立了高效的信息搜集、分析、传递机制等。内部监督重点关注内部控制测试和自查程序是否合理，发现问题是否及时整改，考核是否严格，奖惩是否兑现等。

业务层面内部控制审计主要围绕经营管理风险较多、出现问题较多及屡查屡犯的业务领域。其中，货币资金，油品及物资采购业务，固定资产，工程项目，合同，健康、安全与环境（HSE）管理等为主要审计业务流程。凡发现业务流程控制不到位的，均应扩大审计的样本量，深入查找可能存在的实质性问题。如货币资金管理业务，重点检查银行账户的开立、撤销、变更是否严格审批；表外资金有无委托理财、挪用或出借以及存入个人账户等问题。

内部控制由控制环境、风险评估、控制活动、信息与沟通、监督等五个要素构成，内部控制审计的具体内容是对构成内部控制的各要素进行测试与评价。内部审计人员在评价内部控制时，按照项目的性质和需要，既可以对全部控制要素进行评价，也可以只对部分控制要素进行评价。

（一）控制环境审计

控制环境审计主要包括对治理结果、内部机构设置与权责分配、企业文化、人力资源政策、内部审计机制和反舞弊机制五方面内容的审计。其要点如下：

（1）审计治理结构、内部机构设置与权责分配情况；

（2）审计企业文化建设情况；

（3）审计人力资源政策的制定与执行情况；

（4）审计内部审计机制的建设情况；

（5）审计反舞弊机制的建设与执行情况。

控制环境审计的主要依据有：国家有关法律法规，企业章程，各项管理制度，员工手册，组织结构图，业务流程图，职务说明书，权限指引，统计资料，会议记录工作日志及各种宣传、规划、决策、合同、投诉、诉讼、表彰、惩罚处理资料。

（二）风险评估审计

内部审计人员应实施适当的审查程序，评价组织风险管理机制的健全性和有效性。风险评估包含了识别和评估实现组织目标过程中面临的各种风险的动态过程。因此该要素是组织确定如何管理风险的基础。风险评估的前提是确定组织内部各个层级的目标。管理层将目标分为经营、报告和遵循等类别，并加以详细描述，以便能够识别和分析与实现这些目标相关的风险。管理层还要考虑这些目标对组织的适应性。风险评估还要求管理层考虑外部环境的变化造成的影响，这些影响可能会使一些内部控制无效。其主要审计以下要点：

（1）组织是否明确了目标，以便识别和分析与实现这些目标相关的风险；

（2）组织是否识别了与实现其目标相关的各种风险，并对这些风险加以分析，从而为风险管理奠定基础；

（3）组织是否考虑了在评估及实现与目标相关道德风险过程中存在舞弊的可能性；

（4）组织是否识别并评估了可能对内部控制产生重大影响的各种变化。

风险评估审计主要集中在风险识别、风险分析、风险应对这三个方面。风险评估审计方法由于其特殊性，审计人员还应对风险与控制明细表、风险/控制工作清单（见表6-1）及组织风险数据库等进行检查。

表6-1 风险/控制工作清单

部门名称：	填表人：		
作业名称：	填表日期：		
目标与目的	风险	控制作业	控制缺失
列举该项作业或过程的运营、财务指标与遵循目标。 明白各项目的目标、含义并使其可衡量	针对各项目的目标，列举所有的重大风险（风险会发生的合理性、或然率与相当大的潜在冲击）	列出管理各项风险所采取的行动以及执行有助于降低管理风险的行动的控制作业，并识别资讯来源、沟通方法与监督作业	列出控制缺失以及补救该缺失的所有修正措施（包括实施日程）。若未适当设计、正确执行或无法将风险减量至可接受的程度（也即残余风险过高），这些控制作业就会存在控制缺失。同时，资讯与沟通或监督活动不当也会造成控制缺失

（三）控制活动审计

控制活动是组织通过政策和程序所采取的行动的总称，这些政策和程序有助于确保管理层有关降低影响目标、实现风险的指令落到实处。控制活动存在于组织的各个层级、业务活动的各个阶段，以及整个信息环境之中。控制活动审计主要包括对职责分工、授权、审批、预算、财产保护、会计系统、内部报告、经济活动分析、绩效考评、信息技术等控制措施的审计。其审计要点如下：

1.不相容职务分离控制

不相容职务分离控制要求组织全面系统地分析、梳理业务流程中涉及的不相容职务，实施相应的分离措施，形成各司其职、各负其责、相互制约的工作机制。其主要审计如下方面：

（1）可行性研究与决策审批是否分离；

（2）业务执行与决策审批是否分离；

（3）业务执行与审核监督是否分离；

（4）会计记录与业务执行是否分离；

（5）业务执行与财产保管是否分离；

（6）财产保管与会计记录是否分离。

2.授权审批控制

授权审批控制要求组织按照授权审批的相关规定，明确各岗位办理业务和事项的权限范围、审批程序和相应职责。其主要审计如下方面：

（1）授权控制是否具有充分的依据，授权者对下级的授权是否在自己的权限范围内、是否建立了针对授权的监督保障机制；

（2）是否存在越权审批、随意审批的情况；

（3）审批和授权是否采取了适当的书面形式。

3.会计系统控制

会计系统控制是指利用记账、核对、岗位职责落实和职责分离、档案管理、工作交接程序等会计控制方法，确保组织会计信息真实、准确、完整。其主要审计如下方面：

（1）组织管理层是否依据具体情况选择了适当的会计准则和相关制度；

（2）会计政策的选择是否适当，变更会计政策是否有合理的理由；

（3）会计估计的确定是否合理；

（4）文件和凭证控制措施是否健全，是否对经济业务进行适当记录并且对相关凭证进行连续编号；

（5）会计档案的保管是否妥当；

（6）是否依法设置了会计机构，配备了合格的会计人员；

（7）是否建立了适当的会计岗位制度。

4.财产保护控制

财产保护控制要求组织建立财产日常管理制度和定期清查制度，采取财产记录、实物保管、限制接近、定期盘点、账实核对等措施，确保财产安全。其主要审计如下方面：

（1）是否建立了财产档案，全面及时地反映财产的增减变动；

（2）是否建立财产实物保管制度，严格限制未经授权人员接触资产；

（3）是否建立了定期或者不定期的财产盘点清查制度。

5.预算控制

预算控制要求组织实施全面预算管理制度，明确各责任单位在预算管理中的职责权限，规范预算的编制、审定、下达和执行程序，强化预算约束。其应当审计如下方面：

（1）是否建立和完善预算制度；

（2）预算执行是否严格；

（3）是否建立和执行预算考核制度。

6.运营分析控制

运营分析控制要求组织建立运营情况分析制度，经理层综合运用生产、购销、投资、筹资、财务等方面的信息，通过对比分析、比率分析、趋势分析、因素分析、综合分析等办法，定期开展运营情况分析，发现存在的问题，及时查明原因并加以改进。其应当审计如下方面：

（1）组织采用的运营分析方法是否恰当；

（2）是否根据发现的问题查找原因；

（3）是否在分析问题、查找原因的基础上提出改进的措施。

7.绩效考评控制

绩效考评控制要求组织建立和实施绩效考评制度，科学设置考核指标体系，对组织内部各责任单位和全体员工的业绩进行定期考核和客观评价，将考评结果作为确定员工薪酬以及职务晋升、评优、降级、调离、辞退等的依据。其主要审计如下方面：

（1）考核主体与客体是否恰当；

（2）考核评价的目标是否明确；

（3）考核评价指标是否科学合理；

（4）考核评价标准是否适当；

（5）考核评价方法是否科学合理；

（6）考核结果是否公正。

8.合同管理控制

合同管理控制是指组织通过梳理合同管理的整个流程，分析关键风险点，采取有效措施，将合同风险控制在组织可以接受的范围内。其主要审计如下方面：

（1）组织是否建立了分级授权的合同管理制度；

（2）是否实行统一归口管理；

（3）各业务部门作为合同的承办部分是否明确了职责分工；

（4）是否建立健全了合同管理考核与责任追究制度，开展合同后评估。

（四）信息与沟通审计

信息与沟通审计主要是查明组织所建立的信息搜集系统和信息沟通渠道，能否确保及影响与内部控制其他要素有关的信息的有效传递，促进决策层、管理层和全体员工正确履行相应的职能。其主要内容包括信息搜集审计和信息沟通审计。

内部审计人员应当关注组织的信息与沟通要素是否能够满足以下原则：一是组织获得或生成并利用相关的、高质量的信息来支持内部控制发挥作用；二是组织的内部沟通支持内部控制所必需的信息，包括内部控制目标和责任；三是组织与外部各方沟通能够影响内部控制发挥作用的事项。其主要审计如下方面：

1.内部信息搜集、加工和传递

（1）内部报告系统是否安全，内容是否完整；

（2）向适当文员提供的信息是否充分、具体和及时，使之能够有效履行职责；

（3）是否明确内部信息传递的内容、保密要求及密级分类、传递方式、传递范围以及各管理层级的职责权限等，对不恰当事项和行为是否建立了沟通渠道。

2.信息系统

（1）信息系统的开发及变更是否与组织战略计划相适应；

（2）管理层是否提供适当的人力和财力以开发必需的信息系统；

（3）是否建立了严格的用户管理制度；

（4）是否建立了系统数据定期备份制度；

（5）是否对信息系统进行了安全策略的保护。

3.财务报告

（1）是否按照国家统一会计准则的规定进行会计记录和财务报告的编制；

（2）是否定期进行收入、费用、成本、资产、负债、现金流量等的财务分析，并传达给有关管理层。

（五）监督审计

内部监督审计主要是查明组织采用内部控制制度进行监督和检查方式、方法的合理性和有效性，主要包括对持续监督、专项监督、内部监督检查缺失和追查行动等内容进行审计。持续监督是指组织对建立和实施内部控制的整体情况所进行的持续的、全面的、系统的、动态的监督检查。专项监督是指组织对内部控制建立与实施的某一方面或者某些方面的情况所进行的不定期的、有针对性的监督检查，也称个别评估。

内部审计人员应当关注组织的监督要素是否能够满足以下原则：一是组织通过选择、设计并执行持续的或者个别的监督，来查明内部控制各组成部分是否健全并发挥作用；二是组织及时地同有责任对内部控制采取纠正措施的各方，包括高级管理层和董事会，评估并沟通内部控制的缺陷。其主要审计以下方面：

（1）组织对经营业绩是否进行监督；

（2）组合是否进行定期的内部控制评价；

（3）组织管理层是否会采纳监督人员的建议，及时纠正控制运行中的偏差；

（4）组织是否建立协助管理层进行监督的职能部门（特别是监事会、审计委员会和内部审计部门等）。

四、内部控制审计的原则

内部控制审计包括两个方面：内部控制设计的健全性、内部控制执行的有效性。

内部控制设计的健全性评价主要是通过检查被审计单位现有的内部控制，评价各项业务系统应设置的控制环节、关键控制点及控制措施是否严密完整；各个控制环节的控制功能是否达到内部控制的设计要求，是否适应本单位的特点和管理需要，对相应的业务活动能否起到相应的控制作用，能否保证整个业务处理系统控制目标的实现。

内部控制执行的有效性评价是在内部控制设计的健全性检查评价基础上，测试被审计单位有关经济活动的运行与相关内部控制的符合程度，评价各控制措施在实际经济活动中是否得到贯彻执行，履行结果是否达到预期目标，部门和个人是否严格按规定的程序处理业务，是否存在不遵循内部控制制度规定处理业务的重大事项，有无因制度失控而造成重大经济损失或资产严重流失等事项。其重点是内部控制的执行记录、制约职能分工、操作状况等，这些有助于确定内部控制的执行情况及有效程度，进而对被审计单位内部控制设置的合理性、科学性，控制的有效性、适度性，以及能否保障企业经营目标的实现和规范化管理进行总体评价。

内部审计人员对内部控制设计的健全性与执行的有效性进行评价时，主要应遵循以下原则：

1.合法性原则

所有内部控制制度是否符合国家现行法规、制度规定，有无不依据国家有关规定制定的制度。

2.相关性原则

所有内部控制的程序与措施是否与本单位的总目标及有关具体目标相关，是否合理规定了各种经营活动应采取的方法、措施和应遵循的程序规范。

3.可行性原则

所有内部控制制度规定是否切合本单位生产管理、项目开发管理实际，是否具有较强的可操作性及符合自身发展需要。

4.协调性原则

制度与制度之间的衔接是否紧密协调，是否存在相互矛盾、相悖的条款，是否存在部门之间相互制约的程序。

5.业务程序标准化原则

内部控制制度是否体现了生产经营管理、项目开发管理控制关键点的有效控制和标准化、程序化，是否能使每项业务活动都划分为授权、主办、核准、执行和记录等步骤并由不同部门或人员来处理。

6.职务分管控制原则

内部控制制度是否将不相容职务（授权批准职务与执行业务职务、业务经办职务与审核监督职务、业务经办职务与会计记录、财产保管职务与会计记录、业务经办职务与财产保管职务）明确划分为两人以上分管、实行内部牵制、防止差错和舞弊等事件的发生。

7.责权一致原则

所有内部控制制度是否依据责权一致的原则制定，是否确定了符合自身实际与管理要求的方案、建立了岗位责任制、明确分工负责、按规定标准（定质、定量、定期）处理各项业务，是否明确规定了各部门和岗位间的衔接、协调，是否能保证生产经营管理、项目开发的连续性和稳定性，是否可避免发生越权行为或相互推诿现象，是否体现了责、权、利的有机结合。

8.检查核对原则

内部控制制度是否明确规定对已完成的各种记录进行事后检查、核对，是否反馈各种资料的真实性、准确性和有效性，是否能够为经营决策提供可靠的信息。

9.效益性原则

内部控制制度是否有利于本单位生产经营管理、项目开发管理活动的顺利进行，是否有益于加强管理、挖掘潜力、提高效益。

10.适时性原则

根据国家政策、发展变化等外部环境变化、内部业务职能调整和管理要求的提高，对已不适应生产经营管理、项目开发管理实际的内部控制制度，是否及时自行检查并修订完善。

第三节　内部控制审计的程序与方法

一、内部控制审计程序

与一般审计相类似，内部控制审计的程序主要包括三个阶段：审计计划阶段、审计实施阶段、审计报告阶段（如图6-3所示）。

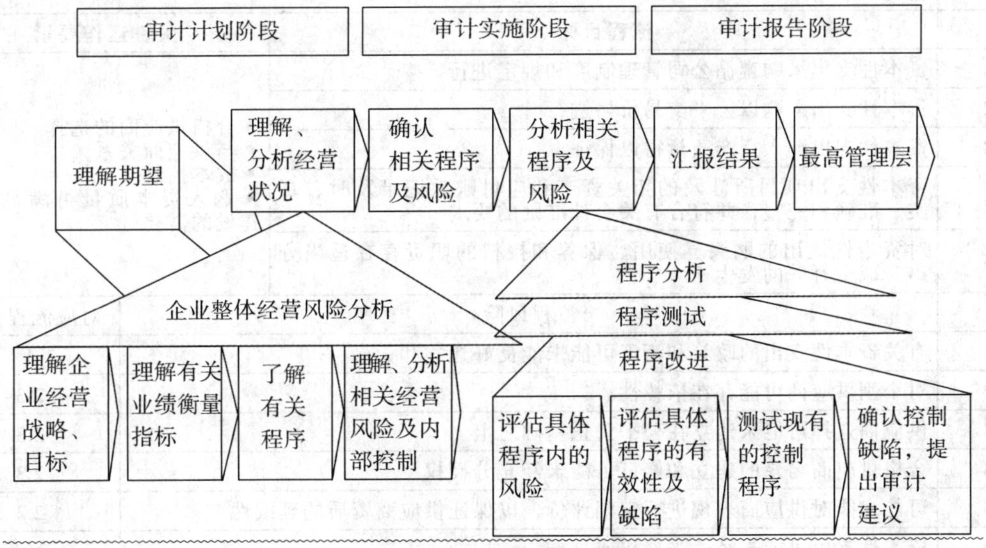

图6-3　内部控制审计程序

（一）审计计划阶段

审计计划阶段的主要任务是确定审计范围、制订审计方案和具体审计计划。

1.确定审计范围

内部控制审计范围的确定应当遵循风险导向，以自上而下的原则来确定需要进行审计评价的分支机构、重要业务单元、重点业务领域或流程环节。

2.制订审计方案

根据企业整体控制目标，制订内部控制审计工作方案，明确审计目的、审计标准、审计方法、审计资源配置、审计进度安排和费用预算等内容，报管理层和董事会审批。

3.制订具体审计计划：对内部控制审计，通常是针对企业层面和具体的业务流程来进行的，在制订具体审计计划时，内部审计师需要考虑控制目标、流程风险和审计步骤。

表6-2是某公司针对资本性支出业务流程实施内部审计的一个具体计划。

表6-2 **内部控制审计方案——资本性支出业务流程审计方案**

单位名称	××公司	审计质量期间		工作底稿编号	
填写人		审阅人		日期	

	内部控制审计步骤	完成日期	工作底稿索引
1	分析流程目标和流程风险并根据经营环境和／或经营战略的重大变化进行修订		
2	根据经营环境和／或经营战略的重大变化修订关键运作要素		
3	取得有关资本性支出业务流程的现行政策和程序记录，评价其是否及时更新和充分适用		
4	了解并记录被审计单位资本性支出业务流程的组织架构和管理模式（如集中采购或分散采购）及在物资采购架构中各级公司的职责分工		

<table>
<tr><th></th><th>流程目标</th><th>关键运作要素</th></tr>
<tr><td>1</td><td>资本性支出采购遵循公司管理制度和规定进行</td><td rowspan="5">• 合格供应商的选择
• 与供应商关系
• 成本控制
• 购入资本质量可满足项目建设的需要</td></tr>
<tr><td>2</td><td>资本性支出采购以公平交易价格进行</td></tr>
<tr><td>3</td><td>资本性支出购入资产质量得以保证</td></tr>
<tr><td>4</td><td>资本性支出项目所涉及的相关资产和应付账款记录及时、真实、准确和完整，并符合有关会计准则的要求</td></tr>
<tr><td>5</td><td>对资本性支出的购买、使用、保养和授权的职责存在适当分离，减少舞弊的发生</td></tr>
</table>

	流程风险	对应流程目标
1	有关资本性支出的政策和流程可能未能良好建立和记录	1
2	对个别供应商可能存在依赖性	2.3
3	供应商选择可能未建立在公平公正基础之上	2.3
4	合格供应商名录的建立和修订可能未经充分授权	2.3
5	可能未能对供应商表现进行定期评价，以保证供应商资质的延续性	2.3
6	资本性支出可能未经适当授权或批准	5
7	采购人员可能未就其与供应商的利益冲突作出充分声明	2.5
8	采购合同的签订可能不符合现行法律法规	1
9	采购合同可能未能予以良好和保密保管	1
10	资本性支出采购设备种类及质量可能无法满足特定项目的需求	1.3
11	采购价格可能未以公平交易价格确定	2
12	采购合同进度可能未被有效跟进，以确保与工程进度的配合	4
13	大量计划外采购可能导致资源的不合理利用	1
14	资本性支出项目所涉及的相关资产和应付账款记录可能不及时、不真实、不准确和不完整	4
15	采购支付可能未按照发票金额及合同约定进行并经充分授权	4.5
16	可能出现重复付款	4
17	可能未能建立适当的对资本性支出的购买、使用、保养和授权的职责分离	5
18	对财务管理系统和资本性支出相关管理系统的访问和修改可能未经授权	4.5
19	资本性支出实际执行成本可能超出预计或经批准的成本范围	1
20	可能由于未遵守合同条款要求或有关法律法规，导致合同索赔、项目停滞或政府处罚	1

(二) 审计实施阶段

内部审计部门应当根据审批通过的审计方案组织实施内部控制审计工作，通过适当的方法收集、确认、分析相关信息，确定与实现整体控制目标相关的风险及细化控制目标，并在此基础上辨识和细化与控制目标相对应的控制活动，然后针对控制活动进行必要的测试，获取充分、相关、可靠的证据对内部控制的有效性进行评价，发现控制缺陷，并作出书面记录。

审计实施阶段的基本程序包括：

第一步，了解与描述内部控制；

第二步，执行控制测试；

第三步，进行综合评价；

第四步，认定控制缺陷。

1.了解与描述内部控制

了解的内容涉及前面提到的内部控制五要素。了解的方法包括以下几种：

(1) 实施审计前，内部审计人员通过查阅组织系统图，收集、审阅和分析本单位各项有关的规章制度、业务处理程序和人员职责分工、生产经营基本状况等文件资料，以及向有关部门和人员进行调查，了解和掌握本单位内部控制运行情况。

(2) 内部审计人员对所属单位的内部控制进行调查时，应当考虑本单位业务规模、复杂程度、控制类型和控制程序等，恰当地确定调查范围。

(3) 内部审计人员对所属单位的内部控制现状进行调查时，应当关注本单位的控制环节、控制执行凭证、控制执行记录形式和控制程序运用的连续性。

对于了解到的有关内部控制设计与运行情况，内部审计人员可以通过文字叙述或流程图等书面形式加以记录、描述。在记录时，应根据现有内部控制描述有关业务的运行流程和控制点，再根据理想模式和专业判断，着重描述应设立的控制点，特别是关键控制点的设立情况。

2.执行控制测试

执行控制测试的目的是判断内部控制设计与运行的有效性，控制测试的重点是执行测试，主要是检查内部控制是怎样执行的。进行内部控制执行测试，要特别注意以下要点：

(1) 企业是否针对风险设置了合理的细化控制目标。

(2) 企业是否针对细化控制目标设置了对应的控制活动。

(3) 对业务循环和关键控制点设计的控制是如何具体应用于实际的。

(4) 相关控制活动是否得到了持续一致的运行。

(5) 实施相关控制活动的人员是否具备必需的权限和能力。

(6) 控制规定是否由有相应职务的人来执行。

3.进行综合评价

(1) 评价内部控制的适用性、科学性，是否有利于促进本单位经营管理，有利于推进管理创新和技术创新，有利于增强公司的核心竞争力。

(2) 分析各项控制措施存在的缺陷对相应的控制点的影响，控制点方面存在的缺陷对各项业务系统内部控制的影响，揭示可能产生的后果。

(3) 对所属单位内部控制的系统性、牵制性、协调性进行整体的分析与评价。

（4）针对所属单位内部控制存在的缺陷、薄弱环节，建议从哪些方面进行完善和加强。

4.认定控制缺陷

内部控制缺陷包括设计缺陷和运行缺陷。

设计缺陷是指缺少为实现控制目标所必需的控制，或者现有控制设计不适当，即使正常运行也难以实现控制目标。

运行缺陷是指设计适当的控制没有按设计意图运行，或者执行人员缺乏必要授权或专业胜任能力，无法有效实施控制。

内部控制存在的缺陷，按严重程度分为重大缺陷、重要缺陷和一般缺陷。

重大缺陷是指一个或多个控制缺陷的组合，可能导致企业严重偏离控制目标。

重要缺陷是指一个或多个控制缺陷的组合，其严重程度和经济后果低于重大缺陷，但仍有可能导致企业偏离控制目标。

一般缺陷是除重大缺陷、重要缺陷之外的其他缺陷。

（三）审计报告阶段

在审计报告阶段，内部审计部门应当根据审计结果和经核实的证据，确认内部控制缺陷，出具审计结论，编制审计报告，报送管理层和董事会审阅。

对于内部控制审计报告的格式，《第2201号内部审计具体准则——内部控制审计》并未提及。这里参照中国注册会计师协会发布的《企业内部控制审计指引》予以说明。

标准内部控制审计报告包括下列要素：

（1）标题。内部控制审计报告的标题应统一规范为"内部控制审计报告"。

（2）收件人。内部控制审计报告的收件人是指内部审计师按照公司规定要求发送内部控制审计报告的接收对象。

（3）引言段。内部控制审计报告的引言段说明企业的名称和内部控制已经通过审计。

（4）企业对内部控制的责任段。企业对内部控制的责任段说明是指按照《企业内部控制基本规范》《企业内部控制应用指引》《企业内部控制评价指引》的规定，建立健全和有效实施内部控制，并评价其有效性是企业董事会的责任。

（5）内部审计师的责任段。在实施审计工作的基础上，对企业内部控制的有效性发表审计意见，并对注意到的内部控制重大缺陷进行披露是内部审计师的责任。

（6）内部控制固有局限性的说明段。内部控制无论如何有效，都只能为企业实现控制目标提供合理保证。内部控制实现目标的可能性受其固有限制的影响，内部审计师需要在此说明内部控制具有固有局限性，存在不能防止和发现错报的可能性。此外，由于情况的变化可能导致内部控制变得不恰当，或对控制政策和程序遵循的程度降低，因此根据内部控制审计结果推测未来内部控制的有效性具有一定风险。

（7）内部控制审计意见段。内部审计师需要对被审计单位内部控制是否存在重大缺陷提出明确的审计意见。

（8）内部控制重大缺陷描述段。对于审计过程中注意到的内部控制缺陷，如果发现某项或某些控制对企业发展战略、法规遵循、经营的效率效果等控制目标的实现有重大不利影响，确定该项内部控制缺陷为重大缺陷的，应当以书面形式与企业董事会和经理层沟通。同时在内部控制审计报告中增加内部控制重大缺陷描述段，对重大缺陷的性质及其对实现相关控制目标的影响程度进行披露。

（9）对改善内部控制的建议。

（10）被审计单位的反馈意见。

（11）内部审计部门负责人及内部审计师的签名和签章。

（12）报告日期。

内部审计人员应根据报告中反映的问题进行追踪审计，并撰写落实情况，对所属单位的整改措施进行评估。

二、内部控制审计方法

内部控制审计方法是实现内部控制审计目标、完成审计任务的技术手段。内部控制审计方法穿插在内部控制审计活动的流程之中。内部控制审计活动可以划分为描述内部控制、测试内部控制、评价内部控制和出具内部控制审计报告四个阶段，前三个阶段通常会采用如下内部控制审计方法：

（一）描述内部控制的方法

若要描述企业的内部控制，先要调查企业内部控制的现状。企业内部控制主要包括两个方面：一是整体控制，如管理者态度、素质，政策文件及机构设置，机构的权利和责任，各机构的业务管理范围等；二是应用控制，即企业业务处理程序、在程序中设置的控制环节和相关的控制措施等。一般而言，审计人员对组织内部控制的了解主要有以下方法：文字叙述法、调查问卷法、流程图法。这些知识应该在“内部控制”课程中都有涉及，如下只是简要回顾一下。

1.文字叙述法

文字叙述法（Narrative Description）是指审计人员对被审计单位业务的授权、批准、执行、记录、保管等程序及其实际执行情况，用叙述性的语言记录下来，形成内部控制说明书的一种方法。对内部控制进行书面叙述时，审计人员应该按照不同的业务循环，阐明各项工作的负责人、经办人以及相关的文件凭证。

文字叙述法通常用于记录控制环境、一般控制和实物控制等方面的情况，适用于内部控制程序比较简单、比较容易描述的中小企业。其优点是简便易行、比较灵活、不受限制，可对调查对象作出比较深入和具体的描述。但缺点也比较明显：描述文字较冗赘，不能简明扼要地说清内部控制的各个细节。

2.调查问卷法

调查问卷法（Questionnaire）也称调查表法，就是将那些与确保会计记录的正确性和可靠性以及确保资产的安全、完整有密切关系的事项列作调查对象，由审计人员制作成表交由有关人员填写或审计人员根据调查结果自行填写，以此来了解被审计单位内部控制情况的一种方法。

内部控制调查问卷示例

调查表大多采用问答式，一般按调查对象分别设计，审计人员采用此方法时一定要紧紧围绕企业经营活动的关键控制点安排调查内容。所谓关键控制点，是指未加控制即容易产生错误或舞弊的业务环节。在设计调查问卷时，要注意以下几点：

（1）设计调查表要尽量做到内容完整，覆盖内部控制实质范围；

（2）设计调查表要回避内部控制系统中很敏感的问题；

（3）设计调查表问题要以中性的方式，避免提出诱导性的问题。

调查问卷法已为不少国家所采用，其优点包括：一是能对所调查的对象提供一个简要的说明，有利于审计人员作分析评价；二是调查问卷可以在审计开始前编制完成，有利于提高审计效率。这种方法的缺陷在于对被审计调查项目分别调查，难以形成完整、系统、全面的分析评价，对于不同行业的企业或小企业不太适用。

3.流程图法

流程图（Flow Chart）是指用特定的符号和图形，将被审计单位内部控制中各经营环节的业务处理程序，以及各种文件或凭证的传递流程以图解的方式直观地描述出来的图表。流程图能清晰地反映各项业务的职责分工、授权、批准和复核等内部控制措施与功能，是审计人员常用的评价内部控制工具。

审计人员既可以为整个会计系统或某特定业务循环绘制总括的流程图，也可以为描述某类交易的处理而绘制详细的流程图。应用流程图应注意以下技术要点：确定流程图的特定符号；选定流程图控制的符号；决定控制点；选择流程图的绘制方式，主要有上下式和矩阵式。

流程图法的主要优点是：以图反映内部控制系统，直观明了，便于了解内部控制的特征，也能揭示内部控制中各个环节的内在联系及存在的缺陷。当然，流程图也不可避免地存在一些缺陷，主要是绘制流程图需要有关人员具有一定的技术和理解、分析能力，特别是当被审计单位业务复杂时，绘制难度较大，不易实施。

描述内部控制的上述三种方法各有千秋，在工作中可以结合实际，选择一种或几种使用。

（二）测试内部控制的方法

在完成内部控制的调查和描述后，审计人员初步了解了内部控制的基本情况，但是内部控制能否发挥作用，还取决于内部控制的实际执行情况。因此审计人员还要对内部控制进行测试，搜集证据加以证实。

内部控制测试中常用的方法主要有：询问、实地观察、书面文档检查、穿行测试、限制测试、小样本测试和扩大性测试。询问与实地观察是非常常用和普遍的方法，本节我们不再详细介绍。

1.书面文档检查

书面文档检查即评价人员查阅被评价机构的政策和规章制度，如行为守则、业务政策、业务程序、财务会计制度、组织结构图等，审计内部控制体系生成的文件，如账本、报表、凭证、记录、合同、报告等，检查其是否存在控制痕迹，以判断内部控制措施是否得到有效执行。由于企业文档众多，一般情况下选择调查表或流程图中最有可能出现问题的部分文档进行测试。

2.穿行测试

穿行测试即评价人员在每一类交易循环中选择一笔或若干笔业务，从头到尾检查其实际处理过程，以验证所描述的内部控制的客观性和真实性。这种测试主要针对关键控制点选择交易业务，测试一般通过以下两个途径进行：一是对凭证进行穿行测试，即根据组织的凭证记录来追踪交易的整个过程；二是对程序进行穿行测试，审计人员亲自处理这些交易来了解某一业务控制的全过程。

穿行测试是通过选取一定数量的交易，追踪交易的每一步骤来评价内部控制的执行情况。通过穿行测试，审计人员可以获得对被审计单位业务处理程序和内部控制的感性认识。

3.限制测试

限制测试是指用抽样来检查系统的各个要素：文件、记录、材料、产品等。这种测试往往注重审计人员的职业判断，在执行时审计人员一般会选择少许项目，而不会采取正式的抽样。

4.小样本测试

小样本测试是指审计人员抽取少数的真实交易数据进行测试。小样本测试的目的是了解审计样本是如何处理的，并使内部审计人员了解交易的实际情况与预期的一致性，以及内部控制的有效执行情况。小样本测试注重抽样数量，而限制测试则注重审计人员的职业判断，限制测试有时还结合其他有利于搜集相关信息的审计手段。

5.扩大性测试

扩大性测试建立在小样本测试基础上，或建立在对信息系统初步测试的基础上，再进一步扩大测试范围以证实上述测试结果，通过审计经营活动反映书面记录或文件、与被审计单位管理层面谈、实地观察经营活动或项目、检查资产、函证查询等方法达到充分核实的目的。

（三）评价内部控制的方法

评价内部控制就是将之前对内部控制的了解和测试过程中掌握的有关情况与相关标准进行对比，从而对内部控制的适当性和有效性作出评价。评价内部控制的前提是有合适的标准。内部控制的标准，即内部控制所要达到的目标，一般来讲，它是由高级管理层制定的。对内部控制的评价，应从两个方面作出实质性的分析：一是评价内部控制系统的适当性和有效性；二是评价组织的风险。对内部控制的评价主要使用内部控制矩阵图和内部控制评价表。

1.内部控制矩阵图

内部控制矩阵图就是用规范的符号图——表格矩阵来说明组织的内部控制情况。利用内部控制矩阵，审计师可以就控制目标和控制风险等问题对内部控制制度的质量作出初步评价。一般的内部控制矩阵图应包括以下内容：具体的审计目标；通过初步调查和测试获得的结果；相关的风险及其严重程度；适当的控制方法和标准；内部审计人员的评价。

内部控制矩阵图具有直观、清晰的格式，表达严密，易于被人们快速了解、掌握，并且可以与流程图等其他方式结合使用，是一种很好的内部控制评价工具。

2.内部控制评价表

内部控制评价表是对组织内部控制状况进行评价的重要工具，它可以对整个组织的内部控制进行评价，也可以对内部控制的要素或某项业务流程进行评价。以货币资金为例，其内部控制评价表见表6-3。

表6-3 **内部控制评价表——货币资金**

内部控制评价表				索引号		
				编号		
被审计单位名称：		审计人员		年 月 日		
货币资金的内部控制调查						
序号	内部控制类型	制度是否建立		健全性评分	有效性评分	备注
		是，填1	否，填0			
1	银行账户（含银行汇票存款、银行本票存款、外埠存款、信用证存款、外币存款）的开立是否有规定的审批手续					
2	货币资金收付业务的出纳、审核与记录的职务是否相互分开					
3	银行票据与有关印章保管的职务是否相互分开					
4	登记银行存款日记账、库存现金日记账、其他货币资金明细账与登记总分类账的职务是否分开					
5	记账凭证与原始凭证的核对，是否由稽核人员进行					
6	银行存款日记账与银行对账单是否及时进行核对					
7	是否按月编制银行存款余额调节表，未达账项是否得到检查					
8	外币收付款是否采用复币记账法，月末是否按规定计算汇兑损益					
9	收付凭证是否按顺序连续编号					
10	货币资金收付款业务的发生是否经有关业务主管或领导批准，并由授权人经办					
11	出纳是否根据审核无误的会计凭证登记银行存款日记账、库存现金日记账和其他货币资金明细账					
12	办理结算业务后的结算凭证是否加盖“收讫”或“付讫”戳记					
13	作废支票及其他银行票据是否加盖“作废”戳记					
14	库存现金是否由出纳专门保管，出纳工作是否定期进行轮换					
15	库存现金是否在稽核人员监督下定期进行盘点					
16	是否采取措施限制非出纳人员接触现金					
17	外埠存款支用及收回是否有规定的审批手续					
18	对信用卡等有价证券有无管理规定					
合计						

3.评价结论的形成

内部控制评价思路总体可分为五个基本要素：内部控制水平分级、评价指标、评价标准、评价指标权重、测试评价结果。

（1）内部控制分为如下五级：

A级——内部控制系统完整有效（80~100分）

B级——内部控制系统基本完整有效（60~80分）

C级——内部控制系统存在明显缺陷（40~60分）

D级——内部控制系统存在重大缺陷（20~40分）

E级——内部控制系统无效或基本没有控制（0~20分）

（2）评价指标

根据COSO内部控制基本框架模型，可以将内部控制评价指标划分成三个等级：

第一，指标大类——内部控制五要素，即COSO内部控制框架的五个基本要素：控制环境、风险评估、控制活动、信息与沟通以及监督。

第二，二级指标——各要素的分解指标。根据内部控制的基本要素，将各控制要素分为不同的二级指标。

第三，控制要点——各二级指标关注的内部控制要点。

（3）评价标准

内部控制评价的标准主要是内部控制设计的健全性、合理性和内部控制执行的有效性。

（4）评价指标权重

根据评价指标的特点，将权重体系分为三个层次，权重取值为0~1，每个层次评价指标权重值之和为1。在确定各项评价指标的权重时，主要考虑以下因素的影响：企业规模；所处行业特点及行业成熟度；业务复杂性；财务信息处理方法；适用的法律法规等。

确定权重的方法主要有专家意见平均法、德尔菲法、秩和运算法、层次分析法（AHP）等。为了确保各评价要素的权重与其重要性水平相适应，德尔菲法应作为首选方法，这主要是考虑到德尔菲法具有可操作性和集思广益的特点。评价专家进行集中讨论，通过这种头脑风暴法，不断修正个人看法，最后使每个指标的权重尽量地接近事实。

（5）评价测试结果

在完成内部控制的测试和评价工作以后，就可以按照前面所述的内部控制指标和评价标准对目标企业的内部控制进行打分，以便内部审计人员对目标企业整体内部控制状况进行综合评价。对目标企业打分的主要步骤是：

第一步，确定指标总体可信赖程度。评价指标的可信赖程度总体上分为不可信赖、部分信赖、基本可信赖、比较可信赖和完全可信赖五种类型。

第二步，集体打分。在测试人员对具体内部控制指标的可信赖程度作出评价以后，由项目小组采取集体讨论的形式确定单项指标的具体分值，单项得分乘以权重可加总得到内部控制总得分。内部控制总得分采用以下公式计算：

$$\text{内部控制总得分}=\sum \text{COSO要素权重}\times\text{各项具体内容权重}\times\text{各项具体内容得分}$$

综合得分，内部审计人员可以按照前述的内部控制水平分级模型确定目标企业内部控制的合理性和有效性水平，根据评价结果，提出改进内部控制缺陷、完善内部控制体系的方法和建议。

关于公司20×4年度账目内部审计暨内部控制评价报告

同步思考6-1

对于企业而言，内部控制至关重要，那么审计师通常通过哪些方法来了解内部控制？

审计师了解被审计单位内部控制的途径主要有以下几个方面：(1) 通过查阅相关内部控制文件了解内部控制；(2) 利用以往的审计经验了解内部控制；(3) 通过观察和询问了解内部控制；(4) 通过穿行测试了解内部控制。

■ 本章内容结构图

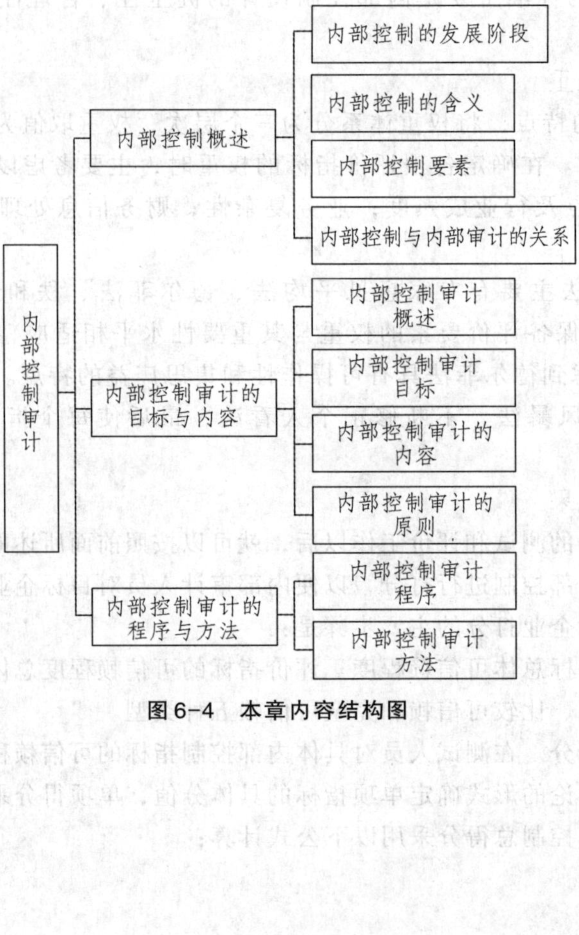

图6-4 本章内容结构图

■ 本章小结

企业内部控制是由董事会、经理层以及其他员工共同实施的，为财务报告的准确性、经营活动的效率与效果、相关法律法规的遵循等目标的实现提供合理保证的过程。它包括五个方面的组成要素：控制环境、风险评估、控制活动、信息与沟通、监督。

内部控制审计是指通过对被审计单位的内部控制制度的审查、分析、测试和评价，确定企业内部控制有效性的过程，包括确认和评价企业控制设计、控制运行缺陷和缺陷等级，分析缺陷形成原因，提出改进内部控制的建议。内部控制审计是对内部控制的再控制，它是企业改善经营管理、提高经济效益的自我需要。

内部控制审计的程序主要包括三个阶段：审计计划阶段、审计实施阶段、审计报告阶段。内部控制审计方法是实现内部控制审计目标、完成审计任务的技术手段。内部控制审计方法穿插在内部控制审计活动的流程之中。

■ 关键概念

内部控制　外部控制　内部控制要素　内部控制审计

■ 本章练习题

一、单选题

1.当确认企业的内部控制较为薄弱、控制风险水平较高时，审计人员应主要或全部依赖（　　）程序来获取审计证据，以便将检查风险降至可接受的水平。

A.健全性测试　　B.控制测试
C.实质性测试　　D.控制测试和实质性测试

2.在采用调查问卷法描述内部控制时，调查表内容的设计者是（　　）。

A.审计人员　　B.会计人员　　C.统计人员　　D.管理人员

3.下列各项中，属于内部控制要素中内部环境要素的是（　　）。

A.职责分工控制　　B.组织结构设置　　C.风险评估　　D.凭证与记录控制

4.如果企业内部控制比较健全，但还存在着一定的薄弱环节或缺陷，它们在某种程度上会影响经济业务和会计资料的真实性和正确性，这时应将控制风险确定为（　　）。

A.最高　　B.中等　　C.最低　　D.忽略不计

5.在一个设计适当的内部控制系统中，同一名职员可以负责（　　）。

A.接受、保管现金，并登记库存现金日记账
B.接受和保管支票，并批准注销客户的应收账款
C.保管空白支票和银行预留印鉴
D.批准付款与签发支票

6.企业员工素质属于内部控制要素中的（　　）。

A.控制活动　　B.风险评估　　C.内部环境　　D.内部监督

7.审计人员在对内部控制进行初评后，认为应该实施内部控制测试的情况是（　　）。
A.有重大缺陷的内部控制
B.拟信赖的内部控制
C.对会计报表有重大影响的内部控制
D.并未有效运行的内部控制
8.制约内部控制测试范围的因素有（　　）。
A.审计目标　B.审计效率　C.实质性测试　D.评估风险
9.下列不属于确定实质性测试重点领域应考虑的问题是（　　）。
A.缺少内部控制的重要业务领域
B.内部控制设置不合理、控制目标不能实现的领域
C.内部控制没有发挥作用的领域
D.内部控制能够防止重大错报
10.在下列内部控制要素中，实施内部控制的基础是（　　）。
A.信息与沟通　B.内部监督
C.内部环境　D.控制活动和风险评估
二、多选题
1.下列各项中，属于内部控制要素的是（　　）。
A.内部环境　B.风险评估　C.控制活动
D.信息与沟通　E.内部监督
2.对内部控制进行评价的内容有（　　）。
A.健全性评价　B.真实性评价　C.合理性评价
D.合法性评价　E.有效性评价
3.内部环境是内部控制的要素之一，其主要内容包括（　　）。
A.管理当局的观念和经营风格　B.组织结构的设置
C.员工的素质　D.人事政策
E.审计风险的评估
4.下列各项中，属于内部控制目标的是（　　）。
A.保证单位经营管理合法合规　B.识别、评估和控制风险
C.提高经营效率和效果　D.促进企业实现发展战略
E.保证企业资产安全完整和企业财务报告及相关信息真实可靠
5.下列各项中，属于描述内部控制方法的有（　　）。
A.流程图法　B.实验法　C.观察法　D.调查表法
E.文字表述法
三、判断题
1.（　　）审计人员在进行审计时，首先要对被审计单位的内部控制制度进行评价，这是现代审计的重要特征。
2.（　　）控制测试是在了解内部控制的基础上确定其设计和执行的有效性。
3.（　　）审计人员在执行审计业务时，不论在何种情况下，都应当对内部控制进行充分了解。

4.（　　）当被审计单位内部控制风险为高水平，审计人员无法信赖被审计单位的内部控制时，必须依靠执行更多的实质性测试程序，以获取充分、可靠的审计证据，降低审计风险。

5.（　　）对控制风险进行评价，是为了确定完成审计工作所要执行的实质性测试程序的性质、时间和范围。

四、简答题

1.什么是内部控制？内部控制与外部控制有什么关系？

2.简述内部控制审计的目标与内容。

3.简述内部控制审计的程序与方法。

4.在一次全国性的高层管理论坛中，某公司老总称："我公司建立了严密的内部控制机制，没有任何违规、无效率的行为会发生在我公司。"你认为这种说法对吗？

五、案例分析题

下面是某公司的一份内部控制审计报告，其中有许多不合规范之处，请指出并重新撰写一份内部控制审计报告。

MM有限责任公司内部控制审计报告

××审（yyy年）0801号

MM有限责任公司董事会：

NN集团审计部根据核准的yyyy年年度审计计划，于yyyy年mm月dd-dd日对MM有限责任公司实施了内部控制审计。本次审计的主要目的是检查和评价采购及付款、销售及收款、存货管理及成本核算等业务流程相关制度的有效性和日常执行的遵循性。我们审阅了相关制度，与相关采购、销售、仓储、财务等部门人员进行了面谈，并抽查了相关业务的处理文件。现将审计中发现情况报告如下：

一、财务收支管理

公司财务核算总体比较规范，能够按《企业会计制度》执行，公司财务部制定了财务管理条例，使之成为日常财务管理、核算的标准。发现的主要问题是财务总监如何直接参与企业业务管理，特别是对重大的资本性支出、费用性支出加强事前审核和监督。

1.货币资金支出缺乏财务总监的审批手续

本次审计，我们抽查了公司部分收付款凭证。发现公司部分收付款作业中相关业务单证及审批手续并不完备，特别是财务总监没有在重要财务收支上履行审批责任。举例如下。

（1）……

（2）……

审计建议：

公司制定了完备的财务管理条例，对财务部的日常工作都作了相应的规定，但没有对各种支出的审批程序、审批权限作出清晰的规定，出现了以上情况，我们建议：

任何一项财务收支均应由内部填制单证，并经授权程序批准，包括提现、资金划拨等业务。建议公司设计相关单证及授权审批程序。

2.……

二、采购及付款

公司采购有较为完备的采购作业管理标准。对供应商质量审计、采购物资入库时的质量检查及验收、付款审批等环节的实务操作有适当控制；公司采购部门及相关岗位对采购管理和岗位职责较为熟悉。

采购环节的主要审计发现：

1.供应商相对集中

主要原料供应商选择缺乏年度复查程序，供应商名录基本维持不变，新供应商开拓力度较弱。

审计建议：

（1）我们建议公司实施一年一度的供应商复审制度，同时通过对供应商的供货质量、过去履约情况以及生产现场等方面进行年底系统复查，选择有利于公司生产和成本较低的供应商。

（2）密切关注供应商竞争环境及市场出现的新供应商，逐步开拓新的供应商……

（3）有些原料如需维持独家供应情形的……

2.采购价格缺乏系统、严格的询价、比价等价格核定程序，采购价格合理性缺乏足够的支持

审计时，我们通过对主要原材料两年的采购价格搜集与分析，发现公司主要原材料采购价格较去年均有较大幅度的增长，具体见表6-4。

表6-4 **采购价格比较表** 金额单位：元

品名	单位	本年进价	上年进价	同比增长（%）

目前公司所有的采购都没有保存过询价、比价资料，经了解公司采购价格以采购员询价为基础，价格变动不大的由供应部负责人予以核定，变动较大的口头上报主管厂长和总经理核定后实施采购。由于这种做法缺乏系统、严格及时的询价、比价等价格核定程序和书面文件，我们担心采购价格合理性是否能够得到保障。

审计建议：

（1）对于固定供应商，我们建议公司应制定价格审核机制。该机制可根据采购料件的特点，采用定期独立询价、议价，搜集公开市场成交价格等方式来控制价格。

（2）采购部门应密切关注主要原材料、物资市场供求、价格变动情况，进行趋势预测，提出最有利的采购时机和合理交易价格，为管理层采购决策提供支持。

（3）询价、比价资料是证明采购人员谨慎勤勉的直接资料，也是保证采购人员谨慎勤勉的重要控制手段。对于大宗物资采购，公司应该建立询价比价制度，制定统一的询价表和规范的比价记录规则，并要求采购人员留有询价、比价资料，为管理层决策提供必要的依据，也为未来采纳提供参考。

3.签订采购合同缺乏必要的核准程序。

我们抽查了公司当年与供应商签订的采购合同，在上述合同中，没有看到管理层同意

订立合同的核准资料。

审计建议：

采购合同应经一定的核准程序，核准程序应有书面记录。我们建议公司设计合同会签单，按分层授权原则核准采购合同。所有合同的盖章生效，必须以签核完整的合同会签单为基础。

三、存货管理

公司已制定存货管理标准，对岗位设置、存货分类、出入库单据及流转、存货计量及储存等控制环节已作明确规定，在日常操作中，原材料和成品仓库由供应部负责管理，实际控制较好，主要不足之处为：

1.公司仓储部门属于采购部门，有违不相容岗位必须分开的原则

仓储部门在公司管理体系中承担检查、核实供应商提供的物资在数量、外观质量等方面是否符合核定的采购订单要求，评估供应商售后服务质量的职责。仓储部门隶属于采购部门，客观上会削弱对采购业务的监督。

审计建议：

按目前公司组织体系和生产规模，我们建议仓储部门直接隶属于财务管理。这样做，一方面可解决岗位冲突问题；另一方面，可更好地保证库存信息质量。

2.公司存货中有一定比例的残次冷背产品，并且没有计提足够的减值准备

经对存货库龄以及生产领用、销售出库等调查分析，截至审计基准日，公司材料中1年以上的冷背物料××万元，成品中呆滞品××万元，二者占存货总成本的××%，公司未计提任何减值准备。

审计建议：

(1) 加强市场开发，加大冷背存货的消化力度以减少资金占用，并计提相应减值准备。

(2) 对存货减值损失应考核到相关责任人。

3.公司存货管理方面的表单填写存在不规范的情况，对业务的完整记录产生不利影响

审计建议：

(1) 检查所有表单，对没有编号的进行重新设计，同时完善表单间的引用设计，并根据需要制定编号原则。编号一般以月度为单位连续编号为好，个别业务量较少的单据可以年度为单位连续编号。

(2) 规范入库单的填写，如按目前由采购员填写入库单方法，库管必须将实际点收数量填入进货单的实收数量栏内；或者改由库管按实际点收数量填写入库单，并由库管和采购签字确认。

四、销售及收款

1.合同的审核表现为事后控制

公司授权业务员在购销合同上签字盖章，业务员将双方签字盖章的购销合同交财务部开票，开票前财务部信用审核员将对购销合同进行审核。如审核通不过，则退回重批，会使已签约的购销合同无法履行，可能造成违约，同时产生财务部和销售部之间的矛盾以及公司和客户之间的矛盾。

审计建议：

建议公司在合同签字盖章以前，各职能部门对合同进行事前审核，如对产品品种、质量、价格、交货期、信用额度、结算方式、汇兑损益、运输方式、保险费承担、法律诉讼等内容逐一进行审核、把关，重大问题审核通过方可授权销售部签署合同。

2.信用期和信用额度标准制定不合理

公司在购销合同上给予客户的信用期一般为90天、60天、30天、现款等，而信用期长短是根据客户离公司地理位置的远近而定的，公司给予客户的信用额度统一为该年销售额的10%。信用期和信用额度的确定不科学，没有考虑客户的信誉度、还款能力、应收账款的大小等因素。

审计建议：

充分考虑各种因素，对相关客户进行信用评定，确定可行的、差别化的客户信用期和信用额度。

3.现金收款

……

审计建议：

严格执行银行的现金管理条例。减少现金交易，货款通过银行结算方式直接汇入公司账户。

4.应收账款的管理

……

审计建议：

……

五、资产管理

……

六、成本核算管理

……

在公司各部门相关人员的配合与协助下，本次内部控制审计得以顺利完成，特此致谢！

因限于重点，审计工作无法触及所有方面，审计方法以抽样为原则，因此在报告中未必揭示所有问题。

根据公司内部审计工作手册的规定，被审计单位及其相关责任人员，不因其业务经过审计而代替、减轻或解除其应有的管理责任。

附件：MM有限责任公司主要内部控制流程图（略）

1.采购付款业务

2.存货管理业务

3.生产成本核算

4.销售收款业务

5.货币资金

6.工薪循环

NN集团审计部

yyyy年mm月dd日

关键词：审计报告、MM公司、内部控制

主办单位：NN集团审计部

印发：10份

抄报：NN集团董事会

■ 本章参考文献

[1] 李凤鸣. 内部控制设计与评价 [M]. 上海：复旦大学出版社，2015.

[2] 吴益兵. 内部控制审计：信号传递，价值相关性与监督效应 [M]. 大连：东北财经大学出版社，2013.

[3] 秦荣生. 内部控制与审计 [M]. 北京：中信出版社，2008.

[4] 姚刚. 内部控制审计论 [M]. 北京：中国财政经济出版社，2013.

[5] 上海国家会计学院. 内部控制与内部审计 [M]. 北京：经济科学出版社，2012.

[6] 盛永志. 企业内部控制审计 [M]. 北京：清华大学出版社，2011.

[7] 刘永泽，池国华. 企业内部控制制度设计操作指南 [M]. 大连：大连出版社，2011.

[8] 宋建波. 企业内部控制 [M]. 北京：中国人民大学出版社，2004.

第七章

风险管理审计

学习目标

◇了解风险的含义、要素及其分类
◇了解风险管理要素及关键环节
◇了解企业风险管理框架
◆理解风险管理的定义
◆理解风险管理与内部控制的外在联系
★掌握风险管理审计的含义
★掌握风险管理审计的内容
★掌握风险管理审计的程序

案例导入

企业风险管理是一个备受关注的焦点，企业能否在存在各种不确定性因素的环境中有序、有效地运转，在很大程度上取决于企业风险管理有效与否。对企业风险管理的有效性进行审查和评价是现代内部审计的一个崭新领域。

第一节　风险与风险管理概述

一、风险的内涵

（一）风险的含义

风险是指影响组织目标实现的各种不确定性事件①，包括内部风险和外部风险。

外部风险是指外部环境中对组织目标的实现产生影响的不确定性。影响外部风险的因素包括：国家法律法规变化、经济环境变化、科技发展、行业竞争、意外等。

内部风险是指内部环境中对组织目标的实现产生影响的不确定性。影响内部风险的因素包括：治理结构、组织特点、信息系统、职业道德、业务素质等。

---

① 严格说来，不确定性不等于风险。“不确定性”这一术语描述的是一种心理状态。它是存在于客观事物与人们认识之间的一种差距，反映了人们由于难以预测未来活动和事件的后果而产生的怀疑态度。将“不确定性”水平从低到高划分，可以分为3级：一级是客观不确定，即未来有多种结果，每一种结果及其发生的概率可知。比如，扔1枚硬币，有两种结果，发生的概率各为50%。二级是主观不确定，即知道未来会有哪些结果，但是每一种结果发生的概率无法客观确定。三级是未来的结果与发生的概率均无法确定。比如，多种形式的责任风险属于第三级的不确定，暴露于责任风险的结果取决于法律环境的完善水平，法律环境包括决定个体或组织是否承担责任和承担多少责任的法律条款。

（二）风险要素

风险要素是指构成风险特征，影响风险的产生、存在和发展的因素，可归结为三个要素：风险条件、风险事故和风险损失。它们构成了风险存在与否的基本条件。理解其概念及相互联系，有助于领会风险的本质。

1.风险条件

风险条件又称风险因素，是指引发风险事故或在风险事故发生时致使损失扩大的条件。风险条件是风险事故发生的潜在原因，通常包括有形风险因素和无形风险因素。

（1）有形风险因素是指直接影响事物物理功能的物质性风险因素，又称实质风险因素。如建筑物的结构及灭火设施的分布等对于火灾来说就属于有形风险因素。

（2）无形风险因素是指文化、习俗和生活态度等非物质的、影响损失发生可能性和受损程度的因素，又可进一步分为道德风险因素和心理风险因素。道德风险因素和心理风险因素均与人的行为有关，又合称为人为风险因素。

2.风险事故

风险事故也称风险事件，是指直接导致生命、财产损失（人员伤亡、疾病、环境破坏、经济价值减少）发生的偶发事件。它是使风险造成损失的可能性转化为现实性的媒介。

3.风险损失

风险损失是指非故意的、非计划的、非预期的经济价值的减少（人员伤亡、疾病、环境破坏），这些损失是无法用货币来衡量的，但需要用货币衡量由此引起的经济困难或其对社会所创造经济价值的能力的减少。

二、风险的分类

为了有效地实施风险管理，有必要对各种风险进行分类，以便对具有不同特征的风险采取不同的处置措施，从而实现风险管理目标。对风险有多种分类方法，常见的有以下几种：

（一）按风险的对象划分

1.财产风险

财产风险通常指财产的损毁、灭失与贬值等所导致的风险。如厂房、设备、运载工具、家庭住宅、家具及其他无形财产因自然灾害或意外事故而遭受的损失。

2.人身风险

人身风险是指由人的疾病、伤残、死亡所引起的风险。

3.责任风险

责任风险是指根据法律、合同或道义上的规定应对他人的财产损失或人身伤亡承担经济赔偿责任的风险。

4.信用风险

信用风险是指在经济交往中，权利人与义务人之间由于一方违约或犯罪而使对方蒙受经济损失的风险。

（二）按风险产生的原因划分

1.自然风险

自然风险是指由于自然现象、物理现象可能造成物质损毁和人员伤亡的风险。

2.社会风险

社会风险是指由于个人或团体的行为，包括过失、行为不当及故意行为所导致的风险。

3.经济风险

经济风险一般指在商品生产和购销过程中，由于经营管理不善、市场预测失误、价格波动、消费需求变化等因素引起经济损失的风险。

4.政治风险

政治风险是指种族、宗教、国家之间的冲突、叛乱、战争所引起的风险，也包括由于政策或制度的变化、政权的更替、罢工、恐怖主义活动等引起的各种风险。

5.技术风险

技术风险是指由于科学技术发展的负面作用而带来的各种风险。

（三）按风险的性质划分

1.纯粹风险

纯粹风险是指只有损失的可能而无获利机会的风险。

2.投机风险

投机风险是指既有损失的可能又有获利机会的风险。

（四）按风险产生的环境划分

1.静态风险

静态风险不是因为社会经济活动发生变化，而是由于自然力不规则变动或人们行为的失误所造成的风险，前者如地震、洪水、台风、疾病等；后者如盗窃、呆账、事故等。

2.动态风险

动态风险是指以社会经济的变动为直接原因的风险，如经济体制的改变、市场结构的调整、利率的变动等可能引发的风险。

（五）按承受风险的能力划分

1.可接受风险

经济单位在研究自身承受能力、财务状况的基础上，确认能够接受最大损失的限度，把低于这一限度的风险称为可接受风险。

2.不可接受风险

超过能够接受最大损失限度的风险为不可接受风险。

三、风险管理的含义

（一）风险管理的定义

企业风险管理是一个过程，是由企业董事会、管理层以及其他人员共同实施的，应用于战略制定及企业各个层次的活动，旨在识别可能影响企业的各种潜在事项，并按照企业的风险偏好管理风险，为企业目标的实现提供合理的保证。正确理解风险管理，需要把握以下一些基本概念：

（1）企业的风险管理是一个过程，其本身并不是目的，而是实现目的的一种方式。

（2）风险管理受人的影响，它不只是企业的政策、调查和表格，还涉及一个企业各个层次的员工。

（3）风险管理也适用于企业战略制定过程。

（4）企业风险管理应在整个企业范围内应用，包括组织整体及职能部门两个层面，并应以一种企业总体的风险组合的观点来看待。

（5）风险管理的设计应有助于确认对企业造成潜在影响的事项并确保在企业风险偏好的范围内管理企业的风险。

（6）风险管理仅为企业的管理者和董事会提供合理的保证。

（7）风险管理的目的是将风险控制在可接受的范围内，风险的可接受范围取决于组织对风险的态度。

知识链接7-1

“风险管理”曾经是20世纪90年代西方商界行政人员前往中国进行投资的必修科目。当年，不少MBA课程都额外加入“风险管理”专题。

（二）风险管理要素

根据管理者经营方式的不同，企业风险管理包括八个相互关联的组成要素：内部环境、目标设定、事件识别、风险评估、风险应对、控制活动、信息与沟通、监督。

1.内部环境

组织内人员看待风险的态度取决于风险管理理念、风险承受能力、正直和道德的价值观及工作环境。内部环境为企业中的人们如何看待风险和着手控制风险确立了基础。

2.目标设定

只有先制定目标，管理层才能识别影响目标实现的事件。企业风险管理确保管理层参与目标制定流程，确保所选择的目标不仅和企业使命方向一致，支持企业的使命，而且与其风险承受能力相符。

3.事项识别

必须识别影响企业目标实现的内外事件，分清风险和机会。管理层制定战略或目标时应考虑到机会，将机会追溯到管理当局的战略或目标制定过程。

4.风险评估

要对识别的风险进行分析，以便确定管理的依据。风险与可能被影响的目标相关联。既要对固有风险进行评估，也要对剩余风险进行评估，评估要考虑到风险的可能性和影响。

5.风险应对

管理层选择风险应对方式，包括规避、接受、降低或分担并制定一套措施把风险控制在企业的风险容忍度和风险承受能力之内。

6.控制活动

制定和实施政策与程序以确保管理当局所选择的风险应对策略能得以有效实施。

7.信息与沟通

企业的各个层级都要借助信息来识别、评估和应对风险。有效信息沟通的外延比较广泛，包括企业内信息的上传、下达和平行流动。

8.监督

整个企业的风险管理都处于监控之下，必要时还会进行修正。这种方式能够动态地反映风险管理状况，并使之根据条件的要求而作出调整。监督通过持续的管理活动、对企业风险管理进行单独评价或者两者的结合来完成。

（三）风险管理的关键环节

从风险管理的过程来看，其主要有三个关键环节：风险识别、风险评估、风险应对。

1.风险识别

风险识别是指根据组织目标、战略规划等识别所面临的风险。组织目标包括战略目标、经营目标、各职能部门的目标、岗位目标等，风险的识别应根据不同层次的目标分别进行，在整个组织的各层次都要进行。识别的风险可能会影响组织整体，也可能仅影响单个职能部门。

2.风险评估

风险评估是指对已识别的风险，评估其发生的可能性及影响程度。风险评估是作出恰当的风险应对决策的基本前提。

3.风险应对

风险应对是指采取应对措施，将风险控制在组织可接受的范围内。应对措施应根据风险的严重程度，在考虑成本效益原则的基础上有针对性地进行：或采取措施，降低风险；或不采取措施，接受风险。

四、企业风险管理框架

企业风险管理框架（ERMF）是反映风险管理过程和内容的可视逻辑图。这种框架通常是一般性的，易于被多数人理解。比较著名的有：COSO1997风险模型、澳大利亚-新西兰联合委员会AS/NZE4360、安达信风险管理框架、IIA研究基金的ERM框架、COSO-ERM2004模型、中国ERM模型、COSO-ERM2017模型等。英国、加拿大、日本等国也制定了全国性的风险管理标准。

（一）COSO1997风险模型

COSO一直是国际公认的研究内部控制与风险管理的权威机构，1992年该机构发表并于1994年修订了《内部控制——整合框架》。COSO模型从组织目标出发，从完成这些目标的风险以及减轻风险所需的扩展等方面探讨风险与内部控制。COSO1997风险模型如图7-1所示。

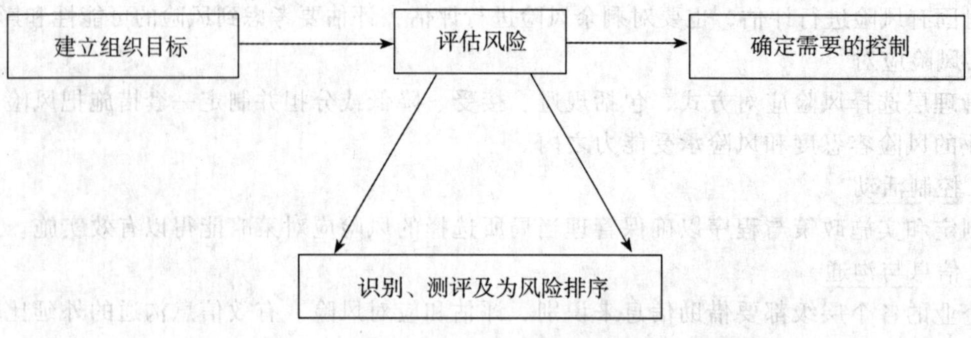

图7-1 COSO1997风险模型

（二）AS/NZE4360模型

1995年，澳大利亚与新西兰联合委员会公布了风险管理标准AS/NZE4360，这是世界上第一部比较规范的风险管理模型，于1999年重新修订。该委员会对风险管理内容进行了高度概括，使其清晰明了，受到普遍认可。该模型将风险管理过程分为确定范围、识别风险、分析风险、评价风险、处理风险、沟通和协调、监测和审核七个部分，如图7-2所示。

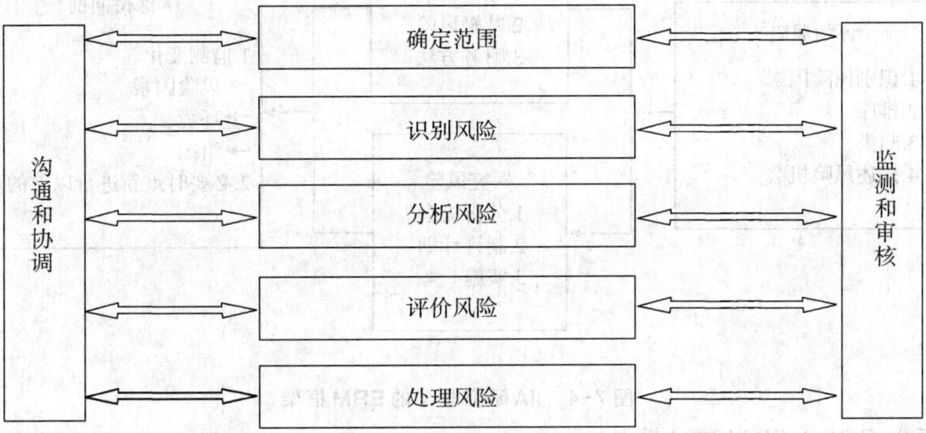

图7-2　AS/NZE4360模型

（三）安达信风险管理框架

全球著名的安达信会计师事务所虽然因安然丑闻于2002年解散，但其对会计、审计及企业风险管理方面的贡献不可抹杀。安达信认为，一旦管理者确认必须加以管理的与信息技术相关的风险，就需要制定和实施相关的风险管理程序。安达信风险管理模型如图7-3所示。

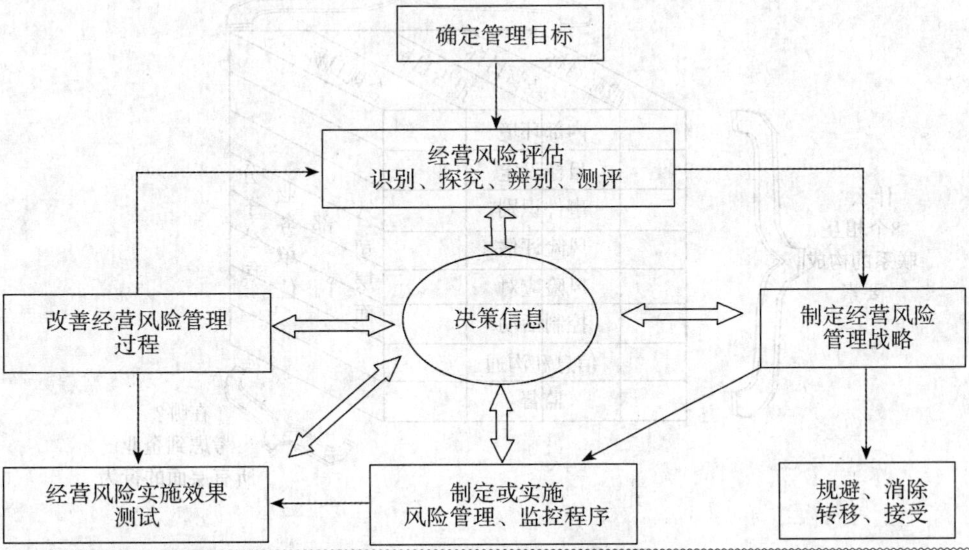

图7-3　安达信风险管理模型

（四）IIA研究基金的ERM框架

2001年年底，IIA研究基金的"企业风险管理——趋势和最佳实务"将企业风险管理（ERM）定义为"对影响组织战略以及财务目标的所有风险进行评估和响应的一种严格、协调的方法”，并依据其概念，公布了IIA研究基金的ERM框架，如图7-4所示。

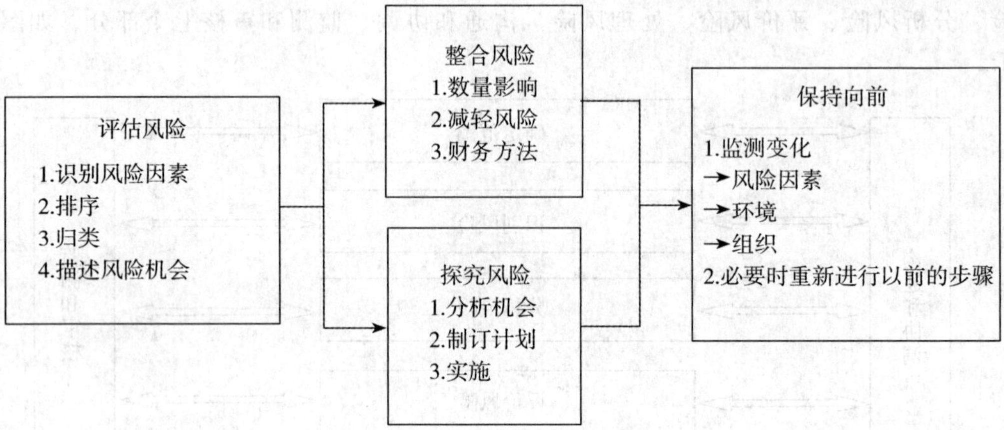

图7-4　IIA研究基金的ERM框架

（五）COSO-ERM2004模型

2004年9月，COSO又提出了《企业风险管理——整合框架》，它既是对《内部控制——整合框架》的超越，也标志着内部控制的转型，在内涵界定、目标体系、构成要素等方面都进行了拓展和延伸。COSO-ERM2004模型如图7-5所示。

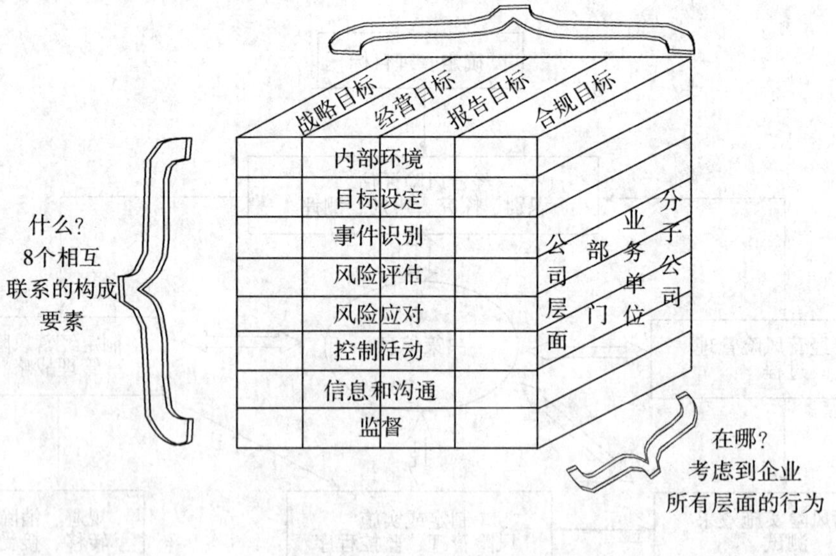

图7-5　COSO-ERM2004模型

（六）中国ERM模型

2006年，国务院国有资产监督管理委员会出台了《中央企业全面风险管理指引》，对中央企业开展全面风险管理工作的总体原则、基本流程、组织体系、风险评估、风险管理策略、风险管理解决方案、监督与改进、风险管理文化、风险管理信息系统等方面进行了详细阐述。该指引标志着全面风险管理在中国的企业中开始广泛推行。中国ERM模型如图7-6所示。

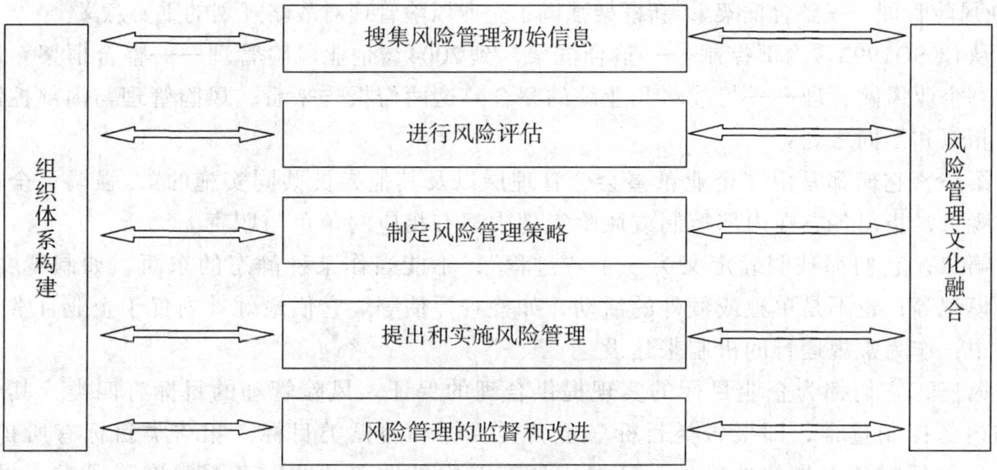

图7-6　中国ERM模型

（七）COSO-ERM2017 模型

继2004年之后，COSO于2017年9月又发布了企业风险管理框架更新版《企业风险管理——与战略和业绩的整合》，更新后的框架更加强调企业风险管理在创造、保持和实现价值方面的角色。COSO-ERM2017模型如图7-7所示。

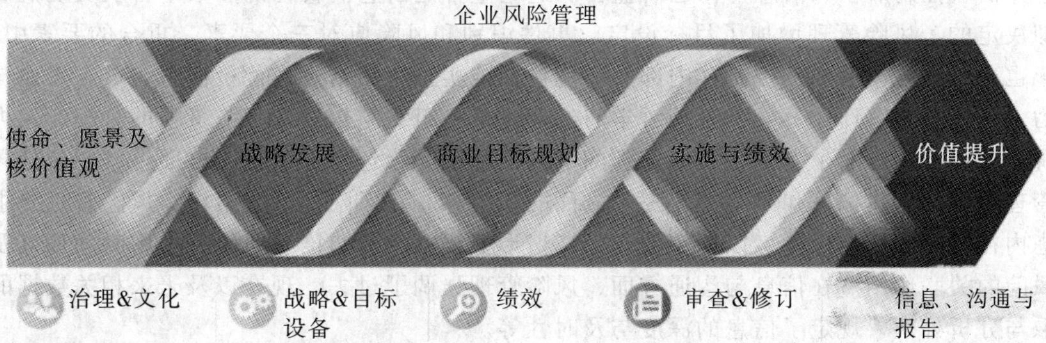

图7-7　COSO-ERM2017模型

第二节　风险管理审计与内部控制审计的关系

要弄清楚风险管理审计与内部控制审计的关系，必须先搞清楚风险管理与内部控制的关系。

一、风险管理与内部控制的外在联系

COSO认为，内部控制与风险管理有着密切的联系，内部控制是风险管理的一部分。因此，COSO在1992年提出了《内部控制——整合框架》后，又于2004年出台了《企业风险管理——整合框架》。《企业风险管理——整合框架》包含并继承了《内部控制——整合框架》的主体内容，同时增加了三个要素，增加了一个目标，更新了一些观念，旨在为各国的企业风险管理者提供一个有着统一术语与概念体系的全面应用指南。2017年，COSO发布了新版企业风险管理框架《企业风险管理——与战略和业绩的整合》。相较于2004年发布的上一版《企业风险管理——整合框架》，新框架强调了企业风险管理对战略规划的重要意义。

从COSO1992《内部控制——整合框架》到2004《企业风险管理——整合框架》以及2017《企业风险管理——与战略和业绩的整合》这两份报告来看，风险管理与内部控制有以下相似和不同之处：

第一，它们都是由“企业董事会、管理层以及其他人员共同实施的”，强调了全员参与的观点，指出各方在内部控制或风险管理中都有相应的角色与职责。

第二，它们都被明确定义为一个“过程”，不能当作某种静态的东西，如制度文件、技术模型等；也不是单独或额外的活动，如检查评估等。它们最好被内置于企业日常管理过程中，作为常规运行的机制来建设。

第三，它们都为企业目标的实现提供合理的保证。风险管理的目标有四类，其中三类与内部控制重合，即报告类目标、经营类目标和遵循类目标。报告类目标有所扩展，它不仅包括财务报告的准确性，还要求所有对内外发布的非财务报告准确可靠。另外，风险管理增加了战略目标，即与企业的愿景或使命相关的高层次目标。这意味着风险管理不仅致力于确保经营的效率与效果，而且介入了企业战略（包括经营目标）制定过程。

第四，风险管理与内部控制的组成要素有五个方面是重合的，即控制（内部）环境、风险评估、控制活动、信息与沟通、监督。这些重合是由它们目标的多数重合及实现机制相似决定的。风险管理增加了目标设定、事件识别和风险应对三个要素。重合的要素中，内涵也有所扩展，例如，控制（内部）环境包括诚实正直品格及道德价值观、员工素质与能力、董事会与审计委员会、管理哲学与经营风格、组织结构、权力与责任的分配、人力资源政策和实践等七个方面。风险管理的“内部环境”除包括上述七个方面外，还包括风险管理哲学、风险偏好和风险文化三个方面的新内容。在风险评估要素中，风险管理要求考虑内在风险和剩余风险，以期望值、最坏情形值或概率分布度量风险，考虑时间偏好及与风险的关联作用。在信息与沟通方面，风险管理强调了过去、现在以及未来相关数据的获取与分析处理，规定了信息的深度与及时性等。

第五，《企业风险管理——整合框架》提出了风险组合与整体风险管理的新观念。《企业风险管理——整合框架》借用现代金融理论中的资产组合理论，提出了风险组合与整体管理的观念，要求从企业层面上总体把握分散于企业各层次及各部门的风险，以统筹考虑风险应对，防止各部门分散考虑与应对风险，如将风险割裂开来并分散于技术、财务、信息科技、环境、安全、质量、审计等部门。风险管理考虑风险事件之间的交互影响应防止两种倾向：一是部门的风险处于风险偏好可承受范围之内，但总体风险可能超出企业的风险承受限度，因为个别风险的影响并不总是相加的，有可能是相乘的；二是个别部门的风险暴露超过其限度，但总体风险水平还没超出企业的承受范围，因为事件的影响有时会相互抵消。此时，还有进一步承受风险、争取更高回报与增长的空间。按照风险组合与整体管理的观点，需要统一考虑风险事件之间以及风险应对之间的交互影响，统筹制订风险管理方案。

二、风险管理与内部控制的内在联系

（一）企业内部控制的发展演进与相关风险

有限责任制度的建立是企业组织从业主制或合伙制走向现代股份公司制的关键步骤，它使股东的家产与企业的财产及企业的经济责任相互独立，股东的变换不再影响企业的信用能力，为股权交易扩大了范围并增加了流动性，从而降低了投资风险并促进了企业融资，造就了当今巨型的股份公司。为了使股权交易与股东变换不影响企业经营的持续性，也为了使资本与经营能力实现更优的组合，企业的所有权与经营权在现代企业中高度分离，但由此也带来了新的风险，即职业经营者有可能不履行其受托责任而损害股东的利益。另外，有限责任也有可能诱使企业从事风险过高的项目而损害债权人利益。因为在有限责任制度下，潜在的收益主要由企业（股东）获得，而失败即破产的风险则主要由债权人承担。上述风险不是市场化的，不可以由市场竞争自发约束或市场交易提供避险，如产品质量或自然灾害等，而是机制问题，属于组织或交易中的代理问题，需要利用规则与制度进行规范。这些制度就是内部控制制度，包括企业治理中的责任制度，如财务报告、内部控制及审计等。

（二）内部控制或风险管理的根本作用是相同的

无论是内部控制还是风险管理，都是为了维护投资者利益、保全企业资产，并创造新的价值。从理论上说，企业的内部控制是企业制度的组成部分，是在企业经营权与所有权分离的条件下对投资者利益的保护机制。其目的是保证会计信息的准确可靠，防止经营者操纵报表与实施欺诈，保护公司的财产安全，使企业员工遵守法律以维护公司的名誉，避免招致经济损失等。

内部控制的起源比风险管理要早，其要求更为基本，更容易或更适合上升到立法层次。风险管理是新的技术与市场条件下对内部控制的自然扩展。COSO在《企业风险管理——整合框架》中谈到风险管理的意义时是这样论述的："企业风险管理被应用于战略制定与组织各层次的活动中。它使管理者在面对不确定性时能够识别、评估和管理风险，发挥创造与保持价值的作用。风险管理能够使风险偏好与战略保持一致，将风险与增长及回报统筹考虑，促进应对风险的决策，降低经营风险与损失，识别与管理企业交叉的风险，为多种风险提供整体的对策，捕捉机遇以及使资本的利用合理化。"COSO进一步论述道："企业风险管理便于对市场需求、无效率和其他事件进行识别，那些事件要么会产生创造价值的机会，要么会为战略及实现实体的目标带来风险。当风险承担者获得可确认的收益时，实体就实现了价值，从而风险承担者也实现了价值。"显然，这些论述已经认识到企业的存在是为股东或利益相关者（针对非营利组织等）创造价值，而价值创造不仅涉及被动的资产安全，还应包括机会的利用。另外，对股东价值的威胁不仅包括经营者会计舞弊等内部因素，还包括来自市场的风险等。

（三）内部控制走向风险管理是一种趋势

技术市场条件的新进展，推动了内部控制走向风险管理。在先进的信息技术条件下，会计记录实现了电子控制、实时更新，使传统的重在查错与防弊的会计控制显得过时。然而，风险往往是由交易或组织创新造成的。这些创新来源于新兴的市场实践，如安然公司将能源交易大量发展成类似金融衍生品的交易。另外，环境保护及消费者权益保护的加强，都强化了企业的社会责任，若有不慎，企业就可能遭受来自商品市场或资本市场的惩罚，表现为企业的品牌价值或在资本市场上的市值贬损。因此企业需要一种日常运行的机制来防范风险，包括遵守法律与法规，确保投资者对财务信息的信任以及保证经营效率等。因此，从维护与促进价值创造这一根本功能来看，风险管理与内部控制的目标是一致的。只是在新的技术与市场条件下，为了更有效地保护投资者利益，需要在内部控制的基础上开展更主动、更全面的风险管理。

（四）内部控制是风险管理的一个组成部分

COSO在《企业风险管理——整合框架》中，三次提到了内部控制是企业风险管理不可分割的一个组成部分，企业风险管理框架包括内部控制，其为企业的管理提供了一个更好的概念基础和工具。

尽管风险管理与内部控制有内在联系，但现实中或代表目前应用水平的内部控制与风险管理还有不小的差距。典型的风险管理关注特定业务中与战略选择或经营决策相关的风险与收益比较，如银行业的授信管理，或市场（价格）风险管理，如汇率、利率风险等。典型的内部控制是指会计控制、审计活动等，一般局限于财务等相关部门。它们的共同点是低水平、小范围，并没有渗透或应用于企业管理过程和整个经营系统。因此，有时看上去风险管理与内部控制是相互独立的。随着内部控制或风险管理的不断完善和全面，它们之间必然相互交叉、融合，直至统一。

三、风险管理审计的含义及产生基础

风险管理审计是指采用一种系统化、规范化的方法，以确定企业风险管理有效性的过程，包括确认和评价企业目标设定、风险识别、风险应对及监督等管理活动的缺陷和缺陷等级，分析缺陷形成原因，提出改进风险管理的建议，从而帮助企业实现目标。

（一）风险管理审计是风险管理的必然要求

近年来，一方面，企业之间的竞争日益激烈，社会的信息化程度越来越高，经济日益全球化，资本市场日益一体化，企业所处的环境越来越不确定，企业越来越难以对其进行控制和把握，面临的风险越来越大；另一方面，为了适应风险日益增加的外部环境，企业的规模越来越大，业务更新越来越快，内部组织机构变化越来越频繁，这又使得企业内部的风险也越来越大。“风险”已成为管理的一大核心概念，把风险控制在组织可以接受的范围内是组织实现目标的一个必要条件。因此，加强和改善风险管理、大力推行风险管理审计已成为关系企业生存和发展的大事。

正因为如此，内部审计理论界对风险问题给予了高度的关注。最近几年的国际内部审计理论成果对以风险为核心的内部审计对象、职能等进行了研究，IIA在最新的《内部审计实务标准》中突出了风险概念的重要性。IIA要求在企业的《内部审计章程》和《审计委员会章程》应明确规定董事会、审计委员会和最高层管理当局期望内部审计在风险管理中发挥的作用；内部审计人员应当对管理当局风险管理活动的有效性和充分性进行检查、评估、报告并提出改进意见，为管理当局和审计委员会提供帮助；内部审计应合理保证管理当局的风险管理系统是有效的。

为此，IIA还倡导建立联网审计、控制软件及全球内部审计信息数据库，大力推广企业控制自我评估程序和模型（CSA），并倡导内部审计人员充分利用先进的网络技术和信息处理技术，对企业风险事件进行动态、实时的识别、监控和处理，使内部审计重点逐步从管理保障向风险保障转变，从被动发现问题向主动发现问题和提出解决问题的建议转变，以充分发挥内部审计在风险管理方面的作用。

（二）内部审计介入风险管理的主要原因

由内部审计部门开展风险管理审计具有独特的优势。

一方面，内部审计具有相对的独立性。与企业内部的其他职能部门相比，由于内部审计部门本身不直接从事生产与经营，它更能从企业的全局角度，清醒地识别和评估企业的风险，提出防范风险的有效建议；与外部审计相比，它更能从企业的利益和实际出发，更积极主动地识别和评估风险，提出防范风险的有效建议。另一方面，内部审计还具有综合性。它要对企业所有经济业务进行审查、评价，因而它能对企业面临的风险进行全面的分析、评估。此外，内部审计更具有经常性和及时性的特点。它能随时针对企业的实际需要和发生的问题开展审计工作，及时发现和处理问题，防范和化解企业面临的风险。

另外，内部审计的优势在于其对企业内部情况的切身了解，这种优势是注册会计师审计无法比拟的。内部审计可以充分利用身处单位内部的有利条件，大力开展审计调查，对企业中存在的带倾向性的、普遍性的问题，特别是企业所面临的财务和经营风险，进行经常性的调查、分析和评估、预测，弄清问题产生的原因或未来的发展方向，向企业的高层管理者提出解决或防范问题再次发生的建议，或随时接受他们的咨询，以帮助企业改善风险管理，增加组织的价值。

（三）开展风险管理审计是中国内部审计的发展方向

中国内部审计协会在2005年发布了《内部审计具体准则第16号——风险管理审计》，把风险管理作为内部审计的一项重要内容，通过检查、评价、报告风险管理过程的充分性和有效性并提出改进建议来协助管理层的工作，促进和帮助有关管理层加强风险管理。

✲请注意✲

风险管理审计是由内部审计发展而来，是沿着内部审计和管理实践两条道路发展而来的。

四、内部审计在风险管理中的作用与责任

（一）内部审计在风险管理中的作用

风险管理审计的总目标是内部审计部门和审计人员按照组织风险管理方针和策略的部署，以风险管理目标为标准，审核被审计部门在风险识别、评价和管理等方面的合理性和有效性，在损失可能发生之前作出最有效的安排，或使损失降到最低，帮助组织实现预期目标。内部审计通过履行其在风险管理中的职责，最终发挥对风险管理进行再管理的作用。内部审计介入风险管理是一个随时间的推移而发生变化，并延续地发展的过程，一般需经过四个过程，即从不起任何作用到作为内部审计工作计划的一部分对风险管理过程进行审计，再到积极持续地支持并参与风险管理过程，最后到对风险管理过程进行管理和协调。目前看来，内部审计在风险管理中的作用主要有如下五个方面：

1.能帮助改进组织风险管理体系，并在风险管理过程中起关键作用

随着风险管理措施的出台和实施，一些潜在的问题便显现出来。一般而言，风险管理部门因其身份的局限，难以发现实施中的关键问题，业务部门也只是局限于制度的执行和落实管理层的决策，更谈不上有效地对风险管理体系进行管理。内部审计人员可以在了解国家相关产业政策以及本行业发展状况的基础上，结合企业的优势与劣势、远期与近期目标分析可能的机会和威胁，看企业的主要风险是否已被充分考虑，风险发生的可能性及影响是否在可接受的范围内，各部门的目标是否对企业总体目标提供了强有力的支持，同时通过关注管理层对风险的识别和评估是否准确、有效，风险监控措施是否得到执行，风险管理报告是否充分、及时等，内部审计人员可以提出改进建议，帮助管理层改进、完善风险管理体系。

2.能够以第三者的身份从全局的高度客观、公正地管理风险

风险在企业内部具有感染性、传递性和破坏的潜在性等特征，也即一部门因其风险或风险管理的差错而导致的后果不一定体现在本部门，而是会通过其他部门体现出来，最终影响整个企业。因此对风险的认识、防范、控制需要从全局考虑，而各业务部门往往很难做到这一点。内部审计部门不从事具体业务活动，独立于业务管理部门，这使得其可以从全局出发，从客观的角度对风险进行识别，及时建议管理部门采取措施控制风险。

3.可以指导企业的风险应对策略

内部审计部门是处于企业的董事会、总经理和各职能部门之间的一个部门，这是内部审计人员特有的位置优势，借此，内部审计人员能够很好地充当企业长期风险策略与各种决策的协调人。通过对长期计划与短期实践的调节，对企业利益与部门利益以及部门间的利益进行协调，内部审计人员便可以影响、调控、指导企业的风险管理策略。

4.能以咨询顾问的身份协助机构确定、评价并实施针对风险管理的方法和控制措施

其主要有三种途径：一是培训加讨论，即通过对员工进行控制和风险评估培训，使风险意识贯穿于整个企业的各个层面，使每名员工能够有效识别风险并提出有效控制措施，形成企业全员、全过程、全方位、全天候的风险管理体系。二是针对重大风险隐患，召开由企业内外部的专家及相关人员参加的风险评估专题讨论会，集思广益寻求有效的风险管理方法。三是进行专项调查，借此可以发现机构某个部门或单项工作中存在的风险，从而使调查服务于决策，服务于风险的规避。

5.内部审计在风险管理中可以起到明显的杠杆作用

内部审计相对于聘请会计师事务所进行风险评估而言具有省力、高效的杠杆作用。这主要体现在：首先，风险管理部门在确定企业整体风险时，由于内部审计具有较高的可信度，就保证了企业风险管理系统的健全性，使整体风险得以维持在较低的水平上。其次，风险管理部门可以参考其审计结果确定每种风险的未来发展趋势及高风险领域，并在此基础上制订和执行计划，减少重复性工作，集中有限资源用于高风险领域，以较少的资源取得较佳的风险管理效果。最后，外部人员不可能完全、及时地掌握其风险动态，而内部审计人员却能实时地掌握动态，将管理指令渗透到风险管理的各个层面。

（二）内部审计在风险管理中的责任

虽然内部审计可以在业务层面上提供与风险管理有关的确认服务与咨询服务，但内部审计不应承担原本属于管理层的风险管理责任，如：

（1）设置风险偏好。

（2）对风险管理过程施加影响。

（3）为管理层提供风险保证。

（4）就风险作出决策。

（5）以管理层的立场进行风险应对。

（6）对风险管理负责。

五、风险管理审计与内部控制审计的关系

（一）风险管理审计与内部控制审计的区别

风险管理审计与内部控制审计的区别主要表现在如下几个方面：

（1）从审计出发点来看，风险管理审计侧重审核风险管理政策与组织经营战略方针的一致性；内部控制审计侧重组织经营的横向、纵向的制约与协调。

（2）从审核目标来看，风险管理审计主要审核组织风险管理政策设计的适当性、执行的有效性以及风险损失处理的合理性；内部控制审计主要是审核内部控制设计的健全性、适当性和执行的有效性。

（3）从审计方法来看，风险管理审计主要运用预警分析、专业判断和综合评价等方法；内部控制审计主要运用测试、分析和专业判断等方法。

（4）从审计重点来看，风险管理审计的重心从组织的下层转向组织的上层，主要集中在高管层之上，包括组织的公司治理、战略决策等，风险管理审计的内容按照企业风险管理流程设计展开，从企业目标的角度来评估与改善风险，并对企业风险管理体系的准确、可靠、充分和有效发表审计意见；内部控制审计的重点集中在高管层之下，对内部控制各个控制环节进行审查，目的在于发现内部控制中的薄弱环节。发现这些薄弱环节实际上就找出了问题发生的根源，然后在这些环节上扩大检查范围，看其是否造成了重大的错误或舞弊。

（二）风险管理审计与内部控制审计的联系

内部控制的设计和执行应该针对风险管理的要求，而风险管理很大程度上依赖于内部控制的设计和执行。因此，风险管理审计与内部控制审计相互渗透，目的都是增加组织价值。特别是1992年COSO发布《内部控制——整合框架》后，内部控制和风险管理进一步融合，联系更加紧密。

六、风险管理审计与风险导向审计的关系

（一）风险管理审计和风险导向审计的区别

风险管理审计与风险导向审计的主要区别如下：

（1）含义不同。**风险管理审计**是内部审计机构通过对组织风险识别、风险程度的评价等工作的审计，评价风险政策的合理性、措施的适当性以及执行的有效性；而风险导向审计是内部审计机构为了提高内部审计工作的质量和效率，降低审计风险，测试组织的风险战略和风险管理，根据测试结果，决定其他相应审计的范围、性质、程度和时间。

（2）侧重点不同。在风险管理审计中，内部审计人员站在组织战略管理的高度，运用系统思维，通过对风险管理措施、方法、程序的审计，结合内部控制、财务、绩效的审核结果，对风险管理现状及效果进行专业判断，提出审计评价与建议，侧重于对风险管理进行确认和咨询；而风险导向审计通过对组织风险的测试确定实质性测试的程度，从而提高

审计效率和质量，降低审计风险，侧重于实现既定审计目标。

（3）服务对象不同。风险管理审计作为一种具体审计业务，主要服务于组织高级管理层和董事会；而风险导向审计更多地作为一种审计方法，直接服务于内部审计机构。

（二）风险管理审计和风险导向审计的联系

风险管理审计与风险导向审计的联系主要表现在三个方面：（1）审计依据都是组织的风险管理框架，即风险管理方针、策略和风险评价指标体系等；（2）业务内容基本上都是对组织风险范围的确定、风险识别、风险评价、风险管理措施和方法、风险处理等方面进行审核；（3）审计的总目标都是为战略决策提供信息，为实现战略目标服务，为组织增加价值。

第三节 风险管理审计的内容

风险管理包括组织整体及职能部门两个层面。内部审计人员既可对组织整体的风险管理进行审查与评价，也可以对职能部门的风险管理进行审查与评价。由于风险管理主要包括风险识别、风险评估、风险应对三个阶段，风险管理审计的内容主要包括以下几个方面：

一、审查与评价风险管理机制

风险管理机制是企业进行风险管理的基础，良好的风险管理机制是确保企业风险管理有效的前提。因此，内部审计部门或人员需要审查以下方面，以确定企业风险管理机制的健全性及有效性：

（一）审查风险管理组织机构的健全性

企业必须根据自身规模大小、管理水平、风险程度以及生产经营的性质等，在全体员工参与和专业管理相结合的基础上，建立一个包括风险管理负责人、一般专业风险管理人、非专业风险管理人和外部的风险管理服务人员等的规范化的风险管理组织体系。该体系应根据风险产生的原因和阶段不断地进行动态调整，并通过健全的制度来明确相互之间的责、权、利，使企业的风险管理体系成为一个有机整体。

（二）审查风险管理程序的合理性

企业风险管理机构应当采用适当的风险管理程序，以确保风险管理的有效性。

（三）审查风险预警系统的存在及有效性

企业进行风险管理的目的是避免或降低风险，因此，风险管理的首要工作是建立风险预警系统，即通过对风险进行科学的预测分析，预计可能发生的风险，并提醒有关部门采取有力的措施。企业的风险管理机构和人员应密切注意与本企业相关的各种内外因素的变化发展趋势，从对因素变化的动态分析中预测企业可能发生的风险，进行风险预警。

二、审查和评价风险识别的适当性及有效性

风险识别是指对企业面临的以及潜在的风险加以判断、归类和鉴定性质的过程。内部审计人员应当实施必要的审计程序，对风险识别过程进行审查和评价，应重点关注组织面临的内外部风险是否已经得到充分、适当的确认。

（一）外部风险评估

外部风险是指外部环境中对组织目标的实现产生影响的不确定性，其主要来源于以下

因素：

（1）国家法律法规及政策的变化。

（2）经济环境的变化。

（3）科技的快速发展。

（4）行业竞争、资源及市场的变化。

（5）自然灾害及意外损失。

（6）其他。

（二）内部风险评估

内部风险是指内部环境中对组织目标的实现产生影响的不确定性。其主要来源于以下因素：

（1）组织治理结构的缺陷。

（2）组织经营活动的特点。

（3）组织资产的性质以及资产管理的局限性。

（4）组织信息系统的故障或中断。

（5）组织人员的道德品质、业务素质未达到要求。

（6）其他。

（三）风险评估的方法

风险评估的方法主要有两大类，定量分析法和定性分析法，在前面章节有过介绍。国家标准化管理委员会发布的国家标准《风险管理——风险评估技术》（GB/T27921-2011）以表格形式列举了常用的风险评估方法（见表7-1）。各技术在风险评估各阶段的适用性见表7-2。

表7-1 常用风险评估方法简表

序号	方法、技术及工具（对比查询类）	说 明	影响因素			能否提供定量结果
			资源与能力	不确定性的性质与程度	复杂性	
1	结构化访谈 半结构化访谈 头脑风暴法	一种搜集各种观点及评价并将其在团队内进行评级的方法。头脑风暴法可由提示、一对一以及一对多的访谈技术激发	低	低	低	否
2	德尔菲法	一种综合各类专家观点并促其一致的方法，这些观点有利于支持风险源及影响的识别、可能性与后果分析以及风险评价，需要独立分析和专家投票	中	中	中	否
3	情景分析	在想象和推测的基础上，对可能发生的未来情景加以描述。可以通过正式或非正式的、定性或定量的方式进行情景分析	中	高	中	否
4	检查表	一种简单的风险识别技术，提供了一系列典型的需要考虑的不确定性因素。使用者可参照以前的风险清单、规定或标准	低	低	低	否

续表

序号	方法、技术及工具（对比查询类）	说 明	影响因素			能否提供定量结果
			资源与能力	不确定性的性质与程度	复杂性	
5	预先危险性分析（PHA）	一种简单的归纳分析方法，其目标是识别风险以及可能危害特定活动、设备或系统的危险性情况及事项	低	高	中	否
6	失效模式和效应分析(FMEA)	FMEA是一种识别失效模式、机制及其影响的技术，有几类FMEA： （1）设计(或产品)FMEA，用于部件及产品； （2）系统FMEA； （3）过程FMEA，用于加工及组装过程； （4）服务FMEA及软件FMEA	中	中	中	是
7	危险与可操作性分析(HAZOP)	HAZOP是一种综合性的风险识别过程，用于明确可能偏离预期绩效的偏差，并可评估偏离的危害度。它使用一种基于引导词的系统。需要对临界点的偏差进行评估	中	高	中	否
8	危害分析与关键控制点(HACCP)	HACCP是一种系统的、前瞻性的及预防性的技术，通过测量并监控那些应处于规定限值内的具体特征来确保产品质量、可靠性以及过程的安全性	中	中	中	否
9	保护层分析法（LOPA）	也被称作障碍分析，它可以对控制及其效果进行评价	中	中	中	是
10	结构化假设分析(SWIFT)	一种激发团队识别风险的技术，通常在引导式研讨班上使用，也可用于风险分析及评价	中	中	任何	否
11	风险矩阵	风险矩阵（Risk Matrix）是一种将后果分级与风险可能性相结合的方式	中	中	中	是
12	人因可靠性分析(HRA)	人因可靠性分析主要关注系统绩效中人为因素的作用，可用于评价人为错误对系统的影响	中	中	中	是
13	以可靠性为中心的维修	一种识别故障管理策略的方法，目的是高效地实现各类设备必要的安全性、可用性及经济性	中	中	中	是
14	业务影响分析	分析重要风险影响组织运营的方式，同时明确如何对这些风险进行管理	中	中	中	否

续表

序号	方法、技术及工具（对比查询类）	说　明	影响因素			能否提供定量结果
			资源与能力	不确定性的性质与程度	复杂性	
15	根原因分析（单损耗分析）	对发生的单项损失进行分析，以理解造成损失的原因以及如何改进系统或过程以避免未来出现类似的损失。分析时应考虑发生损失可使用的风险控制方法以及怎样改进风险控制方法	中	低	中	否
16	潜在通路分析	一种用于识别设计错误的技术。潜在条件不是因部件故障而发生的，而是一种可能会造成不良事项的发生或阻止预期事项发生的潜在硬件、软件或集成的状态。这些状况的特点是具有随意性，在最严格的标准化系统检查中也会检测不到。潜在条件可能会引起运行不当、系统可用性缺失、程序延时，甚至造成人员伤亡	中	中	中	否
17	因果分析	综合运用故障树分析和事件树分析，并允许时间延误。初始事件的原因和后果都要予以考虑	高	中	高	是
18	风险指数	风险指数可以提供一种有效的划分风险等级的工具	中	低	中	是
19	故障树分析	始于对不良事件（顶事件）的分析并确定该事件可能发生的所有方式，以逻辑树形图的形式展示。在建立故障树后，就应考虑如何减轻或消除潜在的风险源	高	高	中	是
20	事件树分析	运用归纳推理方法将各类初始事件的可能性转化成可能的结果	中	中	中	是
21	决策树分析	对于决策问题的细节提供了一种清楚的图解说明	高	中	中	是
22	蝶形图（BOW-TIE）分析	一种简单的图形描述方式，分析了风险从危险发展到后果的各类路径，并可审核风险控制措施。可将其视为分析事项起因(由蝶形图的结代表)的故障树和分析后果的事件树这两种方法的结合体	中	高	中	是

续表

序号	方法、技术及工具（对比查询类）	说明	影响因素			能否提供定量结果
			资源与能力	不确定性的性质与程度	复杂性	
23	层次分析法（AHP）	定性与定量分析相结合，适合于多目标、多层次、多因素的复杂、系统的决策	中	任何	任何	是
24	风险价值模型（VAR）	是基于统计分析基础上的风险度量技术，可有效描述资产组合的整体市场风险状况	中	低	高	是
25	均值-方差模型	将收益和风险相平衡，可应用于投资和资产组合选择	中	低	中	是
26	资本资产定价模型	清晰地阐明了资本市场中风险与收益的关系	中	低	中	是
27	FN曲线	FN曲线通过区域块来表示风险，并可进行风险比较，可用于系统或过程设计及现有系统的管理	高	中	中	是
28	马尔可夫分析法	马尔可夫分析通常用于对那些存在多种状态（包括各种降级使用状态）的可维修复杂系统进行分析	高	低	高	是
29	蒙特卡罗法	蒙特卡罗模拟用于确定系统内的综合变化，该变化产生于多个输入数据的变化，其中每个输入数据都有确定的分布，而且输入数据与输出结果有着明确的关系。该方法能用于不同输入数据之间相互作用计算确定具体模型。根据输入数据所代表的不确定性的特征，输入数据可以基于各种分布类型，风险评估中常用的是三角或贝塔分布	高	低	高	是
30	贝叶斯分析	贝叶斯分析是一种统计程序，利用先验分布数据来评估结果的可能性，其推断的准确程度依赖于先验分布的准确性。贝叶斯信念网通过捕捉那些能产生一定结果的各种输入数据之间的概率关系来对原因及效果进行模拟	高	低	高	是

表7-2 **技术在风险评估阶段的适用性**

序号	方法、技术、工具	风险评估				
		风险识别	风险分析			风险评价
			后果	可能性	风险等级	
1	头脑风暴法	SA	A	A	A	A
2	结构化（半结构化）访谈	SA	A	A	A	A
3	德尔菲法	SA	A	A	A	A
4	情景分析	SA	SA	A	A	A
5	检查表	SA	NA	NA	NA	NA
6	预先危机性分析	SA	NA	NA	NA	NA
7	失效模式和效应分析（FMEA）	SA	NA	NA	NA	NA
8	危险与可操作性分析（HAZOP）	SA	SA	NA	NA	SA
9	危害分析与关键控制点（HACCP）	SA	SA	NA	NA	SA
10	保护层分析法（LOPA）	SA	NA	NA	NA	NA
11	结构化假设分析（SWIFT）	SA	SA	SA	SA	SA
12	风险矩阵	SA	SA	SA	SA	A
13	人因可靠性分析（HRA）	SA	SA	SA	SA	A
14	以可靠性为中心的维修	SA	SA	SA	SA	SA
15	业务影响分析	A	SA	A	A	A
16	根原因分析（单损耗分析）	A	NA	SA	SA	NA
17	潜在通路分析	A	NA	NA	NA	NA
18	因果分析	A	SA	NA	A	A
19	风险指数	A	SA	SA	A	SA
20	故障树分析	NA	A	A	A	A
21	事件树分析	NA	SA	SA	A	NA
22	决策树分析	NA	SA	SA	A	A
23	蝶形图（BOW-TIE）分析	NA	A	SA	SA	A
24	层次分析法（AHP）	NA	SA	SA	SA	SA
25	风险价值模型（VAR）	NA	SA	SA	SA	SA
26	均值-方差模型	NA	A	A	A	SA
27	资本资产定价模型	NA	NA	NA	NA	SA
28	FN曲线	A	SA	SA	A	SA
29	马尔可夫分析法	A	NA	SA	NA	NA
30	蒙特卡罗法	NA	SA	SA	SA	SA
31	贝叶斯分析	NA	NA	SA	NA	SA
32	多指标决策分析（MCDA）①	A	SA	A	SA	A

注：表中“SA”代表STRONGLY AVAILABLE，即“非常适用”；“A”代表AVAILABLE，即“适用”；“NA”代表NOT AVAILABLE，即“不适用”。①

① 多指标决策分析（MCDA）是按照某种决策准则，对具有多个指标的有限方案进行选择和排序。多指标决策分析的理论和方法在工程、设计、经济、管理和军事等诸多领域中有着广泛的应用，是现代决策科学的重要组成部分。

（四）审计和评价的重点

内部审计人员在对企业风险识别的适当性及有效性进行审查时，重点应当审查以下内容：

1.审查风险识别原则的合理性

企业进行风险评估乃至风险控制的前提是进行风险识别和分析，风险识别是关键性的第一步。

2.审查风险识别方法的适当性

识别风险是风险管理的基础。风险管理人员应在进行实地调查研究之后，运用各种方法对尚未发生的、潜在的及存在的各种风险进行系统归类，并总结出企业面临的各种风险。风险识别方法所要解决的主要问题是：采取一定的方法分析风险因素、风险的性质以及潜在后果。

审计人员在审查风险识别方法的适当性时，可以综合运用多种方法，包括决策分析、可行性分析、统计预测分析、投入产出分析、流程图分析、资产负债分析、因果分析、损失清单分析、保险调查法和专家调查法等，以识别为确保公司经营模式的成功所必须管理的风险，如存在于公司正常运营过程中的风险、培育新的利润增长点过程中的风险、能够改变企业经营模式驱动因素的风险等。在此基础上，审计人员还可以利用产业结构分析、竞争对手分析等方法进一步分析关键风险的驱动因素及其产生的原因、机理，以深化企业对相关风险的全面认识和系统理解。

3.评估风险识别的充分性

审计人员应在充分了解企业总体目标及主要业务、关键职能的分目标的基础上，对原有已识别风险是否已充分识别进行评价，即企业所面临的主要风险是否均已识别出来，并找出未识别的主要风险。

审计人员在评估风险识别的充分性时，可以通过共同语言和统一过程引入一个更加广泛的结构框架，从战略风险、运营风险、财务风险、信息风险等四个层次来评估已识别风险的充分性，进而保证所有风险都是使用共同语言来界定的，并且是在企业关键流程的背景之下确定的，最终确保关键风险不被忽略。

需要注意的是，风险管理的理论和实务都证明，没有任何一种方法是万能的。进行风险识别方法的适当性审查和评价时，必须注意分析企业风险管理部门是否将各种方法相互融通、相互结合地运用。

（五）审查和评价风险评估方法的适当性及有效性

内部审计人员应当实施必要的审计程序，对风险评估过程进行审查与评价，并重点关注风险发生的可能性和风险对组合目标的实现产生影响的严重程度两个要素。同时，内部审计人员应当充分了解风险评估的方法，并对管理层所采用的风险评估方法的适当性和有效性进行审查。

内部审计人员对管理层采用的风险评估方法进行审查时，应重点考虑以下因素：

（1）已识别的风险特征。

（2）相关历史数据的充分性与可靠性。

（3）管理层进行风险评估的技术能力。

（4）成本效益的考核与衡量等。

三、审查和评价风险应对措施的适当性和有效性

（一）风险应对措施

风险应对措施是指针对经过识别和衡量而确定的关键风险，从一系列风险管理工具中挑选出能够最大限度地降低风险损失或取得风险报酬的集合。根据风险评估结果作出的风险应对措施主要包括以下几个方面：

（1）回避，是指采取措施避免进行可产生风险的活动。

（2）接受，是指由于风险已在组织可接受的范围内，因而可以不采取任何措施。

（3）降低，是指采取适当措施将风险降低到组织可接受的范围内。

（4）分担，是指采取措施将风险转移给其他组织或保险机构。

（二）审计和评价的要点

审计人员评估风险应对措施的有效性，就是对有关部门针对风险所采取的应对措施进行检查，检查其效果和效率是否有助于企业目标的顺利实现。审计人员可以通过将现有风险应对措施与最佳实务进行对比，将现有风险应对措施的实施情况与预计期望进行对比，并将分析对比得出的差距，用于系统评估特定风险应对措施的有效性。对于风险缺乏有效的控制措施的情况，审计人员还应进一步分析差距产生的原因，从而提出改进措施和建议，以强化企业的风险管理，降低风险损失。

内部审计人员在评价风险应对措施的适当性和有效性时，应当考虑以下因素：

（1）采取风险应对措施之后的剩余风险水平是否在组织可以接受的范围之内。

（2）采取的风险应对措施是否符合本组织的经营、管理特点。

（3）成本效益的考核与衡量等。

第四节 风险管理审计的程序

正像全面风险管理以战略为起点一样，风险管理审计也必须从战略开始。当审计人员确定审计资源的分配时，如果不能深入理解企业的战略，就会导致过多的假设和猜测。相反，了解什么代表公司的成功，什么是取得成功的障碍，公司是如何管理这些障碍的以及这些障碍是否被控制在期望的水平，将极大地帮助审计人员确定哪些项目是最能增加价值的，哪些项目是最有助于提高企业整体管理水平的，从而使其制订出一份风险管理审计年度计划。

特定项目的风险管理审计程序共有七步：设定目标、评估风险、分析流程、审计测试、评估风险管理能力、提出改进建议、编制风险管理审计报告。现将这七个步骤简要介绍如下：

一、设定目标

这一步骤包括三个方面的内容：确定审计项目的动因、识别和理解流程的关键目标以及确定关键绩效指标（KPI）。

（一）确定审计项目的动因

一般来说，某个审计项目的主要动因包括年度审计计划、管理层的特别要求、某项风

险事件的发生。审计小组了解审计项目的动因有助于确定审计的总体目标、范围和关注重点。

（二）识别和理解流程的关键目标

所谓**流程**，是指一个或一系列连续有规律的行动，这些行动以确定的方式发生或执行，导致特定结果的出现。流程就是一系列活动的组合，这一组合接受各种投入要素，包括信息、资金、人员、技术等，最后通过流程产生客户期望的结果，包括产品、服务或某种决策结果。

流程管理（Process Management），就是从公司战略出发，从满足客户需求出发，从业务出发，进行流程规划与建设，建立流程组织机构，明确流程管理责任，监控与评审流程运行绩效，适时进行流程变革。流程管理的目的在于使流程能够适应行业经营环境，能够体现先进实用的管理思想，能够借鉴标杆企业的做法，能够有效融入公司战略要素，能够引入跨部门的协调机制，使公司降低成本、节省时间、提高质量、方便客户、提升综合竞争力。

流程的目标包括三个层次：战略目标、经营目标和价值目标，识别和理解这些目标可以帮助审计人员更好地理解企业的具体流程及流程管理的根本原因。尽管这看起来有些繁琐，但这正是我们区分风险管理审计和其他审计的根本所在。

（三）确定关键绩效指标（KPI）

KPI是通过对组织内部流程的输入端、输出端的关键参数进行设置、取样、计算、分析，衡量流程绩效的一种目标式量化管理指标，是把企业的战略目标分解为可操作的工作目标的工具，是企业绩效管理的基础。KPI可以使部门主管明确部门的主要责任，并以此为基础，明确部门人员的业绩衡量指标。建立明确的切实可行的KPI体系，是做好绩效管理的关键。

了解企业存在哪些KPI以及管理人员是如何监控这些指标的，有利于审计小组评估流程设计的有效性。KPI设计是否科学合理，主要看指标的相关性、可衡量性、信息可靠性以及表述清晰性。

✻请注意✻

风险管理审计的总目标是审计部门和审计师按照企业风险管理方针和策略的部署，以风险管理目标为标准，审核被审计单位在风险识别、评价和管理等方面的合理性和有效性，在损失发生之前作出最有效的防范，帮助企业实现目标。

二、评估风险

这一步的主要工作包括风险识别的定义、按照重要性（风险对企业造成不利影响的程度，见表7-3）和可能性对风险进行排序（见表7-4）等，审计人员通过研究通用风险模型（如图7-8所示）、发动相关人员补充例外风险、定义风险、联结风险与战略等各项工作，建立一个特定的风险模型，确保影响企业成功的所有风险都能被识别、定义和理解。通过当面访谈、发放调查表、召开座谈会等形式搜集相关信息，按照重要性、可能性以及容忍度等标准，使用专家评分法、风险评估模型、风险指数法等方法确定哪些风险是主要风险，哪些风险是次要风险以及哪些风险是低级风险，从而为保证核心风险能够得到有效管理奠定坚实的基础。

表7-3　**风险对企业造成不利影响的程度**

评分	损失程度	说明
5	灾难	令企业失去继续运作的能力（或占税前利润的20%）
4	重大	在企业争取完成其策略性计划和目标的过程中，产生重大影响（或占税前利润的5%～10%）
3	中等	在企业争取完成其策略性计划和目标的过程中，在一定程度上造成阻碍（或占税前利润的5%）
2	轻微	在企业争取完成其策略性计划和目标的过程中，只造成轻微影响（或占税前利润的1%）
1	近乎没有	影响程度十分轻微

表7-4　**按照可能性对风险进行排序**

评分	可能性	说明
5	几乎肯定	在未来12个月内，这项风险肯定会出现至少1次
4	极可能	在未来12个月内，这项风险极可能出现1次
3	可能	在未来2～10年内，这项风险可能出现1次
2	低	在未来10～100年内，这项风险可能出现至少1次
1	极低	这项风险出现的可能性极低，估计在100年内出现的可能性少于1次

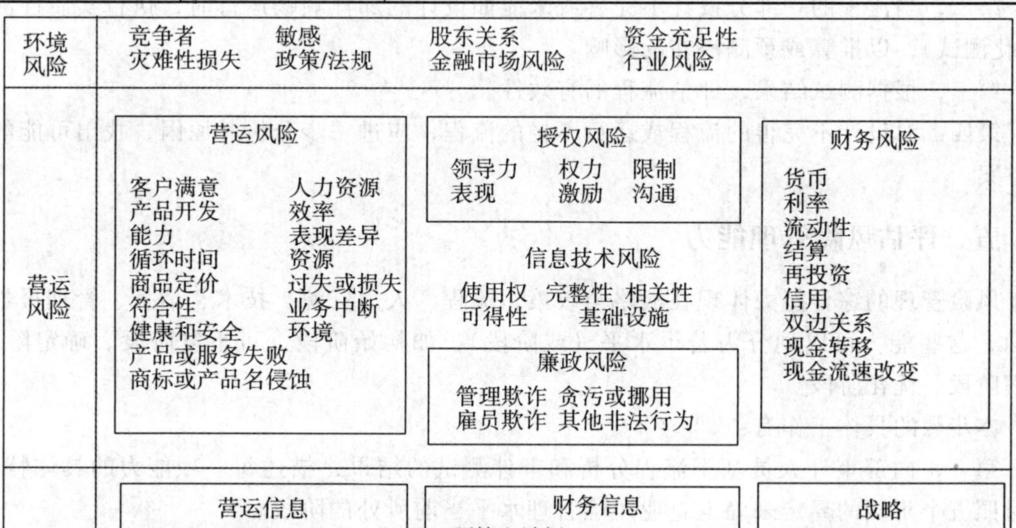

图7-8　通用风险模型

此外，在这一步中，审计人员还须了解管理层对各种风险的容忍度，以便在评估流程设计的差距、决定执行什么样的审计测试以及确定必须达到哪些审计结果时能够更好地权衡公司治理与管理的容忍度。

三、分析流程

这一步骤涉及的工作主要有以下几项：

第一，通过流程图等形式对公司流程及流程管理形成清晰的认识。

第二，识别和记录将风险控制在预期水平的关键控制点。

第三，评估这些关键控制点是否能够有效地将风险控制在预期水平。

第四，如果这些关键控制点不足以将风险控制在预期水平，则进一步识别差距在哪里并确定缩小这种差距的措施。

第五，对存在较大认识偏差的风险进行了解，或者由公司组织讨论，并将不同的风险认知水平揭示出来，引导责任人进行再次理解、判断和评估，直到不存在较大偏差。

四、审计测试

这一步的主要目的有两点：

一是证实流程的实际运行是否如设计的那样能够确保预期目标的实现。

二是当没有相应的流程或流程运行不畅时确定潜在的影响有多大。

为达此目的，内部审计人员应：

第一，实施符合性测试，验证流程是否如设计的那样在有效运行。

第二，当流程的一部分设计不完善或未能如设计的那样顺畅运行时，执行实质性测试（量化测试），以推算或预测潜在的影响。

第三，根据测试结果，评估流程的有效性。

第四，对设计不完善的流程或运行不畅的流程，应进一步分析其原因，找出可能的解决方案。

五、评估风险管理能力

风险管理的综合能力体现在战略与政策、流程、人力资源、技术、信息、管理报告等方面，这些能力可以划分为若干水平（或阶段），如初始阶段、可重复阶段、确定阶段、管理阶段、优化阶段。

本步骤的具体工作有：

第一，内部审计人员基于流程分析和审计测试的结果，描述每一项能力的具体特征，并对照五个阶段的界定来确定企业风险管理水平当前所处的阶段。

第二，综合考虑管理层对风险的容忍度与公司治理的相关要求，确定每种能力的期望水平（所处阶段）。

第三，针对各项风险管理能力当前所处阶段与期望阶段之间的差距，考虑各种改进技术方法和政策措施。

六、提出改进建议

按照SMART（针对性Specific、可测量性Measurable、能达到Attainable、责任Responsibility、及时性Timely）标准，结合前述各步骤中的审计发现及当前风险管理活动的实际情况，提出完善风险管理行动计划的建议，并及时与管理层进行沟通，落实风险管理改进责任人，设定建议落实时限，以确保实现风险管理审计最终的增值功能。

七、编制风险管理审计报告

风险管理审计报告是内部审计人员在实施必要的审计程序后，以经过核实的审计证据为依据，就被审计单位内部风险管理状况的适当性、合规性和有效性出具的书面文件。其基本要素应包括：标题、收件人、正文、附件、签章、报告日期。

风险管理审计报告的正文内容是实施风险管理审计结果的综合反映，是风险管理审计报告的核心内容。其主要内容应包括：审计概况、被审计单位风险管理基本情况、审计评价和审计建议。

（一）审计概况

主要描述本次风险管理审计的依据、审计目的和范围、审计重点和审计标准、主要实施程序等内容。

（二）被审计单位风险管理基本情况

1.主要反映审计期间被审计单位的如下情况

（1）风险管理基本流程运转情况，即是否搜集风险管理初始信息，是否组织进行风险评估，是否制定相应的风险管理策略，是否提出和实施风险管理解决方案等。

（2）风险管理监督与改进情况，即是否能以重大风险、重大事件和重大决策、重要管理及业务流程为重点对风险管理基本运转情况进行监督，是否采用压力测试、返回测试、穿行测试以及风险控制自我评估等方法对风险管理的有效性进行检验，是否根据风险变化情况和存在的缺陷及时进行整改等。

（3）风险管理组织体系建设情况，即是否建立健全规范的公司法人治理结构，形成高效运转、有效制衡的监督约束机制；董事会是否履行了在风险管理方面的职责，风险管理委员会的召集人是否符合规定要求，下设的风险管理委员会是否履行了相应的职责、任务；各个层级的管理人员是否指导、实施风险管理工作。

（4）风险管理信息系统建设情况，即是否建立了涵盖风险管理基本流程和内部控制系统各个环节的风险管理信息系统，输入系统的信息是否准确、及时、可用和完整，是否设置了对数据信息更改的控制与管理措施。

（5）风险管理文化建立情况等被审计单位的风险管理情况。

2.问题与成因

主要反映审计期间被审计单位在风险管理中存在的问题，并针对问题产生的主观和客观情况进行剖析。

（三）审计评价

主要反映通过审计得出的对审计期间被审计单位在风险管理方面的结论性评价，主要包括以下五个等级：

（1）风险管理与控制有效。

（2）风险管理与控制基本有效。

（3）风险管理与控制有缺陷。

（4）风险管理与控制有重大缺陷。

（5）风险管理与控制失职。

（四）审计建议

主要描述对已查明审计事实和审计评价结果提出改进和完善内部风险管理的建议。风险管理审计的建议应主要包括以下四个方面：

（1）建议风险回避，即建议管理层主动放弃或拒绝实施那些可能引起风险损失的事项。

（2）建议风险转移，即建议管理层将自己面临的风险采取保险、利用法律规定保护或其他有效方式转移给其他单位。

（3）建议风险控制，即针对不同的风险点，建议管理层采取预防性、指导性、检查性和纠正性等控制措施，设法降低发生风险损失的概率和损失的数额。

（4）建议风险承担，即在处置风险成本高于承担风险所付出的代价时，建议管理层不采取任何措施。

风险管理审计报告由内部审计人员撰写，征求被审计单位意见后提交本单位董事会或管理层审核和应用。

同步思考7-1

为什么说开展风险管理审计是中国内部审计的发展方向？

风险管理审计是指企业内部审计部门采用一种系统化、规范化的方法进行以测试企业风险管理信息系统、各业务循环，以及相关部门的风险识别、分析、评价、管理及处理等为基础的一系列审计活动，对机构的风险管理、控制及监督过程进行评价进而提高过程效率，帮助机构实现目标。随着经济的全球化和科技的迅猛发展，企业的经营环境变得复杂多变，企业面临着诸多的不确定性，如何开展风险管理成为理论界和实务界的热门话题。风险管理审计正是适应经济发展的要求应运而生的。

企业风险管理审计案例分析

中国工商银行2019年度报告

以中国工商银行股份有限公司（以下简称“工商银行”）为例，对风险管理审计在我国企业的具体实施过程进行阐述，以期各位同学能够深入掌握风险管理审计的基础知识，了解其在企业中的实际应用。

一、公司介绍

中国工商银行成立于1984年1月1日。2005年10月28日，整体改制为股份有限公司。2006年10月27日，成功在上海证券交易所和香港联合交易所有限公司同日挂牌上市。经过持续努力和稳健发展，已经迈入世界领先大银行之列，拥有优质的客户基础、多元的业务结构、强劲的创新能力和市场竞争力。截至2019年年末，公司客户809.8万户，比上年末增加106.5万户，2019年实现净利润3 133.61亿元，平均总资产回报率1.08%，加权平均净资产收益率13.05%。工商银行连续7年蝉联英国《银行家》全球银行1 000强、美国《福布斯》全球企业2000强及美国《财富》500强商业银行子榜单榜首，并连续4年位列英国Brand Finance全球银行品牌价值500强榜单榜首。

二、工商银行成功的风险管理审计保障机制

（一）完善的公司治理结构

完善的公司治理结构是公司健康稳定发展的基石，工商银行的公司治理结构如图7-9所示，整个银行建立由股东大会、董事会、监事会和高级管理层组成的现代公司治理架构，以此形成权力机构、决策机构、监督机构和管理层之间的权力制衡，有利于公司进行科学的决策和有效的监督。目前，董事长和行长分设，董事会和监事会及高级管理层均设有专门委员会，股东大会、董事会、监事会和高级管理层的职责权限划分明确。董事会、监事会和高级管理层依据公司章程和议事规则等规章制度，各司其职、相互协调，不断完善公司治理、风险管理和内部控制，保证各项工作贯彻落实，共同为企业的有效运行提供更好的保障。

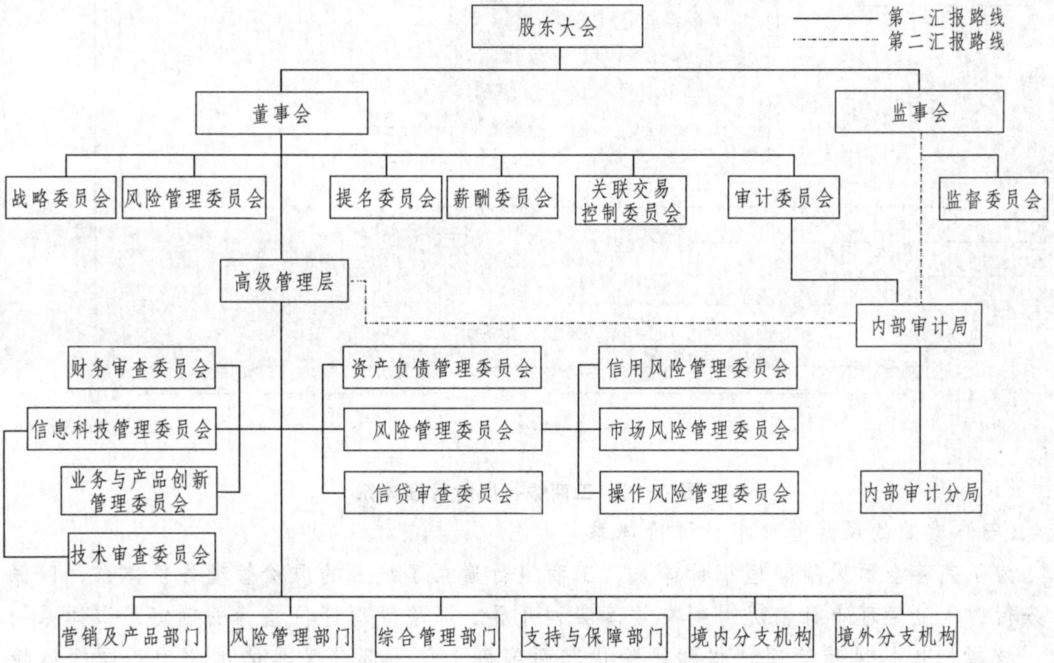

图7-9　工商银行公司治理结构图

（二）全面的风险管理审计

公司上市后，为了能良好地适应国际、国内新形势、新变化，工商银行及时提出了全面的风险管理审计体系，提升公司适应风险的能力，实现了四个转变：(1) 由单一的信用风险管理向全面风险管理转变；(2) 风险管理审计由对风险的事后控制向事前和事中控制转变；(3) 风险管理审计方法由传统的定性分析为主向国际标准的定性与定量相结合的分析方法转变；(4) 由分级的风险管理审计向垂直、独立的风险管理审计转变。总行的风险管理委员会站在全局的高度对全行的经营管理和控制活动进行审查与评价，风险战略定位明确、清晰，是全行风险管理审计的决策机构。风险管理范围包括企业现有及潜在的市场风险、信用风险、声誉风险、操作风险、流动性风险及战略风险等。工商银行的风险管理体系如图7-10所示，风险管理体系大致可分为战略、执行、操作等层次。其中，战略层面包括董事会下设的董事会审计委员会和董事会风险管理委员会，负责全行风险管理政策、准则、程序等的设计和修改，审批风险限额等；执行层面是总行风险管理委员会、资产负债管理委员会等，风险管理部是风险管理委员会的下设机构，负责风险管理的具体实施；操作层面是各分行管理层和各分行风险管理部，负责保证各项风险管理政策和战略得到贯彻执行。

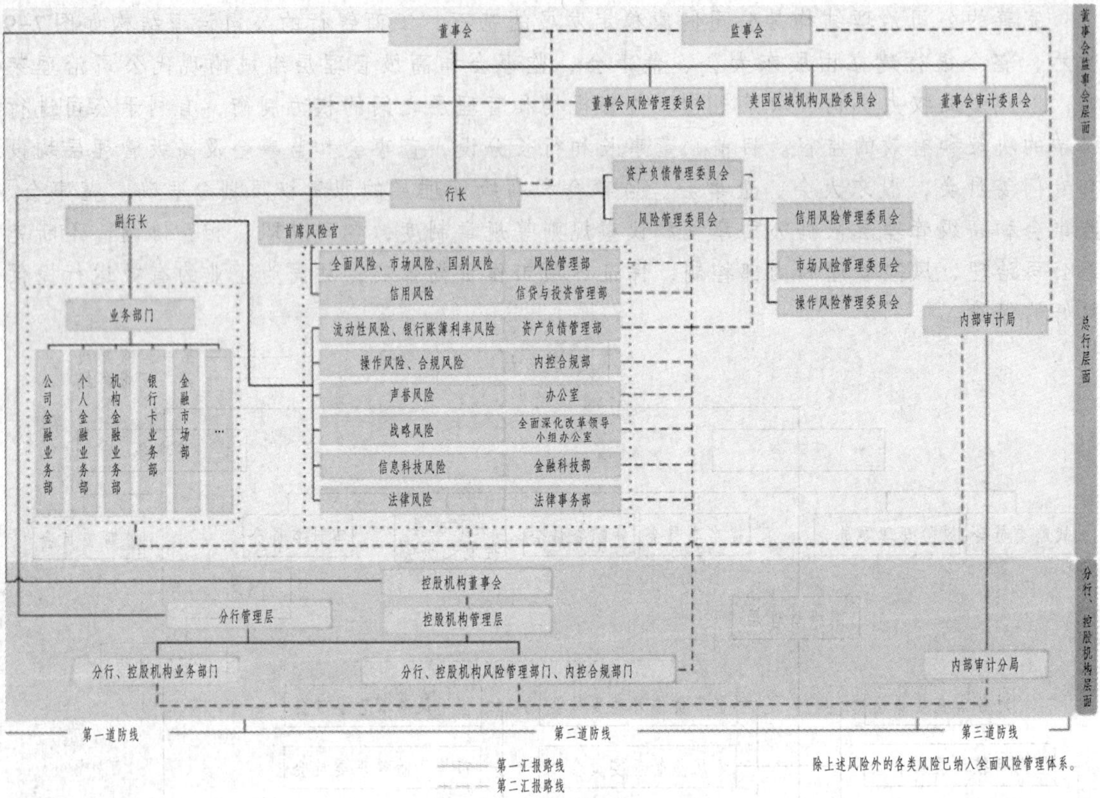

图 7-10 工商银行风险管理体系

（三）有效的风险管理审计评价体系

为了完善全面风险管理审计体系，工商银行建立了统一的风险管理评价体系，以保证各分行的风险管理审计情况得到有效落实和开展。风险管理评价指标的确定是该体系的重点，该指标包括风险管理过程和风险状况两部分，每一部分又具体细化为不同的风险指标，如图 7-11 所示。

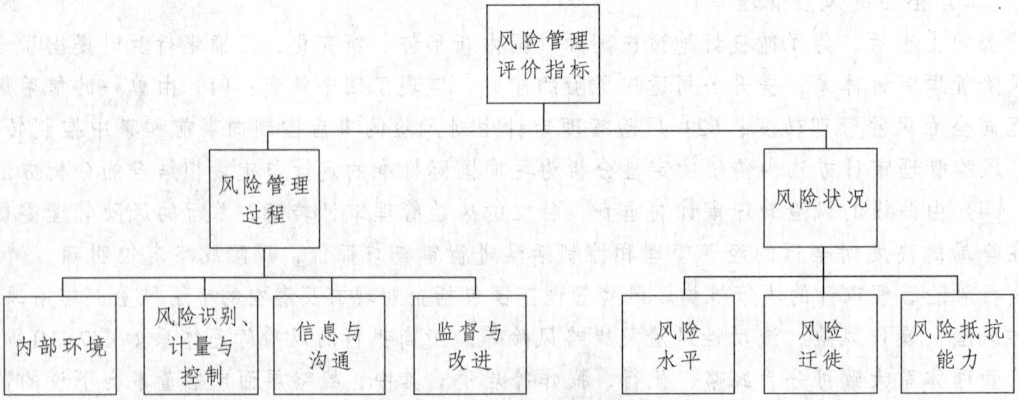

图 7-11 风险管理评价指标

风险管理评价体系的构建有利于对各项评价指标进行考评，并且评价指标涉及银行的各类风险，既可以为总行提供管理决策的依据，又向分行传达了风险管理战略和要求，更好地促进了工商银行风险管理水平的提高。

三、工商银行风险管理审计的实施

工商银行分支机构众多、规模庞大、业务种类繁杂，风险管理审计实施的有效与否是银行实现经营目标、价值增值的重要保障。工商银行风险管理审计的实施过程分为以下三个部分：

（一）对风险管理体系的审查评价

工商银行积极应对内、外部复杂的风险形势，制定了风险管理三年规划和年度风险限额管理方案。定期评价各分支机构的风险管理情况，规范和完善风险报告机制。继续推进内部资本充足评估程序(ICAAP)项目，开发完成全面风险评估模版，初步形成全面风险评估体系。完成信用风险内部评级法的全面验证，优化评级模型，完成金融市场业务与风险管理自主研发系统基础框架的设计工作。加快推进操作风险高级计量法建设，完成操作风险高级计量法应用管理系统的主体开发工作。

工商银行的风险管理体系构建完善、目标明确、职能部门设置齐全、职责分工明确，风险管理评价指标准确、先进、恰当，风险管理报告机制完善，为实现银行的战略目标提供了合理保证。

（二）对风险识别与评估的审查评价

工商银行一般通过年报或半年报的形式对风险识别与评估进行审查评价，审查的结果向董事会报告。具体的识别与评估要素包括信用风险、市场风险、操作风险和流动性风险，对不同的风险要素采用不同的风险评估方法，具体情况参照表7-5。

表7-5　风险识别与评估审查评价体系

风险识别	形成原因	业务领域	风险评估方法
信用风险	因借款人或交易对手无法履约而带来损失； 操作失误导致本行作出未获授权、不恰当的担保、资金承诺或投资	贷款、担保和其他付款承诺	内部评级法
市场风险	利率风险来源于商业银行业务的结构性利率风险和资金交易头寸的风险； 汇率风险来自外汇敞口出现市场汇率波动的风险； 投资组合中商品价格或股票价格的变动带来的市场风险不重大	交易性业务和非交易性业务	内部模型法
操作风险	执行、交割和流程管理与客户、产品和业务活动类事件是本行操作风险损失最主要的来源	业务规模大、交易量大、结构变化迅速的业务领域	高级计量法
流动性风险	在负债到期时缺乏资金还款； 资产和负债的金额或期限不匹配	负债业务：金融负债、衍生金融负债、客户存款、应付次级债券、存款证及应付票据	内部资本充足评价程序

针对上面的各风险要素，工商银行进行了全面、准确的风险识别，并结合行业状况及本行的经营特点，深入分析各类风险产生的原因及存在的业务领域，针对性强，便于对风险进行控制和管理。该行的风险评估方法先进、恰当并与国际接轨，符合该行的发展水平和管理能力。

（三）对风险应对措施的审查评价

风险应对措施是指根据风险识别和风险评估结果采取的有针对性的措施，也称为风险管理工具的选择。本阶段主要审查、评价风险应对措施的设计是否充分，是否覆盖所有的风险类型，相关的控制措施是否有效。内审部门可以根据每项风险应对措施，设计相应的评价指标，实施相应的审计程序。为每一项审计结果打分（满分为10分），根据评分结果评价应对措施设计的充分性和执行的有效性。具体情况参照表7-6。

表7-6 **评价指标体系**

评价指标	具体审计方法	审计评价
是否对公司类贷款进行行业分类管理和行业限额管理，是否严格控制高耗能、高污染和产能过剩行业的信贷投放	抽查客户的信贷管理手册和客户评级授信业务流程图，检查公司类贷款按行业类型进行分类控制是否有效	8
是否对个人贷款采取差别化的贷后管理措施	审查零售内部评级信用评分表，检查个人信贷业务审批程序是否齐全	9
是否优化信用卡授信审批、信用催收制度	审阅信用卡透支资产监控指标体系，检查是否有长期挂账款项、是否存在大额坏账	8
是否按照贷款本息收回的可能性把贷款划分为正常、关注、次级、可疑和损失五类	抽查不良贷款清单和呆账核销清单，检查银行不良贷款率是否符合国家标准，确定信贷资产的质量状况	8
是否存在有关银行账户的利率风险的识别、计量、监测、报告以及限额管理的政策制度和程序	抽查所有表内、外资产负债银行账户，检查银行账户的利率变动情况	9
是否采取限额管理和风险对冲方法来规避汇率风险	检查外汇限额管理办法、限额确定是否恰当，风险对冲方法是否有效	7
是否构建了集团内部机构资金往来的防火墙机制	审查控股、参股金融机构间资金往来管理的具体规定，检查防火墙机制是否能够有效预防风险串联	8
内部控制制度是否健全，是否有员工操作守则	了解内部控制制度、公司治理结构，检查内部控制制度是否有明确的职责分工，授权审批制度是否合理可行	8
风险管理部门是否制定全面、完整的操作风险监测办法	审阅操作风险监测工作管理办法，检查风险的评估和计量方法是否恰当	7
是否设有反洗钱领导小组，研究决定并组织实施反洗钱重大决策和行动计划	查阅该银行反洗钱政策和会议记录，检查相关的反洗钱政策和措施是否合理可行	8
合计		80

通过表7-6可以看出，评价指标体系比较全面，涵盖了工商银行经营面临的主要风险因素，说明该风险应对措施的设计比较充分合理。最终评价的分数是80分，说明工商银行的风险应对措施设计合理、充分，执行恰当有效。

■ 本章内容结构图

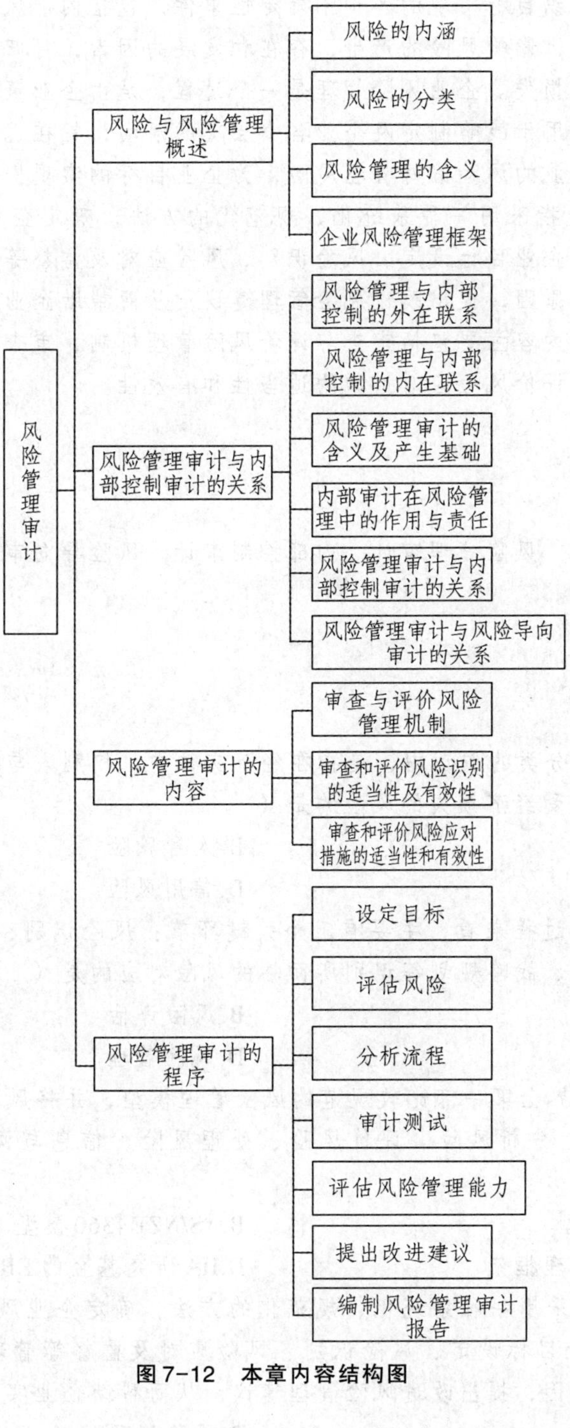

图7-12　本章内容结构图

■ 本章小结

风险是指影响组织目标实现的各种不确定性事件，包括内部风险和外部风险。风险要素是指构成风险特征，影响风险的产生、存在和发展的因素，可归结为三个要素：风险条件、风险事故和风险损失。企业风险管理是一个过程，是由企业董事会、管理层以及其他人员共同实施的，应用于战略制定及企业各个层次的活动，旨在识别可能影响企业的各种潜在事件，并按照企业的风险偏好管理风险，为企业目标的实现提供合理的保证。

风险管理审计是指采用一种系统化、规范化的方法，确定企业风险管理有效性的过程，包括确认和评价企业目标设定、风险识别、风险应对及监督等管理活动的缺陷和缺陷等级，分析缺陷形成原因，提出改进风险管理建议，从而帮助企业实现目标。

风险管理审计的内容主要包括审查与评价风险管理机制、审查和评价风险识别的适当性及有效性、审查和评价风险应对措施的适当性和有效性。

■ 关键概念

风险　风险管理　风险管理审计　内部控制审计　风险导向审计

■ 本章练习题

一、单选题

1.以下关于风险分类的叙述中，是指在经济交往中，权利人与义务人之间由于一方违约或犯罪而使对方蒙受经济损失的风险的是（　　）。

A.财产风险　　B.人身风险

C.责任风险　　D.信用风险

2.从风险管理的过程来看，主要有三个关键环节：风险识别、风险评价、风险应对，其中，根据组织目标、战略规划等识别所面临的风险对应的是（　　）。

A.风险识别　　B.风险评估

C.风险应对　　D.风险管理

3.（　　）是世界上第一部比较规范的风险管理模型，并将风险管理过程分为确定风险范围、识别风险、分析风险、评价风险、处理风险、信息与沟通、监督与审核七个部分。

A.COSO风险模型　　B.AS/NZE4360模型

C.安达信风险管理框架　　D.IIA研究基金的ERM框架

4.（　　）是指采用一种系统化、规范化的方法，确定企业风险管理有效性的过程，包括确认和评价企业目标设定、风险识别、风险应对及监督等管理活动的缺陷和缺陷等级，分析缺陷形成原因，提出改进风险管理建议，从而帮助企业实现目标。

A.风险管理审计　　B.风险管理

C.内部控制　　D.内部控制审计

5.（　　）按照企业风险管理流程展开，从企业目标的角度来评估与改善风险，并对企业风险管理体系的准确、可靠、充分和有效发表审计意见。由于审计的内容不尽相同，审计方法也有一定的差异。

A.风险管理审计　　B.风险管理

C.内部控制　　D.内部控制审计

6.以下风险评估的主要方法中，能使内部审计师搜寻到范围更广、内涵更深及更具实质性的审计发现，并归纳出风险管理审计的分析结论的是（　　）。

A.比率与差异分析法　　B.静态和趋势分析法

C.建立分析模型和计算机数据库　　D.定性分析法

7.（　　）是内部审计人员在实施必要的审计程序后，以经过核实的审计证据为依据，就被审计单位内部风险管理状况的适当性、合规性和有效性出具的书面文件。

A.风险管理审计　　B.风险管理审计内容

C.风险管理审计报告　　D.风险管理审计目标

8.描述本次风险管理审计的依据、审计目的和范围、审计重点和审计标准、主要实施程序等内容的是（　　）。

A.审计概况　　B.审计情况　　C.审计评价　　D.审计建议

9.（　　）即是否搜集风险管理初始信息，是否组织进行风险评估，是否制定相应的风险管理策略，是否提出和实施风险管理解决方案等。

A.风险管理基本流程运转情况　　B.风险管理监督与改进情况

C.风险管理组织体系建设情况　　D.风险管理信息系统建设情况

10.针对不同的风险点，建议管理层采取预防性、指导性、检查性和纠正性等控制措施，设法降低风险损失的概率和损失的数额的是（　　）。

A.建议风险回避　　B.建议风险转移

C.建议风险控制　　D.建议风险承担

二、多选题

1.风险要素是指构成风险特征，影响风险的产生、存在和发展的因素，可归结为（　　）要素。

A.风险条件　　B.风险事故　　C.风险损失　　D.风险性质

2.根据管理者经营的方式划分，企业风险管理包括（　　）等多个相互关联的组成要素。

A.内部环境　　B.目标设定　　C.事件识别　　D.风险评估

3.内部审计在风险管理中的作用有（　　）。

A.能帮助改进机构风险管理体系，并在风险管理过程中起关键作用

B.能够以第三者的身份从全局的高度客观公正地管理风险

C.可以指导企业的风险应对策略

D.能以咨询顾问身份协助机构确定、评价并实施针对风险管理的方法和控制措施

4.风险管理审计的内容主要包括以下（　　）方面。

A.审查与评价风险管理机制

B.审查和评价风险识别的适当性及有效性

C.审查和评价风险应对措施的适当性和有效性

D.审查与评价内部控制的适当性和有效性

5.内部审计人员在对企业风险识别的适当性及有效性进行审查时，重点应当（　　）。

A.审查与评价风险管理机制　　B.审查风险识别原则的合理性

C.审查风险识别方法的适当性　　D.评估风险识别的充分性

三、判断题

1.（　　）内部审计部门应当不定期对风险管理体系各个组成部分和环节的准确性、可靠性、充分性和有效性进行独立的审查和评价。

2.（　　）外部风险是指内部环境中对组织目标的实现产生影响的不确定性，而内部风险是指外部环境中对组织目标的实现产生影响的不确定性。

3.（　　）企业的风险管理是一个过程，其本身并不是一个目的，而是实现目的的一种方式。

4.（　　）内部控制或风险管理的根本作用是相同的。

5.（　　）开展风险管理审计是中国内部审计的发展方向。

四、简答题

1.什么是风险管理？说明风险管理与内部控制的关系。

2.比较风险管理审计与内部控制审计的联系与区别。

3.内部审计人员在对企业风险识别的适当性及有效性进行审查时，重点审查的内容是什么？

■ 本章参考文献

[1] 李三喜，徐荣才. 基于风险管理的内部控制：理论结构 操作规程 实务指南 [M]. 北京：中国市场出版社，2013.

[2] 格里夫茨. 风险导向内部审计 [M]. 中国人民银行内审司，译.北京：中国金融出版社，2014.

[3] 郭慧. 风险控制视角下的内部审计职能拓展研究 [M]. 北京：中国社会科学出版社，2016.

[4] 董大胜，韩晓梅. 风险基础内部审计——理论·实务·案例 [M]. 大连：大连出版社，2010.

[5] 胡杰武，万里霜. 企业风险管理 [M]. 北京：清华大学出版社，2009.

第八章

经济责任审计

学习目标

◇了解经济责任审计的内涵、目标、内容以及实施意义

◆理解经济责任审计与其他内部审计的异同

★掌握经济责任审计如何取证

审计产生的客观条件之一就是财产所有权与经营权的分离，其主要目的就是保护财产的安全和完整，保证会计资料的真实和可靠，明确财产经营管理者的经营管理责任。因此，从根本上看，任何一种审计都是经济责任审计，也就是说，广义的经济责任审计包括一切审计。狭义的经济责任审计则特指我国在近些年出现的旨在明确国家机关和国有企事业单位领导人员经营管理责任而进行的一种审计活动，这也就是我们通常所说的任期经济责任审计或者离任审计。经济责任审计是指审计机关依照法规对党政主要领导干部和国有企业领导人员经济责任履行情况进行监督、评价和鉴证的行为。本书主要是从狭义的角度对经济责任审计加以介绍。

第一节 经济责任审计概述

一、经济责任审计的概念

根据新版《现代汉语词典》，我们通常所说的责任有两个不同的解释：分内应做的事（职责或义务）；二是没有做好分内应做的事而应当承担的过失（相关后果）。目前，人们对经济责任的概念有如下3种不同观点，如图8-1所示。

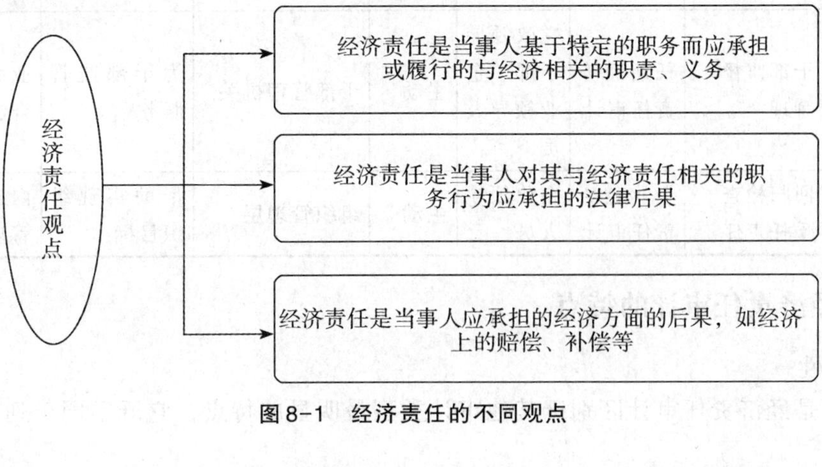

图8-1 经济责任的不同观点

本书采纳第一种观点，即公司管理者的任期经济责任是指对其应承担的经济责任加上任期的限制而产生的责任，也就是当事人任职期间的经济责任。目前，比较全面和一致的解释为：任期经济责任是指公司的各级管理人员在任职期间对其所在组织、部门的财政收支、财务收支和所在公司资产、负债、损益的真实性、合法性和效益性，以及有关经济活动应当承担的责任，包括主管责任和直接责任。

主管责任是指被审计的公司高层管理人员在其职责范围内，由于非本人原因导致工作上的失误并造成经济损失所应承担的领导责任和管理责任。

领导责任是指被审计人员虽然基于内部分工没有直接管理有关部门，但由于其对被审计单位的经营管理负有全部责任，进而应承担的相关经济责任。

管理责任是指被审计人员基于内部分工而由自己直接管理有关部门，进而对其应承担的相关经济责任。

直接责任是指被审计的公司高层管理人员在其职责范围内，由于本人原因导致工作上的失误并造成经济损失所应直接承担的责任。其包括：直接违反国家财经法规的行为；授意、指使、强令、纵容、包庇下属人员违法违规的行为；失职、渎职的行为；其他违反国家财经法规的行为。

1.概念解释

经济责任审计又称任期经济责任审计，是指内部审计部门依法接受委托，根据委托协议的规定，按照国家的有关规定和内部审计准则的要求，对被审计的经济责任人在任职期间所负责单位的资产、负债、损益的真实性、合法性、效益性，以及被审计人员个人履行经济责任、遵守财经纪律和廉洁自律情况所进行的监督、评价和鉴证，并提出审查意见的一种审计活动。

相关人员经济责任审计规定

2.我国经济责任审计的发展背景

我国经济责任审计的发展背景见表8-1。

表8-1 **我国经济责任审计的发展背景**

项目	客观基础	形式	审计范围	接受审计	结果使用者	最终目的	直接目的
1985—1993年初级阶段	两权分离检查、受托经济责任	离任审计、承包审计	国有企业厂长、经理	被动	财产和资源所有者	检查受托经济责任	代理经营责任、公共资源责任
1993年至今阶段	干部监督管理	任期经济责任审计	党政领导干部、企业领导人员	主动	干部管理机关	为干部监管服务	业绩、能力、合法、遵纪
发展趋势	回归检查受托责任	企业经济责任审计	企业领导人员	主动	组织管理层	帮助实现组织目标	内部控制风险管理

二、经济责任审计的特点

1.受托性

受托性是经济责任审计区别于其他审计类型最明显的特点，它既不同于列入审计计划的审计项目，又有别于上级或主管部门临时交办的审计事项，它必须是在得到上级部门或者单位提出委托审计的书面指令和申请后，审计部门才予以安排的一项审计工作，是一种“被动”而非主动的审计行为。

2.专一性

首先，相对于其他审计类型来说，经济责任审计仅就授权或提请要求审计的部门在授权或委托书中所指明的范围内进行，这个范围包括审计的时间范围和审计内容范围。审计的时间范围是被审计人员的任职期间，审计内容范围仅局限于被审计人员在管理职责范围内履行经济责任的情况，而非对其德、勤、能、绩进行全面考察和评价。其次，经济责任审计的专一性表现为审计内容本身的专一性。经济责任审计应按照有关规定对指定的内容进行审计，这在一定程度上也是规避审计风险的需要。最后，经济责任审计的专一性表现为审计对象的专一性，经济责任审计评价的对象是履行经济管理职责的人，不针对其他人。

3.经济责任审计是一种事后审计

经济责任审计的事后审计行为是由其性质决定的。对经济责任人员履行职责的情况无法也不可能进行事前审计。

4.经济责任审计的直接职能是评价

评价是审计机构完成审计过程之后，向委托部门表明的对被审计人员履行职责情况的最终意见，为管理部门提供考核、使用干部的依据。经济监督是其间接职能，是一种宏观监督，是审计评价的延伸和升华。

三、经济责任审计的意义

随着公司资产所有权与经营权的分离，以及经营权与管理权的进一步分离，逐渐产生了内部审计的客观需要和可能。作为企业内部审计的主要内容，经济责任审计也是公司资产所有权与经营权相分离的产物，其关键是要通过财务收支审计，将公司存在问题的责任落实到对公司资产负责的管理者个人身上，这也是财务收支审计结果的人格化。

一方面，在所有权和经营权分离的情况下，国家对国有公司的控制从原来的直接控制逐步转向间接控制，接受委托的国有公司应按国家规定的经济指标，如利润、净资产、产值、产量、品种、质量等，通过财务报告的形式向主管部门（集团公司、总公司）报告经营情况，组织内部审计机构对经营管理者完成各项经济指标的情况进行监督和评价，并对其报告的真实性、合法性进行鉴证。此时的经济责任审计为董事会对管理层经济责任的审计。

另一方面，在公司所有权与经营权进一步分离的情况下，大中型公司或公司的高管们需要将管理权授予中层、基层管理者，同时，需要通过内部经济责任审计及时了解这些中层、基层管理者是否按要求履行了相应的管理职责。此时的经济责任审计为高层管理者对中层和基层管理者的经济责任的审计。

因此，无论是内部审计的发展，还是公司内部加强管理与治理的客观要求，都需要对公司及其经营管理者承担的经济责任进行审计。内部经济责任审计的内在关系如图8-2所示。

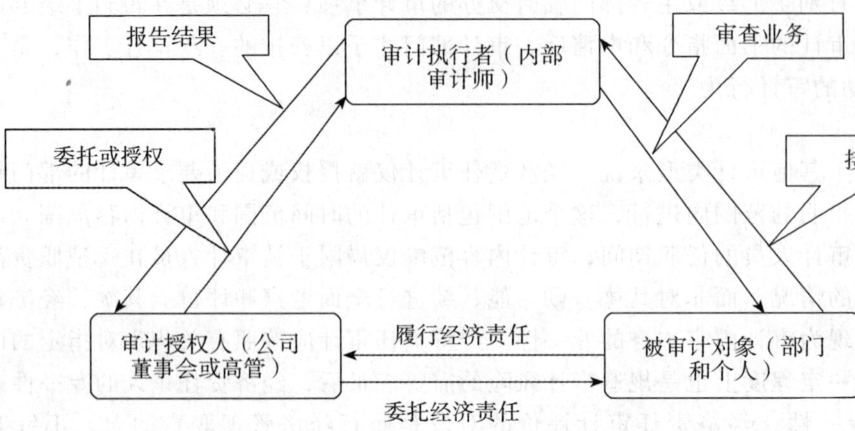

图8-2 内部经济责任审计的内在关系

目前，经济责任审计已经成为大多数公司内部审计工作充分发挥作用的一个重要领域。任期经济责任审计是伴随着我国市场经济体制的不断推进而逐步发展起来的，是广大内部审计人员面临的新工作和新课题。任期经济责任审计从产生以来就显示出其旺盛的生命力，已在我国普遍展开，并取得明显的成效。具体而言，开展经济责任审计有如下作用：

1.强化管理者的责任，保持公司持续经营

通过经济责任审计可以增强公司领导人员的责任感和自我约束意识，提高公司高管严格履行其约定职责的自觉性，强化公司高管执行财经法纪的职业意识，防止公司经营管理者的短期行为倾向，提高公司的获利能力，维持公司的持续发展能力。

2.明确经济责任，划清责任界限

公司领导因职务调动离任时，通过对公司的财务状况、资产的保值与增值、生产能力等情况进行审计，能确定离任者在其履职期间的经济责任，既可以严肃财经法纪，维护正常的经济秩序，同时也为继任者接管后的经济责任确定考核依据。

3.完善人事制度，强化激励与约束

通过经济责任审计，评价经营管理者在任期内的工作业绩和经营管理水平，以及遵纪守法情况，为组织人事部门考察、选拔优秀的经营管理人才提供参考依据。同时，可以借经济责任审计来严格评价和约束公司的管理人员，科学地选拔人才；还可以利用内部经济责任审计来落实激励机制，避免受表面现象和个人情感因素影响，真正提高公司人事管理的客观性和科学性。

同步思考8-1

经济责任审计与其他审计的区别表现在哪些方面？

理解要点：经济责任审计的目的是客观、公正地评价管理人员在管理企业经营活动过程中取得的业绩和对存在的问题应负的责任，为主管部门使用干部提供参考，旨在加强干部管理。其他审计的主要目的则是通过对被审计单位经济活动的真实性、合法性及收益性的审查，促使被审计单位维护国家的财经法纪，加强管理，提高经济效益。

知识链接8-1

经济责任审计是在探索中成长起来的一项我国特有的审计类型。1999年，中共中央办公厅、国务院办公厅印发的《县级以下党政领导干部任期经济责任审计暂行规定》《国有企业及国有控股企业领导人员任期经济责任审计暂行规定》使我国的经济责任审计工作逐步向规范化和法治化方向发展。

第二节 经济责任审计的目标和内容

一、经济责任审计的目标

审计目标是审计行为的出发点，是审计活动所要达到的境地。审计目标决定了审计的主要方向，影响审计的范围、内容，以及审计取证和分析评价的程序、方法，进而影响审计报告的内容及结果。审计目标分为总体审计目标和具体审计目标。

（一）经济责任审计的总体目标

中共中央办公厅、国务院办公厅印发的《党政主要领导干部和国有企业领导人员经济责任审计规定实施细则》（以下简称“两办规定”）第三条明确指出，“经济责任审计应当以促进领导干部推动本地区、本部门（系统）、本单位科学发展为目标”，具体可归纳为以下三个方面：

1.评价各级领导干部经济责任的履行情况，促进其认真履行经济职责

领导干部是本部门（单位）的组织、决策、管理和指挥者，对本单位经济、事业的发展肩负首要责任。内部经济责任审计的首要目标就是通过审计检查并合理界定、评价领导干部任职期间各项经济责任的履行情况，即通过对领导干部所在或所领导的部门（或单位，对于领导干部而言，主要指部门所属机构、单位，企业的内设机构、子公司或分公司等）的财政财务收支，以及重大经济决策事项的真实性、合法性、效益性进行审计，分清其在有关经济活动即事业发展中的功过是非，揭示存在的主要问题和领导干部应负的经济责任，促进领导干部全面履行经济责任，促进该部门（单位）科学发展。

2.加强对领导干部的管理，为管理当局或上级人事部门考核、奖惩、任用干部提供依据

作为管理当局或上级人事部门，对领导干部的考核包括德、能、勤、绩、廉等各个方面，在以经济建设为中心的大环境下，对其经济业绩的考核成为考核领导干部的主要内容。随着社会主义市场经济体制、公共财政体制的建立和发展，一个部门、单位的财政财务收支规模日益扩大，重大经济事项日渐增多，同时经济活动日趋复杂，领导干部的受托经济责任以及与此有关的公共责任也越来越大，这就需要专门的机构、专业的人员对领导干部的经济责任履行情况进行独立监督和评价。

3.促进被审计单位改善内部管理，促进领导干部廉洁自律

领导干部经济责任审计，是在对领导干部所在单位财政财务收支及有关重大经济事项审计的基础上，对领导干部经济责任履行情况进行鉴证、评价的过程，而绝不仅仅是对领导干部个人的审计，它实际上是将人与事相结合，将领导干部个人与其所在部门、单位相

结合，将财政财务收支审计与绩效审计相结合的综合审计。对于审计中发现的问题，从组织层面均须采取问责、完善内部控制、加强内部管理、改进组织和执行方式等后续措施，切实加以纠正和改进。同时，经济责任审计是加强对领导干部本人权力制约和监督的一种有效方式，通过促进领导干部自身遵纪守法和廉洁自律，对本单位的廉政建设起到巨大的影响和示范作用。

（二）经济责任审计的具体目标

具体审计目标是审计机构或审计人员根据具体审计事项、审计对象（即审计任务），对总体审计目标的分解和细化。按照两办规定，结合当前内部经济责任审计实践中对具体目标的选择和确定，可将内部经济责任审计的具体目标归纳为以下五个方面：

1.评价相关政策与决策部署的贯彻执行情况

认真、及时地贯彻并逐项落实上级部门及本单位的有关方针政策、决策部署、经营发展战略或主营业务发展计划等，是领导干部的一项重要职责，自然也是内部审计机构在实施内部经济责任审计过程中的一项重要目标。

2.评价内部控制的健全性、有效性

内部控制建设对于一个单位、一个系统甚至一个行业的持续、健康发展具有根本保障作用。随着社会经济的日益发展，领导干部所承担的经济责任事项越来越多，尤其是随着组织规模的不断扩大，领导干部不可能事无巨细地对每一个经济事项都亲自布置、亲自过问，甚至亲自实施，但领导干部作为本单位的主要负责人，受上级部门或出资人的委托，对本单位及所属单位进行全面管理，对其管辖范围内存在的违法违规、管理不规范等问题，理应负有不同程度的领导责任。解决这一矛盾的根本途径就是建立并不断完善本单位的内部控制，这是领导干部的一项重要职责。因此，对于被审计领导干部所在单位存在的主要问题，不能一概由领导干部个人承担，也不能一推了之，完全解除其责任。在内部经济责任审计中，既要关注被审计领导干部对所负责事项及所管辖单位内部控制的建立情况，还要关注内部控制的执行情况。

3.评价重大经济事项决策的科学性、民主性

领导干部作为部门、企事业单位内设机构、分支机构的负责人，对涉及本单位及所属单位的重大经济事项，如重大基本建设项目、对外投资项目、重大资金筹集和转向经费的使用、资产处置等，在其职责范围内拥有较大的自主决策权，同时还需要结合本单位实际情况，为贯彻落实上级主管部门发展规划或发展战略而研究提出具体的工作目标、任务及措施，并合理配置各项资源，以完成预定任务和工作目标，在某种程度上行使或部分行使决策权。因此，决策是领导干部履行经济责任的重要一环。对于领导干部而言，他们既是决策的参与者，也是决策的执行者，因此，重大经济事项的决策及执行效果是其领导能力的集中体现。内部经济责任审计把领导干部决策的科学性、民主性以及决策效果作为重要的评价标准之一。

4.评价被审计领导干部及单位财务合法性、合规性和有效性

领导干部经济责任审计作为一种审计类型，仍然以财政财务收支审计为基础，其具体目标涵盖了传统的财政财务收支审计或企业的资产负债损益审计的目标，应当对财务报表及资产、负债、损益各相关账项的真实性、完整性、公允性进行审查并发表意见。但同时，经济责任审计又要在实现财政财务收支审计目标的基础上，针对被审计单位在财政财务收支管理以及资产、负债、损益核算中存在的违法违规或弄虚作假等问题准确界定领导

干部应负的经济责任，对其履行经济责任情况进行全面、客观的评价，进而促进被审计单位规范财务核算和管理，严格遵守相关法规、财务制度和会计准则，真实、完整、公允地反映单位的经营或运营结果，依法理财、依法行政、依法经营。同时，要揭示资金、资产及其他经济资源配置使用中存在的效益低问题，或因决策失误、管理不善造成的重大损失和浪费等问题，促进被审计单位提高各项经济资源的使用效果。

5.评价廉政纪律和廉政制度执行的有效性

纪律属于制度范畴，廉政属于合法性范畴。领导干部经济责任审计的目的，以及当前的政治经济和反腐倡廉的环境，决定了在领导干部经济责任审计中，需要将纪律和廉政，尤其是领导干部自身遵纪守法和廉洁自律的情况作为一项具体的审计目标。领导干部自身遵纪守法和廉洁自律情况，对于本单位廉政建设具有巨大的影响和示范作用，也是上级主管部门、组织人事部门关注的重点。廉政工作既是生命线，也是高压线，在实践中往往属于“一票否决”的范畴，也是内部经济责任审计的重要目标。

上述五项具体目标涵盖了财政财务收支审计、绩效审计、财经法纪审计的主要目标，同时体现了既对事、更对人（被审计领导干部或领导人员）的经济责任审计内在要求和促进各项事业科学发展的本质要求，体现了内部经济责任审计的特点。在具体审计实践中，内部审计人员可结合被审计领导干部及其所在单位实际情况，以及相关部门的委托目的和要求，有所侧重地确定具体目标。

二、经济责任审计的内容

由于经济责任的内涵比较宽泛，因此，经济责任审计的内容也是包罗万象的。具体而言，经济责任审计的主要内容如图8-3所示。

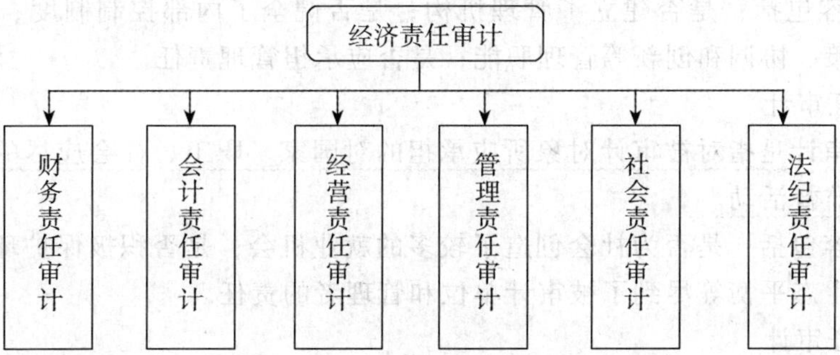

图8-3　经济责任审计的主要内容

1.财务责任审计

财务责任审计是指对任期内被审计人员完成所有者财富最大化任务及进行资金的筹集、投放、回收、收益分配、日常资产管理，以及在这一过程中处理各种财务关系应承担的经济义务所进行的审查和监督活动。

其主要内容包括：管理者任期内被审计单位是否实行严格的预算管理；预算执行和决算是否真实有效；是否适时、适量、适度地筹集到生产经营所需的资金；是否有大量的货币资金闲置未用；是否加强日常资金管理，充分降低经营成本，提高资金使用率，其债权、债务是否清楚，有无因长期拖欠形成呆账、坏账或由于资金管理不善而造成其他重大经济损失问题；国有资产是否得到合理使用并保值增值，任期内规定的各种财务指标是否完成，包括国有资产保值增值率、净资产收益率、总资产收益率、成本费用利润率、流动资产周转率、全员劳动生产率等的实现情况；评价任期被审计人员财务责任的履行情况。

2.会计责任审计

会计责任审计是指对任期内被审计人员在严格核算和监督自身经济活动时客观、及时、有效地提供有助于报表使用者进行投资、信贷和其他类似决策所需要的会计信息和其他相关信息，如实报告其经济责任履行情况所进行的审查和监督活动。

其主要内容包括：管理者任期内被审计部门的资产、负债、权益是否真实、合法、有效；是否严格执行了新企业会计准则和会计制度；是否合理配备会计机构和专业会计人员；是否存在账实不符、提供虚假财务会计报告和信息、资产不实等情形；会计控制和管理制度是否有效等。

3.经营责任审计

经营责任审计是指对管理者在任期内行使经营权时，在合理、经济、有效地组织人、财、物等资源，科学地进行生产经营活动，提高生产经营的合规合法性等方面应尽的义务所进行的审查和监督活动。

其主要内容包括：被审计单位的经营战略是否适当；经营目标是否合适；是否有规范的经营程序；经营活动是否违法违规；是否合理组织和利用公司资源；是否不断开发新技术、新产品；是否有长远的发展规划；有无重大失职和渎职行为；被审计人员经营责任的履行情况如何。

4.管理责任审计

管理责任审计是指对被审计人员在正确组织管理活动、提高管理效率等方面，对于其管理权的授予或委托者应承担的责任所进行的审查和监督活动。

其主要内容包括：是否建立了管理机构；是否健全了内部控制制度；是否履行了组织、指挥、决策、协调和创新等管理职能；是否应承担管理责任。

5.社会责任审计

社会责任审计是指对被审计对象所应承担的对国家、职工、社会应尽的职责和义务所进行的审查和监督活动。

其主要内容包括：是否为社会创造了较多的就业机会；是否积极保护环境；是否为社会安定和保持生态平衡等尽到了被审计单位和管理者的责任。

6.法纪责任审计

法纪责任审计是指对被审计单位和管理者是否规范遵守了国家和机关颁布的各种经营管理法律法规所进行的审查和监督活动。

其主要内容包括：被审计单位的经营管理和财务活动是否合乎法律、规范和制度的规定；有无贪污浪费的情况；有无挪用、挤占国家财产的行为等。

✲请注意✲

经济责任审计的内容就是要确定经济责任是什么，而不同行业、不同性质的部门或单位、不同时期、不同领导人员的经济责任是存在差异的，其经济责任审计的内容也各不相同。

第三节　经济责任审计的方法

一、审计取证方法

在经济责任审计的方法中，要特别注意"责任取证"的方法。所谓"责任取证"是指审计机关审计人员在经济责任审计中，搜集和获取用以说明审计事项责任归属和责任性质的真相，形成经济责任审计结论基础的证明材料的行为。当前对"责任取证"方法的研究不多，这在一定程度影响了经济责任审计的质量。"责任"两字是经济责任审计区别于其他类型审计的重要特征，如果不在一般审计的基础上特别注重领导者对财政财务收支及有关经济决策管理等重大问题的责任关系调查取证，经济责任审计就难以发挥作用。因此，在经济责任审计中，要加强"责任取证"方法的使用。首先，要澄清模糊认识，明确经济责任审计中责任取证的重要意义。要改变以前习惯于且擅长通过报表、账册、凭证获取证据，而对领导层的相关决策、管理行为涉及不多，对谈话记录、多方查询方法不熟悉的现状。其次，要坚持重点问题必须进行责任取证的原则。审计中要关注重大问题的证据来源、证据间的相互关系、拒绝签章的证据是否影响事实存在等对总体结论所产生的影响。最后，要注意领导干部的职责设定和重大决策程序的规范。若企业这方面的内容不规范，审计部门可以从内控制度方面追究责任，以促进被审计单位规范经济决策、经济管理、经济支配等方面的权力运作，促进领导干部重责慎权、依法用权。

1.审计疑点排除分析法

在对审计疑点进行分析时，审计人员会遇到两种情形：一是审计人员认为经济事项与常规情况不同，在异常的迹象中，由正常客观原因形成的假象造成审计人员对某种行为或现象有所怀疑，这种可疑迹象就是"假疑点"。二是审计人员认为经济事项与常规情况不同，在异常的迹象中，缺乏正常客观原因，这种可疑迹象是对客观事实的一种反映，导致审计人员对某种行为或现象有所怀疑，这种可疑迹象就是"真疑点"。

在上述两种现象中，因为导致可疑迹象的"原因"被"现象"所掩盖，不经过缜密的分析，审计人员几乎无法判断哪些可疑迹象是"真疑点"。对于隐藏经济问题的"真疑点"，应按照疑点的特征，采取进一步的分析步骤，将问题查清；对于"假疑点"，经过分析认为没有问题的可以排除。

2.审计疑点追查分析法

由于构成审计疑点的方式不同，疑点的表现形式包括动态疑点和静态疑点，对审计疑点进行追查分析也必须采用不同的分析方法。

动态疑点是经济活动中正在发生的可疑迹象，要对其进行分析就必须深入追查与其有关的全部经济活动，其追查方法包括推理分析法和追踪分析法。推理分析法是运用逻辑学原理，按照事物发展的一般规律进行合理推断的方法。首先根据审计疑点的具体内容确定推理的前提，然后按照推理的一般程序进行分析，并根据分析结果得出审计结论。追踪分析法是根据审计疑点提供的审计方向和审计线索，对其发生的原因和结果进行分析和追查的方法。运用这种分析方法首先要确定审计疑点产生和发展的运行轨迹，然后再根据其轨迹追查经济活动的事实真相。

知识链接 8-2

由于经济责任审计涉及的内容多、范围广、年限长，而审计目的又是针对领导人员的经济责任履行状况的评价，传统的财务收支审计方法已无法满足经济责任审计的要求，如仅依靠对被审计单位各类账本、会计凭证的核对，在很大程度上无法判定被审计领导人员的直接责任或领导责任，从而无法得出正确的审计结论。

二、责任界定方法

出具的任期审计报告和离任审计报告中，除去审计范围、期间等基本要素外，一般会对被审计人员在任期内遵守财经法律、法规、规章等情况，考核指标的完成情况，内部控制情况进行阐述，然后归纳出审计中发现的问题，并提出审计建议。报告会对被审计人员进行综合评述，但并没有对被审计人员应负有的经济责任进行明确表述。而企业在经济责任审计中首先要对被审计人员负有的经济责任进行明确划分，只有这样才能对被审计人员任期内应承担的经济责任进行准确的界定。

（一）经济责任界定的原则

1.客观性原则

审计人员应当以审计事实为依据，客观公正地界定领导干部（人员）在任职期间应当承担的经济责任。

2.谨慎稳健原则

审计评价应当依据审计取证的事实，以审计认定的数据准确、具体地进行评价，对于审计证据不充分或超出审计职责范围的事项不予界定经济责任。

3.权责对等原则

审计评价应当限定在领导干部（人员）任职期间履行经济责任的事项上，对于被审计领导干部（人员）在任职期间与经济职责不相关的事项不予界定经济责任。

4.可实现原则

审计评价内容必须是审计手段能够实现的，对于常规审计手段无法取证的事项，不列入评价内容，不予界定经济责任。

5.重要性原则

审计评价主要评价被审计领导干部（人员）在任职期间的重大经济事项，对一般性事项可以不予界定经济责任。

6.全面性原则

审计评价应当全面、客观、公正地分析被审计领导干部（人员）在任职期间的经济责任，充分反映被审计领导干部（人员）履行经济责任的业绩和应当承担的经济责任。

（二）常见的经济责任界定方法

两办规定将领导干部所应承担的责任分为直接责任、主管责任、领导责任。

直接责任包括：（1）直接违反法律法规、国家有关规定和单位内部管理规定的行为；（2）授意、指使、强令、纵容、包庇下属人员违反法律法规、国家有关规定和单位内部管理规定的行为；（3）未经民主决策、相关会议讨论而直接决定、批准、组织实施重大事项，并造成重大经济损失，国有资产流失等严重后果的行为；（4）主持相关会议讨论或者以其他方式研究，或者在多数人不同意的情况下直接决定、批准、组织实施重大经济事项，由于决策不当或者决策失误造成重大经济损失、国有资产流失等严重后果的行为；（5）其他应当承担直接责任的行为。

主管责任包括：（1）除直接责任外，领导干部对其直接分管的工作不履行或者不正确履行经济责任的行为；（2）主持相关会议讨论或者以其他方式研究，或者在多数人不同意的情况下直接决定、批准、组织实施重大经济事项，由于决策不当或者决策失误造成重大经济损失、国有资产流失等严重后果的行为。

领导责任是指除直接责任和主管责任外，领导干部对其不履行或者不正确履行经济责任的其他行为应当承担的责任。

为了把握和区分领导干部应承担的上述三类责任，审计人员应当明确区分以下责任：

1. 任期责任与前期责任

经济责任审计是对现任领导干部任期内的经济责任进行的审计，但是其所在单位往往是一个续存单位或持续经营的实体，前一任期的业务、经营及管理活动不可避免地会对本任期的业务、经营及管理活动产生影响，有时影响还非常巨大。在经济责任审计中，任期责任与前期责任划分的关键是要对被审计领导干部任职初期的财政财务收支情况、资产状况，如存货的数量及质量、债权债务的规模及可实现程度等，进行分析和评价，对于一些遗留问题，需要以严谨认真的态度，实事求是地分析和评价，以界定前任与现任双方的责任。

2. 直接责任与间接责任

政府部门或企事业单位领导干部对其所在部门或单位的管理工作、经济效益负责，依据受托责任的分层性、传递性和经济责任的分工原则，对其他领导干部的工作只承担间接责任或管理责任，即对其任期内直接决定的重大事项承担直接责任，对未经审批的各职能部门在日常经营管理过程中发生的问题，由当事人负直接责任，领导干部负间接责任。

3. 主观责任与客观责任

主观责任是政府部门或企事业单位领导干部因有主观故意行为，如以权谋私、滥用职权、玩忽职守等，给组织和社会造成损失而承担的相应责任。由于一些不可抗的外在因素或不可预料的随机因素造成的不良后果或其他问题则属客观责任。对于被审计领导干部任职期间的经营管理决策失误，既要看其是否遵循了科学、民主的决策程序，还要看有无外在环境造成的不可抗的客观因素，有无不可预计的重大变故，针对这些外部环境的变化和影响是否及时采取了相应措施，其效果如何等。

4. 主要领导责任和一般领导责任

区分主要领导责任和一般领导责任的关键，是要对领导干部所负领导责任涉及问题的存在范围、存续时间、性质及影响程度进行综合分析和判断，比如，对于被审计领导干部及其管辖的单位存在的一般性违规问题，或发生的一些领导干部不应该承担责任和主管责任的重大违法违规问题、经济损失问题，可以结合对内部控制的评审，被审计领导干部对存在问题所持的态度即采取的纠正、弥补措施等方面进行综合考量，适当区分。

5. 集体责任和个人责任

合理区分集体责任和个人责任，是要针对被审计领导干部及领导班子集体研究决定的事项，如果出现问题，既要追究领导干部的责任，同时也要追究领导班子集体的责任。因此，无论是行政事业单位还是企业的重大事项决策，其成功与否不能简单归咎于被审计领导干部个人，要视决策时的具体情况以及对执行过程的监督情况而定。对违反民主集中制原则，由被审计领导干部或其他成员个人决定的事项，应由相关个人承担直接经济责任；反之，由集体决策失误造成的损失应由集体承担，即被审计领导干部负主管责任，其他领导干部则负相应责任。

三、审计评价方法

由于经济责任审计中缺乏经济责任界定的统一标准，企业在开展经济责任审计工作时，往往以被审计企业在审计期间的一系列财务指标和被审计人员任期内考核指标的完成情况作为评价标准，进而对被审计人员的经济责任进行界定。

国内现有的关于经济责任审计评价方法的观点，总体上都是运用审计证据与审计标准比较的基本思路，有的以评价方法特点不同来命名，有的以评价内容不同来命名，有的以评价角度不同来命名，还有的则简单罗列一些方法。我国当前经济责任审计评价常见方法见表8-2。

表8-2 **我国当前经济责任审计评价常见方法**

分类标准	典型方法
评价方法特点	经济责任审计分析方法（比较分析法、因素分析法、账户分析法、疑点分析法） 经济责任审计测试方法
评价内容	360度反馈评价法
评价的角度	民主测评法
审计评价责任是积极的还是消极	积极经济责任评价方法、消极经济责任评价方法
简单罗列	业绩比较法、量化指标法、环境分析法、主客观因素分析法和责任区分法

（一）经营者经济责任审计评价体系和评价方法的构建

企业经营者履行经济责任的情况是一个复杂的问题，又受到各种不同因素的影响，笔者按照系统论的观点，将经济责任审计评价指标划分为定量指标和定性指标，如图8-4所示。这两种评价指标都由9个具体指标构成，分别反映经营者对企业经营活动的责任履行情况。

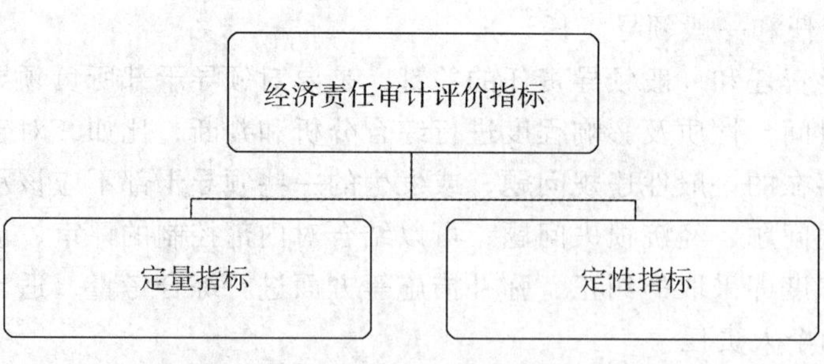

图8-4 经济责任审计评价指标关系图

1.定量指标体系

（1）财务效益指标。

净资产报酬率=年度净利润÷年度所有者权益×100%

总资产报酬率=年度净利润÷资产总额×100%

（2）资产运营状况指标。

总资产周转率=平均每年销售收入÷平均每年资产总额×100%

流动资产周转率=平均每年销售收入÷平均每年流动资产×100%

（3）偿债能力指标。

已获利息倍数=息税前利润（税前利润+利息费用）÷利息费用

（4）人力资源状况指标。

人均利润率=平均每年净利润÷平均每年企业在职人数×100%

智力及人才投资比率=智力及人才投资总额÷经济总额×100%

或 $=\dfrac{\text{平均每年开发新产品、引进新的生产管理技术、培训引进人才支出金额总计数}}{\text{平均每年经济总额}}$

（5）企业战略发展能力指标。

资本积累率＝本期净资产增加额÷期初净资产×100%

可持续增长率＝股东权益增长率×（1－股利支付率）

（6）资本保值增值成长指标。

资本保值增值率＝所有者权益期末总额÷所有者权益期初总额×100%

（7）环保指标。

环境污染损失率=环境污染损失额÷经济总额×100%

环保支出率=环境保护支出总额÷经济总额×100%

（8）产品或服务质量指标。

产品（或服务）返修（投诉）率=任期内产品（或服务）返修（投诉）金额÷经济总额×100%

（9）内部控制评审结果指标（见表8-3）。

表8-3　**内部控制评审结果指标**

项　目	内部控制评审结果指标	内部控制评审结果
指标类型	指标分类	具体指标
定量指标	财务效益指标	净资产报酬率
		总资产报酬率
	资产运营状况指标	总资产周转率
		流动资产周转率
	偿债能力指标	已获利息倍数
	人力资源状况指标	人均利润率
		智力及人才投资比率
	企业战略发展能力指标	资本积累率
		可持续增长率
	资本保值增值成长指标	资本保值增值率
	环保指标	环境污染损失率
		环保支出率
	产品或服务质量指标	产品（或服务）返修（投诉）率

2.定性指标体系

定性指标主要包括经营水平、领导水平、管理水平三大类，其指标体系如图8-5所示。

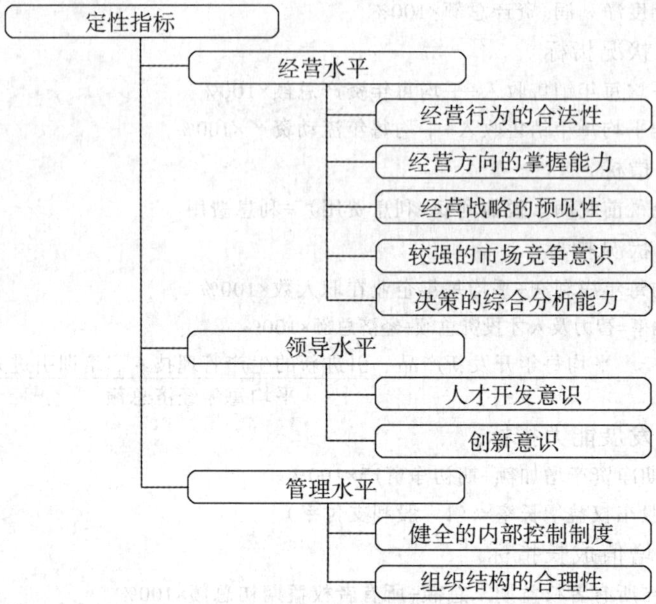

图8-5 经济责任审计定性指标体系图

（二）经济责任审计的综合评价

经济责任审计的综合评价主要采用权重法。权重，是指某一指标在某个指标体系中的重要程度，即某指标越是重要，则该指标的权重系数越大，反之权重系数则越小，而且同一级各指标的权重之和应等于1。为了避免固定的权重限制了整个指标体系的灵活性，指标的权重应在基础权重的基础上由专家针对具体情况、具体条件进行适当的调整。这样可以使评价结果不被数字所束缚，具有更大的合理性。因此，首先，为定量、定性指标赋予基础权重。基础权重遵循《国有资本金效绩评价规则》中对定量、定性指标赋予的权重，定量指标的权重为0.8，定性指标的权重为0.2。其次，对定量指标与定性指标进行分别评价以获得其评价分数。最后，计算出综合评价得分。

综合评价得分=定量指标评价分数×定量指标的权重+定性指标评价分数×定性指标的权重

根据企业经营者经济责任的综合评价分数进行评价，处于90~100分之间的为“优”；处于80~90分之间的为“良”；处于70~80分之间的为“中”；处于60~70分之间的为“及格”；处于60分以下的为“不及格”。最终，审计人员可以根据评价结果发表审计意见。下面将分别介绍定量指标与定性指标的评价方法。

1.定量指标的评价方法

定量指标的评价方法采用的是改进的沃尔比重评分法。运用这种方法时，选用定量指标体系，将指标的行业平均先进水平作为标准值，分别给定各项指标标准值的权重，通过实际值与标准值的比较，确定各项指标实际值的分数及总体指标的累计分数，从而得出定量指标的评价分数。在运用改进的沃尔比重评分法对企业经营者进行评价时，具体步骤如下：

（1）确定指标体系。主要指标为前面所列举的指标。

（2）确定标准值。行业平均先进水平是综合反映该行业平均先进状况的数值，将这些数值作为标准值，与被审计单位的实际值相比较，可以发现经营者因未完全履行经济责任而导致的不足与差错。

（3）赋予指标权重。所有指标的权重总计为100，可根据每个指标在综合评价中的作用为其分别赋予一个权重。权重可以采用专家打分的方法确定，也可由分析人员根据历史统计数据计算确定。

（4）计算评价分数。根据财务报表和其他资料的数据，分别计算各指标的实际值，然后加权平均计算所有指标的综合评价分数。其计算公式如下：

综合评价分数=∑（权重×关系比率）

式中，关系比率总的来说是实际值与标准值的比率。其具体计算方法如下：

①当实际值增加时对企业是有利的，其计算公式为：

关系比率=实际值÷标准值

②当实际值增加时对企业是有害的，其计算公式为：

关系比率=1+（标准值-实际值）÷标准值

③当实际值脱离标准值且不理想时，其计算公式为：

关系比率=1-（实际值-标准值）÷标准值

应用这种方法进行评价时，定量评价指标体系的选用、标准值的选用、指标权重的确定等因素对评价结果影响很大，因此选择时要谨慎。

2.定性指标评价方法

定性指标的综合评价采用模糊综合评价法，运用模糊矩阵乘法，然后根据最大隶属原则给出综合评价分数。其步骤如下：

（1）赋予指标权重系数。权重系数一般要通过专家法和比较法来确定。

（2）请若干专家为最后一级指标评价定级，一般可分为优、良、中、差四个等级。我们把专家中评定四个等级人数的比率记录下来，作为进行模糊判断的重要数据。

（3）计算步骤。

第一，根据定性指标评价表，获得模糊信息，建立模糊矩阵。

$$T=\begin{bmatrix} t_{11} & t_{12} & \cdots & t_{1n} \\ t_{21} & t_{22} & \cdots & t_{2n} \\ \vdots & \vdots & \vdots & \vdots \\ t_{n1} & t_{n2} & \cdots & t_{nn} \end{bmatrix}$$

第二，确定指标的权重集。

$F=(f_1, f_2, \cdots, f_n)$

第三，模糊综合判断，得出判断结果。

$$S=F\cdot T=(f_1, f_2, \cdots, f_n)\begin{bmatrix} t_{11} & t_{12} & \cdots & t_{1n} \\ t_{21} & t_{22} & \cdots & t_{2n} \\ \vdots & \vdots & \vdots & \vdots \\ t_{n1} & t_{n2} & \cdots & t_{nn} \end{bmatrix}$$

综合平衡定量指标和定性指标评议结果，得出经营者经济责任履行情况的最后得分，完成审计评价。

综合平衡定量指标和定性指标评议结果的公式为：

综合评价得分=定量评价得分×80%+定性评价得分×20%

同步思考8-2

经济责任审计评价有哪些内容？

理解要点：(1) 任期内市场开拓能力评价；(2) 企业内部控制评价；(3) 重大经济决策的评价；(4) 可持续发展性评价。

第四节 内部经济责任审计中应注意的问题

内部经济责任审计的开展应在两办规定的指导下，结合本部门（单位）的经营目标和实际情况，为本部门（单位）的经营管理服务。在审计实践中，内部经济责任审计结果的运用及后续审计是全部工作流程的最后一环，也是发挥领导干部经济责任审计各项作用的关键环节。同时，作为内部审计的一种类型，如果内部经济责任审计与其他内部审计类型结合得好，审计效率会明显提高，效果也会很显著。

一、内部经济责任审计的内向视角

按照委托代理理论，在所有组织中的每一个管理层次上均存在委托代理关系。同时，随着委托代理关系的日益复杂，委托代理链条也由外而内逐级递进。为了全面有效履行外部受托经济责任，党政机关、企事业单位不论是其主要领导人员还是作为一个组织整体，都需要将整体的经济责任层层分解至内部各个管理部门、生产部门、子公司。根据经济学家迈克尔·詹森、威廉·梅克林的观点，由于委托代理双方效用函数不一致、契约的不完备性及信息的不对称等原因，可能致使经营者受托责任不能全面有效履行，委托人可以使用审计这一监督手段来解决这些问题。其中，外部审计尤其国家审计是来自组织外部的经济监督，其鉴证的往往是本组织整体的受托经济责任，其经济责任审计对象一般是党政机关及其各部门、企事业单位的主要领导干部或主要领导人员；而对内部各部门、子公司的领导干部经济责任履行情况进行鉴证，则按照干部管理权限，主要由内部审计机构来实施。可以说，内部受托经济责任履行的效果直接决定着整体外部受托经济责任的履行效果，内部经济责任审计是做好外部经济责任审计的基础。

例如，在政府公共领域，公众将部分私人财产让渡给国家，由政府等部门利用这些财产进行公共管理活动，并为社会提供满足社会需要的公共产品与服务。此时，政府与公众之间的关系体现在政府预算上：立法机关对公共预算进行审批后，政府机关需要将财政预算在政府机关内部层层分解执行，确保公共财政活动严格遵守预算。此时，政府预算就体现为公众、政府和政府内部职能部门就政府活动的范围和方向所形成的委托代理关系，并产生“公众—立法机关—政府—政府职能部门—职能部门内部机构”这一委托代理链条。其中，国家审计机关进行的经济责任审计关注的是上述委托代理链条中的前四个环节，而最后一个环节则主要由内部审计机构进行审计评价。

作为组织中的一个重要部门，内部审计机构的设立旨在通过系统的、规范的方法，评价并改善组织风险管理、控制和治理的效果，帮助组织增加价值和改善运营，以实现其目标。所以，内部经济责任审计作为组织的重要内部控制机制，其审计视角是向内的而不是向外的：一方面，通过审计工作，加强对领导干部受托经济责任的考核，增强其受托责任意识，在组织内部营造良好的受托责任文化；另一方面，针对审计中发现的问题提出审计建议，提高组织的内部管理水平，促进各项事业科学发展。可见，内部审计机构开展的经济责任审计工作，其目的主要在于为本部门（单位）的经营管理服务，以帮助组织实现发展目标。而审计机关经济责任审计更关注各部门（单位）是否违反财经法规，公共资金的使用管理是否合规、有效，通过“审事议人”，加强对干部的监管。理解了这一点，才能理解内、外经济责任审计的审计重点、内容、结果应用等方面存在的诸多差别。

✲请注意✲

组织的人事部门往往是审计部门经济责任审计的委托方，是审计部门在经济责任审计工作中联系最密切的部门。

二、内部经济责任审计与其他审计类型的区别与联系

内部经济责任审计与财政财务收支审计、绩效审计、内部控制审计、建设项目审计、信息系统审计一样，都是内部审计的业务类型。但内部经济责任审计又是一种复合型的审计，与其他审计类型之间既有明显的区别又有密切的联系。要搞好内部经济责任审计，必须做好与其他审计类型的结合，做好成果共享，以更好地提高效率、节约资源。

（一）内部经济责任审计与其他审计类型的区别

1.审计对象的个人性

经济责任审计评价的直接对象是领导干部个人，这是经济责任审计区别于其他审计类型的重要特点。财政财务收支审计、内部控制审计、绩效审计等审计类型都是对被审计单位的会计报表、内部控制、经营管理及经济效益等情况进行评价和鉴证，而不是直接针对内部领导干部个人。

2.审计时间的跨期性

根据两办规定，经济责任是指领导干部在任职期间因其所任职务，依法对本地区、本部门（系统）、本单位的财政收支、财务收支以及有关经济活动应当履行的职责、义务。因此，不论是离任审计、任中审计还是专项审计，审计期间一般不止一个会计期间，往往是三至五年或者更长的年限，审计时间的跨期性给经济责任审计工作带来了较大的困难，也加大了审计风险。

3.审计范围广、涉及内容多

从两办规定可以看出，一般来说，经济责任审计既要审计财政财务收支的真实性、合法性和效益情况，又要审计重大项目的建设和管理情况，还要审计内部控制制度的建立和执行情况；既要审计本部门（系统）、本单位的预算执行和财政财务收支，又要对下属单位相关事项进行评价；既要审计各项经济指标的完成情况，又要审计贯彻落实科学发展观、贯彻执行党和国家各项法规和经济方针政策以及遵守有关廉洁从政（从业）规定的情况等。可以说，对领导干部的经济责任审计几乎涵盖了组织运营管理的方方面面。

4.审计难度大

这一点主要体现在责任界定和审计评价方面。经济责任审计要针对所发现的问题，逐项界定领导干部应承担的经济责任，但影响一个组织财政财务收支、经济活动的因素是复杂多变的，往往还会涉及一些不易量化的非经济责任的内容，如市场因素，领导干部的领导水平、管理能力等，加之缺乏统一的评价标准和办法，没有形成科学完整的评价体系，因此审计难度很大，对审计人员的素质要求也很高。

5.审计方式特殊

经济责任审计更为注重谈话等方式的运用；审计报告的形式、报告报出程序等方面有特殊要求；更加注重审计结果的运用和审计整改等。

需要说明的是，上述区别仅是笼统的概括，具体而言，经济责任审计与单一审计类型之间的区别各有不同，本书不再赘述。

（二）内部经济责任审计与其他审计类型的联系

内部经济责任审计与其他审计类型之间最主要的联系体现在：由于经济责任审计要评价内部领导干部的个人责任，其他仅关注某一特定方面的审计类型远远不能满足其要求，内部经济责任审计涉及管理领域，这就使得经济责任审计成为一种复合型审计，因此必须做好内部经济责任审计与其他审计类型的结合。本书将选择其中几种类型进行简要分析。

1.内部经济责任审计与财政财务收支审计的联系

经济责任审计的首要内容之一，就是要审查领导干部任职期间所在单位、部门财政财务收支的真实性、合法性、效益性。这其中的真实性、合法性正是财政财务收支审计的工作重点。由此可见，经济责任审计的目标和内容，涵盖了财政财务收支审计的全部目标和内容。这决定了经济责任审计必须首先从财政财务收支审计入手，运用财政财务收支审计的方法，对反映被审计单位经济活动的会计报表、会计账簿、会计凭证进行审查，以确认其经济活动是否合法合规，会计处理是否符合会计准则和会计制度，报表是否真实。这一过程是经济责任审计的基本前提。但同时也要注意，仅做到上述方面仍无法满足经济责任审计对财政财务收支效益性目标的要求。

2.内部经济责任审计与内部控制审计的联系

内部控制审计是经济责任审计的基础。首先，建立健全内部控制并使其得到有效执行是领导干部的一项重要责任。健全的内部控制是一个组织实施战略规划、实现预定目标的基本保证，控制环境、信息与沟通等内部控制要素往往还体现着一个组织的内在文化及运作理念。因此对内部控制的评审，本身就是领导干部经济责任审计的一项不可或缺的重要内容。其次，其他审计类型的重点一般都在于最终成果，而经济责任审计不但关注最终成果，还要评价其过程，在审计重点从结果向过程的延伸中，内部控制作为这一过程的关键环节，必然是经济责任审计的主要内容之一。最后，如前所述，开展内部控制评审，有助于合理、客观、全面地划分被审计领导干部应负的经济责任。在经济责任审计中，尤其是在审计后期，要善于将审计发现的、除领导干部应负直接责任和主管责任之外的难以界定责任的问题，结合内部控制审计和缺陷认定进行具体分析。如果是内部控制设计和运行方面的重大缺陷或重要缺陷导致的频发性、普遍性、典型性问题，就不能泛泛界定为领导责任，因为这恰恰是领导干部未能有效履行责任的必然结果；反之，则应解除或者部分解除被审计领导干部所应承担的经济责任。

3.内部经济责任审计与绩效审计的联系

一般而言，绩效审计要从一个组织管理的更深层次分析问题产生的原因，提出完善制度和改进管理的建议，从而为内部经济责任审计的责任界定和审计评价提供依据。近年来的审计实践表明，在经济责任审计中关注效益性问题，不仅涉及被审计领导干部投资决策是否科学、决策依据是否充分、是否存在决策不当或盲目决策造成的损失浪费问题，还将是否建立有效的管理制度、绩效评估和责任追究机制纳入视野，从而对被审计领导干部作出更全面、更完整的评价。

三、内部经济责任审计结果的运用

内部经济责任审计结果的运用及后续审计是全部工作流程的最后一环，也是发挥领导干部经济责任审计各项作用的关键环节。审计结果得到充分、有效的运用，会极大地发挥领导干部经济责任审计所产生的示范效应，有力促进各级领导干部以及员工认真履行自身的经济职责，提高遵纪守法的意识，推动被审计单位加强各项管理、健全内部控制，有利于各项事业持续健康发展。对经济责任审计结果的运用，可以有以下几种途径或方式：

1.作为使用干部的重要依据

根据两办规定第三十九条的有关要求，由管理当局将审计结果作为考核、任免、奖惩被审计领导干部的重要依据，并以适当方式将审计结果运用情况反馈给内部审计机构。将经济责任审计结果归入被审计领导干部个人档案。需要注意的是，若要内部经济责任审计发挥实效，在考核任用干部时应当参考其审计结果。

2.内部通报

由管理当局或委托内部审计部门在本系统、本单位一定人员范围内，通过书面或口头形式对审计结果尤其是审计中发现的普遍性、典型性问题进行内部通报，起到警示、教育作用，并提出相关工作要求。

3.后续整改

由被审计领导干部及其所在单位按照审计决定提出的处理处罚意见对有关问题进行纠正和整改，如调整相关账目，清收外部欠款，退还无偿占用的财物，赔偿经济损失等；根据审计报告提出的相关意见和建议采取切实措施，健全相关制度，完善相关体制，加强内部管理，提高经济效益等。

4.责任追究

问责制是领导干部经济责任审计成果利用的重要制度保证，责任追究是其成果利用的一个重要渠道，有责必究则是经济责任审计成果利用的一项重要原则和基本要求。责任追究不能仅局限于被审计领导干部个人，还应当包括应被追究责任的直接责任人及其他相关当事人，这样才能发挥领导干部经济责任审计的整体威慑作用。内部审计机构除在其职责权限范围内就有关经济事项及相关负责人作出相关经济处理处罚决定外，还应针对审计中发现的问题，根据相关法规及内部规章，提出对相关负责人进行责任追究的意见和建议。管理当局或其相关职能部门应当及时考虑并采纳审计建议，依照有关规定对相关责任人员进行纪律处分，对涉嫌经济犯罪的，应当移送司法部门进一步查处。

5.完善制度

内部审计机构应当对经济责任审计中发现的问题分层次、类别、对象和风险等级进行梳理和评估，并从体制、机制、制度、执行力、操作等多层面对问题成因进行深入分析，从全局角度提出整改要求和管理建议。对审计中发现的共性问题以及需要从体制、机制、制度层面解决的问题，应当由本部门（本单位）进行统筹规划，完善制度，将审计工作价值链的最后一环落到实处，真正实现内部审计在防范风险、改善管理、增加价值和帮助实现组织目标等方面的功能、作用。

案例：虚报支出套现难逃审计透视

此外，为保证经济责任审计达到应有的成效，促进经济责任的进一步落实，后续跟踪也是必不可少的。后续审计是指内部审计机构就被审计领导干部及其所在单位对经济责任审计中发现的问题及处理决定所采取的纠正措施及实施结果的跟踪审计。内部审计机构应该对审计中发现的问题从问题性质、危害程度、涉及金额、社会影响等角度综合考量，进行风险量化评估，根据风险等级程度采取不同的后续跟踪方式。后续审计应体现重要性原则，即主要针对重要问题的纠正措施和整改情况进行审计，未进行整改或整改不到位的，要进一步查明原因，提出审计意见，并报告适当管理层。如因被审计单位的外部环境、内部控制等因素发生较大变化使原有审计决定和建议不再适用，则应进行必要的修订，并在上报管理层的报告中予以说明。

■ 本章内容结构图

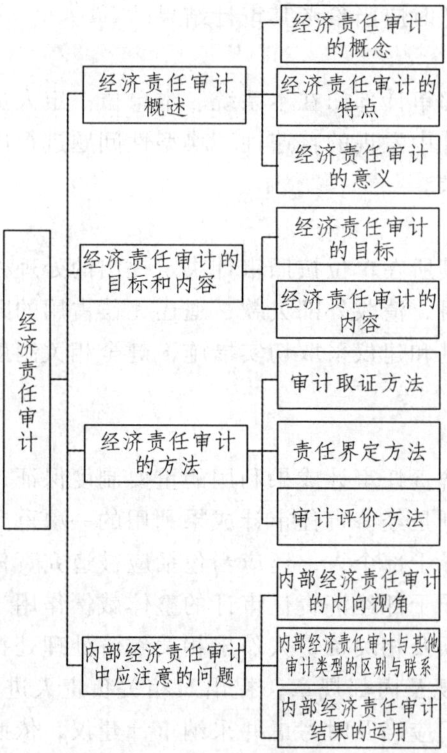

图 8-6 本章内容结构图

■ 本章小结

作为具有中国特色的审计业务类型，经济责任审计在我国的政治、经济生活中发挥着日益重要的作用。内部经济责任审计是经济责任审计工作的重要组成部分，它是以本单位最高管理层为审计委托人，由内部审计机构实施，以领导干部为审计对象的一种内部审计类型。与其他内部审计类型相比，内部经济责任审计具有审计时间长、范围广、涉及内容多，以及经济责任界定难、设计评价体系不完善等特点。内部经济责任审计是一种兼具各种审计类型特点和内容的复合型审计，与财政财务收支审计、绩效审计、内部控制审计、建设项目审计等其他审计类型相比，既有明显区别，又密切联系。要做好内部经济责任审计，必须与其他内部审计类型相结合，以提高效率、节约资源、降低风险。同时，充分运用内部经济责任审计的结果，有利于真正实现其在防范风险、改善管理、增加价值和帮助实现组织目标等方面的作用。

■ 关键概念

经济责任　经济责任审计

■ 本章练习题

一、单选题

1.由本人原因导致工作上的失误并造成经济损失所应直接承担的责任是（　　）。

A主管责任　　B.领导责任　　C.管理责任　　D.直接责任

2.经济责任审计的直接职能是（　　）

A.监督　　B.评价　　C.咨询　　D.确认

3.《浙江省高校党政主要领导干部经济责任审计操作规程》所称的高校领导干部包括（　　）。

A.省委组织部管理的省属、市属高校和省级部门（企业集团）所属高校的校（院）长

B.省委组织部管理的省属、市属高校和省级部门（企业集团）所属高校的书记、校（院）长以及担任法定代表人、主持工作一年以上的副校（院）长

C.省委组织部管理的省属高校和省级部门（企业集团）所属高校的书记、校（院）长以及担任法定代表人、主持工作一年以上的副校（院）长

D.省委组织部管理的省属、市属高校和省级部门（企业集团）所属高校的书记、校（院）长

4.高校党政主要领导干部经济责任审计的重点是（　　）。

A.学校科学发展情况、权力运行公开化情况、资源配置市场化情况、学校操作行为规范化情况、高校领导干部廉洁从业情况

B.高校党政主要领导干部任职期间履职情况、其所在学校财务收支的真实合法情况、重大经济事项的决策、经济管理、遵守财经法规及其他经济活动应当负有的经济责任

C.学校科学发展、重大经济事项的决策、经济管理、遵守财经法规、高校领导干部廉洁从业情况

D.权力运行公开化情况、资源配置市场化情况、学校操作行为规范化情况、高校领导干部廉洁从业情况

5.被审计高校党政主要领导干部提交的书面材料不包括（　　）。

A.学校发展和管理中的主要不足及个人责任

B.需要向审计组说明的其他情况，包括任职前重大经济遗留问题及其处理情况、以前年度审计整改情况

C.任职期间学校发展思路、发展规划、采取的具体措施、取得的发展实绩，实施的重大建设项目，争取的重大专项资金等，被审计领导干部发挥的作用和产生的影响

D.学校重大经济决策的会议纪要（记录）以及重要的经济合同、协议等资料

6.在某次高校党政主要领导干部经济责任审计中，审计组发现该校某附属企业存在性质严重的违法问题，则该附属单位经济活动合法性应评价为（　　）。

A.优　　B.良　　C.中　　D.差

7.国有企业领导人员经济责任审计的对象是指（　　）。

A.党委书记　　B.总经理　　C.董事长　　D.法定代表人

8.在对企业战略规划执行效果情况进行计分时，应按（　　）计分办法进行计分。

A.问题类　　B.趋势类　　C.分档类　　D.修正类

9.在计算全面经营预算完成情况指标时，指标选用企业年度经营预算设定的目标值，每个指标的实际值在预算值的（　　）范围内，则该指标完成预算。

A.±5%　　B.±4%　　C.±3%　　D.±2%

10.市县党政主要领导任期经济责任审计实行“自上而下”的审计方式，是指以（　　）为起点进行审计。

A.财务收支审计　　B.梳理发展思路　　C.决策　　D.决策执行

二、多选题

1.联席会议的主要职责包括（　　）。

A.研究制定有关经济责任审计的政策和制度

B.监督检查、交流通报经济责任审计工作的开展情况

C.协调解决工作中出现的问题

D.确定年度经济责任审计计划

2.领导干部经济责任日常管理机制包括（　　）。

A.任前经济责任告知　　B.年度经济责任报告

C.离任经济事项交接　　D.加强经济责任意识教育

3.领导干部离任经济事项交接的主要内容包括（　　）。

A.清理单位财政财务收支、资产负债　　B.经济诉讼和担保

C.个人管理使用的公共财物　　D.账面未涉及的其他事项

4.经济责任审计制度的目标包括（　　）。

A.促进权力运行公开化　　B.促进资源配置市场化

C.促进操作行为规范化　　D.促进领导干部守法、守纪、守规、尽责

5.制定经济责任审计中长期规划的原则包括（　　）。

A.全面覆盖　　B.突出重点　　C.规范有序　　D.分类管理

三、判断题

1.（　　）领导干部经济责任审计对象全覆盖是指各级党委管理的党政主要领导干部和国企负责人都要接受经济责任审计监督。

2.（　　）实行任中经济责任审计与离任经济责任审计相结合，对每位领导干部至少要审计一次。

3.（　　）上级审计机关可以将其审计管辖范围内的经济责任审计计划项目授权给下一级审计机关审计。

4.（　　）审计机关应当对确定的经济责任审计项目配置必要的人力资源（人员）、时间、技术装备和经费等审计资源。

5.（　　）联席会议下设办公室作为办事机构，负责落实联席会议各项决定及其他日常工作，是为联席会议成员单位提供与经济责任审计相关服务的办事机构。

四、简答题

1.经济责任审计的目标和内容各是什么？

2.简述内部经济责任审计与其他审计类型的区别与联系。

3.阅读并分析以下案例，你能得到什么启示？

基本情况：

XX电子公司是一家中等规模的上市公司，主要生产高科技个人电子计算机元件，其产品包括控制板、扩充电路板、存储器扩充装备、开关和零配件，其市场囊括了全国，但侧重于东部城市。XX电子公司大约60%的销售通过销售商、计算机维修公司和电脑零件零售商销售，其余的通过邮递订单的方式销售。王某于1986年创建该公司，1989年李某通过收购取得了该公司的控股权。王某担任市场部副主席一职至今。由于个人计算机市场快速发展，公司得以稳步发展。但是最近几年公司的发展速度有所下降，因为市场已逐渐趋于成熟，个人计算机销售量趋于下降，同时，该公司看到了顾客层的转变——从为计算机生产商提供零件到为个人计算机的所有者提供升级和维修零件，因为这些个人计算机的持有者宁愿选择维修和扩充其计算机，也不会选择购买新的计算机。尽管最近几年的销售收入不能显示出任何实质性的增长，管理当局仍对公司未来前景持乐观态度，相信公司将会增长。

（1）会计环境

XX电子公司的会计部有12人，包括1位财务总监和3位财务主管。XX电子公司使用电算化的总分类账会计系统。所有的交易在白天手工编号成交易单，在每天工作结束时由数据处理部输入计算机。会计手册规定财务总监应在交易单送往数据处理部前，检查和启动所有的编码交易单。由于财务总监受其他工作和时间的限制，他一周仅能少数几次检查交易单。

（2）控制环境

对公司管理当局的最佳描述是具有进取心。例如，公司政策明确规定不让竞争者在价格上击败自己。公司也经常通过媒体宣传活动使目标市场饱和，以增加短期销售计划。在第三季度，公司在有线电视的家庭购物网络中经销产品。另外，公司管理当局具有强烈的欲望以尽可能最好的成绩展示其上一年度的业绩。管理当局采用分散的组织结构。管理人员在其能够控制的领域内负有责任，并代表权力机构进行必要的决策，以实现规定的目标和任务。中低层管理人员的业绩压力很大。

会计手册概括地列出了所有的会计政策和程序，会计部的每位成员都有一本会计手册。会计部希望部门内每个人都能熟悉整本手册及精通于与其职责相关的部分。但是，会计部非常繁忙，没有时间实施正常的会计培训研习班，或与雇员进一步接触，以确保他们真正熟悉会计手册的内容。尽管缺乏必要的培训和进一步措施，但是上一年度内部会计控制系统的审计结果表明，内部会计控制系统并不存在重大缺陷。

■ 本章参考文献

[1] 国务院国有资产监督管理委员会统计评价局. 企业经济责任审计工作手册 [M]. 北京：经济科学出版社，2006.

[2] 韩明升. 经济责任审计实务 [M]. 北京：中国时代经济出版社，2011.

[3] 刘世林，方伟明. 经济责任审计理论与实务 [M]. 北京：中国时代经济出版社，2006.

[4] 张勇. 经济责任导向审计模式研究 [M]. 北京：中国时代经济出版社，2012.

[5] 鲍国明. 内部经济责任审计 [M]. 北京：中国时代经济出版社，2012.

第九章

舞弊审计

学习目标

◇了解舞弊的概念界定和表现方式
◆理解舞弊审计的理论基础和责任划分
★掌握舞弊审计的程序
★掌握计算机舞弊的控制与审计

在审计发展史上，舞弊一直是困扰审计执业界和学术界的重大问题。从国外的安然公司、世通公司、帕玛拉特公司，到中国的琼民源、郑百文、银广夏等一系列上市公司舞弊案中，我们不难看到，国内外公司舞弊风气之盛、涉及金额之大，以及带来的后果之严重。舞弊严重制约和阻碍了社会经济的发展，同时也损害了组织的形象和内部控制。鉴于内部审计范围的广度和深度及内部审计工作的经常性，内部审计人员对组织的业务活动和内部控制都比较熟悉，相对于外部审计人员在防范和发现组织的舞弊行为方面更有优势。内部审计人员能够掌握更多的舞弊线索或较早察觉容易引发舞弊的制度缺陷，更容易发现各种舞弊问题。因此，在预防、检查和报告舞弊行为的工作中，内部审计机构和人员发挥着举足轻重的作用。在国外，组织的管理层十分重视内部审计人员在组织内部开展的舞弊审计工作。例如，世界通信公司的重大舞弊行为，既不是由人才济济、经费充裕的美国证券交易监督委员会发现的，也不是由经验丰富、技术精湛的安达信会计师事务所发现的，更不是由薪酬丰厚、位高权重的公司董事会成员发现的，而是由三位内部审计人员首先发现的。可见，内部审计机构和人员在预防、检查和发现组织舞弊方面，发挥着至关重要的作用。

第一节　舞弊的概念界定和表现方式

一、舞弊的概念界定

（一）重要组织对舞弊的界定

舞弊的概念并不是很好理解。不同的权威部门给出了不同的定义。

国际内部审计师协会对舞弊的界定为：任何以欺骗、隐瞒或违背信用为特征的非法行为。这些行为不依靠暴力或胁迫，个人或组织为获取金钱、财产或服务，为避免付款或提供服务，为获得个人或组织私利等都有可能进行舞弊。

美国注册会计师协会（AICPA）给出了舞弊的狭义定义：编制虚假财务报告及侵占资

产的行为。这体现了注册会计师主要侧重于财务报表审计。

美国注册舞弊审查师协会（ACFE）对舞弊的界定特别强调了职业舞弊，也就是发生在工作岗位上的舞弊行为。职业舞弊包括大范围的员工、管理者和经理层的欺诈行为。它通常包括4个因素：（1）舞弊行为是在私下秘密进行的；（2）舞弊者违反了组织对他的职责要求；（3）舞弊者实施舞弊行为的直接或间接目的是获得财务利益；（4）舞弊者的舞弊行为消耗了组织的资产、收入或储备。

2008年，美国注册舞弊审查师协会、美国注册会计师协会及国际内部审计师协会共同发布了《管理企业舞弊风险：实务指南》。该指南将舞弊定义为：舞弊是任何旨在欺骗别人的故意行为或遗漏，造成了受害人的损失并/或使肇事者实现其目的。

我国内部审计协会颁布的《内部审计具体准则第2204号——对舞弊行为进行检查和报告》明确规定：舞弊是组织内外人员采用欺骗等违法违规手段，损害或谋取组织利益，同时可能为个人带来不正当利益的行为。颁布该具体准则的目的在于规范内部审计机构和人员协助组织预防、检查和报告舞弊的行为，更好地发挥其在预防、检查和报告舞弊工作中的优势，提高审计效率和效果，协助组织管理层更加有效地遏制舞弊，同时也可以进一步明确内部审计机构和人员及组织管理层在预防、发现及纠正舞弊行为中各自的责任，降低组织的舞弊风险。

舞弊行为的存在常常是由于组织和内部控制存在薄弱环节，如果不加以纠正，可能会更严重地损害组织的利益。因此，无论舞弊行为涉及的金额是大还是小，其性质都是严重的。

（二）对舞弊界定的综合分析

要想正确理解舞弊的概念，必须把握舞弊的以下特征：

（1）舞弊是一种违反法律法规的行为，即行为人的行为是不符合国家法律法规或违反组织规章制度的。

（2）舞弊是一种故意的行为。区别于错误，舞弊是指行为人故意采用非法手段，如涂改凭证、伪造单据或规避规章制度等，对事实进行篡改、歪曲，以达到占有或挪用公共财产的不良企图。

（3）舞弊行为是通过不正当的手段谋取或损害组织利益，但无论其行为的动机对组织是否有利，当该行为曝光后，最终都会给组织带来损害。

（4）舞弊行为可能给舞弊者带来不正当利益，包括直接或间接的非法获利。

（5）舞弊的实施者可能是组织内部人员，也可能是组织外部人员，通常而言，外部人员实施的舞弊也会损害组织的利益。

二、舞弊的表现方式

内部审计人员要想发现组织内部的舞弊行为，首先必须了解和把握组织内部的舞弊行为的各种表现方式。尽管不同组织内舞弊动机和舞弊行为的表现方式不尽相同，但是概括起来主要表现为损害组织经济利益的舞弊行为和谋取组织经济利益的舞弊行为。

（一）损害组织经济利益的舞弊行为

我国《内部审计具体准则第2204号——对舞弊行为进行检查和报告》明确规定：“损

害组织经济利益的舞弊，是指组织内外人员为谋取自身利益，采用欺骗等违法违规手段使组织经济利益遭受损害的不正当行为。”

损害组织经济利益的舞弊行为可能使舞弊者获得不正当个人利益，但这并非必然现象，具体的表现情形主要包括：（1）收受贿赂或者回扣；（2）将正常情况下可以使组织获利的交易事项转移给他人；（3）贪污、挪用、盗窃组织资产；（4）使组织为虚假的交易事项支付款项；（5）故意隐瞒、错报交易事项；（6）泄露组织的商业秘密；（7）其他损害组织经济利益的舞弊行为。当然，由于组织的运营环境不同，可能还存在其他未列举的损害组织经济利益的舞弊行为，需要内部审计人员运用职业判断来确定。

（二）谋取组织经济利益的舞弊行为

我国《内部审计具体准则第2204号——对舞弊行为进行检查和报告》明确规定：“谋取组织经济利益的舞弊，是指组织内部人员为使本组织获得不当经济利益而其自身也可能获得相关利益，采用欺骗等违法违规手段，损害国家和其他组织或者个人利益的不正当行为。”

从局部和短期看，某些舞弊行为可以使组织的经济利益增加，其防范工作不像前一种舞弊行为那样被管理层重视。甚至在内部审计机构和人员发现该类型舞弊时，管理层可能还会给予舞弊者某种程度的保护。但是，这种舞弊行为会损害国家或其他组织、个人的经济利益。从长远看，这类舞弊行为一旦被揭露，组织的经济利益还是会受到损害，如失去资本市场的信任、致使组织形象受损、支付违法违规的罚款等。这种损害行为也可能使舞弊者获得不正当的个人利益。内部审计机构应该向适当的管理层说明该类型舞弊对组织长远发展的负面影响，并争取高级管理层支持其对该类型舞弊的预防和检查。

谋取组织经济利益的舞弊行为的具体表现主要包括：（1）支付贿赂或者回扣；（2）出售不存在或者不真实的资产；（3）故意错报交易事项，记录虚假的交易事项，使财务报表使用者误解而做出不适当的投融资决策；（4）隐瞒或者删除应当对外披露的重要信息；（5）从事违法违规的经营活动；（6）偷逃税款；（7）其他谋取组织经济利益的舞弊行为。当然，由于组织的运营环境不同，可能还存在其他未列举的谋取组织经济利益的舞弊行为，需要内部审计人员运用职业判断来确定哪些行为可能属于谋取组织经济利益的舞弊。

知识链接9-1

清代纪昀在《阅微草堂笔记·如是我闻一》中有云：“此辈依人门户，本为舞弊而来。”在《二十年目睹之怪现状》第十四回中有云：“只要不另外想出新法子来舞弊，就算是个好人了。”

第二节　舞弊审计的理论基础和责任划分

一、舞弊三角理论

舞弊三角理论是由美国注册舞弊审查师协会的创始人、美国会计学会会长史蒂文·阿伯雷奇特提出的。他认为，组织中舞弊行为的产生必须具备三个条件要素，即压力、机会和合理化借口，就像燃烧必须同时具备一定的热度、燃料和氧气这三个条件要素一样。这三个条件要素相互联系、相互作用，共同导致了组织内舞弊行为的发生。

（一）舞弊三角理论的条件要素

1.实施舞弊的动机或压力

理性的人必然知晓舞弊是违背法律或道德的行为，如果没有特殊的动机或压力，舞弊是不会发生的。比如，做出侵吞、挪用资产等损害组织经济利益的舞弊行为的动机可能是个人收入入不敷出，或是为了满足对奢华物质生活的贪欲；做出谋取组织经济利益的舞弊行为可能是因为管理层对实现组织外部或内部特定利润目标倍感压力，特别是当没有实现特定的财务目标将会对管理层产生大不利的后果时（如影响到管理层个人的经济利益或职务升迁）。

2.实施舞弊的机会

只有舞弊的动机或压力尚不能导致舞弊的发生，舞弊者还需具有实施舞弊的机会。如果内部控制可以被处于关键管理职位或熟知内部控制某个薄弱环节的人员所凌驾或规避，那么就存在着损害或谋取组织经济利益的机会。

3.合理化借口

即便实施舞弊的前两个条件都已经具备，也并不意味着舞弊必然会发生，舞弊者还需要为舞弊行为寻找貌似合理的借口，使舞弊行为看上去、听上去显得很合理，以使舞弊者达到其内心的平衡或解脱。比如，当某人侵占资产时，其可能认为所在的组织未能向其提供应有的待遇或补偿。这些貌似合理的借口，往往与舞弊者特定的性格特征和价值取向有关。

康美药业财务造假及其根源探究——基于舞弊三角理论的视角

（二）基于舞弊三角理论的舞弊检查思路

了解舞弊存在的条件，并进行层层递进的剖析，为内部审计人员在审计实务工作中识别与评估舞弊导致的审计风险提供了多个思考维度和审查视角，更加有助于舞弊审计的实务操作。

由于舞弊通常存在一定的隐蔽性，因此，舞弊的审查会存在一定的困难。根据舞弊三角理论，内部审计人员在了解被审计单位及其环境时应当考虑所获取的信息是否表明存在舞弊风险因素，从而为舞弊的发现和进一步的审查提供合理的依据。舞弊风险因素是内部审计人员在了解被审计单位及其环境时识别的，可能表明存在舞弊动机或压力、机会的事项或情况，以及被审计单位对可能存在的舞弊行为的合理化解释。舞弊风险因素的存在虽然并不一定表明发生了舞弊，但在舞弊发生时说明存在舞弊风险因素，因此，舞弊风险因素的识别就为内部审计人员发现舞弊提供了便利的条件。虽然表明损害和谋取组织经济利益的舞弊行为存在的三个条件是相同的，但导致两类舞弊行为的舞弊风险因素却是不同的。

基于“GONE”理论浅析我国上市公司会计舞弊动因

1.损害组织经济利益的舞弊风险因素

（1）与动机或压力有关的舞弊风险因素

损害组织经济利益的舞弊行为更多的是与非法占用组织资产的舞弊者个人的动机或压力有关。与损害组织经济利益的舞弊行为的动机或压力有关的舞弊风险因素有以下两个特点：财务问题或还款压力是造成其做出侵占资产舞弊行为的主要原因；管理层与员工之间的矛盾与冲突，如当解聘、晋升、报酬、补偿、奖励等方面存在的矛盾冲突严重到一定程度时，可能导致员工通过侵占资产而做出报复行为。

(2) 与机会有关的舞弊风险因素

一般组织内部都会存在一些侵占资产的舞弊机会，对于易于接触的现金、价值较高又便于携带的资产更是如此。如果组织内部不能对这些较为敏感的资产设置完善的内部控制，如充分的职责分工、独立的复核、对接触资产的授权及相关资产管理人员的强制性休假制度等，那么侵占资产的舞弊机会将更加明显。与侵占资产的机会有关的舞弊风险因素包括：

第一，贪污收入款项，如侵占收回货款，将汇入已经注销账户的收款转移至个人银行账户等。

第二，盗取货币资金、实物资产或无形资产，如窃取存货自用或售卖，通过向公司竞争者泄露技术资料以获取回报等。

第三，使组织对虚构的商品或劳务付款，如向虚构的供应商支付款项，收受供应商提供的回扣并提高采购价格，虚构员工名单并支取工资等。

第四，将组织资产挪为私用，如将公司资产作为个人贷款或关联方贷款的抵押等。

第五，缺乏充分的职责分工，如管理存货实物的员工又负责存货的账务记录。

前已述及，对财务信息做出虚假报告的动机可能是掩盖侵占资产的事实。实际上，侵占资产通常伴随着虚假或误导性的文件记录，其目的是隐瞒资产缺失或未经适当授权使用资产的事实。

(3) 与合理化态度有关的舞弊风险因素

管理层对内部控制和道德行为的态度可能会为侵占资产的舞弊行为创造合理化借口，与侵占资产的合理化态度有关的舞弊风险因素包括：

第一，管理层缺乏对内部控制的重视，经常随意超越内部控制，对内部控制的缺陷也视而不见，听之任之。

第二，管理层本身就倡导或执行一些违反法律法规或道德规范的行为，如欺骗顾客，或者采取以高额奖励激励销售人员的政策等，这些都会使员工认为侵占资产的行为是可以接受的。

2.谋取组织经济利益的舞弊风险因素

(1) 与动机或压力有关的舞弊风险因素

谋取组织经济利益的舞弊行为的动机或压力往往来源于管理层希望误导财务报表使用者对组织业绩或盈利能力的判断。因为管理层需要履行受托资产保值增值的经管责任，而财务业绩，特别是盈利能力指标往往被视为受托经管责任履行情况的衡量指标，当这些指标的实际情况无法达到管理层的期望时，管理层就存在对其进行虚假报告的动机或压力。与谋取组织经济利益的舞弊行为的动机或压力有关的舞弊风险因素包括：

第一，迎合市场预测或特定监管要求。

第二，谋取以财务业绩为基础的私人报酬最大化。

第三，偷逃或骗取税款。

第四，骗取外部资金。

第五，掩盖侵占资产的事实。

（2）与机会有关的舞弊风险因素

组织管理层谋取组织经济利益的舞弊机会包括对会计记录或相关文件记录的操纵、伪造或篡改，对交易、事项或其他重要信息在财务报表中的不真实表达或故意遗漏，以及对会计政策和会计估计的故意误用。谋取组织经济利益的舞弊行为往往是受组织管理层的授意和掌控的，因此，管理层凌驾于内部控制之上就为舞弊的发生提供了机会。与谋取组织经济利益的舞弊行为的机会有关的舞弊风险因素包括：

第一，编制虚假的会计分录，特别是在临近会计期末时；

第二，滥用或随意变更会计政策；

第三，不恰当地调整会计估计所依据的假设及改变原先做出的判断；

第四，故意漏记、提前确认或推迟确认报告期内发生的交易或事项；

第五，隐瞒可能影响财务报表金额的事实；

第六，构造复杂的交易以歪曲财务状况或经营成果；

第七，篡改与重大或异常交易相关的会计记录和交易条款。

虽然这些舞弊手段的实施时间不一定具有规律性，但内部审计人员应当特别警惕会计期末，这时组织管理层往往会集中突击实施各类谋取组织经济利益的舞弊行为。

（3）与合理化态度有关的舞弊风险因素

组织管理层在实施谋取组织经济利益的舞弊行为前，会设想一些使这些舞弊行为合理化的态度、取向或道德价值，或者提出迫于环境和压力不得已而为之的理由。与谋取组织经济利益的舞弊行为的合理化态度有关的舞弊风险因素包括：①对组织价值的不恰当理解、沟通和支持；②了解到的曾经违反法律法规的情况；③管理层的过度野心或不现实的预测。

二、组织管理层与内部审计机构和人员在防范舞弊行为中的不同责任

（一）组织管理层的责任

组织管理层对舞弊行为的发生承担责任。因此，预防、发现和纠正舞弊行为是组织管理层的责任。建立健全并有效实施内部控制，是预防、发现或遏制舞弊行为发生的有效途径。组织的管理层有责任建立健全有效的内部控制，并且应当根据内部审计人员的报告和建议，对已发生的舞弊行为进行制止和纠正，对可能发生的舞弊行为进行追查和预防，进一步完善组织内部控制。

（二）内部审计机构和人员的责任

内部审计机构和人员应当保持应有的职业谨慎，在实施的审计活动中关注可能发生的舞弊行为，并对舞弊行为进行检查和报告。

内部审计机构是组织内部控制的重要组成部分，内部审计机构和人员的责任就是通过审查和评价组织内部控制的适当性、合法性和有效性来协助组织管理层遏制舞弊行为，发现组织内部控制的重大缺陷。即使是在不以揭露舞弊行为为主要目标的常规内部审计过程中，内部审计人员也要持应有的职业谨慎态度，合理关注组织内部可能发生的各种舞弊行为，以协助组织管理层预防、检查和报告舞弊行为。

针对上述舞弊三角理论，对组织内部的舞弊行为最有效的解决方法就是建立健全组织的内部控制，而内部审计机构和人员的职责就是保证内部控制在设计和执行上的恰当性和

有效性。其主要责任如下：

- 审查和评价组织规章制度的可行性；
- 审查和评价管理层态度的科学性；
- 审查和评价员工行为的规范性；
- 审查和评价经营活动授权制度的合理性；
- 审查和评价风险管理机制的有效性；
- 审查和评价管理信息系统的有效性。

（三）应有的职业谨慎

应有的职业谨慎是内部审计人员应当具备的合理谨慎态度和技能。组织内部舞弊行为的发生是与组织内部控制存在缺陷和漏洞直接相关的，这些缺陷和漏洞总会留下一些迹象。如果内部审计人员保持合理的职业谨慎，就能够对这些漏洞或迹象保持警觉，进而可以提醒管理层采取措施预防或发现舞弊行为。为此，内部审计机构和人员在检查和报告舞弊行为时，应当从下列方面保持应有的职业谨慎：

（1）具有识别、检查舞弊的基本知识和技能，在实施审计项目时，警惕相关方面可能存在的舞弊风险；

（2）根据被审计事项的重要性、复杂性及审计成本效益，合理关注和检查可能存在的舞弊行为；

（3）运用恰当的审计职业判断，确定审计范围和审计程序，以检查、发现和报告舞弊行为；

（4）发现舞弊迹象时，应当及时向适当管理层报告，提出进一步检查的建议。

内部审计人员在检查和报告舞弊行为时，除了应保持合理的关注和谨慎态度之外，还应当注意做好保密工作。通常，舞弊的检查工作由组织适当的管理层进行统筹安排和协调，内部审计机构和人员只是参与组织对舞弊行为进行的检查工作。由于内部审计人员了解组织的内部控制，且不少舞弊行为都能从资金上进行追踪，内部审计人员恰好是这方面的专业人士，因此，内部审计人员往往是参与舞弊行为检查的主要人员。但是，内部审计人员只承担舞弊检查的部分工作，还需要组织的相关管理层协调与指挥检查工作的进展。由于舞弊事项具有敏感性，因此，需要组织的相关人员对舞弊检查过程中发现的问题予以保密，否则可能造成舞弊者掩盖或销毁舞弊痕迹的情况，或者对内部审计人员的工作设置障碍。

（四）内部审计在履行检查和报告舞弊行为职责中的局限性

由于内部审计并非专为检查舞弊而进行，即使内部审计人员以应有的职业谨慎执行了必要的审计程序，也不能保证发现所有的舞弊行为。防范和遏制舞弊要依靠组织所建立的有效的内部控制。

内部审计的日常工作对象是组织的经营活动和内部控制，其工作并非专门用来发现和检查舞弊。在对内部控制的日常审计过程中，内部审计人员通过对内部控制的设计和运行有效性的检查来协助预防、发现和报告舞弊。由于舞弊者可能刻意掩饰舞弊行为，内部审计人员需要对审计证据的可靠性予以特别关注，防止被舞弊者误导。虽然在检查舞弊的过程中，内部审计人员也会注意到内部控制的薄弱环节和效率问题，但其注意力更多地集中在实际已经发生的事件上，并致力于寻找可以证明舞弊存在的具体细节。这种工作重心与工作程序、方法的不同，使内部审计人员难以保证通过日常工作发现所有的舞弊行为。内部控制具有局限性，由于时间、环境或执行人等原因，可能会使组织的内部控制失效，并发生舞弊。这种局限性使得内部审计人员即使以应有的职业谨慎执行了审计程序，也无法保证发现所有的舞弊行为。

达实智能：反舞弊与举报制度

> **同步思考 9-1**
>
> 舞弊三角理论是什么？
>
> 理解要点：舞弊产生的三个条件要素是压力、机会和合理化借口。

第三节　舞弊审计的程序

一、评估舞弊发生的可能性

（一）对舞弊发生的可能性进行评估

内部审计人员在审查和评价业务活动、内部控制和风险管理时，应当对舞弊发生的可能性进行评估。风险的识别是指内部审计人员认识组织存在哪些方面的舞弊风险的过程，其实质就是对组织可能存在的舞弊风险、舞弊行为及风险管理和内部控制状况进行分析的过程。对舞弊风险的识别与评估是认知和感知风险，并对风险进一步分析和度量的过程。感知风险是风险识别的基础，包括分析存在哪些风险，哪些风险需要特别关注；分析风险是风险识别的关键，包括分析引起风险的主要原因、风险事故的后果，确定风险识别的方法等。

内部审计人员在审查和评价业务活动、内部控制和风险管理时，应当从以下方面对舞弊发生的可能性进行评估：组织目标的可行性；控制意识和态度的科学性；员工行为规范的合理性和有效性；业务活动授权审批制度的有效性；内部控制和风险管理机制的有效性；信息系统运行的有效性。

（二）对可能导致舞弊发生的情况的考虑

内部审计人员除考虑内部控制的固有局限外，还应当考虑下列可能导致舞弊发生的情况：（1）管理人员品德不佳；（2）管理人员遭受异常压力；（3）业务活动中存在异常交易事项；（4）组织内部个人利益、局部利益和整体利益存在较大冲突。

在对舞弊发生的可能性进行评估的基础上，内部审计人员需要考虑可能导致舞弊发生的情况，并评估其影响程度和发生的可能性。尽管组织已经建立并运行了内部控制，但是内部控制也存在固有局限性。例如，出于成本效益的考虑，内部控制在某些环节上可能存在缺失的情况；在决策时，因人为判断可能出现错误或人为失误而导致内部控制失效；行使控制职能人员的素质不适应岗位要求也会影响内部控制功能的正常发挥；内部控制一般都是针对经常而重复发生的业务而设置的，如果出现不经常发生或未预计到的业务，原有控制就可能不适用；在设置了职责分离的环境下，仍然可能存在串通舞弊的情况；高级管理层利用职权超越内部控制等。内部控制的固有局限性使得舞弊者能够利用其绕开内部控制实施舞弊行为。

（三）对评估结果的报告

内部审计人员应当根据可能发生的舞弊行为的性质，向组织适当管理层报告，同时就需要实施的舞弊检查提出建议。

内部审计人员应当在日常工作中对可能存在的舞弊保持警惕，当内部审计人员发现舞弊的迹象时，应当向适当的管理层进行报告，并督促其尽快采取措施，遏制舞弊造成的影响。报告的形式可以是口头报告，也可以是书面报告。不论内部审计人员的报告结果如何，其在做出报告时都应有合理的证据支持。

二、舞弊的检查

舞弊的检查是指实施必要的检查程序，以确定舞弊迹象所显示的舞弊行为是否已经发生。

内部审计人员进行舞弊检查时，应当根据下列要求进行：(1）评估舞弊涉及的范围及复杂程度，避免向可能涉及舞弊的人员提供信息或被其所提供的信息误导；(2）设计适当的舞弊检查程序，以确定舞弊者、舞弊程度、舞弊手段及舞弊原因；(3）在舞弊检查过程中，与组织适当管理层、专业舞弊调查人员、法律顾问及其他专家保持必要的沟通；(4）保持应有的职业谨慎，以避免损害相关组织或人员的合法权益。

预防、发现及纠正舞弊行为是组织管理层的主要责任，决定是否进行舞弊检查及如何进行舞弊检查同样也是组织管理层的责任。内部审计机构和人员只是协助管理层完成这一职责。在某些情况下，由内部审计人员负责检查舞弊可能更为有效，但针对舞弊的检查与内部审计人员的日常工作内容毕竟不相同，因此，往往需要内部审计人员与其他专业人士共同努力，才能完成舞弊检查的工作。

（一）评估舞弊涉及的范围及复杂程度

内部审计机构和人员应当评估舞弊涉及的范围及复杂程度，并避免为可能涉及舞弊的人员提供信息或被其所提供的信息误导。由于舞弊者通常会消除舞弊痕迹，或者破坏、篡改记录，提供虚假的信息，内部控制也可能受到破坏或被超越。因此，在常规审计中可以信赖的审计证据或同样条件下取得的可靠审计证据，在舞弊检查中就可能不足以信赖或表现为不可靠。为此，内部审计人员应当对舞弊者消除舞弊痕迹或篡改记录、提供虚假信息及破坏相关内部控制的行为保持警觉，以获取客观、真实、可靠的审计证据。

（二）设计适当的舞弊检查程序

内部审计机构和人员应当设计适当的舞弊检查程序，以确定舞弊者、舞弊程度、舞弊手段及舞弊原因。舞弊检查的工作程序与常规审计的不同之处就是其属于发现性工作，需要专门技术与专业人员的支持，针对已经发现的舞弊线索采取特殊的审计程序与方法。在日常审计工作中，内部审计人员可能更注重审计整体的合理性和有效性。但在舞弊检查中，除了从整体的分析中寻求线索外，内部审计人员更需要确定微观的、细节的合理性，如对经济利益流出和流入组织的环节就需要重点关注。

（三）与相关各方保持必要的沟通

内部审计机构和人员应当在舞弊检查过程中与组织适当管理层、专业舞弊调查人员、法律顾问及其他专家保持必要的沟通。在舞弊检查过程中，随着检查所发现问题的不同，所涉及的人员与专业领域也不尽相同，因此，内部审计人员应当与参与检查舞弊的各个方面的人员都保持有效沟通，利用其他专业人士的经验与能力，使检查工作达到预期的效率和效果。

（四）保持应有的职业谨慎

内部审计机构和人员应当保持应有的职业谨慎，以避免损害相关组织或人员的合法权益。内部审计人员应当了解相关的法律法规，以避免由于采取了不恰当的审计程序和方法，使组织和人员的合法权益受到影响，也使自己处于不利地位。

三、舞弊的报告

舞弊的报告是指内部审计人员以书面或口头形式向组织适当的管理层或董事会报告舞弊检查的情况及结果。

（一）舞弊报告的形式

由于舞弊检查具有机密性，因此，舞弊报告的提交对象应是适当的管理层，内部审计人员通常向组织的高级管理层或董事会进行报告。舞弊的报告形式可以是口头的，也可以是书面的。报告可以在检查工作结束后提交，也可以在检查工作进行过程中提交。采取口头报告和在检查过程中进行报告的目的是使组织管理层及时知晓所发现的情况，以决定是否采取措施和采取什么措施来遏制舞弊行为。在完成舞弊检查工作后，应提交正式的书面报告。

（二）需要向适当管理层报告的情形

在舞弊检查过程中，出现下列情况时，内部审计人员应当及时向组织适当的管理层报告：（1）可以合理确信舞弊过程已经发生，并需要展开深入调查；（2）舞弊行为已经导致对外披露的财务报表严重失实；（3）发现犯罪线索，并获得了应当移送司法机关处理的证据。

内部审计机构和人员的工作是检查舞弊，其本身没有权利对如何处置舞弊行为做出决策，因此，当内部审计机构和人员确信舞弊行为已经发生或舞弊行为已经导致对外披露的财务报表严重失实时，应及时报告组织适当的管理层，以便其决定是否需要采取进一步的措施。在发现犯罪线索，并获得了应当移送司法机关处理的证据时，更需要及时向组织适当的管理层进行报告，以决定是否向外部权力机构通报所发现的问题。

（三）完成舞弊检查后的审计报告

内部审计人员完成必要的舞弊检查程序后，应当从舞弊行为的性质和金额两方面考虑其严重程度，并出具相应的审计报告。审计报告的内容主要包括舞弊行为的性质、涉及人员、舞弊手段及原因、检查结论、处理意见、提出的建议及纠正措施。内部审计人员在完成舞弊检查工作之后提交的报告中，应当体现内部审计人员对舞弊的检查过程及内部审计人员的职业判断，不仅要阐明舞弊的成因、责任人、性质，还应当提出改进的建议和纠正措施，后者体现了内部审计机构的建设性职能，即实现组织利益的最大化。

从成本效益原则考虑，内部审计人员对不同性质和金额的舞弊行为应当采取不同的处理方式。若发现的舞弊行为性质较轻且金额较小，可一并纳入常规审计报告；若发现的舞弊行为性质严重或金额较大，应出具专项审计报告。如果涉及敏感的或对公众有重大影响的问题，则应征求法律顾问的意见。需要强调的是，对舞弊性质和金额的判断同等重要，某些金额较小但性质严重的舞弊行为也应得到重视。在决定采取何种方式报告舞弊检查结果时，需要运用内部审计人员的职业判断。

第四节 计算机舞弊的控制与审计

在当今信息社会中，计算机作为一种数据处理的工具已经变得不可或缺，给会计人员和其他需要信息处理的人员带来了极大的便利条件。但是，无论是在计算机应用十分发达的国家，还是在刚刚开始应用的国家，计算机舞弊和犯罪都频繁发生，无不造成十分巨大的损失和危害，必须对此进行严格的控制和防范。

中国建设银行CZ分行员工舞弊内部审计研究

一、计算机舞弊的类型

计算机舞弊就是对计算机系统的舞弊和利用计算机系统进行的舞弊。前者是把计算机系统当成目标，对系统硬件、数据文件、程序、辅助设施和资源进行破坏或盗窃；后者则是以计算机作为实现舞弊的基本工具，利用计算机编制程序进入其他系统进行舞弊活动。计算机舞弊的名目繁多，表现形式也多种多样，具体包括如下几种。

（一）破坏

破坏是指从实体上销毁或破坏计算机资源，如破坏计算机设备、毁坏保存在计算机中的全部软件和信息，这种犯罪危害很大，通常以报复为目的。例如，国外某公司计算机相关部门人员因被解雇而心怀不满，离开公司前在计算机中输入了一个“病毒”程序，5年后该系统整个陷入混乱，花费1 000万美元才得以修复。

（二）复制和盗窃软件

根据各国的软件保护法，复制和盗窃软件属违法行为，但是仍然有许多人复制和偷窃软件为己所用，甚至谋取商业上的利益。

（三）偷窃数据

偷窃数据是指非法读取计算机系统中的数据和信息，非法接收计算机辐射电波和传输信号。无论是国家还是企业、个人，都有一些机密性的信息，这些信息的泄露会对自身、社会和他人造成损害。

（四）通过篡改数据或伪造数据窃取钱财或营私舞弊

舞弊者可能通过篡改数据或伪造数据窃取钱财或营私舞弊。例如，1985年高考时，我国全面采用计算机系统处理考生信息，某考区计算机数据录入人员将已经打印好的成绩单销毁，按预先掌握的某考生的密码，对这个考生的成绩进行更改，然后用相同机型、相同字体，按相同格子、颜色深浅接近的色带，重新打印了一份假的成绩单。再如，上海2名20岁的年轻人利用便携式计算机非法复制某证券公司营业部的全部信息，并随意对该证券部上万户股民的资金实施划转和存取。还有，美国长岛铁路公司电子计算机系统中心职员通过篡改系统中的数据，将200节车厢提前报废，然后将其倒卖谋取不法利益。

（五）非法篡改程序

计算机操作人员通过篡改计算机程序盗窃公司财物或谋取私利。例如，1988年，成都市中国农业银行某营业部计算机操作员，伙同四川电子科学技术经营部某借调人员，通过修改程序贪污87万元。再如，中国建设银行湖南衡阳某支行一计算机记账员通过修改计算机程序转账18万元，从中受贿3 700元。

（六）敲诈勒索

舞弊者通过掌握计算机系统的关键性内容，如重要的程序编码或重要的密码等向相关的组织实施敲诈勒索。例如，美国佛罗里达州某保险公司财务总监被解职后，将一个只有自己知道的密码编入程序输入该保险公司的计算机。没有密码，系统内存储的大量数据及40多万美元的存款都无法动用，这位前总监以此要挟公司，要求获得高额解职金。

（七）挪用资金、非法经营

舞弊者利用计算机系统挪用公司资金或实施非法经营。例如，一个在美国某银行工作的普通职员通过一个偶然的机会了解到该行转账负责人的口令，然后利用联机系统将1 000多万美元转入瑞士苏黎世某银行的一个私人账户，其后他将钱提出购买了大批钻石带回美国，准备出手后再将钱存回银行。再如，英国某信用部门职员了解到市场上某种债券的价格在下跌，他从一个客户账户中取出一部分债券出售，然后再以低价买进，存回原账户，自己则赚取差价。还有，中国工商银行大连市西岗区办事处某计算机管理员，利用熟悉计算机系统之便，截留、贪污应收利息16万元。中国工商银行哈尔滨河图支行某储蓄操作员，利用空存100万元，趁通兑的机会贪污了95.8万元。深圳国际投资基金获电脑部某副经理通过虚设股东账户和虚增资金账户的资金，参与股票操作并获取资金2万元。

（八）掩盖经营上的失败

舞弊者利用计算机系统篡改数据以掩盖经营上的失败。例如，1973年美国产权基金公司利用计算机以虚构保险单和投保者等手段伪造佣金收入、高估净利，从而使股票价格由每股6美元上涨到每股37.5美元，直到开除职员引起告发事件真相才被曝光。最后，该公司宣告破产，有关方面的损失达3亿美元。

（九）非法电子资金转账

舞弊者利用计算机系统实施非法电子资金转账。例如，国外某银行客户部主管利用手中职权开立了一个虚假的存款账户，并不时地填写、输入原始凭证，将其他账户中的存款转入虚假户头，每次不超过2 000美元，每当储户发现自己的账户数字有问题时，该主管总是说："是计算机出问题了。"利用此种手法，该主管在一年半的时间里共获得收入150万美元。后来警察通过侦破在赌场发生的另一案件，才发现该主管经常到赌场去，并输掉了大笔款项。这引起了警察的怀疑，警察通过进一步侦察揭露了这种不法行为。

现有计算机系统存在的诸多薄弱之处是造成上述舞弊的主要原因。例如，计算机系统开发人员和系统领导人员不重视针对计算机系统实施内部控制，计算机系统用户正常的防护知识和专业安全知识不足，保密制度和复核制度没有得到严格的实施，缺乏经常性的审计和监督等。

二、计算机舞弊的控制和审计方法

计算机舞弊的大量存在已经使其成为内部审计领域特别受到关注的重要问题，但是计算机舞弊具有手段高明、不留痕迹、证据收集困难等重要特点，因此，从内部审计工作的角度来看，应通过审计检查发现组织存在的各种计算机舞弊行为，更要促进组织加强针对计算机系统的内部控制，以提高信息和系统的安全性。具体而言，要控制和审查计算机舞弊，就要深入了解各种计算机舞弊行为可能留下的各种审计线索和证据，掌握获取这些线索和证据的方法，最终达到防范计算机舞弊的目的。

（一）输入数据的篡改

对输入数据进行篡改是计算机系统中最常见和最普通的一种舞弊手段。一般是通过业务的发生相应地产生有关此业务的记录、传递、审核或核对、转换等过程，最终将其确认为计算机系统的基本数据。任何能接触到这些过程的人员都有可能对基本数据进行篡改，如在计算机系统内伪造文件，与开发人员勾结修改输入程序，或者故意输入虚假数据以达到浑水摸鱼的目的，还可以使用回避核对和审核的方式。

对输入数据的保护，一般采用人工控制和自动校验相结合的方式。

（二）在软件中暗藏非法程序块

在计算机软件中暗藏某程序块，使之能够运行没有授权的软件功能，以达到舞弊的目的，这种舞弊往往是有预谋的。舞弊者在编写计算机程序时就把秘密的程序编入正常的软件中。如果这些舞弊者手段高明，其编制的暗藏程序就不容易被查出。比如，一个普通的商用程序有几万条，其中可能隐藏多个非法程序，它的运行时间非常短，舞弊时也不会留有审计的线索。但如果能及时追踪有关资产的流向，就可能及时揭露这种行为。

防止这种暗藏程序，一种方式是用特殊的数据进行测试，但是内部审计人员必须了解基本线索才可以应用；另一种方法是认真核对源程序。消除暗藏程序舞弊的根本方法是预防。

（三）利用程序发现结尾舞弊

这种舞弊是指在计算机软件中关于计算保留小数的程序已按照预谋的方法结尾，将结尾的数值累计记入预先给定的账户，并在适当的时候转为己有。舞弊者在编写计算机程序时就把秘密的程序块编入正常的软件中。如果这类舞弊者高明，其编制的暗藏程序就不容易被查出。利用程序发现结尾舞弊的根本方法有两种：一是检查源程序；二是重新计算并注意结尾数据的取证。

（四）突破密钥控制的舞弊

在计算机软件中，经常设置分等级的口令或密钥来限制各个不同用户的权限，但往往存在某些程序能解除这些控制，运行没有授权的一切软件并存取数据，这些程序可看作是总密钥。这种总密钥如果掌握在舞弊者手中，则系统将遭受破坏和损害。这种舞弊行为一般发生在计算机系统管理员或高级程序员身上，如果作案人对数据文件的结构和其他数据的勾稽关系很熟悉，就很难查出这种高级舞弊。

审查这种舞弊的方法有几种：一是审查计算机运行的记录；二是对计算机的原始备份文件进行特殊的处理，核对出舞弊线索；三是用特殊的数据测试法审查。消除突破密钥控制舞弊的根本方法是预防。

（五）报复性的舞弊

在计算机软件维护中，程序人员可编制适时和定期执行的计算机程序，根据一定的条件或时间操纵具体的破坏或舞弊活动。例如，某程序员设置一种条件检测，当工资文件中没有她的工资时，整个系统的运行就会发生混乱，同时破坏工资文件的基本数据。这种舞弊的审查方法和审计证据的取得同暗藏程序一样。

（六）通信盗窃

这是指在计算机系统中经常出现重要的数据被偷窃，商业秘密被泄露给需要这种信息的商人或机构，偷窃数据者从中得到经济利益的现象。常用的偷窃数据的方法有以下几种：一种方法是作案人把秘密的数据暗藏在普通的报告中；另一种更高明的方法是将秘密数据编码化，使检查者难以发现有什么可疑的秘密数据；还有一种方法是在计算机中安装无线电发射器来窃取情报。审查这种舞弊的方法有两种：一是先审查计算机运行的记录和复制传送数据的时间和内容，然后了解和访问数据处理人员，分析数据失窃的可能性，追踪其审计线索；二是向计算机管理员了解原始备份文件和相关复制的内容，分析特殊的数据舞弊线索。

（七）仿真舞弊

计算机系统在进行数据处理时是一种方便的工具，同样的，计算机也可用来仿真处理和构造计算机贪污的数据模型，以保证贪污有更高的成功概率。

例如，某会计师在计算机上伪造公司会计账务系统和应收应付系统。他可以先输入正确的数据，然后再修改数据，以便模拟仿真作案的效果。另外，他还可以采取输入自己需要的总账数据的方法，逆向仿造应收应付款的内容，然后，确定应收、应付款的仿真数据，这些数据最终都将被列入所需要的财务报表中。如某保险公司发生的一起仿真舞弊案，舞弊者仿真制作了6 000份计算机可读的保单，然后将其输入正式的系统，再出售给分保公司。

一般来说，要进行计算机仿真舞弊，舞弊者必须有计算机程序设计专长并能够与熟悉仿真对象系统的专业人员相配合。审查这种舞弊的方法包括审阅计算机仿真运行的记录，了解计算机专业人士参与仿真的情况。审计的证据包括计算机仿真程序、仿真的数据记录文件、运行输出报告和计算机使用记录。

✲请注意✲

计算机舞弊审计的必要性不仅仅与国家的法规、法律紧密相关，而且在国营企业、私营企业中，计算机舞弊审计技巧对绝大多数财务犯罪案例都非常实用。

第五节　审计心理博弈

一、审计心理分析

审计心理分析是指研究审计过程中，审计人员和被审计人员各自的感觉、知觉、记忆、思维、想象、动机、意志、能力等心理表现，分析审计的心理过程和审计的个性心理特征。审计心理学除了研究审计人员的视觉和听觉、空间知觉、时间知觉、运动知觉，研究被审计事项的表象和想象，分析问题的思维方式和逻辑推理方法，还研究被审计人员的动机和意志品质，以及审计人员与被审计人员双方的情绪和其调节方法，同时研究审计人员的能力发展与个体差异等方面。审计心理分析属于审计学与心理学的交叉应用。下面介绍一个关于审计心理分析的审计情景。

周一早晨，内部审计人员任英赶到审计现场，要求出纳员打开保险柜进行监盘，查看库存现金。然而在看到出纳员恐慌害怕的眼神时，她记起了原来查看过的现金日记账余额，在实际监盘结束后发现实际盘点数与账面不符，并出现大量白条，她心中也想起现金管理暂行条例的有关规定，头脑中推测账实不符的可能性。当听到出纳员喋喋不休、花言巧语地解释原因时，任英特别反感。突然想起组长的话："原则在心中，方式要灵活。"为了审计工作顺利进行，她还是忍耐克制了自己的不良情绪……

我们可以在上述场景中找到一系列审计心理学研究对象："看到、听到"等就是审计心理学的"感觉"和"知觉"；"记起、想起"等就是审计心理学的"记忆"；"推测"属于思维问题；"恐慌、害怕、反感"属于情感、情绪；"为了……顺利"属于动机；"忍耐、克制"属于"意志"。

由于舞弊人的动机各有不同，因此，其心理表现也千差万别。被审计人员面对不同的审计环境和审计人员，其心理表现也各有差异。正确识别被审计人员的心理特征，尊重其心理变化规律，克服审计人员的不良情绪，实时调整审计人员的心态，调控好被审计人员的不良心态，是审计人员职业能力提升的重要体现。

（一）被审计人员常见心态

被审计人员的常见心态主要有以下几个方面：

（1）配合心态（服从心态）

被审计人员在接受审计过程中热情接待审计人员，积极配合工作，提供审计资料并诚实回答问题，服从审计结论。

（2）双重心态

被审计人员表面上积极、热情接待审计人员，展示其清白，背后却设法抵制、拒绝各种审计工作。

（3）规避心态（抵触心态、对抗心态）

被审计人员不配合审计工作，对审计人员不理不睬，不提供审计资料，不回答问题，百般抵赖，推卸责任。

（4）防范心态

被审计人员把审计看成是挑毛病、挑刺的行为，害怕因查出问题而影响企业的声誉，因此，对审计人员持防范心态。

（5）应付心态

被审计人员既不配合也不阻挠审计工作，对待审计人员不冷不热，敷衍了事。

（6）厌烦心态

被审计人员对各种检查和审计工作产生厌烦心态，不主动配合。

（7）干扰心态

被审计人员转移、隐藏非法资产；拖延拒绝执行审计决定；人情沟通、权利介入、利益交换；对审计结论提出不恰当质疑。

（8）从众心态

被审计人员对于审计整改意见持观望态度，效仿其他部门的整改方案。

（9）侥幸心态

被审计人员总认为自己可能不会被审计到；即使审计了也不一定查出问题；即使查出问题也不一定处理和追究责任。

（二）审计人员的常见心态

审计人员的常见心态主要有以下几个方面：

（1）冲动心态

审计人员对审计项目了如指掌，对审计工作胸有成竹，跃跃欲试。

（2）畏难心态

被审计单位对审计工作阻力大，审计人员对审计项目预期艰难，对自己的审计能力产生怀疑。

（3）拖延心态

审计人员对审计对象和审计环境的复杂性感到不知所措，拖延审计工作。

（4）速成心态

审计人员面对熟悉的审计项目，单凭主观判断和经验判断，急于求成，厌烦急躁，不关注变化的新情况。

（5）对抗心态

审计人员在审计实施过程中，与被审计单位人员形成对立情绪，主要是面对重大实质问题和原则问题，原则性有余而灵活性不足。

（6）批判心态

审计人员对待任何被审计事项总是以批判眼光看待，认为被审计人员在欺骗，没有提供全部真实资料，认为其不真实不合法。

（7）放松心态

审计人员在审计取证结束后不考虑审计结论的沟通，不考虑审计报告的写作和处理意见的提交。

二、博弈论与情商

“博弈”是指人与人之间存在利益冲突时，当事人所进行的行为选择。审计人员与被审计人员之间也存在利益冲突，存在博弈行为，这种行为在被审计人员发生舞弊时更为明显。因为，审计人员代表的是公共利益，而被审计人员如果有舞弊现象，往往有自己的私利需求，公共利益与个人私利之间可能存在着不可避免的利益冲突。审计人员与被审计人员在舞弊审计过程中存在利益冲突，也必然会发生心理博弈行为。

博弈是指当一个主体的选择受到其他主体选择的影响，同时反过来影响到其他主体选择时的决策问题和均衡问题，也可以说是研究决策主体的行为发生直接相互作用时的决策以及这种决策的均衡。一个完整的博弈应当包括五个方面的内容：第一，博弈的参加者，即博弈过程中独立决策、独立承担后果的个人和组织。在审计活动中表现为审计人员和被审计人员。第二，博弈信息，即博弈者所掌握的对选择策略有帮助的情报资料。在审计活动中表现为审计人员掌握被审计人员信息资料。第三，博弈方可选择的全部行为或策略的集合。在审计活动中表现为审计人员的审计程序与方法。第四，博弈的次序，即博弈参与者做出策略选择的先后。在审计活动中，表现为审计人员提问问题的先后顺序、取得证据的主次安排。第五，博弈方的收益，即各博弈方做出决策选择后的所得和所失。在审计活动结束后表现为审计人员与被审计人员各自的收益与损失。

情商是指人对自己的情感、情绪的控制管理能力和在社会人际关系中的交往、调节能力。情商的核心内容可以用五句话概括：认识自己的情绪；调控好自己的情绪；认知他人的情绪；尊重他人情绪；调控好他人情绪。在审计活动中，审计人员要克制、控制好自己的情绪，充分认知领导的情绪，充分认知被审计人员的情绪，调控好、管理好他们的情绪，从而实现审计过程与审计结果的和谐。审计人员要实现认知他人情绪的目标，就必须进行换位思考，要从内心深处站在领导和被审计人的立场；审计人员要实现调控他人情绪的目标，就必须增强说服力，让他人认同自己的观点和想法并且激励他人给出审计人员自己想要的东西，说服他人的主要方式是沟通，包括语言沟通、情感沟通与体态沟通。

高智商且高情商的审计人员，春风得意；高智商但低情商的审计人员，怀才不遇；低智商但高情商的审计人员，贵人相助；低智商且低情商的审计人员，一事无成。

三、审计心理博弈的策略与方法

（一）审计心理博弈三大基本策略

（1）将心比心，换位思考

审计人员要达到认知他人情绪的目标，就必须进行换位思考。审计人员需要在审计过程中将心比心，站在被审计人员的立场上，考虑他们的顾虑与想法。当被审计人员不积极提供证据时，当被审计人员不接受初步审计意见时，审计人员应该摸清情况，掌握被审计人员的心理状态，积极采取措施消除他们的后顾之忧。

（2）以心换心，互惠互利

作为博弈行为的双方，审计人员与被审计人员依然存在利益冲突。审计人员在坚持审计原则，保证审计质量的同时，充分考虑对方的想法与利益，提出适当的建议使被审计单位健全制度、提高效益、防范风险，通过审计使被审计单位得到实惠。

（3）以心攻心，斗智斗勇

审计人员在审计过程中要了解对方真正的意图，在双方意见产生冲突时要同意对方的意见，在小处让步，甚至创造出一个让对方获得小胜利的局面，争取在大局上获得胜利。

（二）审计心理的博弈方法

（1）尊重对方

尊重被审计单位的每一个人员；赞赏对方的做法和意见；认真听取对方的想法、意见和建议；寻找双方感兴趣的话题，多谈对方的特长，显示出对对方的尊敬；时时刻刻显示自己对对方的在意、坦诚、直爽和敬意，建立私人间的信任感；让对方提出可供选择的方案，调动其积极性，满足自尊心的需要。

（2）细心观察

观察交换名片，分辨对方是诚恳还是傲慢。通过被审计人员递交名片的姿态来分辨其对待审计工作的态度。

观察单手小动作，发现说谎嫌疑。一般情况下，被审计人员用手遮掩嘴部、摸鼻子、摸耳朵、揉眼睛、挠脖子、拉衣领等小动作往往是说谎的行为表现。

观察眼神，辨别状况。审计交谈时，被审计人员视线接触审计人员脸部时间低于全部谈话时间的30%，表示对审计不感兴趣；倾听审计人员说话时几乎不看审计人员的脸部，可能在掩饰真相；被审计人员眼睛闪烁可能做事虚伪或当场撒谎。心理学研究表明：一般人每分钟眨眼睛5~8次，每次不超过1秒钟；1秒钟连续眨眼睛多次，可能是神情活跃、对话题感兴趣，或者是个性怯懦、羞涩不敢直视；时间超过1秒钟的眨眼睛，表示厌烦与藐视；睁大眼睛直视对方，表示感兴趣有信心。据此审计人员可以在谈话中初步辨别真假状况。

（3）强化说服

审计人员在与被审计人员对话时不仅要把事情说明白，更要说到对方的心里。审计工作需要大量的沟通协调，说话艺术与沟通技巧，决定着内部审计工作的成败。学习说话艺术，对于提高审计人员的说话水平，大有裨益。

审计人员要增强说服力来调控他人情绪，说服他人认同自己的观点和想法。当审计出现意见分歧时，说服显得格外重要。

（4）心理暗示

心理学研究表明，心理暗示会达到意想不到的效果。对于审计过程和审计结果存在的干扰心态、从众心态与侥幸心态，内部审计人员不要当面指责或强制要求被审计人员如何改正，恰当地从法律制度、红头文件等方面给予暗示，明确领导应该承担的责任，提醒对方违纪违约，可能要承担的行政责任、法律责任或产生的不利结果，促使对方自己积极主动改正错误。

（5）巧妙搭配

心理学研究表明男女搭配可以在工作上发挥最大的能力，从而提高审计效率。同时，在一个审计小组内部，“黑脸”与“红脸”的巧妙搭配可以促使审计谈判顺利进行。

（6）审计策略

审计过程中常见的策略主要有以下几个方面：

（1）出其不意，攻其不备。审计人员要充分利用错觉，给被审计单位一个错误判断，使他们不能真正掌握审计的意图和目的，从而给自己留有充足的审计空间和审计时间。在送达审计方式下，主动送回材料，以便查看现场；针对现金或实物资产，可以采用突击检查的办法，迅速发现疑点和问题。

（2）自食其言，自食其果。心理学研究表明，人们无论何时回答自己亲身经历的事情，其回答的结果基本上都是一样的。然而如果是描述自己编造的谎言时，每次回答的结果都大不相同。在审计过程中，由不同审计人员在不同时间向同一人提问同一问题，可以发现其中的矛盾与虚假。

（3）离间同盟，分化瓦解。当面对一个小团体舞弊时，要针对每一个人的地位和特点展开强烈攻势，分析利弊，寻找他们之间的固有矛盾和利益冲突，从而实现分化瓦解，迫使每个人积极主动检举揭发同伙，积极提供真实可靠的证据。

（4）明知故问，装聋作哑。在审计现场合理安排问题的先后顺序，故意询问已知答案的问题，以验证被审计人员的可信度和可靠性。

（5）欲擒故纵，静观其变。心理学研究表明人们为了达到自己的目的，会采取一定的行为，而当这种行为后果对自己有利时，人们会将其“坚持到底”，不利时反而会减弱消退。比如审计人员在耐心听取被审计人员描述后表示：“现在提供的材料没有太大的问题，基本可以结束审计，但是后续依然需要提供补充资料完善底稿。”从而引出重要证据。

（6）瞒天过海，麻痹大意。审计过程要内紧外松，谨慎稳妥，避免打草惊蛇。以例行的财务收支检查或经济责任审计为理由，在审计中检查重点关心的问题，使当事人放松警惕，促使其提供的资料更为全面、真实、细致。

（7）以子之矛，攻子之盾。利用逻辑学的判断推理等规律，用被审计人员提供的基本证据，推出相矛盾的结论，从而反证被审计人员的证据不可靠。

■ 本章内容结构图

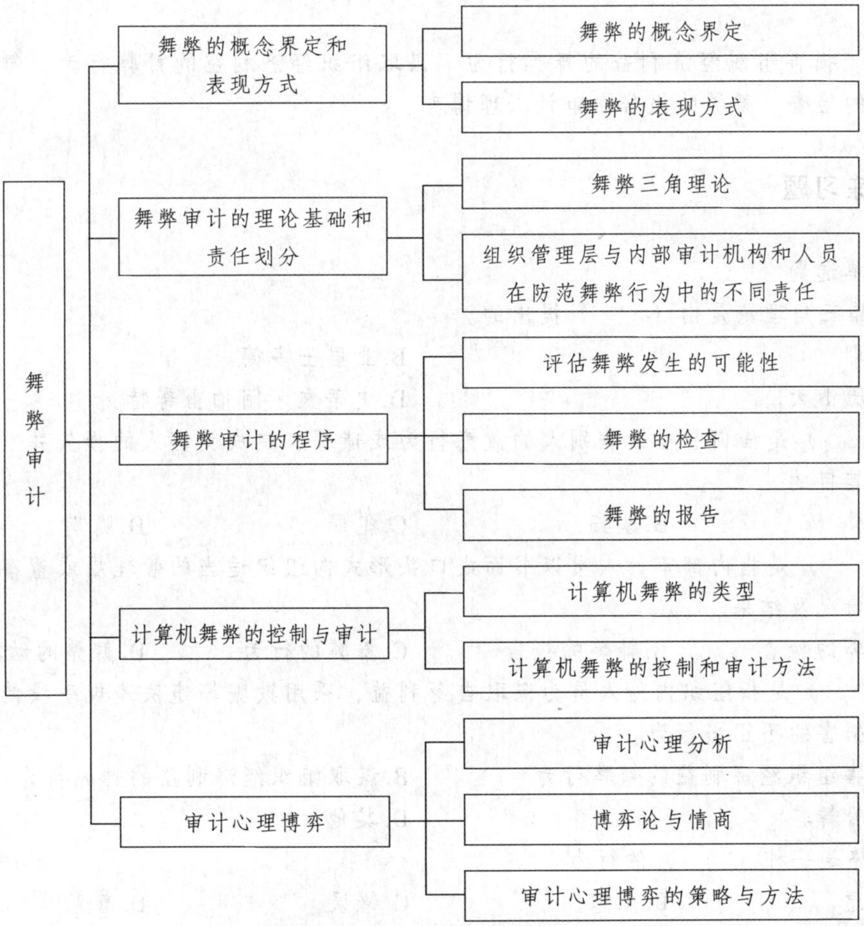

图9-1 本章内容结构图

■ 本章小结

本章对舞弊行为进行检查和报告，介绍了主要国家权威组织对舞弊的概念界定及表现方式，阐述了舞弊三角理论的构成要素，即实施舞弊的动机或压力、实施舞弊的机会、合理化借口，介绍了基于舞弊三角理论的舞弊检查思路，明确了组织管理层与内部审计机构和人员在防范舞弊行为中的不同责任。梳理了舞弊审计的程序，从评估舞弊发生的可能性、舞弊的检查到舞弊的报告如何编制等。介绍了计算机舞弊的类型以及计算机舞弊的控制和审计方法。最后阐述了审计心理博弈，介绍了审计心理分析、博弈论与情商以及审计心理博弈的策略与方法。

■ 关键概念

舞弊　损害组织经济利益的舞弊行为　谋取组织经济利益的舞弊行为　舞弊三角理论　舞弊的检查　舞弊的报告　审计心理博弈

■ 本章练习题

一、单选题

1.舞弊三角理论是由（　　）提出的。

A.索耶　　B.亚里士多德

C.亚历山大　　D.史蒂文·阿伯雷奇特

2.（　　）是任何旨在欺骗别人的故意行为或遗漏，造成受害人的损失并（或）使肇事者实现其目的。

A.舞弊　　B.欺骗　　C.犯罪　　D.隐瞒

3.（　　）是指内部审计人员以书面或口头形式向组织适当的管理层或董事会报告舞弊检查的情况及结果。

A.舞弊的检查　　B.舞弊的报告　　C.舞弊的行为　　D.舞弊的动机

4.（　　）是指组织内外人员为谋取自身利益，采用欺骗等违法违规手段使组织经济利益遭受损害的不正当行为。

A.损害组织经济利益的舞弊行为　　B.谋取组织经济利益的舞弊行为

C.一般舞弊　　D.其他

5.舞弊是一种（　　）的行为。

A.故意　　B.无意　　C.错误　　D.善意

6.舞弊是一种（　　）的行为。

A.合情合理　　B.遵纪守法　　C.违反法律法规　　D.正当

7.预防、发现和纠正舞弊是（　　）的责任。

A.组织管理层　　B.内部审计机构　　C.内审人员　　D.一般员工

8.（　　）是指实施必要的检查程序，以确定舞弊迹象所显示的舞弊行为是否已经发生。

A.舞弊的检查　　B.舞弊的报告　　C.舞弊的行为　　D.舞弊的动机

9.（　）是对计算机系统的舞弊和利用计算机系统进行的舞弊。

A.计算机舞弊　　B.人员舞弊　　C.通信舞弊　　D.手工舞弊

10.（　）是内部审计人员应当具备的合理谨慎态度和技能。

A.应有的职业谨慎　　B.诚实

C.勤勉　　D.认真

二、多选题

1.舞弊三角理论的构成要素是（　）。

A.实施舞弊的动机或压力　　B.实施舞弊的机会

C.合理化借口　　D.侥幸心理

E.上司默许

2.舞弊的主要表现方式有（　）。

A.损害组织经济利益的舞弊行为　　B.谋取组织经济利益的舞弊行为

C.收受贿赂行为　　D.故意隐瞒、错报交易事项

E.回扣行为

3.以下（　）情况可能导致舞弊发生。

A.管理人员品质不佳

B.管理人员遭受异常压力

C.业务活动中存在异常交易事项

D.组织内部个人利益、局部利益和整体利益存在较大冲突

E.其他情况

4.在舞弊检查过程中，出现下列（　）情况，内部审计人员应当及时向组织适当的管理层报告。

A.可以合理确信舞弊已经发生，并需要深入调查

B.舞弊行为已经导致对外披露的财务报表严重失实

C.发现犯罪线索，并获得了应当移送司法机关处理的证据

D.看某员工不顺眼

E.虽然没有确切证据，但是凭经验感觉有问题

5.计算机舞弊的类型主要有（　）。

A.破坏　　B.复制和偷盗软件

C.偷窃数据　　D.非法篡改程序

E.挪用资金、非法经营

三、判断题

1.（　）舞弊是一种违反法律法规的行为。

2.（　）舞弊行为可能给舞弊者带来正当利益。

3.（　）损害组织经济利益的舞弊，是指组织内外人员为谋取自身利益，采用欺骗等违法违规手段使组织经济利益遭受损害的不正当行为。

4.（　）舞弊三角理论的构成要素是动机、机会和合理化借口。

5.（ ）组织管理层对舞弊行为的发生不承担责任。

四、简答题

1.舞弊概念的界定和表现方式是怎样的？

2.舞弊三角理论的构成要素是什么？

3.舞弊的审计程序是怎样的？

■ 本章参考文献

[1] 明洪盛. 企业财务舞弊行为及其防范［M］. 北京：中国财政经济出版社，2011.

[2] 梁杰，刘英男. 会计舞弊行为理论和甄别技术研究［M］. 沈阳：东北大学出版社，2005.

[3] 刘学华. 管理舞弊控制与审计质量［M］. 上海：立信会计出版社，2008.

[4] 李华. 舞弊审计学［M］. 北京：中国时代经济出版社，2014.

[5] 王泽霞. 管理舞弊导向审计研究［M］. 北京：电子工业出版社，2005.

[6] 尹平. 舞弊审计［M］. 北京：中国财政经济出版社，2012.

[7] 秦荣生. 现代内部审计学［M］. 2版.上海：立信会计出版社，2019.

▲第十章▲

信息系统审计

学习目标

◇了解信息系统审计的概念、目标、内容以及实施意义

◆理解信息系统审计过程中需要注意的问题

★掌握信息系统审计的主要流程

第一节　信息系统审计概述

一、信息系统审计的概念

信息系统审计是审计发展的新领域，是随着信息技术的不断发展和广泛应用，在各个领域的作用日益重要的情况下发展起来的。信息系统审计的发展也经历了萌芽阶段、发展阶段、成熟阶段和普及阶段四个阶段。到目前为止，对信息系统审计还没有固定、统一的定义，比较有代表性的定义包括以下几种：

（1）国际信息系统审计协会（ISACA）的定义为："信息系统审计是一个获取并评价证据，以判断计算机系统是否能够保证资产的安全、数据的完整以及有效利用组织的资源并有效实现组织目标的过程。"

（2）日本通产省[①]（1996）认为："信息系统审计是为了信息系统的安全、可靠与有效，由独立于审计对象的IT审计师，以第三方的客观立场对以计算机为核心的信息系统进行综合的检查与评价，向IT审计对象的最高领导提出问题与建议的一连串活动。"

（3）Ron Weber认为："信息系统审计是一个获取证据，以判断信息系统是否能够保证资产的安全、数据的完整以及高效地利用组织的资源并有效地实现组织目标的过程。"

以上对信息系统的定义各有侧重，或所站的角度不同，但都具有以下共同点：一是都认为信息系统审计是一个过程，和传统审计的定义完全一致；二是都认为进行信息系统审计是为了实现组织目标；三是都是针对信息系统本身的应用，关注信息系统在支撑或应用过程中的作用。虽然日本通产省的定义更具有技术性，但同样侧重于信息系统的应用。

大数据环境下信息系统审计分析

① 作为日本行政机构主体的内阁，由三部分组成，其主要分类方式与大多数国家相似。其中，通产省是通商产业省的简称，主管工商、贸易，同时负责外汇汇兑管理和度量衡管理事务。

知识链接10-1

随着我国改革开放的深入和国民经济、社会各项事业的快速发展，特别是在电子商务兴起之后，电子政务的发展亦步入高速发展的轨道。随着计算机网络及信息技术的发展和普及，被审计单位的会计核算、财务管理及业务系统管理逐步电子化、网络化，使手工作业的传统审计方式面临严重挑战。

二、信息系统审计的发展历程

从国际范围来看，信息系统审计的发展经历了一个相当长的过程，见表10-1。

表10-1 信息系统审计的发展历程

时间	具体内容
20世纪60年代末	审计协会在美国正式成立，成为信息系统审计出现的标志
20世纪70年代至80年代	信息系统审计的重要性逐渐凸显，1978年注册信息系统审计师资格认证逐渐兴起，说明信息系统审计向标准化发展
20世纪80年代至90年代	一些国家开始大规模推广信息系统审计，随后《信息系统审计基本规则》等法律法规的颁布标志着信息系统审计走入成熟阶段
20世纪90年代至今	国际信息系统审计协会（ISACA）正式更名，相应的信息系统审计标准、目标等同时发布，标志着信息系统审计向规范化发展

三、信息系统审计的分类

信息系统审计主要分为三个部分：一是对应用控制的审计，包括信息系统业务流程，数据输入、处理和输出的控制，信息共享和业务协同；二是对一般控制的审计，包括信息系统总体控制、信息安全技术控制和信息安全管理控制；三是对项目管理的审计，包括信息系统建设的经济性、信息系统建设管理和信息系统绩效。

四、信息系统审计的特点

（一）审计范围的广泛性

审计调查范围的广泛性主要体现在调查对象的广泛性和资料来源的广泛性两个方面。从调查对象上看，凡是与被调查事项有关的单位和个人都属于专项审计的调查范围。从资料来源上看，专项审计调查的证明材料既可以是从被调查单位的账册、报表中收集的会计、统计数据，也可以是通过调查走访有关人员等方式收集的与被调查事项有关的其他资料。

（二）审计线索的隐蔽性、易逝性

在信息系统中，审计所需要的审计线索大部分存储于磁性介质上，这些线索往往是肉眼不可见的，容易被修改，也很容易被转移、删改或伪造。在实时的系统中，部分数据只存在较短的时间就会被新的数据覆盖。在审计过程中，如果操作不当就很有可能破坏系统里的数据文件和程序，从而导致重要的审计线索被毁坏，甚至干扰被审计系统的正常工作。

（三）审计取证的动态性

随着信息技术的快速发展，被审计单位的管理手段和管理方式不同程度地发生着变化，向着电子化、集成化、广域化、数字化和无纸化方向发展。与此同时，审计机关的工作方式也由手工审计转向计算机审计，审计的工作范围也早已超越了查账的范畴，由传统的财务收支审计向全面数据式审计发展，涉及对各项工作的经济性、效率性和效果性的核查。

（四）审计技术的复杂性

首先，由于不同被审计单位的信息系统所配备的计算机设备有所不同，各个机器的功能各异，所配备的系统软件也各不相同。审计人员在审计过程中必然要与计算机硬件和系统软件打交道，因此，各种机型功能不同、配备的系统软件各异必然增加了审计技术的复杂性。其次，由于不同被审计单位的业务规模和性质不同，所采用的数据处理及存储方式也不同，针对不同的数据处理及存储方式，审计所采用的方法、技术也不同。此外，不同被审计单位所应用软件的开发方式、软件开发的程序设计语言也不尽相同，不同的开发方式以及用不同程序设计语言开发的应用软件，其审计方法与技术也不一样。

五、信息系统审计的意义

建立符合国际审计准则以及新企业会计准则的要求，管理集中、覆盖全面、分工合作、反应及时的一体化审计信息系统，集审计管理、审计视频会议系统、审计数据应用分析平台于一体，对于提高审计工作效率、提升审计工作质量和水平有着深远的意义。

在审计工作管理方面，建设审计信息系统可以实现审计资源、审计计划、审计项目、审计成果、审计档案的全面管理，使审计工作在可视化的信息应用平台上相互协作，实现高效管理。

在审计业务开展方面，建设审计信息系统可以实现审计项目分工合理、规范审计程序、对公共资金进行全过程的监督、灵活应用并不断积累审计经验、全面进行内控测试和实质性测试，利用计算机文字处理，对现场作业审计工作底稿和审计证据进行管理，并编写审计报告，可以使审计报告的格式、措辞等更为规范，并进行审计项目台账归集和成果管理。

在监督范围方面，借助计算机网络技术、应用软件技术，构建具有财政资金过程监管、预算执行情况全面监管、辅助决策功能的信息平台，通过获取被审计单位的数据，实现自动业务信息采集、智能化执行、业务评价模型定义、进行多角度多层次分析等功能。

同步思考13-1

信息系统审计使传统审计实现了哪三方面的转变？

理解要点：从单一事后审计转变成事中审计与事后审计相结合；

从单一静态审计转变成动态审计与静态审计相结合；

从单一现场审计转变成远程审计与现场审计相结合。

第二节 信息系统审计的目标和内容

一、信息系统审计的目标

内部审计的新发展与新方面

审计本质上是根据审计目标对收集的证据进行分析、评价并得出结论的过程。一切审计活动都是为了实现一定的审计目标，并围绕审计目标来进行。可以说，审计目标是审计工作的“纲”，它贯穿于审计活动的各个方面和审计过程的始终。信息系统审计的目标包括以下几个方面：

1.审查信息系统的安全性

信息系统的安全性是指信息系统资源得到妥善保护，不因人为和自然因素遭到破坏、更改或者泄露系统中的信息。信息系统的资源通常包括硬件、软件、网络、数据文件、系统文档、消耗性材料和其他设施。硬件可能因为地震、台风等自然因素损坏或者被人为破坏，软件可能遭到病毒侵袭或者篡改，网络可能因为各种原因发生故障，数据资源可能丢失或毁损。信息系统的安全是通过建立相关的控制措施来加以保证的，所以审查信息系统的安全性就是审查相关控制措施是否健全有效，并提出相关的评价和建议。

2.审查信息系统的可靠性

可靠性是指信息系统在遭受非人为因素破坏或人为差错影响的情况下仍然能够正常运行的概率。威胁信息系统可靠性的因素包括自然灾害对硬件和环境的破坏，以及操作失误对软件和硬件的破坏等。信息系统的可靠性是由硬件、软件、网络、数据资源等的可靠性决定的。硬件的可靠性是指在某个时间周期内，在一定的控制环境下，硬件系统执行设定的功能取得成功的概率。软件的可靠性是指在运行环境中，在规定的运行时间或次数下，程序中运行不同测试的无差错率。网络的可靠性是指网络通畅、完成预定功能的可靠程度。数据资源的可靠性是指数据的真实、完整、准确和及时性。数据的可靠性取决于信息系统对数据处理的可靠性，以及相关保证数据可靠性的控制措施是否健全有效。信息系统的可靠性和信息系统的容错能力有关，信息系统的一些容错技术能够保证系统在发生错误的情况下最大限度地恢复正常运行。容错能力越强，信息系统的可靠性也越强。可靠性是信息系统的一项重要性能，特别是一些实时处理的系统，如金融业务系统、电信业务系统等，对于可靠性的要求更高。审查信息系统的可靠性应审查系统的有关控制措施，并对历史运行记录进行检查，对系统是否稳定进行综合评价。

3.审查信息系统的有效性

信息系统的有效性是指系统能否实现既定目标、系统各业务的处理过程是否符合国家的有关法律法规和单位内部管理制度的要求。信息系统的有效性和信息系统的业务有关。要评价信息系统的有效性，需要对相关业务有所了解。一般应在信息系统运行一段时间后，再对系统的有效性进行审查评价。通过审计，可以评价系统是否实现了既定目标。只有有效的系统才能继续运行下去，无效的系统则必须进行修改或重新开发。对信息系统进行有效性评价时，应以与业务相关的法律法规和相关规定为依据，对系统的各业务处理过程进行详细审查，对其是否符合相关规定做出评价，并提出改进意见。

4.审查信息系统的效率性

信息系统的效率性是指用最少的系统资源产生最多的用户需要的信息。信息系统运行需要耗费各种资源，包括机时、计算机硬件、软件、人力等，在需要处理的数据量越来越大的情况下，这些都是稀缺资源，尤其是在实时处理信息系统，如金融业务系统中，对信息系统处理和响应速度的要求更高。信息系统的效率体现在多方面，如系统硬件处理能力、软件资源和数据资源的优化利用程度、数据处理速度、查询的响应时间等。信息系统的效率并不由单个子系统的效率决定，而是与整个信息系统的效率有关。某个子系统的效率特别高，但是其他子系统效率低，也会使整个系统效率变低。在评价整个信息系统的效率时，应该明确系统中的“短板”在哪儿，这样才能有针对性地加以改进，以确定是否需要增加系统资源。由于增加系统资源需要耗费一定的成本，用户需要在增加的成本和提高效率所带来的效益之间做出选择，以决定是否加以改进。这时候就需要审计人员对信息系统的效率进行评估，给出一个独立、客观、公正的评价。

5.有效地使用组织资源和帮助组织实现目标

信息系统是有效地使用组织资源、实现组织目标的重要手段，无论是在信息系统规划、设计，还是在运营、维护等过程中，都强调信息系统要为实现组织目标服务。就这一点来说，信息系统的最终目标与组织目标应该是一致的。对于信息系统审计来说，不仅要查出信息系统中存在的问题，还要帮助被审计单位实现其目标，因此，信息系统审计要把是否有效地使用组织资源和帮助实现组织目标作为审计目标。

二、信息系统审计的内容

根据国际信息系统审计协会的规定，信息系统审计主要包括6个方面：信息系统审计程序、系统与基础设施的生命周期、IT治理、IT服务的交付与支持、信息资产的保护、业务持续和灾难恢复。从实践来看，信息系统审计不仅包含内部控制审计和应用系统的生命周期审计，而且包含信息系统安全与绩效审计等内容。在我国，信息系统审计服务于财务审计，主要为计算机审计的实施提供基础条件和保障。信息系统审计的对象是被审计单位的计算机信息系统，涉及信息系统的各个方面。为了全面了解信息系统的审计内容，要从信息系统的组成、生命周期和管理三个维度入手，描述信息系统的逻辑结构，并在此基础上阐述信息系统审计的内容。

（一）信息系统审计内容概述

信息系统审计是一项新的审计业务，为了全面阐述信息系统审计的内容，将以信息系统逻辑结构图的形式，对信息系统审计的内容进行综合分析。信息系统是以信息基础设施为基本运行环境，由人、信息技术设备和运行规程组成的，通过信息采集、传输、加工处理和存储，以提高企业运营效率为目标，支持企业高层决策、中层控制和基层运作的集成化人机系统。信息系统有其产生、发展、成熟、消亡或更新的过程，信息系统在使用过程中随着生存环境的变化需要不断维护、修改，当它不再适用时就会被淘汰，由新系统所代替。在信息系统的生命周期中，必须对信息系统进行严格管理与控制，才能保证信息系统有效运行。因此，从信息系统构成要素、信息系统生命周期和信息系统管理三个维度来描述信息系统的逻辑结构，如图10-1所示。

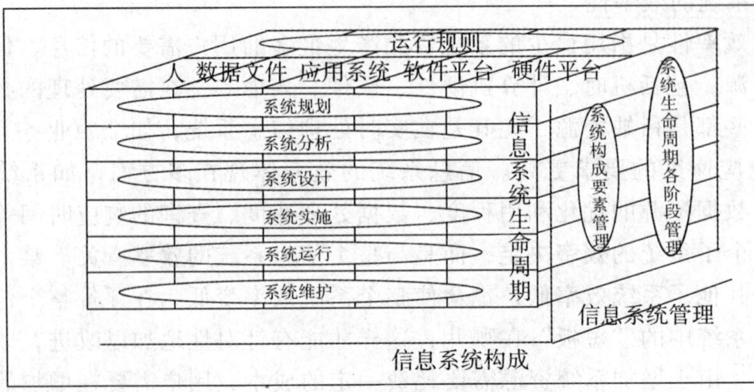

图 10-1 信息系统逻辑结构图

在实务中，可以按照信息系统的逻辑结构来识别信息系统审计的内容。信息系统审计的内容是根据审计目标而定的，在实际工作中会有不同的信息系统审计业务需求。如信息系统内部控制审计、信息系统开发审计、应用系统审计、信息系统安全审计等。在信息系统审计业务执行过程中，应根据被审计单位对信息系统进行审计的目的来确定具体审计内容。

（二）信息系统内部控制审计

信息系统内部控制审计是指对信息系统各项内部控制措施的健全性和有效性进行审查与评价。只有健全有效的内部控制才能确保信息系统安全、可靠、有效地运行。因此，信息系统内部控制审计是信息系统审计的主要内容。

1.信息系统内部控制框架

随着信息技术在企业经营管理中应用的不断深入，信息系统已成为企业提供具有竞争力的产品和服务的基础设施之一，并成为企业的重要资源，对企业的生存与发展起着重要作用。为了保证信息系统有效运作，为管理工作提供高质量的信息服务，必须全面做好信息系统管理控制工作。信息系统的内部控制分为一般控制和应用控制。一般控制主要包括规划与组织控制、系统开发控制、软硬件控制、安全控制、操作控制、数据资源控制、系统维护控制和灾难恢复控制。应用控制是对信息系统的某一具体处理过程所实施的控制，它随所处理业务的不同而不同。应用控制一般分为输入控制、处理控制和输出控制。

应用控制和一般控制最大的区别在于应用控制是和业务逻辑密切相关的，一般控制和业务逻辑无关或关系不大。以银行业为例，如果审计某信贷管理系统，信息系统审计师会重点审计信贷审批流程、客户评级体系、贷款5级分类、利率管理、收费管理等控制。

应用控制审计的审计发现不仅仅针对系统设计开发方面的缺陷，更重要的是发现与防止舞弊行为。从审计的内容来看，应用控制检查与单位的日常业务处理关系更密切，审计发现也和财务报表等有更直接的关系，信息系统审计活动的增值性更加明显，被审计单位管理层也容易理解和接受信息系统审计报告。否则很多企业管理层对一般控制的检查结果将信将疑，他们认为一直都是这样，从来没有出过问题。

2.信息系统内部控制审计过程

信息系统内部控制审计的过程包括：

（1）了解信息系统的控制；

（2）记录对信息系统控制的了解；

（3）对信息系统的控制进行测试；

（4）评价信息系统控制的有效性。

3.信息系统一般控制审计

（1）审计对象。

信息系统一般控制包括规划与组织控制、系统开发控制、软硬件控制、安全控制、操作控制、数据资源控制、系统维护控制和灾难恢复控制。因此，以上控制便成为信息系统一般控制审计的审计对象。

（2）审计目标。

规划与组织控制审计的目标一般包括：确认企业是否制定了信息系统规划，其规划是否得当；确定职责划分是否合理，不相容职务是否分离；确定职责划分是否在实际作业活动中认真执行。系统开发控制审计的目标一般包括：确定系统开发各阶段是否严格执行了有关政策和程序；确定系统实施之前是否经过严格测试，不存在重大错误和舞弊行为；确认系统开发各阶段的报告是否获得使用者和高层领导的认可与审批；确定系统开发的文档记录是否准确完整。硬件控制审计的目标一般包括：评价硬件的安全控制，确认安全控制措施是否完备，能否合理保护系统免受物理损害的风险；确认操作记录是否完整，以便于处理系统错误。软件控制审计的目标一般包括：确定所使用的软件是否经过授权；确定是否只有经过授权的人员才能操作软件；确定是否建立完整的软件使用与管理制度，并有效执行。安全控制审计的目标一般包括：确认信息系统的安全控制是否健全，能否使信息系统的硬件、软件和数据资源得到妥善保护；确认信息系统的各项安全控制措施是否得到有效执行。操作控制审计的目标一般包括：确认企业是否建立了一整套完整的操作管理制度；确认各项操作管理制度是否得到执行。数据资源控制审计的目标一般包括：确定数据库访问权限和优先权限是否根据用户的合法需要进行分配；确认数据资源控制措施是否能够保证数据资源完整和安全；确定各项数据资源控制是否得到有效执行。系统维护控制审计的目标一般包括：确认是否存在未经授权擅自修改或更改系统的问题；确定维护工作是否保护了应用程序，并使程序库不受非法访问；确定应用程序是否经过全面充分的测试而没有重大错误；确定系统维护后文档资料是否及时更新。灾难恢复控制审计的目标一般包括：确认灾难恢复计划是否适应企业的要求，实施方案是否可行和有效；确认灾难恢复的相应资源包括数据和设备是否做好了备份；评估异地存储及其安全性；确认灾难恢复计划测试结果是否达到了预定的目标。

（3）审计程序。

由于被审计单位的行业性质、经营规模、组织结构等的不同，很难罗列出全面的适应各个行业的信息系统一般控制审计程序，所以在此不进行论述。

4.信息系统应用控制审计

（1）审计对象。

应用控制与具体的应用系统有关，设计应用控制是为了应对威胁应用系统的潜在风险，确保应用系统处理数据的有效性、正确性。应用控制可以是人工实施的控制，也可以是计算机程序实施的自动控制。

（2）审计目标。

应用控制审计的目标一般包括：确定应用控制是否恰当、准确与完整；确定应用控制是否得到有效执行；确认系统是否留有充分的审计线索。

（3）审计程序。

信息系统应用控制的审计程序通常包括：了解信息系统的应用控制，区分人工实施的控制和计算机程序自动实施的控制；获取信息系统文档，对应用控制进行具体审核；对于人工控制，实地观察其控制流程和程序；对于计算机程序自动实施的控制，选择适用的计算机辅助审计技术进行测试；抽查应用系统的有关凭证，确认应用控制是否得到有效执行；查看应用系统的日志文件，检查应用程序是否建立了审计线索。在信息技术环境下，许多应用控制都嵌入应用程序中，对于嵌入程序中的程序化控制，在审计过程中，通常要利用计算机辅助审计技术进行测试。审计人员应根据具体审计目标，选择适当的技术方法进行测试。审计人员通常使用测试数据法对被审计单位信息系统的一般控制和应用控制进行审计。

（三）信息系统安全审计

随着信息技术的广泛应用，企业和全社会对信息系统的依赖程度日益加深，企业的经营管理信息、机密越来越多地集中于信息系统，信息系统是否安全可靠会对企业产生决定性的影响。同时，随着信息技术应用的普及，也产生了利用信息犯罪的潜在风险。因此，信息系统安全问题已成为信息化环境下的重要问题。

1.信息系统面临的威胁

信息系统尽管功能强大、技术先进，但是由于受到其自身的结构体系、设计思路及运行机制等限制，也隐含着许多不安全因素。常见的风险包括：数据容易被篡改或输入虚假数据、经过处理的数据通过各种设备输出，有被泄露和被盗看的可能，软件的程序被修改或被破坏会损坏系统的功能，进而导致系统瘫痪；非法用户可能侵入系统而存取数据，也可能由于没有备份数据而使系统发生故障难以恢复；数据库中存在大量的数据资源，而且这些数据价值很高，如果遭到破坏或失窃，其损失难以估计；计算机硬件本身具有被破坏和被盗窃的可能；低水平的安全管理，人员素质低下；周围环境的温度、湿度、清洁度等都会对计算机硬件、软件造成影响；病毒会在计算机系统之间进行传播，会在某一个特定的时刻破坏计算机内的程序、数据、硬件，损坏系统，甚至使系统瘫痪。

2.信息系统安全控制

信息系统安全控制是为了确保信息系统的硬件、软件和数据资源受到妥善保护，不因自然和人为因素而遭到破坏，防止更改或者泄露系统中的信息资源，使信息系统能够持续正常运行而采取的安全控制措施。信息系统安全控制按照控制类型可分为物理控制、电子控制、软件控制和管理控制四种。

3.信息系统安全审计

信息系统安全审计主要依据如下标准：ISO/IEC17799、COSO、COBIT、ITIL等。在进行信息系统安全审计的过程中，审计人员要了解被审计单位制定信息安全策略所依据的标准，并在此基础上获取充分有效的审计证据进行分析。信息安全审计的目标包括：各项信息系统安全控制措施是否健全；控制措施是否有效执行；信息系统安全策略与程序是否能够最大限度地降低信息系统的安全风险。信息系统安全审计通常按照一般的审计程序进行，此处不做详细论述。

（四）信息系统软硬件审计

信息系统软硬件是信息系统运行的基础设施，是信息技术应用的核心。因此，对软硬件的获取、管理和维护必须高度重视，并且要对其实施审计。

1.信息系统软硬件

信息系统的硬件平台是信息系统开发与生存的运行基础和环境。信息系统的计算机硬件平台是由计算机、网络、数据输入和数据输出等按照一定的应用体系结构组成的运行支持环境。同企业的管理水平一样，硬件平台的建设方案也是决定信息系统能否成功的关键因素，在很大程度上决定着信息系统的发展空间和生命力。信息系统除了需要硬件和网络平台的支持外，还需要软件平台的支持，包括系统软件、工具软件和应用软件。

2.审计目标和审计程序

信息系统软硬件审计主要包括软硬件获取审计、软硬件管理审计和软硬件维护审计。软硬件获取审计的目标一般包括：确定被审计单位的软硬件获取政策和程序是否合理；确认企业是否按照相应的软硬件获取政策取得软硬件；确定所获取的软硬件是否满足企业的需求。软硬件获取审计的程序主要包括：检查企业制定的软硬件获取政策，确认其是否符合软硬件选型的原则；查看软硬件获取过程中的各种文档，确认软硬件选型是否经过充分论证等。软硬件管理审计的目标一般包括：确定被审计单位的软硬件使用与管理政策是否合理；使用的软件是否经过授权；确认软件灾难恢复计划是否合理与切实可行等。软硬件管理审计的程序主要包括：检查软硬件登记清单；查看软件授权证明材料；查看相关政策和流程；查看物理环境和相关计划等。软硬件维护审计的目标一般包括：确定被审计单位的软硬件维护计划和政策是否科学、合理；确认软硬件维护活动是否经过授权批准；确认软硬件维护后是否进行测试与验收等。软硬件维护审计的程序主要包括：获取企业的软硬件维护计划与政策；检查软硬件维护记录，查看维护人员对维护情况是否予以记录；检查申请、批准、授权与执行文档；检查维护后的测试与验收报告等。

同步思考13-2

信息系统审计的目标是什么？

理解要点：（1）审查信息系统的安全性；（2）审查信息系统的可靠性；（3）审查信息系统的有效性；（4）审查信息系统的效率性；（5）有效地使用组织资源和帮助组织实现目标。

第三节　信息系统审计的方法

一、信息系统审计的主要流程

信息系统审计的流程是指信息系统审计工作从开始到结束的整个过程，一般包括三个阶段：审计计划阶段、审计实施阶段和审计报告阶段（如图10-2所示）。

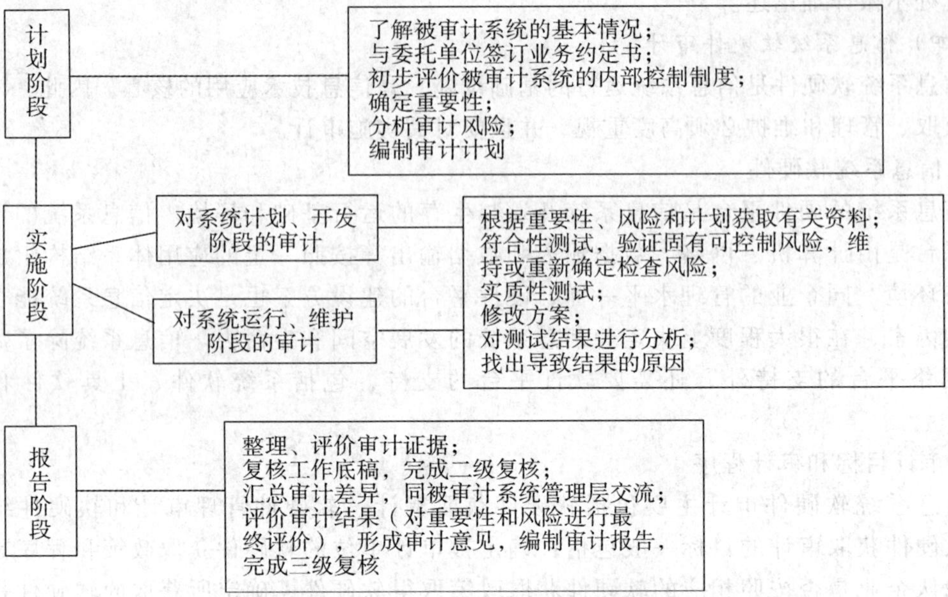

图10-2　信息系统审计的主要流程

信息系统审计计划阶段是整个信息系统审计过程的起点，主要任务是通过调查被审计单位的内部环境，初步评价审计风险，并对其内部控制机制进行初步评估，以确定审计的重点，拟定详细、具体、可操作的审计实施方案。

信息系统审计实施阶段是根据审计计划阶段确定的范围、要点、步骤、方法，进行取证、评价，形成审计结论，实现审计目标的过程。它是信息系统审计全过程的中心环节，主要由符合性测试阶段和实质性测试阶段构成。

信息系统审计报告阶段也称为信息系统审计完成阶段，在此阶段，信息系统审计人员必须运用专业判断，以经过核实的审计证据为依据，形成审计意见，出具信息系统审计报告。

二、信息系统审计的主要方法

审计方法是审计人员为实现审计目标所采取的手段、方式、工具和技术的总称。信息系统审计是由传统审计发展而来的，是审计范围的扩展，因此，传统审计的方法在信息系统审计中依然适用。但由于信息系统的自身特点，对其进行审计时也有专业的方法，下面一一进行介绍。

（一）信息系统审计的基本方法

依据是否对计算机系统内部的文件和程序及处理和控制功能进行直接审查，可以将审计的基本方法分为：绕过计算机审计方法、穿过计算机审计方法、利用计算机审计方法和联网审计方法。

（二）传统的审计方法

1.观察、查看与穿行测试法

审计人员通过到信息系统相关部门观察技术人员的工作情况以了解其内控执行是否到位，上机查看以证实有关电脑是否发挥相应功能，查阅系统日志和运行维护记录以了解系统最近一段时间内是否发生错误。同时，索取并检查业务文档资料，如系统规划方案、数据字典、运行维护记录、说明文档及相关合同等以了解信息系统的相关情况。这里的穿行测试是指审计人员亲自执行一次业务的全过程。比如，对网上报销系统进行审计时，审计人员通过一定的账户登录系统，模拟进行报销。穿行测试是通过追踪交易在信息系统中的处理过程，来证实审计人员对控制的了解并评价控制设计的有效性以及确定控制是否得到执行。

2.调查问卷

合理编制信息系统审计调查表、调查提纲、控制矩阵等，内容包括软硬件环境、网络结构以及岗位设置、人员角色等，在审前调查阶段提交给被审计单位信息部门及有关业务部门，以获得信息系统的基本情况、总体架构与业务流程，并可能发现有价值的线索。

3.访谈

好的沟通可以发现审计线索，信息系统审计师需要重视与被审计单位相关人员进行沟通的技巧。沟通的主要方法包括与被审计单位人员共同召开各种业务会议，与不同的人员进行座谈（如技术人员、业务人员）等。

（三）利用计算机技术进行信息系统审计的方法

计算机技术主要包括基于数据分析的方法和基于程序分析的方法等，这些方法的综合使用使得对信息系统的审计更加有效，在一段时间内，这些审计方法将是信息系统审计的主要手段。

1.黑白盒测试法

黑盒测试也称功能测试或数据驱动测试，它是在已知软件所应具有的功能的基础上，通过测试来检测每个功能是否都能正常使用。在测试时，把程序看作一个不能打开的黑盒子，在完全不考虑程序内部结构和内部特性的情况下，审计人员只检查程序功能是否按照需求规格说明书的规定正常使用，程序是否能适当地接收数据而产生正确的输出信息，并保持外部信息（如数据库或文件）的完整性。黑盒测试法是穷举输入测试，只有把所有可能的输入都作为测试情况使用，才能以这种方法查出程序中所有的错误。白盒测试也称结构测试或逻辑驱动测试，它是在清楚软件内部结构和工作过程的基础上，按照程序内部的结构测试程序，检验程序中的每条通路是否都能按预定要求正确工作，而不顾它的功能。白盒测试的主要方法有逻辑驱动、基路测试等。

2.集成测试法与平行模拟测试法

审计人员把一批预先设计好的测试数据，利用被审计程序加以处理，并把处理的结果与预期结果作比较，以确定被审计程序的处理和控制功能是否恰当、有效。测试数据包含下列两类：一是正常的、有效的业务数据，以确定被审计程序对有效数据的处理是否正确；二是不正常、无效的业务数据，以确定被审计程序是否可以将这些无效业务检测出来，拒绝接受并给出错误信息，以便修改。

这种方法的优点是：应用简单易行，对审计人员的计算机技术水平要求不高，因此，应用范围比较广泛。其缺点是：与黑盒测试类似，可能不会发现程序中所有的错弊。如果审计人员没有预想到程序中的某些错弊，没有针对它们设计测试数据进行测试，则这种审查方法不可能发现这些错弊。

集成测试法通过在正常的应用系统中创建一个虚拟的部分或分支，从而进行系统测试。例如，在某个应用系统中建立一个虚拟的职员然后进行正常的业务处理测试。这种方法的优点是在系统正常处理过程中进行测试，因此，可直接测试被审计系统在真实业务处理时是否正确有效。其缺点是虚拟的测试数据可能会对被审计单位真实的业务和汇总的信息造成破坏或其他不利影响。

平行模拟测试法，是指针对某应用程序，审计人员用一个独立的程序去模拟该程序的部分功能，对输入数据进行并行处理，将其结果与该应用程序处理的结果进行比较以验证其功能正确性的方法。但模拟系统的开发对计算机技术要求高，且时间长，费用较大；同时，模拟系统要随真实业务系统同步更新，会增加相应费用。

3.数据分析法

利用数据进行审计可以将传统的审计经验和计算机技术结合起来，使审计人员在现有条件下进行信息系统审计。通过对电子数据进行审查，可以推断出信息系统本身存在的缺陷。

（1）抽样数据法。

审计人员从被审计单位抽取若干经济业务数据，检查信息系统的处理结果是否正确，以确定信息系统控制是否得到有效执行。如在库存审计中，可以通过对不同的库存数据进行抽样审核，以检查系统对库存数据处理的正确性与及时性。

（2）数据结构验证法。

结合数据字典，检查数据之间的逻辑关系以验证输入数据的正确性和保存数据的完整性，包括业务数据与财务数据对比验证及各业务数据表间勾稽关系核对。

（3）参数法。

检查设置的相关参数是否与实际时点的业务发生数据一致。

（4）利用外部关联数据法。

外部关联数据是指存在于被审计单位信息系统以外，但是与该系统的数据具有内在联系，能够帮助审计人员对被审计单位的业务数据进行有序处理的电子数据。通过将外部关联数据与被审计系统中的数据进行对比分析，可以发现仅分析被审计单位系统中的数据无法发现的问题。

4.受控处理法与受控再处理法

受控处理法是指审计人员通过监控被审计程序对实际业务的处理，查明被审计程序的处理和控制功能是否恰当有效的方法。审计人员首先对输入的数据进行查验，并进行审计控制，然后亲自处理或监督处理这些数据，最后将处理的结果与预期结果加以比较分析，判断被审计程序的处理和控制功能是否符合设计要求。此方法的主要优点是不需要审计人员具有较高的计算机知识，只要采用突击审计的方式，就可以保证被审计程序与实际使用程序的一致性，从而保证审计结论的可靠性。

受控再处理法是指在被审计单位正常业务处理以外的时间，由审计人员亲自进行或在审计人员的监督下，把某一批处理过的业务进行再处理，比较两次处理结果，以确定被审计程序是否被非法篡改，被审计程序的处理和控制功能是否恰当有效。运用这种方法的前提是以前对被审计程序进行过审查，并证实它原来的处理和控制功能是恰当有效的。

5.程序运行记录检查法

运行记录是由系统自动记录下来的，包含操作的起止时间、中断、故障等方面的信息。通过对运行记录进行审查，可以推测被审计程序的程序化控制措施是否存在和可靠。如果记录中出现中断，则说明程序中可能存在语法或逻辑错误。同时，可对数据处理结果进行检查，根据系统输出的结果，来推断被审计程序处理功能的正确性和控制措施的健全有效性。这些打印输出的结果包括系统错误清单、业务清单、财务报表、统计报表。此法的优点是审计人员不必具有较系统的计算机知识，而缺点在于程序中的错误不可能全部出现在一份或多份输出的资料中。

✻请注意✻

虽然信息系统审计的方法优于传统审计方法，但并不意味着前者会完全取代后者，一些特殊的情况还是需要结合传统的审计方法才能完成审计目标的。

第四节　信息系统审计中应注意的问题

一、信息系统审计的组织方式及适用性

信息系统审计是指通过对被审计单位信息系统的组成部分及其规划、研发、实施、运行、维护等过程进行审查，就被审计单位信息系统的安全、可靠、有效和效率性以及信息系统能否有效地使用组织资源并帮助实现组织目标发表意见的审计。近年来，随着被审计单位，特别是一些国家机关、大型国企、商业银行的信息化水平不断提高，审计部门也越来越多地进行信息系统审计。要做好信息系统审计，必须合理有效地组织信息系统审计活动。根据其与财务审计的关系，可以把信息系统审计的组织方式分为与财务审计相结合的组织方式和专门进行信息系统审计的组织方式两种。

（一）与财务审计相结合的组织方式

所谓与财务审计相结合的组织方式是指在财务审计的过程中运用信息系统审计的有关手段进行审计的组织方式。

1.与财务审计相结合的信息系统审计的目标

与财务审计相结合的信息系统审计一般是根据财务审计的需要提出的，因此，这种信息系统审计应该为减少财务审计的风险服务，为财务审计提供最低限度的保证。

（1）保证信息系统软件和相关模块没有经过非法篡改。在信息化条件下，被审计单位财政财务收支数据是通过信息系统处理和输出的，如果信息系统及其相关模块被非法篡改，就难以保证被审计单位财政财务收支数据的真实性和合法性。

（2）保证与信息系统相关的内部控制存在并且有效。信息系统的真实、合法、有效、效率等目标是通过内部控制措施实现的。与信息系统相关的内部控制是否存在并且有效运行，直接影响了信息系统的真实性、合法性和有效性，进而影响了财务审计中财政财务收支数据的真实性、合法性、准确性。

（3）在财务审计重点关注的领域，应重点进行信息系统审计，以保证信息系统为实现被审计单位的目标服务。财务审计重点关注的领域一般也与被审计单位所要实现的目标有关。审计人员在信息系统审计中，在财务审计重点关注的领域，应重点关注信息系统及相应的模块是否处理得正确、合法，是否功能完备，内部控制是否健全有效，是否为实现被

审计单位的目标服务等。

2.与财务审计相结合的组织方式的特点

与财务审计相结合的信息系统审计并不是一开始就确定进行的，而是在财务审计过程中发现信息系统出现问题或者需要的时候才进行。因此，这种信息系统审计开始时并没有专门的审计计划，也没有专门的信息系统审计报告。对信息系统的审计也仅限于在财务审计过程中发现问题的业务模块，而不是进行全面的信息系统审计，这是与这一组织方式的定位相适应的。

（二）专门进行信息系统审计的组织方式

根据信息系统审计与财务审计的关系，除了与财务审计相结合的组织方式外，还有专门进行信息系统审计的组织方式。

1.专门进行信息系统审计的组织方式的含义

经过单独立项、单独实施并且单独出具审计报告进行信息系统审计的方式，就是专门进行信息系统审计的组织方式。是否单独立项决定了审计项目的地位，即是独立进行还是从属于其他审计项目进行。作为专门进行的信息系统审计，必须经过单独立项批准，不从属于其他审计项目。单独实施意味着信息系统要在人员、时间、经费等审计资源方面与其他审计项目分开。由于信息系统审计在审计的内容、过程、方法以及审计人员的知识结构等方面都与其他审计项目存在很大区别，因此，单独实施是信息系统审计的内在要求。此外，专门进行的信息系统审计还必须单独出具审计报告。审计报告作为审计工作的最终成果，在审计项目中具有标志性意义。专门进行的信息系统审计，既然是单独立项又是单独实施的，就应单独出具审计报告。

2.专门进行的信息系统审计的目标和特点

相比与财务审计相结合的信息系统审计，专门进行的信息系统审计的目标不在于降低财务审计风险，而是在于信息系统本身。首先，要审查的是信息系统的性能是否满足系统设置的目标，即信息系统本身的安全、可靠、效率和效果等目标；其次，要审查信息系统的大环境，看信息系统是否符合信息化发展战略和业务发展战略的要求，即信息系统本身的目标如何与整个组织的目标相适应。

为了对信息系统本身的安全性、可靠性、效率性和效果性进行审计，最后还将出具专门的信息系统审计报告。专门进行的信息系统审计是全面的，其审计内容不仅包括被审计单位的信息系统、内部控制等，而且覆盖信息系统生命周期的全过程。审计中需要掌握一些专门的方法和技巧，包括一些复杂的计算机辅助审计手段，这些也对审计人员提出了更高的要求。

（三）两种组织方式的适用性

与财务审计相结合的信息系统审计一般是伴随着财务审计进行的，其目的也主要是为财务审计服务，降低财务审计风险。

在财务审计之前，审前调查发现被审计单位可能存在信息系统方面的问题，为了降低审计风险，可先对信息系统进行审计，然后再有针对性地进行财务审计。另外，财务审计现场审计工作结束后，审计人员为了总结审计意见，会对收集的审计证据进行整理归纳。对于一些经验丰富的审计人员来说，他们往往会发现一些带有规律性和倾向性的问题，这就不能不引起警觉，因为这可能说明信息系统本身出现了问题，这时也可针对所发现的问题进行信息系统审计。

专门进行的信息系统审计是单纯的信息系统审计，并不伴随着财务审计同时进行。审计人员为了对信息系统的安全、可靠、有效和效率性以及信息系统是否符合组织目标进行独立评价，可以进行专门的信息系统审计，并根据所获得的审计证据得出审计结论。目前在国外，专门进行的信息系统审计已成为一种职业。国际信息系统审计与控制协会举办的国际注册信息系统审计师（certified system audit and control association，CISA）考试已获得全球的广泛认可，其发布的16个审计标准、39个审计指南和11个审计程序已成为信息系统审计师执业的基本标准。

专门进行的信息系统审计由于其目标专注于信息系统本身，主要适用于一些大型信息系统的专门审计。比如，对于一些关系国计民生的重要信息系统审计，包括中央政府门户网站、重点企业的信息系统等。这些大型信息系统的共同特点是关系国计民生，而且耗费了国家大量的人力、物力和财力，国家和人民迫切需要对这些系统运行的安全、可靠、有效和效率性等进行评价，而专门进行的信息系统审计恰好能满足这一要求。由于信息系统审计采用一些专门的审计程序和方法，对审计人员的知识结构要求比较高，审计难度比较大，因此，在我国审计实践中可以考虑先试点，积累经验后再推广的方式积极稳妥地推进。相信随着信息系统审计实践的不断发展，信息系统审计的组织方式将会越来越科学化和规范化。

二、信息系统审计人员能力的提升

1.了解信息系统中的关键环节

信息系统审计对审计人员提出了两项关键技术要求，即信息系统技术与审计技术。对于多数审计人员来说，审计技术相关知识比较丰富，而信息系统相关知识则有所欠缺。因此，要抓住一切机会了解本企业信息系统中的关键环节。信息系统审计人员应积极参与信息系统的实施，至少应了解本企业信息系统的环境。熟悉信息系统环境下的业务流程，以及信息系统的内在结构、关键控制点等，对信息系统环境下的经营管理风险进行分析，有助于将来制订审计计划和程序，为顺利地开展内审工作、向信息系统全面审计发展奠定基础。

2.明确信息系统审计的切入点

信息系统本身的多样性和复杂性加大了信息系统审计的难度，面对错综复杂的信息系统和审计环境，要求审计师可以根据审计组织及信息系统的实际情况，结合审计目标、成本效益等明确审计切入点。

集成化系统中原始凭证大量减少，数据之间的直接对应关系模糊不清，业务处理和账务处理高度集成，这使得信息系统中存储的数据与输出的数据可能不一致。比如，有关人员通过在系统中嵌入非法程序块转移了数据，而打印出虚假数据提供给审计人员，这种行为必然加大审计风险。内部审计人员要想了解系统所提供数据的可信赖程度，必须对信息系统本身进行审计，这是内部审计必须控制的风险。因此，对原始数据录入的准确性、完整性的抽查，对非集成数据记录准确性的检查，对非直接生成报表的核对，可利用信息系统提供审计线索的功能，查阅相关修改记录进行追查。

3.提高信息系统审计技术

常规的审计方法包括面谈法、问卷调查法等，但面对高度计算机化的信息系统，可以采用系统评审会、流程图检查、程序代码检查、程序代码比较和测试等方法进行评审。当然，这也对审计人员的信息系统处理能力有了更高的要求。

4.灵活运用信息系统审计工具

信息系统被普遍应用于企业生产、管理及经营活动的各个环节，审计师为实现审计目标，必须收集大量存储于计算机的数据，并借助于计算机对这些数据进行分析，以得出审计结论。因此，审计师在收集并分析数据时，必须利用计算机辅助审计工作，计算机辅助审计技术（computer assisted audit techniques，CAAT）越来越成为审计不可或缺的手段。

计算机辅助审计技术可以使信息系统审计人员独立收集审计信息，并按照预定的审计目标访问和分析数据、检查系统产生和维护的记录的可靠性等。对于信息系统审计人员来说，能够灵活运用信息系统审计工具不仅可以提高审计效率，起到事半功倍的效果，同时也能提高审计的准确性、全面性、客观性。

知识链接10-2

我国信息系统审计始于20世纪80年代中期，与会计电算化开始的时间基本同步。发展初期，由于审计软件的开发模型不清楚，审计软件如何发展、应该有什么功能、能为审计工作带来什么影响等都是审计软件要解决的问题。经过30多年的发展，现在的审计软件已基本成熟。

三、案例分析

沃尔玛百货有限公司信息系统审计案例

（一）案例背景

案例：世界领先公司的审计部门

1.公司背景

沃尔玛百货有限公司（WalMart Inc.），由美国人山姆·沃尔顿于1962年创立。在短短几十年间，它从乡村走向城市，从北美走向全球，由一家小型折扣商店发展成为世界上最大的零售企业之一。1991年，沃尔玛以326亿美元的销售额成为全美零售业的销售冠军。2002年《财富》评选的“世界500强”中，沃尔玛更是以2 189.12亿美元的销售收入位居首位。2011年，沃尔玛公司和沃尔玛基金会慈善捐赠资金累计达3.19亿美元，物资累计超过4.8亿美元。2014年，沃尔玛公司以4 762.94亿美元的销售额力压众多石油公司再次荣登《财富》“世界500强”榜首。截至2016年12月31日，全球有8 500余家门店，年度销售额达到4 800亿美元，稳居“世界500强”前三名。沃尔玛连续三年排名第一。2015年，沃尔玛营业收入达4 821亿美元。

2.信息系统背景

沃尔玛取得如此惊人的发展速度的原因有很多，但构建属于自己的庞大的、高效的管理信息系统是其中的关键因素。沃尔玛有80 000多种商品，为满足全球8 500多家连锁店的配送需要，沃尔玛每年的运输总量超过780 000万箱，总行程达65 000万千米。没有强大的信息系统，根本不可能完成如此大规模的商品采购、运输、存储、物流等管理工作。

早在20世纪80年代，沃尔玛就建立起自己的商用卫星系统。在强大的技术支持下，如今的沃尔玛已形成了“四个一”，即：“天上一颗星”——通过卫星传输市场信息；“地上一张网”——有一个便于用计算机网络进行管理的采购供销网络；“送货一条龙”——通过与供应商建立的计算机连接，供货商自己就可以对沃尔玛的货架进行补货；“管理一棵树”——利用计算机网络把顾客、分店或山姆会员店和供货商像一棵大树有机地联系在一起。

公司总部（全球采购总部设在深圳）与全球各家分店和各个供应商通过企业网（extranet和intranet）的电脑系统进行联系。采购额在2 000亿美元左右，均由总部通过信息系统在全球实施。它们有统一的补货系统、统一的EDI条码系统、集成化查询库存系统、统一接口标准的会计信息系统、一致化收银系统等。这样的系统能从一家商店、一个查询入口了解全世界的商店资料和商品信息。

（1）管理信息系统可以为沃尔玛采购员提供的信息包括：保存2年的历史销售记录，记载了所有商品，每一个规格、品类的销售数据，包括最近几周的销量、存货数量。这样的信息支持能够使采购员知道什么品种该增加、什么品种该淘汰；畅销的品种每次进多少才能满足需求，又不致积压。

（2）管理信息系统可以为商店员工提供的信息包括：单品的当前库存、已订货数量、在配销中心送货过程中的数量、最近几周的销售数量、建议订货数量以及Telxon终端所能提供的信息。Telxon终端是一个无线扫描装置，在国外已被广泛应用于各类超市、百货商店、家庭购物中心等。在国内也有上海易初莲花、西安海星超市、广州新大新、成都百成集团等少数企业使用。它如32开书籍般大小，商场员工使用它扫描商品的条形码时，能够显示价格、架存数量、库存数量、在途数量及最近几周销售数量等。扫描枪的应用，使商场人员丢下了厚厚的补货清点手册，对实施单品管理提供了可靠的数据，而且高效、准确。

（3）管理信息系统可以为供应商提供的信息包括：与提供给采购员的数据相同，这样翔实的数据使生产商能细致地了解哪些规格、哪种颜色的产品畅销，然后按需组织生产。

（4）为管理层提供的资料包括：商品的供应成本、销售数量、销售金额等详细信息，收入、成本、利润的变化规律、影响因素，单品会计信息、综合会计信息、区域会计信息等。同时，为其他系统提供如下集成信息：

①为物流配送提供物流成本信息。

②为数据挖掘系统提供详细核算信息。

③为财务决策系统提供指标预测、成本趋势等辅助信息。

（二）系统规划——以风险可控、循序渐进为宗旨

沃尔玛对信息系统的投资是巨大的，仅仅“天上一颗星”的预算便接近7亿美元，因此，管理团队对该系统的规划比较慎重，在是否上马、如何规划其控制系统方面存在激烈的竞争。

沃尔玛的管理信息系统主要围绕庞大的物流管理系统而展开，通过全球各家店铺、仓储、配送站等数以千计的数据采集点汇聚成商业信息数据仓库，最后通过会计信息系统（AIS）进行严格核算，形成各级管理层需要的信息资源。由于系统规划阶段要考虑信息安全和控制问题，因此，沃尔玛的董事会和管理层针对美国零售市场、全球需求局势及竞争

态势等做了初步的系统规划和安全控制方案。

第一，在控制环境上营造安全氛围。控制环境是指对建立、加强或削弱特定政策、程序及其效率产生影响的各种因素，具体包括企业的董事会、管理层成员的品行、操守、价值观、素质与能力，管理人员的管理哲学与经营理念，企业文化、领导秉性、企业规章及信息沟通体系等。在这样的软环境中，董事会和管理层的态度决定了系统规划的深度，有多宽的思路就有多大的出路。

在20世纪80年代初期，一家企业建立一个卫星系统几乎是不可想象的。那么，沃尔玛的管理层对此是持何种态度呢？在提出要建立自己的卫星系统时，沃尔玛当家人山姆·沃尔顿是不太赞成的。他认为目前的信息系统已经可以使沃尔玛在同业中处于领先地位，不必要再将如此多的资金投进去。然而公司的其他高管，包括几位董事和技术总监，深知投资新技术对公司发展和控制成本、提高管理的重要性，他们勇于不断地向山姆施压，以大量的数据证明了建立卫星系统的可行性以及将会给沃尔玛带来的巨大效益。在其他高管的不懈努力下，山姆终于被说服了。待意见统一之后，沃尔玛立刻花费大约7亿美元建成目前的计算机和卫星系统。可以说，如果没有其他高管当初的卓识远见，没有他们对信息系统的强力支持，沃尔玛不可能有今天的规模和地位。

第二，充分树立风险意识。沃尔玛在不断引进新技术的基础上仍保持着非常谨慎的态度。每次有哪位高管想建立新系统，山姆总会要求他们认真地对应用这个系统后可能带来的风险进行评估，并且谨慎地推行系统的应用范围，循序渐进，逐渐推广。1981年，沃尔玛开始试验利用商品条码和电子扫描器实现存货自动控制，并传递到信息收集中心，供会计、财务或统计部门使用。沃尔玛先选定几家商店，在其收款台安装读取商品条码的设备。2年后，试验范围扩大到25家店。1984年，试验范围扩大到70家店。1985年，沃尔玛宣布在所有的商店安装条码识别系统，当年又扩大了200多家。到20世纪80年代末，沃尔玛所有商店和配送中心都安装了电子条码扫描系统。一个系统从试验到全面应用相隔差不多10年时间，其风险意识之强实属典范。

（三）沃尔玛会员店会计信息系统的失控教训

沃尔玛虽然对整个信息系统的安全和风险考虑得比较充分，但在会计信息系统的应用和控制方面还存在认识和实践方面的不足，这可以从下面的故事中得到启发。

苏珊是一名失业的会计人员，家住美国得克萨斯州东部，她家的不远处便有一家规模相当大的沃尔玛会员店。某天遛狗的时候，她注意到垃圾堆里有些进销存计划（ERP/DMS）手册。出于好奇，她把这些手册带回家。她发现手册里的文件标注日期是2个月前，由此她断定这些信息是没有过时的。在随后的1个月里，苏珊不断遛狗，不断收集各种手册或系统输出并被作废的资料。显然，沃尔玛正在更新所有的文件手册，并将其移植到网上。最终，苏珊发现了关键的库存再订货模型、开票系统、销售订单子系统、支付系统和往来账目管理系统。苏珊去了当地的图书馆，尽可能地收集、阅读有关材料，学习有关知识。

为了接近该会员店，她应聘为该店办公区的一名清洁工。苏珊经常进入办公场所，猜测账户密码，窥视加班员工输入的口令，最后使用特洛伊木马病毒打印出全部用户的ID和口令。就这样，她获得了所有口令，拥有了供货商、客户、系统操作员和系统文件库管理员等多重身份。她进一步以清洁工的身份为掩护，转遍了该会员店的所有区域。

作为客户，苏珊可以订购足够的货物，使库存采购系统自动产生购买商品的需求。然后，作为供应商，她就可以准备好将货物以特定的价格出售，一旦付款，她就调整交易日志掩盖痕迹。就这样，苏珊平均每月盗取了12.5万美元。在她进入公司工作16个月后的一天晚上，财务总监发现她驾驶一辆美洲豹汽车去了一家高档法国餐厅，并且点菜时法语说得很流利。于是，财务总监告诉内部审计人员密切注意她，最后他们在她作案时抓到了她。

（四）沃尔玛会计信息系统的一般控制

沃尔玛得克萨斯州区域信息部总监卡洛克从上述事件中吸取教训，决心聘请国际知名咨询公司加特纳机构设计一套完备的控制系统，以便随时监督和控制风险。

卡洛克带领他的团队，在咨询机构的帮助下，经过2年的努力终于构建了较为完备的信息系统控制体系，其中的会计信息系统（AIS）是关键内容之一。

1.一般控制的理论模型

一般控制所依据的理论模型包括COSO（发起人组织）模型、2004年版的ERM（企业风险管理）模型以及ISACA（信息系统审计与控制协会）推出的COBIT（信息和相关技术控制目标框架）模型。

（1）ERM模型从企业战略、控制环境、风险偏好、风险评估、控制措施等8个方面对企业的风险管控体系进行了推荐和建议。

（2）COBIT模型包括：

①34个IT控制高层目标；

②4大控制区域——规划和组织、采购和实施、交付和实施、监控；

③300多个详细控制目标。

2.一般控制目标

卡洛克根据COSO模型和COBIT模型，制定了详细的一般控制目标。

（1）通过一般或特殊的授权规则保证下列活动的开展具备正当的手续：

①将原始凭证输入系统内进行处理；

②设计、实施和使用计算机程序；

③更改计算机程序；

④接触和使用计算机主文件和其他重要数据文件；

⑤分发系统输出报告等会计信息。

（2）负责资产保管的人员无权接触记录资产情况的信息处理。

（3）负责信息处理的人员不负责执行或批准经济业务。

（4）电子数据处理部门内部对不相容职务进行适当分离。

（5）电子数据处理部门不能纠正电子数据部门以外的错误。

（6）通过适当的沟通方法和程序，使数据处理部门人员和其他部门人员能理解主管人员的一般和特殊授权要求，并保证遵循这些要求。

（7）主管人员能够充分地控制授权，以保证违背要求的行为能够予以记录、调查和纠正。

3.一般控制的内容

（1）组织与管理控制。

计算机会计信息系统组织与管理控制，用于建立对计算机信息系统活动进行控制的组织结构，其基本目标是减少错误和舞弊发生的可能性，其基本要求是权责的划分和职能的分离。组织与管理控制的主要内容包括以下几个方面：

①系统维护部门与用户部门的职责分离。系统维护部门的主要职责是对数据进行处理和控制。用户部门是指产生原始数据或使用计算机处理所得信息的部门或人员。两者之间应尽可能保持不相容职责（业务授权、执行、保管和记录）的分离。系统维护部门不能负责业务的批准和执行，只执行业务记录的职能，不能保管除计算机系统以外的任何资产。用户部门即各业务部门是业务批准、执行和保管的部门。系统维护部门负责控制该部门内进行的数据处理，检查处理中发现的错误并纠正本部门产生的错误，在更正错误后重新输入并处理数据是系统维护部门的责任；用户部门负责更正系统维护部门之外产生的错误，并将更正后的数据更新传递到系统维护部门进行处理。

②系统维护部门内部的职责分离。计算机信息处理的特点是将数据集中起来统一处理，这使得本应分离的某些职责集中化。为保证系统可靠运行，防止错误和舞弊发生，沃尔玛会计信息系统维护部门实施了如下内部职责分离：a.计算机操作与系统开发、维护相分离；b.数据库管理与其他职能相分离；c.新系统开发与系统维护相分离；d.系统开发的六阶段适当分离；e.数据文件库与操作相分离；f.系统日常运行与系统日常审计相分离。

③人事控制。计算机会计信息系统是人机系统，内部控制的好坏还取决于有关人员的素质，高素质的人员才可能建立起高质量的系统。

④业务授权。所有山姆会员店等子系统的业务都应经过授权。凡不是由计算机会计信息系统生成的业务，都应在计算机处理之前通过审核与批准。

（2）应用系统开发与维护控制。

沃尔玛会计信息系统在源头即系统的开发过程中就植入了较为完整的控制点，包括：①系统开发标准；②结构化系统开发方法；③项目管理；④编程规则；⑤阶段保证；⑥系统测试控制；⑦系统转换控制；⑧新系统批准程序；⑨程序变更控制；⑩系统文档控制。

（3）AIS操作控制。AIS操作控制的设计和执行要达到“保证信息处理的高质量、高效率，减少差错的发生和未经批准而使用数据和程序的机会”的目的。有关措施包括：制订操作计划；制定机房守则、操作规程、上机日志记录等。

（4）AIS硬件和软件控制。这主要依靠SISCO和SAP等供应商的标准和可靠性设计。

（5）系统安全控制。系统安全控制是指防止影响系统安全的因素危及系统的安全，发现系统中的安全问题并解决这些问题使系统恢复正常的措施及实施。系统安全控制包括：①硬件安全控制；②程序与数据的安全控制；③环境安全控制；④防病毒的软件接触系统，如防病毒卡等。

（6）数据通信控制。沃尔玛利用自有卫星和通信系统，采用防火墙技术、数据加密技术、一次性口令技术、回叫机制等技术对会计信息系统进行安全控制。

（7）系统文档控制。系统文档包括计算机会计信息系统中的凭证、账簿、报表及有关软件技术文件（如系统可行性报告、系统分析与设计说明书、程序流程图、操作手册等）。

（五）沃尔玛会计信息系统的应用控制

信息部总监卡洛克及同事将沃尔玛AIS应用控制划分为会计数据的输入控制、处理控制和输出结果控制三大环节。制定了包括控制目标、控制内容等在内的完整体系，以期对整个集团企业的信息系统安全提供充分保障。

1.应用控制的目的及具体目标

沃尔玛AIS应用控制的目的是对会计应用建立具体的控制过程，从而确保全部经济业务都经过授权和记录，并进行完整、准确和及时的处理。应用控制的具体目标包括：

（1）所有经允许处理的数据均应转换到介质上并加以处理，并且处理的结果可通过适当的方式输出。

（2）所有输入、转换、处理和输出均应在正常的时间里准确进行。

（3）所有系统的输出均反映为经批准的有效经济业务。

2.应用控制的内容

沃尔玛AIS的应用控制被定义为两大业务循环下的控制，应考虑的主要因素包括：

（1）输入控制。

①经济业务在计算机处理之前经过适当的授权；

②经济业务被准确地转换为机器可读形式并记录于计算机数据文件中；

③经济业务没有丢失或不适当地增加、复制、改动；

④拒绝、改正不适当的经济业务，必要时及时重新补救。

（2）会计信息处理控制。

①经济业务（包括系统生成的业务）由计算机正确处理；

②经济业务没有丢失或不适当地增加、复制、改动；

③计算机处理的错误被及时鉴别并改正。

（3）数据文件控制。

①业务时序控制。会计业务数据处理有时序性，某一处理过程的运行结果取决于若干相关处理过程的完成，不可颠倒和混乱。

②数据有效性检验，包括文件标签校验、业务编码校验、顺序校验。

③程序化处理有效性检验，包括计算正确性测试、数据合理性检验、交叉汇总检查。

④错误更正控制，包括说明段更正、再输入更正、反向显示更正等。

⑤断点技术，包括设置会计逻辑断点、数据流程断点、业务流程断点等技术手段。

⑥账务处理控制。

（4）输出控制。

为了达到计算机处理的输出结果准确无误、仅限于经过授权的人员输出结果且保证及时提供给适当的经过授权的使用人员的控制目的，沃尔玛管理信息系统在会计控制方面采用了如下手段：

①输出授权控制。只有经过授权的人才能进行输出操作。

②输入过程的控制总数与输出得到的控制总数相核对。

③审校输出结果，检查其正确性、完整性。

④将正常业务报告与例外报告中有关数据作对比分析。

⑤设置输出报告发送登记簿，记录报告发送份数、时间、接收人等事项。

⑥制定输出错误纠正和对重要数据进行处理的规定。

（六）沃尔玛在用信息系统的调查情况

（1）下属系统的数据格式较多，包括.txt、.dbf、.xls、.db、.bak，及常见数据库生成的数据格式。

（2）应用数据库版本较多，包括Oracle、Sysbase、SQLserver、BD2、LOxs（国内不常见，可用ODBC获取）等。

（3）每个模块和子系统均有完整的流程图、设计文档等详细资料。

（4）各部门、各岗位已收到审计通知，会配合审计。

（七）信息系统控制的成功经验和失败教训

（1）成功的经验。

沃尔玛通过构建相对完善的控制体系，有效地降低了会计信息系统的风险，通过与国际机构合作，制定恰当的控制规划、选择有效的控制措施，特别是针对输入、处理和输出控制等重点环节，进行了有针对性的细化。同时，从COSO和COBIT提供的框架体系上，获取有益的启发，对企业管理信息系统控制体系的构建提供了理论和技术支撑。

（2）需要汲取的教训。

沃尔玛管理信息系统仍然需要在以下几个方面总结经验，吸取教训：

①会计信息系统的风险往往来源于其他子系统，仅靠会计控制手段无法实现理想目标。

②信息系统控制效果除了取决于规划、技术与手段，还依赖于员工的素质和职业道德，其中信息素养和网络伦理的完善还需要经过一个系统化的过程。

③信息系统的风险控制，需要上至董事会、下至管理层和员工的共同努力，好的体制及有效执行缺一不可。

■ 本章内容结构图

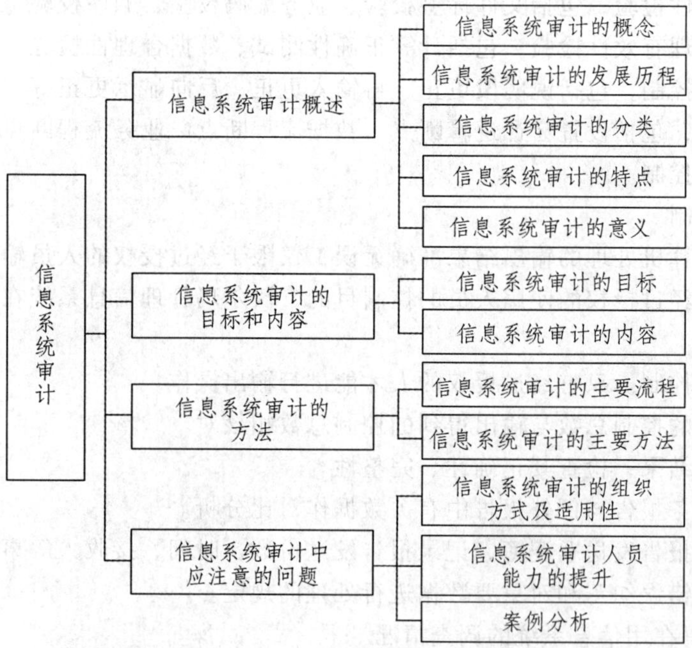

图10-3 本章内容结构图

■ 本章小结

随着信息系统的发展，系统越来越复杂化、大型化、多样化和网络化，再加上Internet的出现，信息资源的作用得到充分发挥。如何确保信息系统的安全、可靠和有效变得越来越重要。

目前，国内有关信息系统审计的研究较少，大多数会计师事务所的业务仍主要是传统的财务报表审计。而在国外，信息系统审计的发展越来越快，因为企业的发展越来越依赖信息系统的正常、稳定运行，信息系统已经成为企业战略中的一部分。信息系统审计在国内尚不受重视，总结其原因：一方面是由于国内企业仅仅把信息系统作为企业的辅助功能，没有将其看作企业战略的一部分；另一方面是由于我国目前缺乏相关的专业信息系统审计人才，大多数审计人员没有IT背景，而IT人员又不了解审计知识。因此，我们应加大信息系统审计的宣传，让人们了解什么是信息系统审计，为什么要进行信息系统审计。开展信息系统审计已经迫在眉睫，应加快行业准则与实务指南的制定，加大力度培养专门的信息系统审计师。

■ 关键概念

信息系统　信息系统审计

■ 本章练习题

一、单选题

1.信息技术在企业中的应用改变了（　　）。

A.财务报表审计目标　　B.风险评估的原则性要求

C.基本审计原则　　D.内部控制的形式及内涵

2.随着信息技术的发展，企业内部控制在许多方面都发生了变化，但完善的内部控制的（　　）并没有发生改变。

A.目标　　B.内涵　　C.形式　　D.性质

3.如果注册会计师仅依赖信息系统的人工控制，并且此类人工控制不依赖系统所生成的信息或报告，则注册会计师的以下做法中恰当的是（　　）。

A.不需要了解和评估系统环境　　B.不需要验证人工控制

C.需要验证自动化应用控制　　D.不需要了解和验证系统的一般性控制

4.关于注册会计师在确定审计范围时对信息技术的考虑，下列表述中正确的是（　　）。

A.在信息技术环境下，审计工作与对系统的依赖程度是间接关联的

B.注册会计师对业务流程和信息系统复杂程度的评估过程包含大量的职业判断

C.信息技术环境复杂意味着信息系统是复杂的

D.信息技术审计的范围与企业在业务流程及信息系统相关方面的复杂度负相关

5.下列关于信息技术应用控制与信息技术一般控制的相关说法中，恰当的是（　　）。

A.信息技术一般控制造成的影响程度比自动控制要显著得多

B.所有的信息技术一般控制都会有一个人工控制与之相对应

C.信息技术应用控制是设计在计算机应用系统中的、有助于达到信息处理目标的控制

D.信息技术应用控制缺陷可能导致未授权人员对检查录入数据字段格式的编程逻辑进行修改，以至于系统接受不准确的录入数据

6.在信息技术一般控制中，同时属于程序开发和程序变更包括的要素的是（　）。

A.测试和质量确保　　B.项目启动、分析和设计

C.数据迁移　　D.对维护活动的管理

7.在审计中，最广泛地应用计算机辅助审计技术的领域是（　）。

A.风险评估程序　B.控制测试　C.实质性程序　D.总体复核

8.下列各项中，不属于采用自动控制的优势的是（　）。

A.自动控制能够有效处理大流量交易及数据

B.自动控制比较容易被绕过

C.自动信息系统可以提高信息的及时性、准确性

D.自动信息系统可以提高管理层对企业业务活动及相关政策的监督水平

9.信息技术一般控制不包括（　）。

A.程序开发和变更　　B.程序和数据访问

C.系统运行　　D.访问限制

10.如果注册会计师在审计中依赖自动信息系统，则可能给企业带来（　）的重大错报风险。

A.信息系统可能会对数据进行错误处理

B.数据丢失风险或数据无法访问风险

C.不适当的人工干预

D.降低管理层对企业业务活动的监督水平

二、多选题

1.属于审计定义中的基本要素的有（　）。

A.审计主体　B.审计对象　C.审计目标　D.审计目的

2.信息系统审计的目的包括（　）。

A.提供反馈　B.提供保证　C.提供建议　D.熟悉电脑操作

3.CAAT的特点有（　）。

A.审计过程自动控制 B.信息系统自动存储

C.改变了审计作业小组的构成　　D.转移了审计技术的主体

4.审计信息系统包括（　）。

A.审计证据管理子系统　　B.信息系统安全标准子系统

C.信息系统安全评估子系统　　D.项目管理审计子系统

E.信息系统审计法律标准子系统

5.信息系统审计的主要内容包括（　）。

A.总体控制审计　B.一般控制审计　C.应用控制审计　D.特殊控制审计

三、判断题

1.(　　)信息系统的使用会给企业的管理和会计核算程序带来的重要变化包括系统问题的存在和偶然性误差减少。

2.(　　)注册会计师在确定审计策略时，需要结合被审计单位的信息技术环境规模和复杂度，对信息技术审计范围进行适当考虑。

3.(　　)自动控制比较容易被绕过是自动控制的优势。

4.(　　)自动信息系统可以提高管理层对企业业务活动及其相关政策的监督水平。

5.(　　)由于电子表格能够非常容易地进行修改，并可能缺少控制活动，所以电子表格往往面临的重大固有风险和错误包括输入错误和逻辑错误。

四、简答题

1.简要概括信息系统审计的目标和内容。

2.描述信息系统审计的主要流程。

3.信息系统审计的特点及意义是什么？作为相关人员，我们要如何应对信息系统审计的趋势？

■ 本章参考文献

[1] 张金城. 信息系统审计 [M]. 北京：清华大学出版社，2010.

[2] 陈耿，等. 信息系统审计、控制与管理 [M]. 北京：清华大学出版社，2014.

[3] 吴桂英. 信息系统审计理论与实务 [M]. 北京：清华大学出版社，2012.

[4] 审计署审计科研所. 信息系统审计内容与方法 [M]. 北京：中国时代经济出版社，2008.

[5] 黄作明. 信息系统审计 [M]. 大连：东北财经大学出版社，2012.

第三部分

管理理论篇

第十一章

内部审计管理

学习目标

◇了解内部审计项目管理概念

◆理解如何选派审计项目组及其相应职责

★掌握审计管理手段

★掌握审计过程控制

★掌握内部审计项目管理知识

案例导入：从斯特公司的欺骗故事说起

作为公司内部监督和管理程序的重要环节，内部审计工作其实会涉及审计项目的管理、决策、计划、组织、指挥、协调等多方面的管理职能，是一项涉及人力、物力、财力等各方面资源如何使用的综合性较强的内部监督活动。因而，只有提高企业内部审计工作的质量和效率，进行严密完善的控制与管理，内部审计才能够更有效发挥作用，从而实现公司增值的目标。

第一节　内部审计项目管理

审计项目管理是以审计项目为对象，通过组成专门的审计项目小组，对审计项目所进行的协调、管理和控制，从而实现审计项目目标的过程。审计项目管理既有审计的特点，又具有项目的属性。审计项目管理是内部审计管理的一个重要组成部分，为保证审计监督职能提供有力武器。审计质量怎么样，就要看审计项目的管理如何。审计项目管理中容易出现的主要问题有：项目进度拖延、项目成本超支、人力资源无法保障、项目进度计划被随意变更等。要避免这些问题的出现就要从以下几个方面入手：审计项目组的选派与职责；审计方案的编制；审计过程的控制。

一、审计项目组成员管理与职责

审计项目管理一般以审计项目经理为核心，形成以项目经理为中心的组织架构。项目能否顺利实施，能否取得预期的效果，能否实现审计目标，直接取决于审计项目经理对人员和资源的管理水平。

（一）审计项目组成员的管理

在一个审计项目中，审计项目组成员包括项目经理、审计小组负责人、审计小组成员。他们在审计项目的计划、执行、报告和后续阶段分别有着不同的职责。

审计项目组一般实行“金字塔”形治理结构，项目经理为最高领导者，下面是各审计小组，在小组长领导下完成任务，组长对项目经理负责。每个成员的职责及相互间的活动都被明确定义和分类，各岗位有什么责任，各人该做什么、如何做、需要什么、需要达成什么目标，都非常清楚。而且，这种层级负责制，能确保最高决策者的决策得到不折不扣的执行（如图11-1所示）。

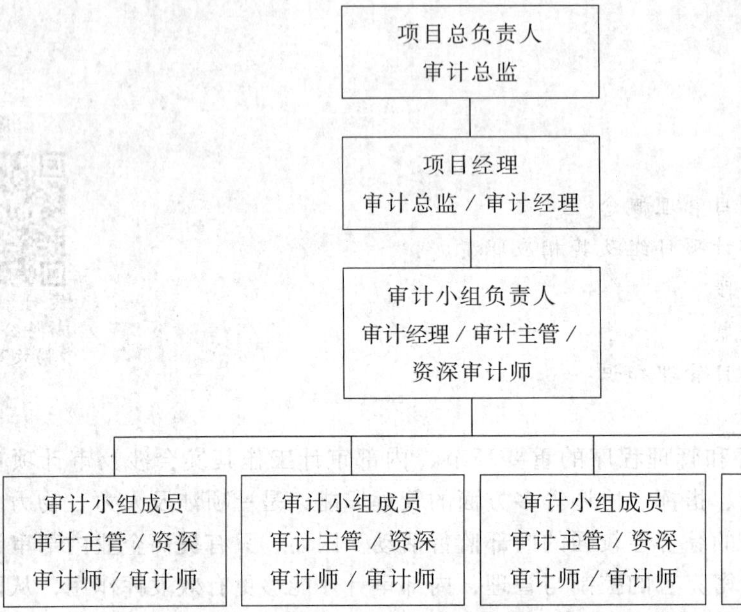

图11-1 审计项目组治理结构

同时，审计项目组实行重要事项逐级报告制度，一线审计人员发现的问题线索向组长报告，组长汇总信息后反馈给审计项目经理，经理进行决策。特别重大的问题，项目经理需要向审计部门负责人汇报，由审计部门负责人决策。上行下达，有条不紊，可以避免出现审计人员目标不明确甚至打乱仗的现象，大大提高了审计工作效率。

（二）审计项目组人员职责

表11-1全面列示了在审计过程中审计部门负责人、审计项目经理、审计组长和审计成员各自的不同职责。表中所示的各项任务指明了在某一具体审计过程中所执行的4种不同职责。

某些内部审计部门可能对内部审计部门各级责任人员的作用和任务的约定同表中所示的稍有不同，并且在一个部门里面甚至也存在具体工作上的差别。但不论怎样，该表说明了4级责任之间的主要关系。

较之具体任务，更为重要的是不同责任的性质。例如，审计部门负责人的责任是总体性的。审计部门负责人通常要同时对多项审计计划负责，要承担大量的部门管理责任。

表11-1 各级审计人员在审计过程中的职责

审计阶段	审计部门负责人	审计项目经理	审计组长	审计成员
审计计划阶段	1.与项目经理讨论确定审计目标和范围 2.审批审计计划 3.签发项目组工作授权和项目编号 4.签发时间控制预算和费用预算 5.如需要，参加审计小组准备会议 6.如需要，主持首次会议 7.审批具体审计方案 8.批准审计计划方案	1.与审计部门负责人讨论审计目标和范围 2.制订审计计划 3.审批时间控制预算和费用预算 4.指派审计小组负责人 5.主持审计小组准备会议，确定审计程序和方法 6.主持与被审计单位的首次会议 7.就被审计单位经营情况、工作流程进行初步评估 8.确定审计报告格式 9.制订具体审计方案	1.参加审计目标和范围的讨论 2.协助项目经理制订审计计划 3.与项目经理一起选定审计小组成员，制定时间控制预算及费用预算 4.参加审计小组准备会议，讨论审计方法和程序 5.协调组织与被审计单位的首次会议 6.收集资料，了解被审计单位经营情况、工作流程、控制环节，完成初步审阅 7.向项目经理汇报内部控制初步评价结果 8.建立审计底稿索引和审计结果汇总表 9.起草审计报告格式 10.协助项目经理制订具体审计方案	1.参加审计小组准备会议 2.参加被审计单位资料收集工作 3.讨论审计方法和程序 4.参加审计首次会议 5.根据工作分工执行内部控制初步评估
审计实施阶段	1.批准修改后的审计计划 2.复核审计结果 3.就重大审计发现给予指导和关注 4.如需要，参加与被审计单位的审计结果沟通会议	1.对审计过程进行监督，确保审计质量 2.复核审计工作底稿和审计结果汇总 3.与审计小组负责人讨论审计发现 4.主持与被审计单位的审计结果沟通会议	1.根据项目分工完成审计程序 2.复核审计工作底稿 3.与项目经理就审计发现进行沟通 4.修改审计计划 5.完成审计结果汇总表 6.参加与被审计单位的审计结果沟通会议	1.根据指派执行审计程序 2.汇报审计结果
审计报告阶段	1.审校审计报告草稿 2.参加审计结束会议 3.签发审计报告 4.确定后续审计的必要性 5.如需要，参加审计小组总结会议 6.批准审计项目完成	1.起草审计报告 2.与管理层就审计发现进行沟通和跟进 3.修订审计报告 4.致送审计报告 5.与审计部门负责人讨论后续审计的必要性 6.评价审计小组成员项目业绩表现 7.组织审计小组总结会议	1.组织项目组会议，商讨审计发现和审计建议 2.拟定审计报告初稿 3.与管理层就审计发现进行沟通和跟进 4.修改审计报告并上报 5.工作底稿存档 6.完成项目业绩评价，评价小组成员表现 7.参加审计小组总结会议	1.补充完善工作底稿 2.参加项目组会议 3.拟定、修改部分审计报告初稿 4.完成项目业绩评价 5.参加审计小组总结会议
后续审计阶段	1.讨论并决定后续审计计划 2.复核后续审计结果汇总 3.复核并签发后续审计报告	1.制订后续审计计划 2.复核后续审计工作底稿和审计结果汇总 3.起草后续审计报告	1.拟订后续审计计划 2.复核后续审计工作底稿和审计结果汇总 3.起草后续审计报告	1.执行指派的后续审计程序 2.汇报后续审计结果

✲请注意✲

在审计过程中，审计部门负责人、审计项目经理、审计组长和审计成员各自发挥不同的职责，每个人在各个阶段的主要任务也不尽相同，应该牢记每个人在各个阶段的不同职责。

二、审计过程控制

审计过程控制涉及审计项目的进度、资源、成本、审计质量等。项目的进度、资源、成本和质量并不是相辅相成的关系，加快进度可能要牺牲一定的成本和质量，提高质量可能不得不放慢进度，同时还需要足够的资源支撑，四者只有做到了有机统一，才能取得项目的成功。

（一）进度控制

项目进度是一个综合的概念，除工期以外，还包括工作量、资源的消耗量等因素。在项目管理的工作中，进度控制的内容和职责为：制订进度计划，检查进度计划，调整进度计划。审计人员应坚持以风险为导向的原则，综合考虑人力资源、财务预算方面的因素拟订审计进度计划，包括年度进度计划、季度进度计划、月度进度计划等。常用的制订项目进度计划的方法有关键日期法、甘特图、关键路径法、计划评审技术等。在选择项目进度计划方法时应该考虑项目规模大小、复杂程度、紧急性等一系列因素。在制订完进度计划之后还需对计划进行检查，看是否有不恰当之处。在之后的实施过程中也应根据实际情况不断调整计划，因为在审计计划执行过程中，审计的范围、时间、成本、质量间是有冲突的，审计人员对目标的不同需求和期望也同样有冲突，我们需要在它们之间寻求一种平衡，这就需要对审计计划进行调整。持续改善的方法在审计计划执行控制中是通过定期地对审计计划细分标准进行评估和衡量，确定审计计划执行过程中的审计工作的有效性和效率，并提出如何加以改进的措施。持续改善在审计计划中的应用就体现在对审计计划执行的控制、评价、调整、再控制、再评价、再调整。

（二）资源管理

资源作为项目实施的基本要素，具有举足轻重的地位。审计项目的资源指履行审计职责过程中所拥有的或能够支配的所有有形和无形的要素，主要包括人力资源、信息资源、技术资源和环境资源。审计项目的信息资源较之工程项目中的材料设备要复杂得多，工程项目的材料设备的需求是单一的、可预见的，但是审计资源却包罗万象、不可预见。俗话说“巧妇难为无米之炊”，审计人员如果本身知识技能不足或者没有掌握大量的信息资源，则同样面临“无米之炊”的难题。

内部审计部门的首要工作是确定内部审计的职责及范围，然后与审计资源配置预算框架相匹配。如果资源基本符合要求，就按原定计划实施；如果资源捉襟见肘，就对内部审计范围进行重新评估，根据风险导向原则，将监管硬性要求的、企业重点关注的、风险较大的业务和领域纳入重点审计范围，其余的不作为重点审计内容甚至暂且不纳入审计范围。在资源配置有限的情况下，成熟的选择应该以提高资源使用效率为出发点，先集中精力开展重点审计，积累了一定技术及信息资源、审计人员专业化水平提升到一定阶段后，再向企业争取更多的资源，进一步拓展审计的广度和深度。

与此同时，审计资源具有高度的可积累性。审计资源的使用效率是可以通过培养、积累等方式逐步提升的。审计人员在现场审计中不断积累知识、技能和经验，从助理审计师成长为资深审计师，从项目成员成长为项目经理，甚至是独当一面的高级审计管理人员。在审计中可以对获取和编制的相关资料和信息进行梳理、整合及汇总，对在审计过程中应用和创造出的审计程序、审计方法和审计技能，可以通过一定形式进行固化和延续，构建知识库加以集成，从而促进审计经验和技能的沉淀与传承。审计资源配置效率是另一个可以考虑的重要因素，审计资源稀缺的背景下，在各项审计工作之间合理配置资源将对审计工作成效起到决定性影响。

（三）成本控制

审计项目中，审计成本是指为完成审计工作需花费的时间成本、人力成本以及资金成本等，简单来说即指与审计相关的各种耗费。审计成本的构成主要有两部分：一是必然的、有形的费用支出；二是潜在的、可能发生的损失，是由审计风险导致的。

所谓审计成本控制是指借助资源的合理配置，对审计项目成本进行科学的组织计划、严格的预算核算、细致的分析评估，以及有效的监督考核，从而在合理降低审计成本的前提下，确保审计目标的最终实现。规范的审计成本控制体制可以有力确保高效的审计工作，为审计业务的顺利推进提供支持，更能增强审计程序运行的有序性。

审计必须坚持成本效益原则，并根据效益相应地制订科学的审计计划，要明确目标、突出重点，避免任何人力、财力、物力方面的无谓浪费，在每次审计工作之前都要注重对项目的系统性评估，从全局掌握状况，抓好项目的工作重点，从而循序渐进、由重及轻地完成审计。审计计划的编制除包括审计目标、审计范围、审计内容外，还应包括审计经费预算。要结合对各行业以及行业中公司的研究，尝试着构建适用于某一行业甚至各行业的审计预算系统，在预备提供审计服务时，考量被审计单位的规模，分析所需的审计工作量等，测算出大致的审计成本。另外，为加强对审计成本的动态控制，实现对审计项目的动态管理，首先就要对成本效益做出准确评估和判断，然后适当选择审计项目，对于审计项目成本控制，一定要发现主要矛盾并着手立项，对审计工作做出合理安排。

审计成本控制还有赖于对审计资源的动态管理，审计资源的及时整合与有效利用能够很大限度地提升审计效率。审计机构应根据审计项目的规模制定相对的工作计划,通过制定合理的工作经费限度以及整合现存的人力、物力、财力资源。针对现场成本，在审计业务执行期间应当注意加强审计人员间的沟通交流，共享资源成果。以降低成本达到以最少的投资获得高质量的审计工作的目标，着力提升员工工作效率从而控制审计的成本。另外，审计工作完成必须依靠审计人员职能与功效的有力发挥。控制审计成本并不意味着要对审计人力资源成本进行单纯的减少与压缩，反而可以注重审计人员专业素养的提高与职业道德素质的深化。关于这点，可从聘用较高素质的审计人员入手，虽然在短期来看此举所需要的一次成本投入较高，但是从长远分析，这对于审计人力资源成本控制所产生的积极作用是非常大的。

（四）质量控制

审计项目质量控制对于提升管理水平，保证企业高质量发展有积极意义。新时期，内部审计工作目标不断提升，从促进加强经济管理、实现经济目标提升到促进企业的完善治理和实现目标，从价值保护提升到价值创造。在这个不断改革的过程中，只有不断地提升审计项目质量控制水平，才能更有效地降低审计风险，更具体地实现审计目标，更直接地提升内部审计工作价值。

审计项目的质量是审计目标是否能如期实现的“关键钥匙”。审计项目组长和主审作为审计现场的“一线指挥官”，一是必须要精心谋划“作战图”，充分的审前调查能够精确地掌握被审计单位的发展战略规划、资金和项目的重点投向、企业内部控制中可能存在的薄弱环节等，据此有针对性地制定审计方案。方案中要明确审计的范围和重点目标、核查哪些具体事项和相关资料、采取什么具体方法等，既要防止“大而泛——眉毛胡子一把抓”，分不清主次，又要防止“两张皮”，无厘头照搬照抄与实际脱离。二是要认真做好审前培训，根据审计实施方案确定的审计事项，结合以往审计经验和相关法规，对参审人员进行有针对性的培训。

同时企业内部审计部门必须对审计项目全过程进行严格的质量管理，从审计准备（确定审计目标，制订审计规划，形成审计方案，并根据实践结果进行动态调整）、审计实施（注重审前培训，关注审计结果，科学选择审计工作式）、审计报告（整理审计问题，起草报告）和后续审计（做好计划安排、实施项目、出具报告）的4个环节入手，对流程进行优化和完善；严格落实“三级复核”制度，对发现的疑点、问题要认真审核，做到“重点事项不遗漏，重大问题不放过，重要线索不忽视”。

同步思考11-1

为什么要实施审计过程控制？审计过程控制有哪些内容？

在调查了解阶段，主要关注被审计单位内控制度建立或实行情况，目的是扩展了解面从而获取线索；在审计阶段，必要时就要使用内部测试，目的是以较低代价解决线索和证据问题。

审计过程包括：进度控制、资源管理、成本控制、质量控制。

审计过程控制涉及审计项目的进度、成本、审计质量控制等。项目的进度、成本和审计质量并不是相辅相成的关系，加快进度可能要牺牲一定的成本和审计质量，提高审计质量可能不得不放慢进度，三者只有做到了有机统一，才能取得项目的成功。

三、审计项目管理手段

在内部审计管理中，可以有若干种用来改善公司内部审计管理工作的效率和效果的方法与手段。以下各段描述了一般的审计管理手段，以及它们如何改善审计工作，虽然并非所有的内部审计部门都要利用这些手段。

（一）工作授权表

工作授权表（见表11-2）列示了某项审计工作的一些基本内容，同时用文件的形式正式予以认可。该表主要反映与审计部门的时间及资源分配相关的周密性。审计不是靠异想天开产生的。各项审计工作可利用的资源非常有限，但必须让审计所花的时间体现出价值或通过别的办法使开支不至于白花。因此，审计经理必须保证审计过程周密、细致、高效，用文件形式来下达各项工作任务。

表 11-2　　**审计工作授权表**

1.工作名称：	
2.初步授权时数：	
3.开始日期：	
4.审计项目经理或组长：	项目编号：
组员：	允许增加时数：
5.审计目的：	结束日期：
6.与被审计方联系：	
姓名：　　　　职位：	
7.报告送给：	
8.其他必要说明：	
呈报人：	负责联系人：
日期：	
授权或批准人：	
日期：	

（二）审计任务清单

审计实施过程的第一步是制定一个任务清单。项目经理通常使用审计清单，以反映执行审计所需要的各种管理细节。这一清单用来作为一个总体控制表，应该附在工作底稿首页。这一清单可以保证审计实施过程中的所有重要部分都被完成。表 11-3 就是这样一份清单。

表 11-3　　**审计任务清单**

	日期
公司：	
位置：	□□□□□□□□□
任务：	
日期：	□□□□□□□□□
	□□□□□□□□□
1.客户通知	
2.计划备忘录	
3.实地调查工作	□□□□□□□□□
审计前的准备会议	□□□□□□□□□
开始	□□□□□□□□□
现状备忘录	□□□□□□□□□
完成	□□□□□□□□□
4.结束会议	□□□□□□□□□
5.工作底稿的最后定稿	□□□□□□□□□
6.经理复核（外部截止日期的前两天）	□□□□□□□□□
7.审计报告草稿	□□□□□□□□□
8.总结备忘录	□□□□□□□□□
9.审计报告公布	□□□□□□□□□
10.绩效评价	
	截止日期
指导人：	□□□□□□□□□
负责人：	□□□□□□□□□
助　理：	□□□□□□□□□

（三）审计会议议程

审计过程中要组织各种会议，至少包括：一次小组会议、动员会议、中期与被审计对象召开的会议、总结会议。计划好会议议程是组织审计工作程序的重要环节，安排好议程、组织好议题、合理分配会议时间、集中会议主题等都是会议议程中要事先考虑的内容，它将有利于提高会议质量，有利于将会议内容集中在主题上，保证有关业务事项能够在会议上得以议论。否则，相关会议时间有可能被拖长，而一些重要的问题可能被遗漏或忽略。

（四）审计工作底稿检查表

审计工作底稿是审计人员记录审计程序和内容的重要手段，它是对审计进展和审计质量进行监督的一种有效方法。工作底稿在审计过程中应定期检查，确保审计工作的实施，并按照审计方案的要求进行。审计工作底稿检查是审计组长告知审计成员需要纠正和修改的重点，以及建议的表格。

知识链接 11-1

表 11-4 通用审计工作底稿

审计过程记录			索引号
审计结论或审计查出问题的摘要及其依据：			
审计人员		审计日期	
复核情况：			
复核人员		复核日期	

（五）审计结果汇总表

审计结果汇总表能够简化报告编写过程，进而有助于改进审计管理。这些表也能改进审计质量。这些表要求审计人员注意审计结果的方方面面，如观察到的状况、所选判断标准、实际效果、所发现问题的原因等，从而使审计工作能够充分、细致地完成。

（六）报告发送控制表

并非所有的内部审计部门都采用正式的报告发送控制表。这些表特别适用于那些要求在组织内部将报告分发给人数众多的有关部门和人员的大型内部审计部门。如果没有该控制表，审计中一些重要步骤的某些细节，如审计报告的传递，就可能被忽略甚至造成管理失误。报告发送控制表的格式与内容见表 11-5。

国外内部审计外包及启示

总之，一个内部审计部门的成功管理者绝对不只是一个办公室里的“超级审计员”。事实上，有些成功的内部审计经理不是其所在部门的最好的审计员。

内部审计部门经理必须是能干的、有管理能力的审计员，他必须具备监督和管理内部审计部门行政工作的综合管理能力，这是现代企业内部审计工作迅速发展的必然要求。

表 11-5 **报告发送控制表**

报告名称		报告编号		项目编号	
收件人	报告发送授权人	传送日期	如何以及由谁传送	报告收件人	报告实际接收人

第二节 内部审计质量评价与改进

内部审计质量指内部审计工作的规范程度和审计作用的发挥水平，是审计工作水平的综合反映和集中表现。审计质量对于内部审计工作十分重要，它关系到内部审计在组织中的地位和发展，乃至本单位管理和控制的带有全局性的问题。内部审计相比外部审计而言，没有固定的审计程序和工作流程，没有严格的审计时间限制，内部审计人员在很多方面有较大的灵活性。但正是这种灵活性，使得内部审计工作具有较大的随意性，内部审计质量不易得到保证。加强内部审计的质量管理，无疑是诸多内部审计管理环节中的中心环节。内部审计质量评价与改进决定着内部审计质量的高低。提高内部审计质量，是减少审计风险，提高审计效益的保证。

一、内部审计质量评价与改进程序

为了确保内部审计工作的顺利实施，IPPF第1300条标准要求首席审计执行官建立并维护涵盖内部审计活动所有方面的质量保证与改进程序，以保证下列目标的实现：

（1）内部审计人员根据内部审计章程开展工作，该章程与IPPF及《职业道德规范》的要求一致；

（2）内部审计人员以有效及高效率的方式开展内部审计活动；

（3）内部审计活动能被利益相关方认为可以增加组织价值，改进组织的经营情况。

中国内部审计协会《内部审计质量评估方法》第四条也指出，组织应当建立内部审计质量评估制度，定期开展内部审计质量评估工作。质量保证与改进程序包括适当的监督，定期的内部评估和持续地对质量评价的监督，定期的外部评估。该程序应当涵盖内部审计活动的所有方面并能持续监控内部审计活动的效果，程序的每一部分应按照有助于内部审计活动增加价值，改善组织经营状况，并确保内部审计活动的开展遵循IPPF与《职业道德规范》的要求来设计。

开展内部审计质量评价与改进，需要全体内部审计人员增强质量意识。内部审计部门可以通过开展审计业务培训，学习最佳实务，审计质量攻关模拟等多种措施增强审计人员的质量意识。同时，实行任期审计质量目标责任制，把审计质量作为考核审计人员工作业绩的一项重要内容，把质量作为人才竞争和淘汰机制中的一个重要因素。

二、内部审计质量评价与改进程序的性质和范围

内部审计质量评价与改进程序应当充分详尽，涵盖《标准》及行业最佳实务所指的内部审计活动运行与管理的所有方面。除了小型的内部审计活动，首席审计执行官通常将大部分质量评价与改进程序责任授权给下属部门。在规模大且复杂的环境下（例如，大量的业务部门或业务分布地点），首席审计执行官应当在内部审计部门内建立正式的质量评价与改进程序职能，独立于审计和咨询分部。这一独立职能应当由一名审计执行官负责，他以及有限的雇员通常不会实施所有的质量评价与改进程序责任，但会管理并监督这些活动。

内部审计质量评价与改进程序的安排应当使专业能力达到最佳水平，质量检查应当在可能的范围内，独立于被检查的职能或活动。质量评价与改进程序应当考虑下列关键因素：

（1）监督内部审计政策、程序的制定和实施，执行和维护内部审计政策程序手册。

（2）协助首席审计执行官和审计管理部门进行有关内部审计活动的预算和财务管理工作。

（3）维护和更新全面的审计风险体系，包括收集和吸纳影响这一体系的新信息；监督内部审计、外部审计和其他评价与检查职能之间的责任划分。

（4）在管理评价审计风险和长期计划系统的总体运行情况这一领域协助首席审计执行官和审计管理部门。

（5）协助审计和咨询业务的总体进度安排过程以及相关联的时间安排。

（6）协助内部审计管理部门取得、维护和使用审计工具以及采用其他技术。

（7）管理外部人员招聘和内部审计参与组织内的人员轮换和管理部门发展项目。

（8）监督员工的培训和发展。例如，选择或开发培训课程，管理相关的职业计划和业绩评价过程，包括单个员工职业发展的跟踪制度。

（9）监督内部审计统计、计量，审计后调查及其他调查（如对内部审计的客户和其他利益相关方的调查）。

（10）管理并监督质量评价和过程改进活动，包括正式的内部和外部质量评估。

（11）监督并管理内部审计部门信息收集，向高级管理层和审计委员会定期报送简明报告（包括内部和外部质量评价结果的报告）。

（12）管理并维护来自内部审计活动、外部审计师的工作以及其他内部评估与调查职能的关于审计建议和行动计划的全面后续数据库。

（13）在内部审计管理部门的指导下，协助首席审计执行官、审计管理部门和内部审计人员了解现行的《标准》，内部审计行业的其他变化及最新的最佳的实务、法规事宜，发生的其他事件和机会。

三、内部审计质量评估程序

内部审计活动应当采用一个监控、评估质量程序整体效果的流程。该流程应当包括内

部和外部评估。监控质量程序是指对内部审计活动开展的审计和咨询业务的全面情况进行持续和定期评估，不仅仅限于评估其质量评价与改进程序。这些持续和定期的评估应当由严格而详尽的过程组成，既有对审计、咨询工作业绩常规、持续的监控和测试，也有对是否遵循《标准》的定期验证。监控还应当包括对业绩标准的持续衡量和分析（例如，审计计划完成情况，循环周期，被接受的建议，客户满意度）。如果这些评估结果指出内部审计活动有待改进的领域，改进工作应当由首席审计执行官通过质量评价与改进程序实施。IPPF中标准“1310——质量保证与改进程序的要求”指出，质量保证与改进程序必须包括内部评估和外部评估。

内部审计质量评估的内容主要包括以下方面：

（1）内部审计准则和内部审计人员职业道德规范的遵循情况；

（2）内部审计组织结构及运行机制的合理性、健全性；

（3）审计工具和技术的适用性；

（4）内部审计人员配置及专业胜任能力；

（5）内部审计业务开展及项目管理的规范程度；

（6）各利益相关方对内部审计的认可程度和满意程度；

（7）内部审计增加组织价值、改善组织运营的情况

（一）内部评估

IPPF中标准“1311——内部评估”指出，内部评估必须包括对内部审计活动执行情况的持续监督，通过自我评估或由组织内部其他充分了解内部审计实务的人员进行定期检查。

（1）持续监督。首席审计执行官负责保证提供恰当的业务监督。监督是个从计划开始，通过检查、评价、报告和跟踪各阶段的过程，包括保证分配参加业务工作的审计师具备必需的知识、技能和开展业务所需的其他能力。

（2）在计划业务阶段提供恰当的指导并批准业务方案。

（3）监督批准后的业务方案按计划实施，除非有充分的理由并得到授权才能改变。

（4）保证业务工作底稿能充分支持业务发现、结论和建议。

（5）保证业务通报准确、客观、清楚、扼要、及时、富有建设性。

（6）保证业务目标得以实现。

（7）提供发展内部审计人员的知识、技能和其他能力的机会。

持续监督的范围可以延伸到内部审计人员培训和开发、业绩评价、时间和费用控制等领域，取决于内部审计人员的专业水平和经验以及业务的复杂程度。与监督有关的证据应该得到记录和保存。

（二）定期检查

除持续监督外，可由内部审计管理人员进行自我评估，也可由组织内部其他充分了解内部审计实务的人员对内部审计活动进行定期检查。定期检查通常被纳入管理内部审计活动的常规政策和实务中，应当利用以下过程和工具来开展：

（1）对业务的监督。

（2）通过清单或其他方式保证内部审计活动采用的程序能够得到跟踪。

（3）客户和其他利益相关方的反馈意见。

（4）项目预算，工作时间计算制度，审计计划完成情况，成本收回情况。

（5）对其他业绩衡量标准的分析，如业务周期、建议采纳等情况。

中国内部审计协会2014年发布的《内部审计质量评估办法》规定：内部评估由组织内部人员实施，可以由内部审计、人力资源、内部控制、风险管理等部门的人员参与。内部评估的优点是评估人员来自组织内部，对组织文化及各项具体业务活动的了解较为深入。实践中，由于各个组织的内部审计活动在规模、权限、工作范围、人员技能等方面存在差异，因此，内部评估程序可以根据不同的情况灵活运用。通常，内部评估被纳入管理内部审计活动的常规政策和实务中，主要通过以下方式进行：

（1）对审计业务实施日常监督（如审计项目质量管理）。

（2）通过审计管理系统对审计项目实施情况的实时跟踪。

（3）审计工作结束后，由被审计单位和其他利益相关方做出评价或反馈。

（4）由未参与审计项目的其他内部审计人员有选择地进行审计工作底稿互查。

（5）对利益相关方进行深入访谈和调查。

（6）对审计绩效衡量指标（例如，审计项目预算的控制情况、审计计划完成情况、审计建议采纳情况）考核评估等。

内部审计绩效指标可以包含下列项目：对于促进风险管理、内部控制和治理过程的贡献程度、指定的关键性目标和目的的完成程度情况、对审计工作计划进展的评估、内部审计人员工作能力的提高、审计过程中成本收益率的提升、企业程序重组带来的审计计划数的增加、适当的审计业务计划及监督、符合利益相关者需求的程度、内部审计质量评估的充分性等。

（三）外部评估

质量评价与改进程序应当包括定期的外部评估，至少每5年由组织外部、合格且独立的检查人员或检查小组开展一次。这些外部评估活动应当涵盖内部审计活动开展的审计与咨询业务的全面情况，不仅仅限于评价其质量评价与改进程序。

对内部审计活动的外部评估应当评定内部审计活动是否遵循IPPF评定并发表意见，如果合适，应当包括改进的建议。这种检查对首席审计执行官和内部审计的其他人员相当有价值。只有合适的人员能够从事这项检查。如果内部审计机构的组织结构较为合理，规章制度较完善，人员素质较高，审计质量控制较为完备，或者组织内部适当管理层在近期对内部审计质量的相关内容进行过考核与评价，则外部评估的时间间隔可以适当延长。

1.外部检查人员的资格

外部检查人员包括审计自我评估的人员，应当独立于内部审计活动。检查小组应当由在内部审计实务和外部评估过程方面经验丰富的人员组成。合格的外部评估人员的候选者，可以是IIA质量评价检查员、法律考官、咨询专家、外部审计师、其他职业服务提供者，以及来自组织外部的内部审计师。

2.外部评估的范围

外部评估的覆盖范围包括内部审计活动的以下要素：

（1）遵循《标准》《职业道德规范》，内部审计活动的章程、目标、政策、程序、实务，以及相应法律、法规要求情况。

（2）董事会、高管层和经理人员对内部审计活动的期望。

（3）将内部审计活动与组织的治理过程结合起来，包括介入这一过程的主要不同团体之间的关系。

（4）内部审计活动采用的工具和技术。

（5）员工知识结构、工作经验、专业的组合搭配，包括侧重于过程改进的员工。

（6）决定内部审计活动是否增加了组织的价值，改进了组织的运营状况。

3.通报结果

检查的初步结果应当在评估过程实施期间以及做出结论时与首席审计执行官进行讨论，最终结果应当报告给首席审计执行官及其他批准开展检查工作的人员，最好直接送交高级管理层和董事会的相关成员。通报应当包括：

（1）在综合评分的基础上，对内部审计活动遵守《标准》的情况发表意见。

（2）对运用最佳实务的评价，包括评价过程中观察到的做法和其他潜在的可适用的做法。

（3）适当情况下提出改进的建议。

（4）首席审计执行官的反馈，包括行动计划和实施时间。

如未能直接送交有关材料，首席审计执行官应当就检查结果与高级管理层和董事会的相关成员交换意见，同时还应交流重大事项的计划纠正措施以及这些计划措施完成后的信息。

在外部评估完成后，检查小组应当出具包括内部审计活动遵守IPPF情况意见的正式报告，呈送要求开展这一评估的个人或组织。首席审计执行官应当针对外部评估报告中的重要意见和建议，编制书面行动计划，并负责采取适当的后续措施。

4.不同的外部评估主体实施的外部评估

（1）由外部审计人员进行的外部评估。对内部审计组织的外部检查有时由外部审计事务所进行。在外部审计事务所对内部审计部门进行外部检查时有一种危险，即不能从内部审计从业标准的角度去检查，而是根据事务所从业标准去检查。因此，组织的高级管理层有必要保证审计事务所充分理解和采用内部审计从业标准作为其从业大纲。

（2）同行评估。进行外部检查的另一种方法是由其他公司的资深内部审计人员执行检查工作。几个公司的内部审计部门负责人可以组成一个审计组，轮番对这些内部审计部门进行审计。但是，这种同行评估的方式有可能损害评估的独立性，或至少形式上损害。还有另外一个极端，就是可能会有这样的风险，即检查产生的批评可能会在相互检查中导致报复性的批评。高级管理层会觉得同行评估可信度不足，也有可能不希望其他公司分享保密性信息而对这种检查心存戒备，导致检查难以有效开展。

（3）由专家进行的外部检查。许多职业团体都有资深专家，这些专家比其他方式的检查人员更独立于内部审计部门，更能排除实际偏见。但专家评估需要付费，这就涉及专家的独立性是否受损的问题。较明智的做法是由高级管理层支付费用，而不从内部审计部门的预算中支出。

（4）国家进行的外部检查。西方企业的内部审计与国家审计没有任何联系，更谈不上接受国家审计机关的指导。中国的内部审计则是社会主义审计监督体系的一个组成部分，国家审计机关必然将对内部审计的监管纳入自己的工作范围，通过各级审计机关开展对内部审计机构审计业务质量的检查和评估。我国国家审计机关还通过内部审计协会等多种途径指导、监督和管理内部审计工作的标准和质量，完善对内部审计组织的管理。

5.独立审定的自我评估

为回应规模小的内部审计部门可能难以负担由独立的个人或小组对其开展的外部评估，IIA提出了替代程序，即“独立（外部）审定的自我评估”，其主要特征是：

（1）一个详细、全面记录的自我评估过程，应参照外部评估过程，至少在对遵循《标准》方面的评估。

（2）由合格的检查人员实施的独立现场审定。

（3）较少的时间和资源需求，例如，重点关注遵守标准的情况。对其他领域的关注，例如，采用最佳实务的测量，检查和咨询，与高级管理层、经营管理层的会谈等可以减少或省略。

但是，独立（外部）审定的自我评估同样需要满足以下要求：

（1）外部评估的总体考虑和目标。

（2）独立审定人员（外部检查人员）的资格要求。

（3）独立性，公正及客观性，胜任能力，管理层和董事会的批准，范围（除采用工具、技术，其他最佳实务，职业发展及增加价值的活动等领域以外）。

（4）结果通报（包括纠正措施及其完成情况）。

尽管全面的外部检查对于内部审计活动能取得最大成果，自我评估的独立审定也提供了一种完全符合《标准》的可选择方式。但是，在可能的范围内，为了获得质量评价和改进程序的益处，内部审计活动应当考虑将自我评估的独立审定作为中期手段，其后尽可能取得全面的外部评估。

内部审计业绩的内部评价和外部评价侧重点各有不同，内部评价是将财务指标与非财务指标结合起来评价内部审计部门为企业带来的价值增值，外部评价重在评价内部审计工作的规范性和合理性；内部评价一年进行一次、外部评价五年进行一次，二者互为补充，在实践中应结合起来运用。总之，在严格遵循内部审计准则和相关法规进行内部审计工作的同时，应按科学、合理的标准对其工作业绩进行综合评价，这样才能更好地满足企业管理当局的需要，真正达到现代内部审计服务于企业可持续发展的战略目标。

第三节 内部审计部门管理

《内部审计具体准则第2301号——内部审计机构的管理》将“内部审计机构管理”定义为:内部审计机构对内部审计人员和内部审计活动实施的计划、组织、领导、控制和协调工作。

一、明确内部审计机构管理的目标

根据《内部审计具体准则第2301号——内部审计机构的管理》第四条，内部审计机构的管理应达到以下目的：

（一）实现内部审计目标

内部审计目标可以分为基本目标、中期目标、长期目标三个层次。

1.基本目标：监控

通过内部审计部门的工作，组织管理层可以了解到组织管理中出现的问题并及时采取补救行动。

2.中期目标：预防

内部审计工作可以帮助组织完善其运作系统，通过在运作系统内设立适当的内部控制，从而在事前预防问题的发生，而不是等问题发生、组织利益受损后才去解决问题。

3.长期目标：不断改善，增加组织价值

内部审计工作是组织全面质量管理工作的一部分，是组织价值链中不可或缺的一环。在组织内进行适当的宣传和教育，使每个组织成员担负起组织全面质量管理的责任，形成不断完善的思想，从而增加组织价值，提高组织竞争力。

（二）使内部审计资源得到经济和有效的利用

内部审计资源是有限的。对内部审计部门进行严格的管理，可以使内部审计资源效用最大化，从而提高审计工作效率。

（三）提高内部审计质量，更好地履行监督与评价的职责

内部审计最基本的职能就是监督与评价。对内部审计部门进行严格的管理，内部审计部门才能更好地履行其职责，捍卫和提升其在组织中的地位。

（四）使内部审计活动符合内部审计准则的要求

所有内部审计活动都应当遵循内部审计准则及本组织内部审计章程的要求。对内部审计部门进行严格的管理，有助于提高内部审计工作质量，降低审计风险。根据《内部审计具体准则第2301号——内部审计机构的管理》第五条：内部审计机构应当接受组织董事会或最高管理层的指导和监督，内部审计机构负责人对内部审计机构管理的适当性和有效性负完全责任。

二、确定内部审计部门的宗旨、权力和职责

依据IPPF属性标准1000：内部审计部门的宗旨、权力和职责必须在内部审计章程中按照“内部审计定义”、《职业道德规范》和《标准》的相关内容正式确定。首席审计执行官必须定期检查内部审计章程并提交高管层和董事会审批。

内部审计章程是确定内部审计活动宗旨、权力和职责的正式文件。它确立了内部审计部门在组织中的地位，授权内部审计部门接触与业务开展相关的记录、人员和实物资产，界定内部审计活动范围。内部审计章程的最终审批权在董事会。另外，属性标准1110指出：首席审计执行官必须向组织内部提供能够确保内部审计部门履行职责的层级报告。首席审计执行官必须至少每年向董事会确认一次内部审计部门在组织中的独立性。

示例11-1：某化学工业公司有关内部审计的宗旨、权力和职责的政策规定

（一）宗旨

本公司内设置内部审计部门，其目的是为了审计其他业务的工作活动。这是内部审计部门对公司董事会和上级主管的服务。内部审计是一种内部控制，其职能是对其他控制管理工作的有效性进行监督和评价。

（二）总的政策规定

内部审计部门的职责是向公司管理部门提供信息，报告公司内部控制系统是否得当，是否起作用，并按公司既定的规章标准进行对比，以检查业务经营的质量。为了履行此职责，公司的全部业务活动都须经常审计。

（三）组织形式

因为内部审计部门是公司不可缺少的组成部分，其职能是根据董事会和高级管理层的政策而制定的，所以，保证内部审计人员进行审计活动的独立性是至关重要的。为强调和保障此独立性，特授权可以接触那些与执行某项审计工作有关的全部资料、全体人员和具体资产。

由于审计部门的组织体制和高级管理层给予的支持，对审计部门的工作范围和价值地位起到了重要的决定性作用。因此，审计部门可以从行政关系上向首席执行官汇报工作，首席执行官主管公司财务，其权力足以保证设计工作的广泛管辖范围，并对内部审计的结论和建议采取有力措施进行充分论证。

对于公司内部控制工作的适当性和有效性，由内部审计部门向公司董事会的审计委员会独立承担此职能责任。审计和控制的负责人至少每年要和审计委员会举行一次会议。在工作进行中，内部审计部门对于超越其所审计的相应活动以外的事项，既无直接责任也无权处理。因此，内部审计的审计和鉴定，不能解脱机构被审计人在其他方面应负的责任。

（四）客观性

客观性对设计工作非常重要。如果一个内部审计部门在制定审计程序、安排控制管理、编写记录、找人约谈等方面都不能正常进行的话，即使是做出了正常的评价和判断，也有理由认为它的独立性已经受到侵犯。所以，审计必须保持客观，使之不受不利的影响。在制定审计方法和程序时，可以决定和建议采用某些控制技术和标准，但不能影响其客观性；在对经营业务和活动进行系统分析时，也可以采取技术辅助措施，但也不能影响客观性。

（五）审计范围

内部审计范围包括审计和鉴定公司内部控制监督体制和业务经营性质，按照公司目前执行的既定责任标准予以衡量，以检查其适当性和有效性。公司各方面的审计和鉴定范围包括下述各点：

（1）财务和生产等信息资料、票证检验手段、方法、分类以及报告资料等是否可靠。

（2）检查生产体制是否符合政策、计划、程序、法律和规章，是否与组织机构的设置一致，因为这些对于经营和编写审计报告都具有重大影响。

（3）检查资产的保护措施，并核实其实际状况。

（4）雇佣的人员是否能充分发挥效率和经济作用。

（5）检查生产业务和项目程序的效益与既定目标是否一致，生产业务和项目程序是否按计划进行。

（六）行政

审计和控制工作的负责人一般负有执行审计政策和指导全公司内部审计活动的职责。

公司副总裁和相应主管人员有责任为内部审计人员提供便利，使其能及时查阅必要记录、接触人员和具体资产，并对审计人员提出的意见给予相应的落实措施。

三、编制年度审计计划

根据《内部审计具体准则第2301号——内部审计机构的管理》第十条，内部审计机构应当在考虑组织风险、管理需要和审计资源等因素的基础上，编制年度审计计划。年度审计计划是对年度的审计任务所做的事先规划，即内部审计部门为履行职责而对年度内的审计项目所做出的统一安排，是指导、检查、考核年度审计工作的主要依据，是组织年度工作计划的重要组成部分。制订好年度审计计划，认真地实施计划，并对计划的执行情况进行检查和考核，可以保证年度审计工作协调进行，有利于年度审计任务的完成和审计目标的实现，有利于合理利用审计资源，提高审计效率。

附录　内部审计具体准则第2306号——内部审计质量控制

第一章　总则

第一条 为了规范内部审计质量控制工作，保证内部审计质量，根据《内部审计基本准则》，制定本准则。

第二条　本准则所称内部审计质量控制，是指内部审计机构为保证其审计质量符合内部审计准则的要求而制定和执行的制度、程序和方法。

第三条　本准则适用于各类组织的内部审计机构和内部审计人员。

第二章　一般原则

第四条　内部审计机构负责人对制定并实施系统、有效的质量控制制度与程序负主要责任。

第五条　内部审计质量控制主要包括下列目标：

（一）保证内部审计活动遵循内部审计准则和本组织内部审计工作手册的要求；

（二）保证内部审计活动的效率和效果达到既定要求；

（三）保证内部审计活动能够增加组织的价值，促进组织实现目标。

第六条　内部审计质量控制分为内部审计机构质量控制和内部审计项目质量控制。

第七条　内部审计机构负责人和审计项目负责人通过督导、分级复核、质量评估等方式对内部审计质量进行控制。

第三章　内部审计机构质量控制

第八条　内部审计机构负责人对内部审计机构质量负责。

第九条　内部审计机构质量控制需要考虑下列因素：

（一）内部审计机构的组织形式及授权状况；

（二）内部审计人员的素质与专业结构；

（三）内部审计业务的范围与特点；

（四）成本效益原则的要求；

（五）其他。

第十条　内部审计机构质量控制主要包括下列措施：

（一）确保内部审计人员遵守职业道德规范；

（二）保持并不断提升内部审计人员的专业胜任能力；

（三）依据内部审计准则制定内部审计工作手册；

（四）编制年度审计计划及项目审计方案；

（五）合理配置内部审计资源；

（六）建立审计项目督导和复核机制；

（七）开展审计质量评估；

（八）评估审计报告的使用效果；

（九）对审计质量进行考核与评价。

第四章　内部审计项目质量控制

第十一条　内部审计项目负责人对审计项目质量负责。

第十二条　内部审计项目质量控制应当考虑下列因素：

（一）审计项目的性质及复杂程度；

（二）参与项目审计的内部审计人员的专业胜任能力；

（三）其他。

第十三条　内部审计项目质量控制主要包括下列措施：

（一）指导内部审计人员执行项目审计方案；

（二）监督审计实施过程；

（三）检查已实施的审计工作。

第十四条　内部审计项目负责人在指导内部审计人员开展项目审计时，应当告知项目组成员下列事项：

（一）项目组成员各自的责任；

（二）被审计项目或者业务的性质；

（三）与风险相关的事项；

（四）可能出现的问题；

（五）其他。

第十五条　内部审计项目负责人监督内部审计实施过程时，应当履行下列职责：

（一）追踪业务的过程；

（二）解决审计过程中出现的重大问题，根据需要修改原项目审计方案；

（三）识别在审计过程中需要咨询的事项；

（四）其他。

第十六条　内部审计项目负责人在检查已实施的审计工作时，应当关注下列内容：

（一）审计工作是否已按照审计准则和职业道德规范的规定执行；

（二）审计证据是否相关、可靠和充分；

（三）审计工作是否实现了审计目标。

第五章　附则

第十七条　本准则由中国内部审计协会发布并负责解释。

第十八条　本准则自2014年1月1日起施行。

■ 本章内容结构图

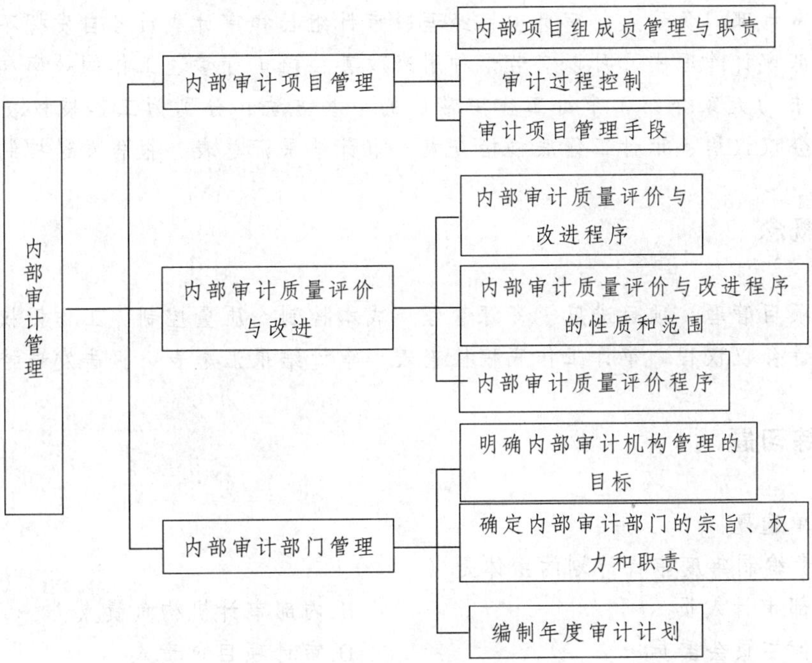

图11-2　本章内容结构图

■ 本章小结

本章通过内部审计项目管理的含义、审计项目组的选派与职责、审计过程控制、审计管理手段四个小节详细概述了内部审计项目管理的主要内容。审计项目管理是以审计项目为对象，通过组成专门的审计项目小组，对审计项目所进行的协调、管理和控制，从而实现审计项目目标的过程。审计项目管理是内部审计管理的一个重要组成部分，审计质量怎么样，就要看审计项目管理如何。

审计项目管理一般以审计项目经理为核心，形成以项目经理为中心的组织架构。在一个审计项目中，审计项目组成员包括项目经理、审计小组负责人、审计小组成员。他们在审计项目的计划、执行、报告和后续阶段分别有着不同的职责。在审计项目管理过程中，内部审计部门负责人与项目负责人应充分履行各自的职责，以确保审计质量，提高审计效率。

审计过程控制涉及审计项目的进度、成本、审计质量等。项目的进度、成本和审计质量并不是相辅相成的关系，加快进度可能要牺牲一定的成本和审计质量，提高审计质量可能不得不放慢进度，三者只有做到了有机统一，才能取得项目的成功。项目进度是一个综合的概念，除工期以外，还包括工作量、资源的消耗量等因素。在项目管理的工作中，进度控制的内容和职责为：制订进度计划，检查进度计划，调整进度计划。审计项目的资源指信息资源，包括项目立项背景、工作方案等项目基本信息，审计过程中形成的分析资料，还包括本审计单位的信息，如财务数据、相关文件、营运资料等。审计项目中，成本为完成一个审计项目、实现预定审计目标所耗用的各种费用之和。审计项目管理中应贯彻质量第一的方针，体现在信息资源控制、过程控制、审计复核控制三个方面。在审计过程控制中，审计部门负责人、审计项目经理、审计组长和审计成员各自发挥不同的职责。

在内部审计管理中，可以有若干种用来改善公司审计管理工作的效率和效果的方法与手段。本书为大家介绍了审计工作中常用的一些方法，分别为工作授权表、审计任务清单、审计会议议程、审计工作底稿检查表、审计结果汇总表、报告发送控制表。

■ 关键概念

审计项目管理　项目进度　资源管理　成本控制　质量控制　工作授权表　审计任务清单　审计会议议程　审计工作底稿检查表　审计结果汇总表　报告发送控制表

■ 本章练习题

一、单选题

1.负责编制年度审计计划的主体是（　　）。

A.内部审计人员　　B.内部审计机构负责人

C.审计委员会委员　　D.审计项目负责人

2.内部审计机构负责人应当根据具体审计项目的（　　）、复杂程度及时间要求，合理安排审计资源。

A.目的　　B.内容　　C.范围　　D.性质

3.内部审计人员在实施审计中获取的审计证据应当具备（　　）。

A.正确性、合理性和相关性　　B.适当性、相关性和充分性

C.相关性、可靠性和充分性　　D.真实性、合法性和可靠性

4.内部的定期估评一般由（　　）挑选的小组或个人来完成。

A.首席执行官　　B.董事长　　C.首席审计官　　D.财务总监

5.内部审计计划至少（　　）制定一次。

A.1年　　B.2年　　C.3年　　D.半年

6.（　　）不可以聘用外部服务提供者。

A.首席审计官　　B.董事会　　C.高级管理层　　D.财务总监

7.（　　）负责评估外部服务提供者的专业胜任能力和独立性、客观性。

A.首席审计官　　B.董事会　　C.高级管理层　　D.财务总监

8.首席审计官至少（　　）一次向董事会和高管层提交工作报告。

A.1个月　　B.半年　　C.1年　　D.2年

9.审核审计报告草稿是审计部门负责人（　　）的内容。

A.审计计划阶段　　B.审计实施阶段　　C.审计报告阶段　　D.后续审计阶段

10.制订后续审计计划是后续审计计划的重要内容，它主要由（　　）负责制定。

A.审计部门负责人　　B.项目经理

C.审计小组负责人　　　　D.审计小组成员

二、多选题

1.内部审计和外部审计可以相互接触（或了解）对方的（　　）。

A.审计方案　　　　B.审计工作底稿

C.审计报告　　　　D.管理建议书

2.需要向高管层和董事会报告的重大审计事项包括（　　）。

A.违法行为　　　　B.低效和浪费行为

C.重大控制薄弱环节　　　　D.已查实的舞弊行为

3.内部审计部门负责人对审计项目的管理负领导责任，其职责范围包括（　　）。

A.选派审计项目负责人并对其进行有效的授权

B.审批项目审计计划

C.对审计项目的实施进行总体督导

D.审定并签发审计报告

4.审计要有序地进行必须在规定的时间完成各个阶段应该完成的任务，那么审计阶段包括（　　）。

A.审计计划阶段　　B.审计实施阶段　　C.审计报告阶段　　D.后续审计阶段

5.工作授权表列示了某项审计工作的一些基本内容，同时用文件的形式正式予以认可。该表主要反映与审计部门的时间及资源分配相关的周密性。（　　）是工作授权表应该列示的内容。

A.审计项目经理或组长　　　　B.审计目的

C.审计预计预算　　　　D.初步授权时数

三、判断题

1.（　　）财务总监对内部审计资源的充分性和有效性负主要责任。

2.（　　）内部审计资源包括雇员、外部服务提供者、资金支持和可利用的方法及技术等。

3.（　　）内部审计师的报告只有职能性报告。

4.（　　）审计项目中，成本就是为完成一个审计项目，实现审计目标所耗费的费用之和。

5.（　　）编制审计报告不是项目经理的职责，是审计小组成员的工作。

四、简答题

1.工作授权表中应该包括哪些信息？为什么要准备这种表？

2.审计任务清单与审计方案是一回事吗？

五、案例分析题

某银行集团的内部审计经理正编制年度审计计划，这个计划在下个月要交给审计委员会。第二天，公司的总裁和审计经理开了一个会。在会上，总裁告诉审计经理和几位副总裁：由总裁自己编制审计计划而不把这个任务委托给审计经理。两位副总裁抱怨去年的审计计划给被审计者的经营带来不便。总裁认为由他决定审计项目的审计范围更适合，因为他知道每项审计应花多长时间。他认为内部审计主要是为管理层服务，由管理层来确定审计内容和制订审计计划更合适。

要求回答以下问题：

（1）你认为总裁的决定有什么风险？

（2）如果你是审计经理，应如何处理这种情况？

■ 本章参考文献

［1］陈新环．企业内部审计项目管理规范操作［M］．北京：中国时代经济出版社，2009．

［2］瓦莱布哈内尼 S L．内部审计基础［M］．张庆龙，译．北京：电子工业出版社，2014．

［3］么秀杰．内审人员易犯的55个错误［M］．北京：中国电力出版社，2015．

［4］叶陈云．公司内部审计［M］．北京：机械工业出版社，2013．

［5］王宝庆．内部审计管理［M］．上海：立信会计出版社，2007．

［6］时现．内部审计学［M］．北京：中国时代经济出版社，2012．

第十二章

内部审计人际关系

学习目标

◇了解主要内部审计人际关系

◇了解内部审计人际冲突产生的原因

◆理解建立良好人际关系的要素

★掌握有效审计沟通的原则、技巧与方法

★掌握处置冲突的对策与措施

案例导入：南方保健一案

在实际工作中，想真正做好内部审计工作可不是一件容易的事情，需要内部审计人员讲究一点技巧和方法。并不是只要你学过、了解过财会、审计或经济专业方面的知识，就一定能做好内部审计工作；相反，开展企业内部审计除了需具备丰富的专业知识之外，还必须具备良好的人际交往的经验、丰富的心理学知识、妥善处理复杂问题和解决棘手矛盾的能力等。如果审计人员能够在从事企业内部审计过程中处理好与被审计单位的关系，其审计工作就会游刃有余，否则就可能到处有烦恼，处处有障碍。内部审计工作是一门管理艺术，需要我们好好地处理和把握。

本章将要介绍如何建立和谐、共赢的内部审计人际关系，使审计工作顺利，并乘风破浪，成功到达胜利的彼岸!

第一节　内部审计人际关系概述

一、内部审计人际关系的含义

内部审计人际关系是指内部审计人员与组织内外相关机构和人员之间的相互交往与联系。内部审计人员在从事内部审计活动中，需要与下列机构和人员建立人际关系：

（1）组织适当的管理层和相关人员；

（2）被审计单位和相关人员；

（3）组织内部各职能部门和相关人员；

（4）组织外部相关机构和人员；

（5）内部审计机构中的其他成员。

内部审计中的人际关系既包括与组织内部主要负责人、高层管理者、被审计单位、其他相关职能部门、职员之间产生的人际关系，也包括与组织外部审计机关、社会审计机构、税务机关、往来银行、法律顾问、专家等之间产生的人际关系，具体如图12-1所示。

内部审计人际关系是以内部审计为立足点的一种专业人际关系，是人际关系学理论在内部审计领域的应用与发展，是人际关系体系的有机组成部分。内部审计作为经济管理系统中的一个开放式的子系统，与组织内外相关机构和人士之间有着各种各样的关系。如果沟通不畅，没有其他部门或个人的合作与配合，内部审计将难以顺利进行。因此，良好的人际关系，是搞好内部审计工作的前提条件。内部审计中的人际关系根据不同的交往对象，包括下列内容：

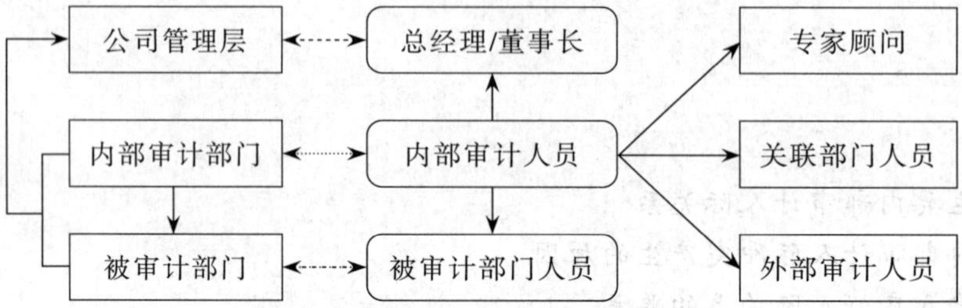

图12-1　内部审计人际关系图

第一，建立与组织负责人和高层管理者的良好人际关系。

内部审计人员接受组织负责人的委托进行内部审计，因此，内部审计工作的顺利开展首先需要组织负责人和高层管理者的授权和支持。为此，必须与组织负责人和高管保持良好的人际关系。内部审计人员必须定期或不定期地向组织负责人和高管递交各种建议书、审计报告、管理建议书等，并就工作进展和有关问题及时进行请示、汇报、交流，通过这种审计沟通，获得上级领导的理解、肯定，并及时纠正工作中的偏差。另外，还要协调内部审计工作，保证审计结论的落实和审计意见的具体实施。

第二，保持与被审计单位良好的人际关系。

内部审计的工作性质就是对被审计单位进行监督和评价，但是内部审计人员不是专门以审查和评价别人的差错和失误为根本目标，而是以提高组织利益和帮助被审计者有效地进行管理控制为最终目标，并向他们提供与所审查活动有关的分析、评价、建议、忠告等资料。因此，内部审计人员应当通过审计沟通，让被审计单位认同其思想和最终目的，与被审计单位建立良好的人际关系，消除相关利益部门的误会，确保审计工作顺利进行，提高审计效率和效果。内部审计人员在制订审计计划、方案，取得审计证据的过程中，需要获得被审计单位的支持；在出具审计报告前，应当征求其意见；审计中发现问题时更需要与之进行恰当沟通，以求问题的最优解决途径；审计意见的落实需要被审计单位的理解和配合。

第三，形成与组织中其他职能部门良好的人际关系。

内部审计人员应当与组织中其他职能部门，如财务、供销、生产、人力资源等部门形成良好的沟通和人际关系，在审计活动中更好地相互合作和取得更多的支持。例如，开展审计活动时需要从其他职能部门了解组织相关情况；审计中发现问题时，获得其他职能部门的意见有助于寻找更优的解决方法；在审计意见的落实和事后监督等方面，都需要与其他职能部门的相互协作，才能实现审计成果的高效利用。

第四，开展与组织外部的良好人际关系。

内部审计工作的顺利高效进行需要组织外部相关机构和有关人士的认同和支持，及时获得充分、相关、可靠的审计证据。例如，通过银行函证取得可靠的审计证据；合理利用外部审计的结果，必要时可以聘请外部专家，获取专业帮助，如进行资产评估、基建工程验收、法律咨询等。

二、内部审计人际关系的重要意义

内部审计人员的工作贯穿于整个组织，其与组织内各部门的行政主管打交道，并测试和评价他们的工作，将审计工作中发现的问题和改进的建议报告给他们的上级。搞好内部审计中的人际关系，是整个内部审计活动的有机组成部分。离开内部审计中的人际关系，内部审计工作将寸步难行。《内部审计具体准则第2305号——人际关系》第五条指出，内部审计人员应当与组织内外相关机构和人员进行必要的沟通，保持良好的人际关系，以实现下列目的：在内部审计工作中与相关机构和人员建立相互信任的关系，促进彼此的交流与沟通；在内部审计工作中取得相关机构和人员的理解和配合，及时获得相关、可靠和充分的信息，提高内部审计效率；保证内部审计意见得到有效落实，实现内部审计目标。内部审计人际关系的重要意义主要表现在以下几个方面：

第一，有利于内部审计工作取得组织内外相关机构和人士的理解和配合，以及最大限度地降低信息不对称和模糊程度，提高审计效率。

在内部审计实际工作中，内部审计部门与被审计单位之间、审计机构与高层管理者之间以及内部审计与外部审计之间，常常由于缺乏恰当的沟通，导致大量信息不对称以及信息模糊和客观存在的不确定性。这些问题极易造成误解，增加工作中的阻力，降低工作效率，甚至导致管理者的决策失误。因此，搞好内部审计中的人际关系，首先是为了相关信息及时、准确的传递，取得相关组织机构和人员的理解和配合，保证内部审计工作的顺利、高效进行。

第二，有利于确保审计结论有效发挥作用，增强审计效果。

客观、恰当的审计报告的得出需要组织内外相关机构和人员的帮助，审计结论的贯彻执行以及审计结果的充分利用都有赖于组织内外相关机构和人员的支持和配合。

第三，建立良好人际关系的最终意义在于维护组织的最大利益。

内部审计的根本目的是提高经济效益，维护组织最大利益。搞好内部审计中的人际关系也是为这一目的服务的。“内部审计具有服务对象的内向性，服务对象的内向性是指内部审计人员是本单位的审计监督者，也是领导的重要参谋，内部审计只对本单位的管理者负责。”可见，内部审计是立足于组织内部的审计工作，内部审计人员应当维护组织利益而不是其他利益，内部审计人员应当从全局的角度出发进行人际交往，在纵观全局、均衡各部门经济利益的基础上，保证组织整体的最大利益，而不能为了个人、小集体的利益而损害组织的整体利益。

三、建立良好人际关系的要素

既然内部审计工作中保持良好的人际关系如此重要，那么建立良好的人际关系需要以下要素：

（一）平等观念

无论职务高低、知识多寡、贫富差距、身体强弱、性别差异，大家在人格上都是平等的。在一个单位内部，内部审计师与其他人员只是分工不同，本身并没有地位高低之分，所以建立平等观念是最基本的做人准则。如果内部审计师在人际交往中出现以权压人、以势压人、以强凌弱的现象，把自己看作高人一等，那就根本不可能有和谐相处的人际关系。

（二）尊重他人

渴望受到尊重是每个人的基本心理需求。在人际交往中，内部审计师对所有人，不管其地位高低贵贱，都应该给予应有的尊重。不仅要尊重他人的人格、个性习惯、权力地位、情感兴趣和隐私，还要保持彼此存在的外显或内在的心理距离，不要轻易地突破它，破坏它，否则就是对对方的冒犯，势必造成对方的戒备、反感和疏远。

（三）有效沟通

沟通是人们分享信息、思想和情感，以取得彼此了解、信任的一种活动，是人们达到目标、满足需求的重要手段。只有沟通，才能让别人了解自己，同时自己也才能了解别人，不断增进彼此的了解，减少或避免一些不必要的误会和摩擦。内部审计作为一种旨在增加组织价值和改善组织营运的独立、客观的确认及咨询活动，其工作与组织的董事会（或其他决策机构，下同）、管理层、被审计单位、相关职能部门及组织外部相关机构等均有密切联系，良好的沟通是改善治理、建立“客户”关系基础、协调审计工作并完成目标的前提。因此，沟通对于内部审计尤其重要。沟通需要主动，沟通是一个双向、互动的反馈和理解过程，有效的沟通不仅可以使沟通双方达成一致的意见，更能使其准确理解信息的含义，以建立良好的人际关系，并使组织内外相关机构和人员认同其思想和最终目的。能沟通不等于会沟通，善于沟通者知道根据不同的对象、场合，采取不同的沟通方式。

（四）待人宽容

人的性格、学习背景、知识专长、经历经验等各有差异，不同的人在看待经济问题、执行内部事务、理解会计政策、进行会计估计等方面不可能完全一样，因此，内部审计师在审计过程中在对单位经济业务的处理认定上不能强求被审计人与自己一致。人与人要和谐相处，就要有求同存异、相互谅解、不求全责备的宽广胸怀。这也是内部审计中“重要性”概念的内涵。人非圣贤，孰能无过？一旦发现被审计人存在错误，只要错误不严重，就不必过分声张，基层能解决的就不需要上报高层知晓，尽量让被审计人自身意识到错误，帮助被审计人将来不犯或少犯错误。古人说得好，“海纳百川，有容乃大”“水至清则无鱼，人至察则无徒”。在内部审计工作中，往往宽容厚道的人有更多的朋友，正所谓“宽则得众”。

（五）欣赏心态

希望得到别人的注意和肯定，这是人们共有的心理需求，而给予欣赏正是可以满足这种需求的一种交际方式。内部审计工作的根本目的并不是发现问题，而是“为组织增加价值并提高组织的运作效率，从而帮助实现组织目标”。人际关系大师卡耐基说过：“避免嫌弃人的方法，那就是发现对方的长处。”因此，在内部审计工作中，我们应抱着欣赏的心态来对待组织中的每一个人，时时留心组织中的人和事，不要只关注被审计人的错误，而要多发现被审计人的优点和长处。赞扬是欣赏的直接表达。有道是“良言一句三冬暖”，对被审计人而言，一句真诚的赞扬甚至一句不经意的肯定，往往可以给被审计人当然也给自己带来好心情。学会发现别人的长处并由衷地加以肯定，这是促进内部审计人际关系和谐的润滑剂。

（六）换位思考

要达到彼此的认同和理解，避免误会和偏见，内部审计师就要学会“换位思考”。所谓“换位”，就是要善于从对方的角度和处境认知对方的观念，体会对方的情感，发现对方处理问题的方式。只有设身处地多为别人着想，才能够最大限度地理解别人，从而找到相处的最佳途径、解决问题的恰当方式。孔子有言：“己所不欲，勿施于人。”一位哲人也说过：“你希望别人怎样对待你，你就要先怎样对待别人。”在内部审计工作中，只要少一点自以为是，多一点换位思考，就会少一些误解和冲突，多一些理解与支持。

（七）互相倾听

一方面，内部审计师要服务于高层管理者，就必须倾听并理解高层管理者的需求，这样会增加提供服务的价值。比如，内部审计师如果将简短的报告报送给讨厌冗长分析报告的总经理，便会赢得该总经理的好感。另一方面，内部审计师要想较为深入地了解组织内部存在的经营管理问题，就必须注意倾听来自基层的声音。内部审计师要注意倾听被审计者的意见和反馈，在看法不一致时应加强协商，以理服人，用事实说话，千万不要“扣帽子”“打棍子”。

（八）增强信任

要信任被审计者。内部审计师不要先入为主，主观臆断，对被审计者要以信任为主，其实大多数单位的问题是管理不规范引起的。

四、内部审计人际关系指导原则

内部审计中人际关系工作的指导原则，是为了实现与组织内外相关机构和人员之间建立良好的合作与协调关系的目标，组织的内部审计部门、内部审计人员，在开展内部审计中的人际关系工作时，应遵循的指导思想。在进行人际关系工作中应以法规、制度为基础和前提，兼顾灵活性，并保持相对独立性。

以法规制度为基础是指内部审计部门、内部审计人员在谋求良好关系的人际交往中，应当以遵守有关内部审计的法律、法规、准则以及其他相关法律、法规和组织内部的规章制度为重要基础和前提，依法行使职权，遵循职业准则，保证内部审计质量，规避内部审计风险。

灵活性是指内部审计部门、内部审计人员应在不违背法规、制度的前提下，灵活处理人际关系，以“双赢”的思想为指导，解决审计中发现的问题，提高内部审计效率。内部审计人员灵活处理人际关系的同时，应保持其职业谨慎性，合理关注可能面临的审计风险，不能以不适当的审计风险为代价，来换取人际关系的灵活性。

相对独立性是内部审计工作质量的保证，是审计工作的根本性指导原则。内部审计部门、内部审计人员在处理好人际关系的同时，应当保持相对独立性，不得为了谋求良好人际关系而丧失相对独立性。

总之，内部审计人员在开展内部审计人际关系工作时，要清正廉洁、不谋私利，办事依政策、讲原则，合情合理，不偏不倚，不感情用事；与组织内外相关机构和人士交往时，要相互沟通、互动交流，以取得对方的理解，达成共识，解决问题。

五、内部审计人际关系分析

（一）内部审计人际关系基本类型

由于内部审计人员交往的对象、时间、目的和效果不同，内部审计人际关系同样存在诸多不同的类型或形式，具体内容如图12-2所示。

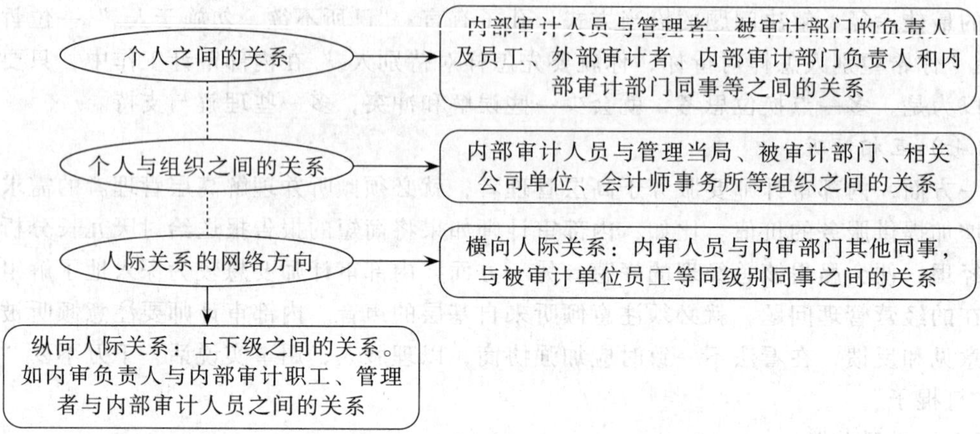

图12-2 内部审计人际关系基本类型

（二）内部审计人际关系的若干影响因素

社会和团体内人与人之间是相互交往、相互作用和相互影响的，但是不同的人之间，关系的亲密程度是不同的。在社会和团体的人群中，我们与什么人进行交往并建立较为密切的人际关系？这种人际关系又是如何建立起来的呢？结合有关研究和内部审计工作的实际情况，我们可以概括出影响内部审计人际关系的六个因素，如图12-3所示。

图12-3 内部审计人际关系的影响因素

1.内部审计人员的个性

有些内部审计人员热情、谦和、待人诚恳、乐于助人、品德高尚、豁达大度，人们都乐于与之交往。有的内部审计人员却心胸狭窄、飞扬跋扈、无事生非、私心很重、以邻为壑，这样的人，许多人都不愿与之交往，即便只是工作交往，也不愿主动与之配合。

2.工作岗位性质

凡工作岗位相近或工作位置接近者，如都是内部审计部门的同事，或办公位置相近或下班顺路的同事，彼此接触的机会多，容易形成良好的人际关系。俗语说："远亲不如近邻"，即是此理。或者都是公司监督部门的工作人员，彼此会有共同的话题，也容易沟通和交往。

3.交往的频率

如果内部审计人员交往对象之间有共同的管理需求，或者都在负责内部监督和内部控制完善工作，这样自然相互交往的次数较多，较易具有共同的经验、话题，容易了解对方对自己的态度、情感，容易彼此建立密切的人际关系。特别是人在相处初期，是否有一致需求和比较频繁的交往，往往对于建立和谐内部审计人际关系具有决定性作用。

4.态度和兴趣的近似性

俗语说："物以类聚，人以群分""酒逢知己千杯少，话不投机半句多"，就是指人总是喜欢和自己态度、兴趣相类似的人交往。因为人和人若对事物有共同的态度、兴趣与价值观，则自己的观念与行为，易于获得对方的支持与响应，也容易预测对方的反应和倾向，从而在交往过程中容易彼此适应，配合默契。内部审计人员与相关部门的工作人员如果都是从提高公司管理水平和经营能力的角度出发，如果都有高度的职业道德和敬业精神，则这就是建立正常、和谐人际关系的基础。

5.需求的互补性

只要稍加注意，你就会发现一个有趣的现象：人与人不仅当具有共同的兴趣、爱好和价值观念时愿意在一起，彼此特性相反者亦有互相吸引的现象。如脾气急躁的与脾气温顺的，性格外向的与性格内向的，喜欢主动支配别人的与期待别人支配自己的，彼此特性相反者在一起，需求能够相互得到满足，也可以形成良好的人际关系。这种情况在异性人际关系中尤为常见。

6.团体的目标、性质和管理方式

具有共同利益和目标的内部审计部门，容易形成良好、团结的人际关系。具有各自利益和目标的竞争型内部审计团队不易形成良好的人际关系。取得成功的内部审计团队容易形成良好的人际关系。遭受审计失败和挫折的内部审计团队成员之间容易相互埋怨、指责。

（三）建立与形成有效人际关系的基础

由于内部审计人员在一个充满个人矛盾的环境中工作，因此，他们必须具有良好的个人形象。除了保持自身的声望与正直外，审计人员还需要得到上司、被审计人和同事的信赖，其不应该是专横、傲慢的个体。一般来说，良好的个人形象包括六个要素，如图12-4所示。

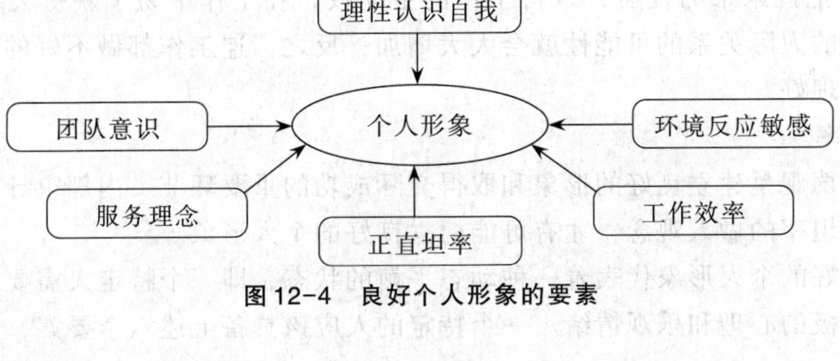

图12-4　良好个人形象的要素

1.理性认识自我

理性认识自我就是内部审计人员要注意对自我个性客观的剖析，力求发现自身的优点与不足。在人际交往中，许多人往往非常注意自己的缺点，甚至认为自己的性格属于不善交际型，在交际场合自己就像童话中的“丑小鸭”。但是，他没有注意到不同类型的人在人际交往中都有优势和劣势。比如性格外向的人比较容易沟通，并能够很快与人打成一片，但性格内向的人则会给人稳重踏实的感觉。

作为内部审计师，因为工作性质需要接触许多人，同样应该冷静地分析自己的人际关系情况，并且细心地列举出自己的优缺点，明白自己的责任，有所取舍，有所为有所不为。如此，才能开发自我能力，具备积极面对事实与挑战的勇气。更新了正确的工作观念和建设性的想法，内部审计师的执业立场和人际关系就会大不一样，会更受相关人士的理解和支持。

2.团队意识

个人形象的第二个要素是有强烈的团队意识或者归属感。团队意识是指内部审计人员有共同的工作方向、工作原则、一体化意识、团结氛围等组织观念。这种团队意识是从集体的环境氛围中获得的。如果内部审计人员所在的部门是一个和谐、融洽的集体，他的个人形象就会增强。如果内部审计部门缺乏统一与和谐，审计人员的个人形象就会受到影响。当然，融洽与和谐并不意味着完全一致，没有争议，一团和气。实际上，大多数卓有成效的集体更能容纳不同的意见以及新的见解。

3.环境反应敏感

内部审计工作是公司内部控制系统的重要组成部分，它通过发现公司控制系统中存在的问题，时刻提醒管理者，帮助公司管理层保持高度的警觉，避免风险的发生。这就要求内部审计人员对公司所面临的各种风险保持警觉，判断存在的问题，提出改进的建议，其结果将是获得很好的个人形象和良好的人际关系。

4.服务理念

由于内部审计部门只是公司管理的一个部门而已，因而内部审计实际上独立性很低，因为它并不承担对公众的责任，具体表现在：内部审计的功能就是为公司的管理者提高管理水平服务，协助公司其他成员完成任务，优先解决他人的需要。如果内部审计人员在工作中随心所欲，不顾他人的感受，将自己的意见强加给他人，这种行为就是自我满足。而这种只顾自我满足的行为，只会挑起矛盾，自然不会得到大家的欢迎。

5.工作效率

是否具有较高的工作效率和个人形象有直接联系，因为有着良好业务素质、效率高的人，总是容易把握未来的发展，取得工作的主动权，在工作中易于获得大家的尊重和认可，获得良好的人际关系的可能性就会大大增加；反之，连工作都做不好的人，人际关系往往也难以处理好。

6.正直坦率

正确的道德观是建立良好的形象和取得交际成功的重要环节。内部审计人员应该培养正直、诚实、坦率的做人观念，才有可能树立良好的个人形象。

总之，良好的个人形象代表着一种动态平衡的状态，即一个特定人需要有符合客观环境的理性、积极的心理和乐观情绪。一个特定的人应该具备上述六个要素，并使其保持平衡。如果这六个要素中的任何一个处于不正常状态，都会损害个人自身潜能的发挥，危及个人形象的建立和良好人际关系的开展。

同步思考12-1

内部审计人员为何要搞好人际关系？

根据波特的价值链理论，企业中任何一个机构的设立，其目的都是为其所有者、其他利益关系者、顾客和客户创造价值或谋取利益，否则就没有设立的必要。内部审计机构的设立也不例外。内部审计作为一种独立、客观的监督和评价活动，其目的就是为机构增加价值并提高机构的运作效率。防弊、兴利、增值、共存，是内部审计的基本目标，监督和评价是内部审计的基本职能。为发挥其职能，实现其目标，内部审计必须服务于组织各个层面，其审计的范围包括风险管理、内部控制系统和企业治理结构。这就决定了内部审计人员不可避免地要和企业内、外各个层面的人员打交道。

第二节 内部审计人际沟通

上一节，我们讨论了人际关系，那么作为内部审计人员，应如何建立良好的人际关系呢？《内部审计具体准则第2305号——人际关系》第十条规定，内部审计人员在处理人际关系时，应主动、及时地进行沟通，以保证信息的快捷传递和充分交流。我们认为，有效进行审计沟通和妥善化解人际冲突，是内部审计人际关系工作中最主要的方法与策略。内部审计作为一种旨在增加组织价值和改善组织营运的独立客观的确认和咨询活动，与组织的董事会、管理层、被审计单位、相关职能部门及组织外部相关机构等均有密切联系，保持良好的沟通是其改善治理、建立良好人际关系的基础，是协调审计工作并完成审计目标的前提。

一、审计沟通概述

（一）沟通的含义

沟通是为了一个设定的目标，把信息、思想和情感与他人进行交流，并且达成共同协议的过程，即某种信息从一个人、群体、组织（发送者）传递到另一个人、群体、组织（接受者），并寻求反馈以达到相互理解的过程。理解这个概念，要把握好如下几点：沟通是信息、思想和情感的传递过程；沟通要有一个明确的目标，目的是信息能够被接收者所理解，达成共同的协议或共识；沟通是一个双向互动的反馈过程；沟通是一定环境因素的产物。

（二）沟通基本过程

沟通是指一个信息的发送者通过选定的渠道把信息传递给接受者的过程，也是一个双向的、互动的信息交流和反馈过程。

具体而言，就是沟通发生前，要存在被传递的信息，以在信息的发送者与接受者之间传递，信息的发送者先将信息进行编码，然后通过信息沟通的渠道将其传递给信息的接受者，信息的接受者在接受信息时要对信息进行解码，在了解信息后，会对所传递的信息做出反应，反馈给信息的发送者。信息沟通的基本模型包括以下九个要素：思想、发送者、编码、接收、理解、接收者、解码、反馈和噪声。沟通的基本过程如图12-5所示。

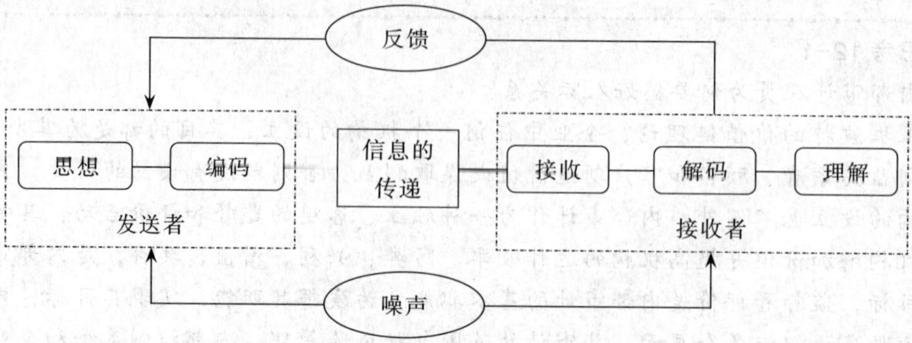

图12-5 沟通的基本过程

（三）沟通的形式与分类

沟通一般包括如下五种分类方式，如图12-6所示。

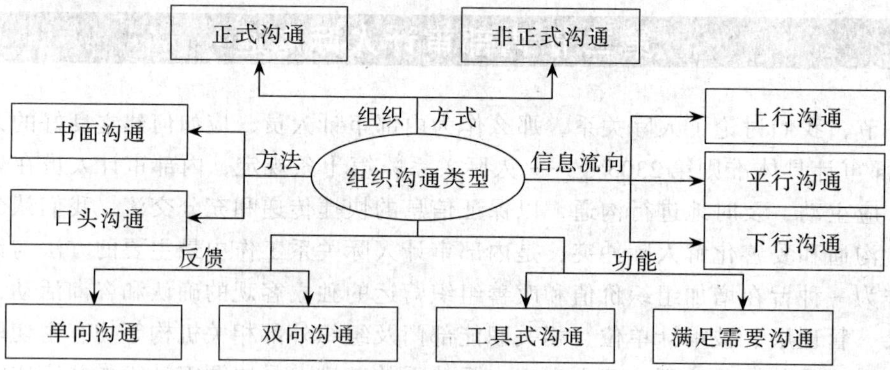

图12-6 信息沟通形式

1.按沟通的组织方式，可以分为正式沟通与非正式沟通

（1）正式沟通是指按照正式的组织系统与层次来进行沟通，这类沟通代表组织，比较慎重。

（2）非正式沟通则不是以组织系统，而是以私人的接触来进行沟通。

2.按沟通信息的流动方向，分为下行沟通、上行沟通和平行沟通

（1）下行沟通是指自上而下的沟通，即上级将政策、目标、制度、方法等告诉下级。

（2）上行沟通是指自下而上的沟通，即向上级反映情况、问题、要求和建议，请求支持等。

（3）平行沟通，也称横向沟通，是指同一级相互之间的沟通。

3.按沟通信息方法，分为书面沟通与口头沟通

（1）书面沟通是利用文字进行沟通。例如，合同、协议、规定、通知、布告等。它的特点是正式、准确，具有权威性，可以备查。

（2）口头沟通是借助于口头语言进行的沟通。例如，谈话、报告、讨论、讲课、电话。其特点是快速、简单，但准确性较差，不能备查。

4.按沟通的功能，可分为工具式沟通和满足需要沟通

（1）工具式沟通主要是指为了传达情报，同时也将传达者自己的知识、经验、意见与

要求告诉接收者，以便影响接收者的知觉思想及态度体系，进而改变其行为，以达到组织目标。

（2）满足需要沟通的目的是表达感情，消除内心的紧张，以求得对方的同情、支持、友谊和谅解，从而确立和改善与对方的人际关系，以满足个人精神上的需要。

5.按是否进行反馈，可分为单向沟通与双向沟通

（1）单向沟通指没有反馈的信息传递，比较适合问题较简单但时间较紧张的方案，下属易于接受解决问题的方案，下属没有了解问题的足够信息的方案等。

（2）双向沟通指有反馈的信息传递，是发送者和接收者相互之间进行信息交流的沟通，比较适合的情况包括：时间比较充裕，但问题比较棘手；下属对解决方案的接受程度至关重要；下属能对解决问题提供有价值的信息和建议；上级习惯于双向沟通，并且能够有建设性地处理负反馈等。

（四）审计沟通的重要意义

审计沟通的重要意义在于使审计组织内每个成员都能够做到在适当时候，将适当信息，用适当的方法，传给适当的人，从而形成一个健全的、迅速的、有效的信息传递系统，以利于内部审计组织目标的顺利实现。通过沟通，使审计工作取得领导的支持与理解，获取审计证据，降低审计风险，提高审计效率，从而实现审计效果。具体地说，审计沟通具有以下重要意义，如图12-7所示。

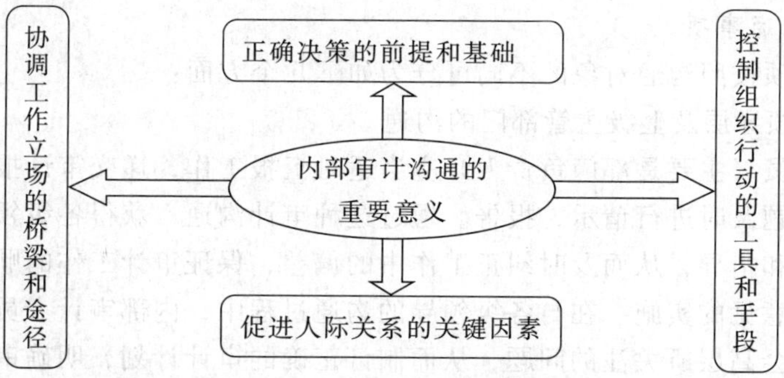

图12-7　审计沟通的重要意义

1.正确决策的前提和基础

一个公司的成败，往往不取决于日常生产管理，而取决于重大经营方针的决策。在决策过程中，无论是问题的提出、问题的认定、各种可供选择方案的比较，都需要组织内外、国内外市场、技术、价格、资源、人力等有关的情报。事实证明，许多决策的失误，都是由资料不全、沟通不畅造成的。因此，没有沟通，就不可能有正确的决策。就内部审计实际工作而言，审计机构与高层管理者之间经常会有信息不对称、大量信息模糊及不确定性存在，极易误导公司决策者使其做出完全相反的经营举动。只有依靠审计沟通，才能达到信息过滤和甄别真假信息的最终目标，并依此做出正确的决策。

2.控制组织行动的工具和手段

进行审计沟通是进行有效管理、统一组织行动的重要媒介。内部审计的职责在于监控组织系统的管理有效性和实效性。众多的使命或职责最终是依靠沟通渠道实现的，离开沟通渠道，上级管理者不能接触到下级部门对审计结论的反馈，下级管理部门也不能得到上级决策层的正确指令，这样就很容易偏离公司既定的目标。就管理措施的实质而言，组织

内部的员工如果充分了解自己的工作目标及工作职责，明确自己的权责、利益和自我控制效用，就能够真正发挥组织管理作用，这也是审计追求的最终目标。审计沟通手段为全体员工提供了有价值的重要信息。借助这些信息，他们可以发现工作中的偏差和不足，并可以在审计结论的帮助和引导下，顺利实施其各自的管理职能。

3.促进人际关系的关键因素

组织内人际关系如何，主要是由沟通的水平、态度和方式来决定的，合理的沟通会促进组织内人际关系的和谐，而这需要彼此了解，有感情，配合默契。沟通是一个领导者的重要任务，也是形成良好人际关系的关键。比如，作为一个内部审计经理，与下级能够进行很好的沟通，准确地表达意图，并注意观察审计人员的反常举动，关心下属的想法，有利于让其在工作中“心甘情愿”地与你共同完成审计任务并达到审计目标。

4.协调工作立场的桥梁和途径

坦诚的沟通能够使得公司组织内各部门包括内部审计部门以及职工之间相互了解对方的工作情况和内容，明确对方的态度，理解对方的意图，认识自己的角色，特别是当相互之间发生分歧时，及时沟通意见，可以促使组织成员之间相互协调，配合工作，缓解矛盾，保证组织的统一行动。内部审计工作非常需要审计相关人员履行其职能，借助沟通这一有效工具，在内部审计与其他部门之间传递准确、及时的信息，协调彼此立场，使内部审计发挥积极的作用。

（五）审计沟通事项

审计沟通事项按照沟通对象的不同可分为如下几个方面：

1.同本单位领导层及上级主管部门的沟通

内部审计人员（主要是部门负责人）应当适时汇报工作，递交审计报告，并就工作进展情况和有关问题及时进行请示、报告。通过这种审计沟通，获得各级领导和上级主管部门的肯定、支持和指导，从而及时纠正工作中的偏差，保证审计工作的顺利开展、审计结论的落实和审计意见的实施。在与各级领导的沟通过程中，内部审计人员应特别关注领导的要求，充分领会高层所关注的问题，从而制订正确的审计计划，明确审计方向，使内部审计更具有针对性。对审计中发现的重大事项或问题，内部审计人员应及时向相关领导报告。

2.同被审计单位的沟通

内部审计人员首先应做好准备工作，包括调查了解被审计单位的业务状况、控制环境等内容。具体沟通方式应根据不同目的随机应变：可通过到各业务现场与工作人员进行口头对话了解，或以调查表等书面方式进行沟通；可通过召开进点会议、交换初步意见会议等正规形式进行口头沟通，同时发送内审通知书、初步意见书等，并要求被审计单位出具相应的书面反馈意见；还可以在非正式场合以聊天方式取得审计线索等相关信息。沟通过程中，内部审计人员应当进行有关内部审计职能、审计目的、审计程序的宣传，以取得被审计单位的理解和认同，从而配合审计工作。对于审计过程中发现的问题，应通过事实确认书等形式与被审计单位进行充分沟通，弄清事实，准确定性。在与被审计单位的沟通中，内审人员可以学习并运用以下技巧：

（1）以心换心，赢得理解。由于审计和被审计对象角色不同，所处的位置不同，对审计的认识也各不相同。审计人员要通过沟通，宣传审计知识，让被审计单位对审计目的有充分的认识，明白审计不是仅以审查差错和失误为目的，审计的作用还有帮助被审计单位在守法性、合理性和效益性等方面提高管理水平，有效地进行内部控制，防范风险。沟通中要充分考虑被审计单位人员的处境和心理，要设身处地为被审计对象着想，要在坚持原则的前提下保持谦虚、平和的心态，尊重他人，温和地提出问题和意见。

（2）善用太极，借力打力。在沟通中要巧妙运用对方的思维方式，接住话题顺其思路套出更多的话，寻找审计线索；要以为他着想的形式，让对方自己觉得提出的要求不太合适；要给对方台阶但又不能完全让出退路，坚守审计准则。

（3）借矛攻盾，无坚不摧。利用被调查对象所提供的资料、证言、证据之间的相互矛盾之处，根据对方对问题的解释，寻找其中的不当之处及时追问，一环套一环，层层逼近，在耐心倾听中出其不意地用其矛攻其盾，对方将难以自圆其说。

（4）以柔克刚，不输气势。如经济责任审计中，审计人员面对的主要是领导干部，有些领导所在单位、地区职能强，领导时间久，难免有些习惯性的做派，我们不能被他的气势所压倒。通俗地说，就是不要怯场。要在沟通中注意倾听，保持谦虚的态度，认真听取领导的意见；同时也要把握关键时机，及时地表达自己的主张；要捕捉弦外之音，巧妙地回答问题和有针对地探寻问题。

（5）配合联动，找准突破。被审计对象往往以各种借口来解释甚至回避问题，我们在沟通前一定要找准问题的关键症结，熟悉相关的法律法规，打有准备之仗。同时要把收集掌握的审计证据与听到的情况联系起来，迅速加以分析，组织最合适的语言来进行反驳。审计组要做好分工，有人唱红脸、有人唱白脸，在沟通时不能靠单打独斗，要默契配合，协同作战。审计组各成员要把握好时机，及时提出关键性的证据，发表客观公正意见对对方的各种借口加以驳斥。

以下是《国家审计》中审计人员与被审计单位人员沟通的一个片段，充分展现了审计人员的沟通技巧，大家可扫码观看学习。

案例导入：《国家审计》片段

3.同本单位其他职能部门的沟通协调

首先，建立内部审计和其他相关职能部门的沟通机制，如内审部门可指派人员参加各部门的专业会议；职能部门的重要事项或业务活动应邀请内部审计人员参加；内审部门可召集相关职能部门参加专项审计会议；可抽调相关业务部门人员参加专项审计工作；相关职能部门起草的重要文件应发送内审部门等，从而使内审和相关职能部门的沟通纳入常规轨道。近年来，人民银行内审司已建立了与业务部门的交流磋商机制，先后与多个部门进行了双边交流磋商，就相关业务领域风险管理和内部控制问题通报情况、交换意见。部分分支行也正在积极同本单位业务部门建立磋商机制，该机制在人民银行系统的不断建立和完善，有利于审计工作的顺利开展，有利于更加充分地发挥审计成果的作用，有利于人民银行内审工作的转型与发展。其次，在开展每一个具体审计项目时，内审部门在审计前应向相关业务部门通报拟开展的审计项目并了解被审计单位的业务情况；审计过程中对把握不准的问题应积极同相关业务部门咨询、探讨；审计结束后应将审计报告和整改意见同时抄送相关职能部门，加强内审成果运用。

二、有效审计沟通的原则

有效沟通能使事情事半功倍，要想使沟通有效，实现沟通目标，必须掌握如下基本原则：

1.沟通信息重要性原则

有效沟通必须对有意义的信息进行传递。一个良好的沟通过程，必须是对富有意义的重要信息进行的沟通，这是沟通能够存在、成立和有效的内容基础和根本前提。审计沟通的信息必须是至少对其中一方有用和有价值的重要信息。

2.沟通渠道适当性原则

有效沟通必须将有意义的信息，通过适当的沟通渠道，由一个主体送达至另一个主体，此即为有效沟通的渠道适当性原则。不同的信息对于传递渠道的选择有要求。真实的、有意义的信息，如果选择了不恰当的渠道进行传递，可能也会产生信息误读或扭曲，导致审计沟通受挫或受阻，有时甚至导致审计失败。在实际审计沟通过程中，沟通的渠道不能是固定的，也没有哪一种沟通渠道、沟通形式是最好的，只能是相对比较合适，这就需要审计师根据不同沟通情形所具有的特点，对沟通渠道、沟通形式加以调整。

3.沟通主体共时性原则

有意义、真实的信息必须由适当的主体发出，并通过适当的渠道传递给适当的另一主体接受，此原则可称为有效沟通的沟通主体共时性原则。人们要想达成有效的沟通，信息的发出者和接受者都应该是而且必须同时恰好是应该发出和应该接受的沟通主体，发送者和接受者的主体适当和共时性这两者缺一不可。如信息虽由适当的主体发出，但接受者不对；或者接受者对了，但发出者身份或地位不适当，都会导致沟通失败。比如，审计过程中需要就某些问题与被审计单位的高层沟通，这时审计项目经理就需要亲自或委派一位资深审计师与之沟通；否则，如果只是派一个审计入门者去与高层沟通，很可能因为对方不高兴而导致审计沟通失败。只有有意义的信息从适当的主体发出，并准确地传送给适当的主体使其及时接受，审计沟通才可能是有效的。

4.信息传递完整性原则

有效沟通必须由适当的主体发出，并通过适当的渠道，完整无损地传送给适当的主体接受，此即为有效沟通的信息传递完整性原则。信息由适当的主体发出，通过适当的渠道传递，并且也由适当的主体接受了，是否就一定能保证沟通被有效完成了呢？不一定。这是因为由于各种因素的影响和干扰，被传递的信息，有可能在传递过程当中，被人为或自然地损耗或变形。如果这种情况发生，那么接受者接收到的信息，已经不是发出者所发出的严格意义上的同一信息，从而发生沟通失误或误解信息。因此，沟通要完美和有效，信息在传递结束时必须保持其内容的完整性。

5.沟通过程及时性原则

任何沟通都是有时间限制的，整个沟通的过程在沟通发生的有效期内发生完毕，否则，也会失去沟通的意义。

6.沟通理解同一性原则

在满足上述所有原则的条件下，信息接受者必须真正了解或体验信息发出者所发出信息的真正意义，这就是沟通理解同一性原则。每一个接受者都是独特的个体，他的经历、经验、知识、兴趣、希望都会左右他对所解读的信息的内在意义的理解，理解一旦出现偏差，沟通的有效性就会产生问题。所以，审计师在沟通过程中必须了解沟通主体另一方的基本情况，不要光从自身出发去考虑问题，要多从对方的角度去考虑问题，多了解对方的看法并听取他们的建议，从他们讲话或行为的动机去考虑，才能真正理解对方，得出的结论才能更符合实际，沟通才会更加顺利地进行并取得更好的效果。

三、有效审计沟通的方法与技巧

（一）有效审计沟通的方法

由于企业内部审计具有独特地位和重要职能，作为公司经营管理活动众多关联关系中的关键环节，公司内部审计人员进行信息沟通时往往可采用多种多样的方法，如图12-8所示。

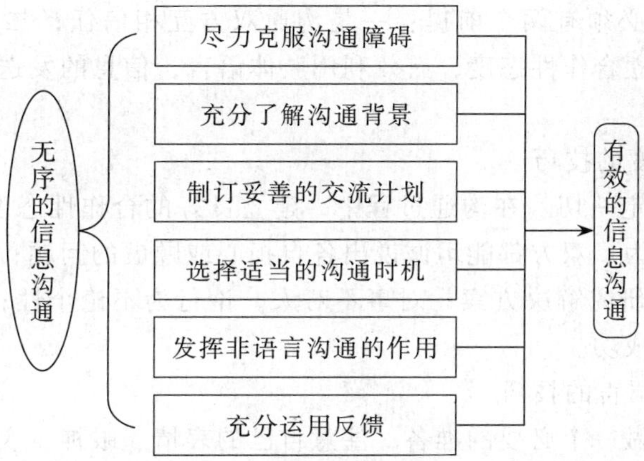

图12-8　内部审计信息沟通的方法

1.尽力克服沟通障碍

第一，需要明了沟通的重要性，正确对待沟通。第二，善于听取并最大限度获取有效信息，能够完整地理解和使用信息。第三，应创造一个相互信任，有利于沟通的小环境。第四，应缩短信息传递链，拓宽沟通渠道，保证信息的畅通无阻和完整性。第五，应该加强平行沟通，促进横向交流。

2.充分了解沟通背景

在影响沟通过程的诸多背景因素中，对内部审计影响较大的是环境因素。内部审计人员要小心行事，不要提出超出审计工作范围的特殊要求，表现出合作的态度，学会控制环境因素，必要时可以运用权力。

3.制订妥善的交流计划

进行有效沟通最好的方法之一是制订计划，通过制订计划控制沟通过程。这要求作为发送信息的审计人员事先考虑接收者整体的特征，尽量收集交流对象的资料，要注意把无关的信息去掉，控制交流的活动，以确保达到交流的目的，否则关注的交流也就失败了。

4.选择适当的沟通时机

内部审计人员发送信息时，应注意环境中的干扰因素，应尽量在双方见面前，熟悉审计目标，思考如何实现这些目标；保证提供充足的时间给双方当事人，以便进行全面的、有效的接触；允许双方进行充分的准备；注意与其他有关活动相协调；时间上应尽量避免午饭前后、休假前后，或周末时间有冲突的会面或会议。

5.发挥非语言沟通的作用

非语言沟通主要包括目光沟通、姿势沟通、面部表情沟通、说话的语调沟通、衣着沟通等。说话的方式往往比说话的内容更重要，说话的语调和面部表情比语言本身告诉别人的内容更多。非语言沟通与语言沟通同等重要，两者相互补充，相得益彰。

6.充分运用反馈

反馈可以检测接收者是否正确理解了发送者的意思。反馈可以来自沟通的不同阶段。比如，在与被审计人员会谈时，可了解被审计单位是否准备依照审计人员的建议去做，或者承诺采取适当的行动。在会面结束之前，再次寻求反馈，双方都可以了解会面以后的预期是什么。

（二）有效沟通的技巧

要想沟通有效，必须有两个前提：一是沟通双方互相信任；二是沟通过程完整、有效。下面，我们从建立合作性态度，有效利用肢体语言，信息的发送、接受、反馈等方面阐述有效沟通的技巧。

1.建立合作性态度的技巧

俗语说，态度决定一切。在沟通过程中，建立良好的合作性态度对有效沟通很重要。合作性态度主要表现为：双方都能坦诚说出各自担心或顾虑的问题；都积极去解决问题而不是推卸责任；共同研究解决方案；对事不对人，论行为不论个性；最后达成双赢协议。这样的沟通才有可能成功。

2.有效利用肢体语言的技巧

在沟通之前，要做一个必要的准备，注意自己的表情、眼神、衣着、简单的问候语和动作，这些肢体语言的适当运用能提高沟通效果。

3.有效发送信息的技巧

第一，选择有效的信息发送方式，比如电话、邮件、短信、传真、面对面的会议交流；第二，选择有效的信息发送时机；第三，确定将要发送信息的内容；第四，要明确最主要的沟通对象；第五，也要选好发送信息的环境和场合。

4.有效接受信息的技巧

在接受信息过程中，要注意适应对方说话的风格，眼耳并用，换位思考，理解对方，并鼓励对方，不断点头示意，表示自己的兴趣和认可。

5.有效反馈信息的技巧

在沟通过程中，把握好正面反馈和建设性反馈。前者是对对方做得好的事情予以表彰，希望好的行为再次出现；后者是对别人做得不好的地方给予建议。理解并做到这些对内部审计人员而言是非常重要的。

四、与不同层次同事沟通的技巧

（一）与领导的沟通技巧

1.向领导请示汇报

首先，要仔细聆听领导的命令，利用传统的5W2H的方法来快速记录工作要点，即弄清楚该命令的时间（when）、地点（where）、执行者（who）、目的（why）、需要做什么工作（what）、怎么去做（how）、需要多少工作量（how many）；其次，与领导探讨目标的可行性；再次，拟订详细的工作计划，在工作进行之中随时向领导汇报；最后，在工作完成后及时总结汇报。

2.请示与汇报的基本态度

首先，对领导要充分尊重，维护领导的权威，支持领导的工作，而不吹捧；其次，必要时一定要请示，绝不要依赖或等待；再次，对工作要积极主动，敢于直言，善于提出自己的意见；最后，维护领导的权威与团队的协作，不能擅自越权。

3.与各种性格领导打交道的技巧

（1）与控制型领导沟通的技巧。控制型领导的特征表现如下：态度强硬，拥有竞争心态，要求下属立即服从，务实，果决，求胜，对琐事不感兴趣。与这种类型领导相处，重在简明扼要，干脆利索，不拖泥带水，不拐弯抹角，无关紧要的话少说，直截了当、开门见山地沟通即可。另外，一定要非常尊重这类领导的权威性，认真对待他们的命令，应多称赞他们的成就，而不是他们的个性或人品。

（2）与互动型领导沟通的技巧。互动型领导有如下特征：善于交际，喜欢与他人互动交流，喜欢并享受他人的赞扬，凡事喜欢参与。对于这种类型的领导，切记要公开赞扬，并且发自肺腑，言之有物，否则虚情假意的赞扬会被认为是阿谀奉承，从而影响其对你个人能力的整体看法。应该和蔼友善，适当运用自己的肢体语言。另外，他们还喜欢与部下当面沟通，喜欢部下能与自己开诚布公地谈问题，即使对他有意见，也希望能够摆在桌面上交谈，而厌恶部下在私下里发泄不满情绪。

（3）与实事求是型领导沟通的技巧。实事求是型领导有如下特征：讲究逻辑而不喜欢感情用事，为人处世自有一套标准，喜欢弄清楚事情的来龙去脉，理性思考而缺乏想象力，是方法论的最佳实践者。与这类领导沟通，可以省掉不必要的客套话，直接谈他们感兴趣而且是实质性的东西，他们同样喜欢直截了当的方式，对他们提出的问题最好是直接作答。同时，在进行工作汇报时，应就一些关键性的细节加以说明。

4.说服领导的技巧

对于领导的指示，要认真执行，必要时也要让领导理解自己的主张，同意自己的看法，说服领导。具体可以参考以下几点：

（1）选择恰当的提议时机。领导心情好时，一般是上午10点左右或者是午休结束后半个小时内，要选择领导时间充分、心情舒畅的时候提出改进方案。

（2）掌握充分的资讯及数据。事先收集、整理好有关数据和资料，做成书面材料，借助视觉力量，就会加强说服力。

（3）设想领导质疑，事先准备答案。

（4）说话简明扼要，重点突出。对于领导最关心的问题，要重点突出、言简意赅，比如投资数额、回收期、项目盈利点和持续性等问题，而不要东拉西扯，分散领导的注意力。

（5）面带微笑，充满自信。面对领导，要学会用自信的微笑去感染领导，征服领导。

（6）尊敬领导，勿伤领导自尊。无论你的可行性分析和项目计划有多么完美无缺，也不能强迫领导接受。毕竟，领导统管全局，需要考虑和协调的事情很多，你应该在阐述完自己的意见之后礼貌地告辞，给领导一段思考和决策的时间。即使领导不愿采纳你的意见，你也应该感谢领导倾听你的意见和建议，让领导感觉到你工作的积极性和主动性即可。

（二）与下属的沟通技巧

1.下达命令的技巧

命令是主管对部下特定行动的要求或禁止。命令的目的是要让部下照你的意图完成指定的行为或工作，因此，需要考虑两点：正确传达命令，不要经常变更自己也不清楚缘由的命令，完整地表达清楚“5W2H”的重点即可；要使部下积极接受命令，要做到态度和善，用词礼貌，让部下明白这项工作的重要性，给部下较大的自主权，共同探讨状况、提出对策，让部下提出疑问。这些技巧都能提升部下接受命令、执行命令的意愿，这样这些命令才能被部下积极地执行，才能让部下感受到一个开放、自由、受尊重的工作氛围。

2.赞扬部下的技巧

赞扬部下的态度必须真诚，要言之有物，要有充分的理由去赞扬他；赞扬的内容要具体，要依据具体的事实进行评价；注意赞扬的场合，公开赞扬当然受到的鼓励最大，但最好是能被大家认同及公正评价的事项；适当运用间接赞扬的技巧，即借第三者的话来赞扬对方，另外，也可在当事人不在场的时候赞扬，这种方式有时比当面赞扬所起的作用更大。被赞扬是一种心理需要，是对他人敬重的一种表现，恰当地赞扬别人，会给人以舒适感，同时也会改善与下属的人际关系。所以在沟通中，我们必须掌握赞扬他人的技巧。

3.批评部下的方法

俗话说“良药苦口，忠言逆耳”，管理者指责部下时要讲究一些技巧：首先，要以真诚的赞扬作开头，尺有所短，寸有所长，先提人长处，让部下觉得他是“功大于过”的，那么他就会主动放弃心理上的抵抗，对你的批评也更容易接受。其次，要尊重客观事实，批评他人通常是比较严肃的事情，所以在批评时一定要客观具体，应该就事论事，应该批评其错误行为而不是对本人进行批评，否则会恶化你们之间的关系，导致更多的工作纰漏；指责时，不要伤害部下的自尊与自信，我们应该对不同的人采取不同的批评技巧，其核心在于不损对方面子，不伤对方自尊，一定要运用一些技巧；应友好地结束批评，若正面地批评部下，对方或多或少会感到压力，这会为以后的沟通带来障碍，所以每次批评都应尽量在友好的气氛中结束，让部下把这次见面的回忆当成是你对他的鼓励而不是一次意外的打击，这样会帮他打消顾虑，增强其改正错误、做好工作的信心；选择适当的场所，不要当着众人面指责，指责时最好选在单独的场合，要有宽广的胸襟包容部下的过失，本着爱护部下的心态，正确、适时、适地地指责，对部下、部门都有正面的功效。

✲请注意✲

和每个阶层的人沟通需要把握的度不一样，想要有效、充分地表达我们想要表达的内容，以及得到我们想要的信息，我们需要了解对方的阶层，先打探清楚对方的性格特征，然后再对症下药，这样会起到事半功倍的效果。

第三节 内部审计人际冲突的产生与化解

人际冲突是在一个人或一个组织阻碍了另一个人或另一个组织的目标实现时发生的一

种对抗过程。内部审计的工作性质使内部审计人员遇到人际冲突是在所难免的。但由于内部审计的最终目标在于提高组织经营效率与效益，而不限于查错纠弊。因此，内部审计人员，特别是内部审计部门负责人要对审计中可能发生的冲突性质进行全面细致的分析，了解冲突发生的根源，尽量缓和与避免破坏性冲突的发生，及时、妥善地化解人际冲突，通过沟通、接触消除分歧和误会，寻求双方互利的解决途径，以保证审计工作的顺利进行，加强审计成果的综合利用效果；同时，要积极引导和发展建设性冲突，以使组织始终保持和谐、活泼的状态。

一、冲突含义的界定及产生的原因

（一）冲突的含义

冲突是指由于某种差异而引起的抵触、争执或争斗的对立状态。人与人之间在利益、观点、掌握的信息或对事件的理解上都可能存在差异，有差异就可能引起人们在社会交往中的冲突和矛盾。不管这种差异是否真实存在，只要一方感觉到有差异就会发生冲突。冲突的形式可以从最温和、最微妙的抵触到最激烈的罢工、骚乱和战争。

（二）产生的原因

概括而言，人与人之间存在差异的原因是多种多样的，但大体上可归纳为五类，具体内容如图12-9所示。

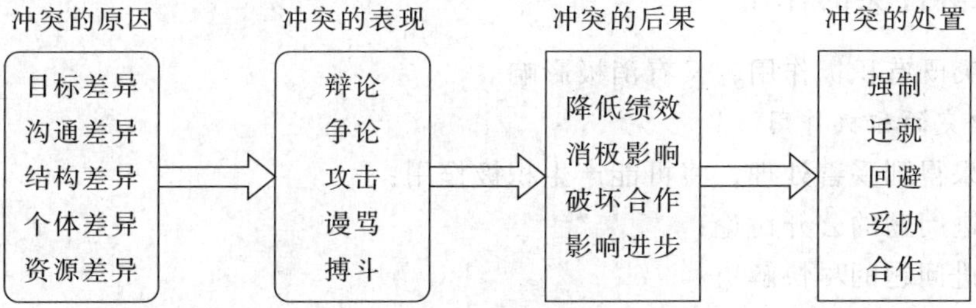

图12-9　冲突产生与处理过程图

1.目标差异

组织中群体之间目标的差异是产生交往冲突的主要原因之一。当组织中不同群体追求的目标不同时，他们之间就会发生意见分歧，从而增加了冲突出现的可能性。

2.沟通差异

文化和历史背景不同、误解及沟通过程中噪声的干扰都可能造成人们之间意见不一致。沟通不良是产生冲突的重要原因，但不是最主要的。有大量证据表明，沟通过程中出现的问题导致了合作延迟和误解产生，从而影响了管理措施的有效执行。

3.结构差异

管理中经常发生的冲突绝大多数是由组织结构的差异引起的。分工造成组织结构中垂直方向和水平方向各系统、各层次、各部门、各单位、各岗位的分化。组织越庞大、越复杂，组织分化越细密，组织整合就越困难。由于信息不对称和利益不一致，人们在计划目标、实施方法、绩效评价、资源分配、劳动报酬、奖惩等许多问题上都会产生不同看法，这种差异是由组织结构本身造成的。为了本单位的利益和荣誉，许多人都会理直气壮地与其他单位甚至上级组织发生冲突。不少管理者，甚至把挑起这种冲突看作是自己的职责，或作为建立自己威望的手段。

4.个体差异

每个人的社会背景、受教育程度、生活阅历、修养和价值观不同，塑造了每个人各不相同的性格和作风。若个人的素质和品德不符合社会和其他团体的要求，则不能为他人所接受。人们之间的这种个体差异往往容易造成合作和沟通的困难，从而成为某些冲突的根源。

5.资源差异

资源可以被广泛理解为对人员、物资、金钱等有形资源和名誉、地位、权力、信息等无形资源的支配与储存量。这方面的差异导致不同个体的资源或信息的严重不对称，导致彼此立场严重对立，进而产生冲突。

总之，当各种冲突源产生的条件具备时，冲突的过程就开始了，这时冲突双方就会感到紧张和焦虑，此时冲突就已经明朗化了，人们开始逐步认识和感觉到冲突。于是，面对产生的这些冲突，人们将采取处理办法，即强制、合作、迁就、回避、妥协。如果冲突处理得当，将会提高决策的质量，激发革新与创造，调动群体成员的兴趣与好奇心，提高整个组织的绩效；反之，冲突可能会带来沟通的障碍，使组织的凝聚力降低，组织成员之间关系紧张，影响整个组织的绩效，极端的情况下，甚至会威胁组织的生存。

二、人际冲突的作用

人际冲突既有积极作用，又有消极影响。

（一）冲突的积极作用

冲突如果得到妥善处理，将可能产生积极作用：

（1）促进问题的公开讨论；

（2）促进问题的尽快解决；

（3）提高成员在组织事务中的参与程度；

（4）增进冲突双方的沟通与了解；

（5）化解双方积怨；

（6）能激发成员的创造力，给组织带来活力，避免个人停滞不前；

（7）能够宣泄双方的愤怒与敌意，避免过度累积各种负向情绪导致不可收拾、关系破裂。

（二）冲突的消极影响

冲突如果处理不好，将可能产生消极影响：

（1）影响冲突双方的心理健康；

（2）造成组织内部的不满与不信任；

（3）使组织内相互支持、相互信任的关系变得紧张；

（4）导致成员和整个组织变得封闭、缺乏合作；

（5）破坏团队中的凝聚力；

（6）阻碍组织目标的实现。

总之，人际冲突可能带来彼此关系的紧张和压力，并可能使当事人经历失望或气愤等负面情绪。从另一个角度来看，如果能够有效地解决冲突，则冲突除了能够宣泄不满之外，还可以使双方的关系变得更加亲密，并且促进个人的成长和需求的满足。

三、公司内部审计工作存在冲突的缘由

因为内部审计人员的工作通常会贯穿于整个组织程序和全部的业务过程，其要与组织内各个部门的主管打交道，测试和评价他们的工作，并将审计工作中发现的问题和改进的建议报告给他们的上级。正是由于审计人员经常发现被审计人员工作中的错误、无效或效率不高的地方，所以被审计人员通常会害怕在审计中发现的问题将来会对自己的工作鉴定不利。于是，其经常会在审计过程中表示出一种不合作的态度，甚至抱怨审计人员打乱了他们正常的工作秩序，没有必要改变他们已经熟悉的常规。而且一些审计人员总是在一种近乎神秘的气氛中工作，他们与被审计人员的谈话好像一位法庭上的法官盘问一位带着敌意的证人。审计人员强调工作中的缺陷、差错，甚至指责有过失的人员，可以想象在这样一种敌视的气氛中，内部审计人员将不可避免地在组织中面临潜在的冲突。

四、公司内部审计冲突的一般类型

通常，公司内部审计人员会与相关人员因审计方案、审计程序、审计方法、审计结论、审计证据等而产生冲突，这些冲突主要有以下两种：

1.按照冲突的主体关系，可以将冲突分为个人之间的冲突、个人与团体之间的冲突、团体与团体之间的冲突等三种类型

（1）个人之间的冲突主要是指内部审计人员与被审计部门工作人员、上级管理者、内部审计负责人、相关的工作人员、内部审计部门的同事或者辅助审计人员之间的矛盾与冲突。

（2）个人与团队之间的冲突是指内部审计人员与被审计部门、管理当局、董事会、相关单位之间的矛盾与冲突。

（3）团体与团体之间的冲突是指内部审计部门与被审计部门、管理当局、董事会、相关单位之间的矛盾与冲突。

2.按照冲突的效果，可以将冲突分为建设性冲突和破坏性冲突等两种类型

（1）**建设性冲突**是指冲突双方的本意均是为了更好地完成组织目标，冲突不会破坏双方的继续合作，容易处理和消除影响。

（2）**破坏性冲突**是指冲突双方之间没有一致性目标，冲突对组织功能产生了较大的损害，影响双方的工作气氛，不容易处理和消除影响。

知识链接12-1

高管团队的冲突管理

据美国管理学会进行的一项对中层和高层管理人员的调查，管理者平均要花费20%的时间处理冲突。另据调查，大多数成功的企业家认为管理者的必备素质与技能中，冲突管理排在决策、领导、沟通技能之前。由此可见，冲突管理已成为现代企业管理中的一项不可忽视的重要内容。而在企业的各种类型冲突中，高层管理团队的冲突尤为重要，它直接影响着企业的绩效。

五、公司内部审计冲突处置的对策与措施

由于冲突的危害性和复杂性，内部审计人员一旦遇到真正具有破坏性的矛盾和冲突，就应当寻求让大家都能够妥协的方法，以便不让冲突恶化和矛盾激化。而这种办法是难以轻而易举地找到的。因此，如何处理冲突实际上要求内部审计人员具有一种高超的艺术。简而言之，处理内部审计冲突的有效办法如下：

1.谨慎地选择需处理的冲突

内部审计管理者可能面临许多冲突。其中，有些冲突非常琐碎，不值得花很多时间去处理；有些冲突虽很重要但不是自己力所能及的，不宜插手；有些冲突难度很大，要花很多时间和精力，却未必有好的结果，不要轻易介入。内部审计管理者应当选择处理那些涉及面大、影响面大，对推进后续审计工作、增强内部审计人员的凝聚力，对建设内部审计组织文化有意义、有价值的事件。其他冲突均可尽量回避，事事时时都冲到第一线的人并不是真正优秀的管理者。

2.仔细研究冲突的主体与内容

所谓冲突的主体是指冲突的产生与作用的对象。冲突的内容包括：哪些人卷入了冲突，冲突双方的观点是什么，差异在哪里，双方真正感兴趣的是什么，代表人物的人格特点、价值观、经历和资源因素如何。

3.深入了解冲突产生的根源与诱因

了解内部审计冲突，不仅要了解导致影响内部审计工作的冲突表象，即公开的、表层的冲突根源，还要深入了解深层的、没有说出来的诱因。冲突可能是多种原因共同作用的结果，如果是这样，还要进一步分析各种原因作用的强度。

4.妥善地选择处理办法与方式

通常处理内部审计冲突的办法有五种：回避、迁就、强制、妥协、合作。

（1）当冲突无关紧要时，或当冲突双方情绪极为激动，需要时间恢复平静时，可采用回避策略。回避时，一般会采取三种策略来避开冲突：把牵涉到的人调开；避免接触；减少冲突各方合作的范围和时间。

（2）当维持和谐关系十分重要时，可采用迁就策略，迁就即是只考虑对方的利益或者屈从于对方的意愿，对别人的态度或建议表示出一种让步或屈服。

（3）当必须对重大事件或紧急事件进行迅速处理时，可采用强制策略，用行政命令的方式牺牲某一方利益进行处理后，再慢慢做安抚工作。

（4）当冲突双方势均力敌、争执不下需采取权宜之计时，只好双方都做出一些让步，实现妥协，尽可能地满足双方的利益。

（5）当事件重大，双方不可能妥协时，通过开诚布公的谈判，走向对双方均有利的合作。

冲突是双方共同的问题导致的，每一方都应积极理解对方的需求，以求找到双方满意的方案，因此，双方应通过充分的沟通，积极了解冲突的背景，利用积极的、谦虚的、平易近人的姿态解决双方的矛盾与纠纷。

实际上，在内部审计工作中如果出现冲突，双方都采取“针锋相对”的强制方式，是不可行的。这样会使得对抗的双方忽略沟通的渠道，冲突进一步升级，最终使审计工作处于不利状态。回避和迁就也不是有效的解决冲突的方法。如果内部审计人员准备进行有效

的审计，他们必须和被审计人员一起解决问题。内部审计工作本身就是为发现产生冲突、导致组织无效或者效率不高的事项而设置的，回避或把注意力转移到其他事情上是不可能的，没有原则的迁就，会使存在的问题被发现并有效得到解决变得遥遥无期。这也说明这两种方法是“治标”而非“治本”。

可见，解决冲突的唯一圆满结果是妥协和合作，让冲突双方都感到这种结果符合他们的需要。当被审计方持批评、不合作或敌对态度时，审计师必须坚守审计师与被审计方的共同目标——维护积极的工作关系和推动组织任务的圆满完成。把注意力集中在审计目标上而不是障碍上，审计师就能在其他人不合作或持有敌意的情况下保持积极向上的行为。

但是要想真正达成合作却需要审计双方做出极大努力，它要求审计双方应尽可能进行各种方式的“沟通”。不论审计工作是好、是坏，审计建议是意义深远还是谨慎适当，都可能引起异议。审计人员要懂得如何运用沟通，在不损害将来的沟通或不妨碍落实审计建议的情况下处理好这些问题。当冲突发生时，内部审计师的态度至关重要。傲慢的态度或挑剔的语气都会逐渐毁掉专业技能高超的审计师。因此，审计师必须牢记：在与被审计方对立产生明显冲突的情况下，一定要区分出输赢胜败的想法是不合时宜的，在处理与有关人员的冲突时，往往讲究让步的技巧比横冲直撞更有效。

■ 本章内容结构图

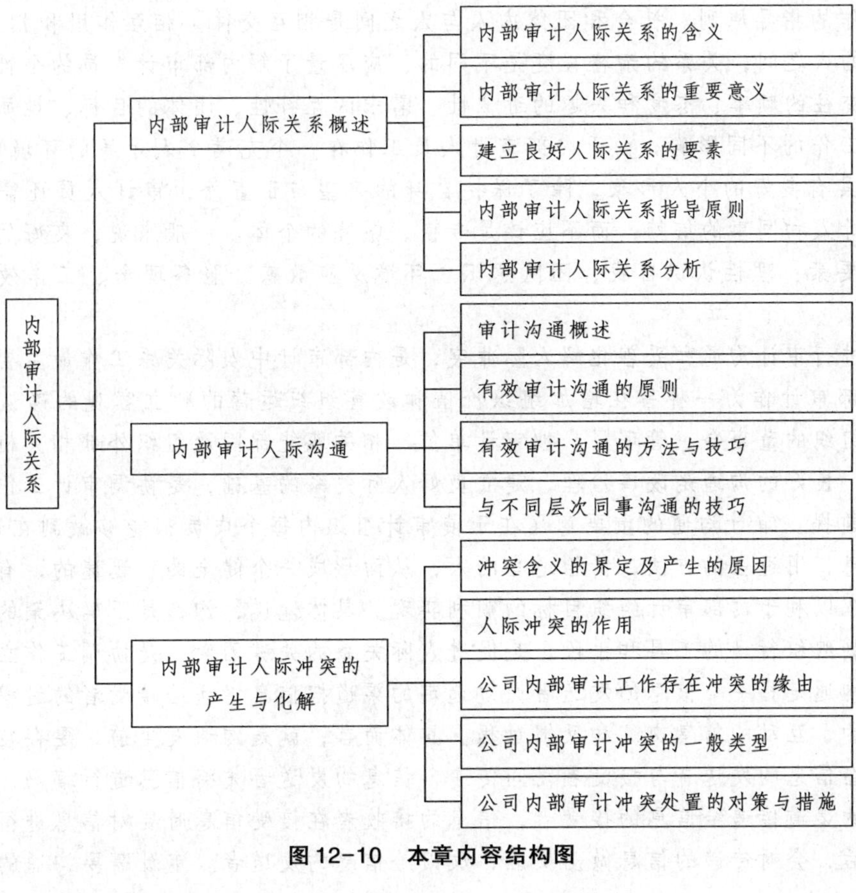

图12-10 本章内容结构图

■ 本章小结

本章通过内部审计人际关系概述、内部审计人际沟通、内部审计人际冲突的产生与化解三个小节详细概述了内部审计人际关系的主要内容。

内部审计人际关系是指内部审计人员与组织内外相关机构和人员之间的相互交往与联系。内部审计中的人际关系既包括与组织内部主要负责人、高层管理者、被审计单位、其他相关职能部门、职员之间产生的人际关系，也包括与组织外部审计机关、社会审计机构、税务机关、往来银行、法律顾问、专家等之间产生的人际关系。

内部审计人员的工作贯穿于整个组织，其与组织内各部门的主管打交道，测试和评价他们的工作，并将审计工作中发现的问题和改进的建议报告给他们的上级。搞好内部审计中的人际关系，是整个内部审计活动的有机组成部分。在内部审计工作中，应与相关机构和人员建立相互信任的关系，促进彼此的交流与沟通；在内部审计工作中，应取得相关机构和人员的理解和配合，及时获得相关、可靠和充分的信息，提高内部审计效率；保证内部审计意见得到有效落实，实现内部审计目标。建立良好的人际关系需要秉持平等观念、尊重他人、有效沟通、待人宽容、欣赏心态、换位思考、互相倾听、增强信任等几大信念。为了实现与组织内外相关机构和人员之间建立良好的合作与协调关系的目标，组织的内部审计部门、内部审计人员在开展内部审计中的人际关系工作时，应遵循内部审计中人际关系工作的指导原则。社会和团体内人与人之间是相互交往、相互作用和相互影响的，但是不同的人之间，关系的亲密程度是不同的，应尽量了解内部审计人员的个性、工作岗位性质、交往的频率、态度和兴趣的近似性、需求的互补性、团体的目标、性质和管理方式对审计工作的不同影响。由于内部审计人员工作在一个充满个人矛盾的环境中，因此，他们必须具有良好的个人形象，除了保持自身的声望与正直外，审计人员还需要得到上司、被审计人和同事的信赖，而不应该是专横、傲慢的个体。一般来说，良好的个人形象包括六个要素：理性认识自我、团队意识、环境反应敏感、服务理念、工作效率、正直坦率。

有效进行审计沟通和妥善化解人际冲突，是内部审计中人际关系工作最主要的方法与策略。内部审计作为一种旨在增加组织价值和改善组织运营的独立客观的确认和咨询活动，其与组织的董事会、管理层、被审计单位、相关职能部门及组织外部相关机构等均有密切联系，良好的沟通是改善治理、建立良好人际关系的基础，是协调审计工作并完成审计目标的前提。审计沟通的重要意义在于使审计组织内每个成员都能够做到在适当时候，将适当信息，用适当的方法，传给适当的人，从而形成一个健全的、迅速的、有效的信息传递系统，以利于内部审计组织目标的顺利实现。具体地说，沟通是正确决策的前提和基础，是控制组织行动的工具和手段，是促进人际关系的关键因素，是协调工作立场的桥梁和途径。沟通是指一个信息的发送者通过选定的渠道把信息传递给接受者的过程，这也是一个双向的、互动的信息交流和反馈过程。具体而言，就是沟通发生前，要存在被传递的信息，以在信息的发送者与接受者之间传递，信息的发送者先将信息进行编码，然后通过信息沟通的渠道传递给信息的接受者，信息的接收者在接受信息时要对信息进行解码，在了解信息后，会对传递的信息做出反应，反馈给信息的发送者。审计需要沟通的事项主要包括：审计制度沟通、审计计划沟通、重大审计事项沟通、与相关职能部门的沟通、与外部相关机构沟通、审计内部人员之间的沟通。有效沟通能使事情事半功倍，要想使沟通有效，实现沟通目标，必须掌握沟通信息重要性原则、沟通渠道适当性原则、沟通主体共时性原则、信息传递完整性原则、沟通过程及时性原则、沟通理解同一性原则。由于企业内部审计具有独特地位和重要职能，作为公司经营管理活动众多关联关系中的关键环节，公司内部审计人员进行信息沟通时往往可采用多种多样的方法。如尽力克服沟通障碍，充分了解沟通背景，制订妥善的交流计划，选择适当的沟通时机，发挥非语言沟通的作用，充分运用反馈。除了以上的方法和原则外，还需掌握与领导的沟通技巧、与部下的沟通技巧。

内部审计人员不是专门以审查和评价别人的差错和失误为根本目标，而是以提高组织利益和帮助被审计者有效地进行管理为最终目标。因此，内部审计人员，特别是内部审计部门负责人要对审计中可能发生的冲突性质进行全面细致的分析，了解冲突发生的根源，尽量缓和与避免破坏性冲突，及时、妥善地化解人际冲突。

冲突是指由于某种差异而引起的抵触、争执或争斗的对立状态。概括而言，人与人之间存在差异的原因是多种多样的，但大体上可归纳为五类：目标差异、沟通差异、结构差异、个体差异、资源差异。冲突如果得到妥善处理，将可能产生积极作用。人际冲突可能带来彼此关系的紧张和压力，并可能使当事人经历失望或气愤等负面情绪。从另一个角度来看，如果能够有效地解决冲突，则冲突除了能够宣泄不满之外，还可以使双方的关系变得更加亲密，并且促进个人的成长和需求的满足。公司内部审计人员常与相关人员就审计方案、审计程序、审计方法、审计结论、审计证据等而产生冲突，这些冲突主要有两种。按照冲突的主体关系，可以将冲突分为：个人之间的冲突、个人与团体之间的冲突、团体与团体之间的冲突等三种类型。按照冲突的效果，可以将冲突分为建设性冲突和破坏性冲突等两种类型。由于冲突的危害性和复杂性，内部审计人员一旦遇到真正具有破坏性的矛盾和冲突，就应当寻求让大家都能够妥协的方法，以便不让冲突恶化和矛盾激化。如何处理冲突实际上要求内部审计人员具有一种高超的处理艺术。简而言之，处理内部审计冲突的有效办法有：谨慎地选择需处理的冲突，仔细研究冲突的主体与内容，深入了解冲突的根源与诱因，妥善地选择处理办法与方式。

■ 关键概念

内部审计人际关系　人际关系指导原则　沟通　有效审计沟通　审计冲突

■ 本章练习题

一、单选题

1.《内部审计具体准则第2305号——人际关系》要求内部审计人员与组织内外相关机构和人员进行必要的沟通，保持良好的人际关系。以下关于人际沟通目的的表述，最准确的是（　　）。

A.保持良好的人际关系可以使内部审计人员在组织内部的绩效考核中占优势

B.拥有良好的人际关系处理能力，可以在内部审计工作中取得相关机构和人员的理解和配合，及时获得相关、可靠和充分的信息，提高内部审计效率

C.保持良好的人际关系可以获得组织管理层和其他组织内的人员对内部审计人员个人的认可

D.只有内部审计人员具备了一定的人际关系处理能力，内部审计才能获得更快发展

2.内部审计人员应当与被审计单位建立并保持良好的人际关系，获得被审计单位的理解、配合和支持，下列关于内部审计人员可以采取的有效沟通途径的表述中，错误的是（　　）。

A.在了解被审计单位基本情况时，应当进行及时、有效的沟通和协调

B.通过询问、会谈、会议、问卷调查等沟通方式，了解被审计单位业务活动、内部控制和风险管理的情况

C.通过口头方式或者其他非正式方式，与被审计单位交流审计中发现的问题

D.在审计报告提交之前，以口头方式与被审计单位进行结果沟通

3.以下各项不会影响内部审计人员客观性的是（　　）。

A.审计人员本人持有被审计单位股票

B.审计人员与被审计单位领导有直系亲属关系

C.审计人员本人从未参与过被审计单位的业务活动

D.审计人员与被审计单位存在长期合作关系

4.个人的社会背景、教育程度、生活阅历、修养和价值观不同，塑造了每个人各不相同的性格和作风。若个人的素质和品德不符合社会和其他团体的要求，则不能为他人所接受，这属于（　　）。

A.目标差异　　B.沟通差异　　C.结构差异　　D.个体差异

5.有意义、真实的信息必须由适当的主体发出，并通过适当的渠道传递给适当的另一主体接受，这是有效沟通中的（　　）。

A.沟通信息重要性原则　　B.沟通主体共时性原则

C.信息传递完整性原则　　D.沟通渠道适当性原则

6.内部审计人际关系是指内部审计人员与组织内外相关机构和人员之间的相互交往与联系。内部审计人员在从事内部审计活动中，需要与下列机构和人员建立人际关系，除了（　　）。

A.组织适当管理层和相关人员　　B.被审计单位和相关人员

C.组织外部相关机构和人员　　D.从该公司辞职了5年的会计唐某

7.内部审计部门、内部审计人员应在不违背法规、制度的前提下，灵活处理人际关系，以“双赢”的思想为指导，解决审计中发现的问题，提高内部审计效率。所以，审计人员应该保持（　　）。

A.平等观念　　B.灵活性　　C.增强信任　　D.欣赏心态

8.审计过程中的横向人际关系除了包含内审人员与内审部门其他同事的关系外，还包括（　　）的关系。

A.内部审计人员与管理者　　B.内部审计负责人与内部审计人员

C.被审计单位员工同级之间　　D.上下级之间

9.如果内部审计人员在工作中随心所欲，不顾他人的感受，将自己的意见强加给他人，违背了建立与形成有效人际关系基础的（　　）。

A.服务理念　　B.团队意识　　C.正直坦率　　D.理性认识自我

10.除每年至少一次的定期审计工作报告外，当组织发生违法、舞弊、差错、浪费、无效、利益冲突、内部控制缺陷等对组织产生不利影响的重大审计事项时，内部审计部门负责人应及时与高管层进行沟通并向董事会报告相关事项的处理措施和决定。这是审计沟通事项中的（　　）。

A.审计制度沟通　　B.重大审计事项沟通

C.审计计划沟通　　D.与外部相关机构沟通

二、多选题

1.内部审计工作中需要保持良好的人际关系，那么建立良好的人际关系需要（　　）因素。

A.平等观念　　B.尊重他人　　C.有效沟通　　D.待人宽容

2.由于内部审计人员工作在一个充满个人矛盾的环境中，因此，他们必须具有良好的个人形象。树立良好的个人形象，需要（　　）。

A.理性认识自我　　B.团队意识

C.环境反应敏感　　D.服务理念

3.由于企业内部审计具有独特地位和重要职能，作为公司经营管理活动众多关联关系中的关键环节，公司内部审计人员进行信息沟通时往往可采用多种多样的方法。为了尽力克服沟通障碍，审计人员应该（　　）。

A.明了沟通的重要性，正确对待沟通

B.善于倾听，最大限度获取有效信息，能够完整地理解和使用信息

C.应创造一个相互信任、有利于沟通的小环境

D.应缩短信息传递链，拓宽沟通渠道，保证信息的畅通无阻和完整性

4.当冲突无关紧要时，或当冲突双方情绪极为激动，需要时间恢复平静时，可采用的回避策略是（　　）。

A.把牵涉到的人调开

B.脱离冲突接触

C.减少冲突各方合作的范围和时间

D.让一方对另一方让步或屈服

5.人际冲突有时会有正面作用，比如（　　）。

A.促进问题的公开讨论

B.提高成员在组织事务中的参与程度

C.增进冲突双方的沟通与了解

D.能激发成员的创造力，给组织带来活力，避免个人停滞不前

三、判断题

1.（　　）相对独立性是内部审计工作质量的保证，是审计工作的根本性指导原则。内部审计部门、内部审计人员处理好人际关系才能让审计工作顺利进行，那么为了谋求良好的人际关系，其可以失去相对独立性。

2.（ ）能够理性认识自我并且具有团队意识的人很容易在工作中与人和谐相处，所以这两项是个人形象中最重要的两项。工作效率与个人形象并无多大关系。

3.（ ）沟通是为了一个设定的目标，把信息、思想和情感与他人进行交流，并且达成共同协议的过程。

4.（ ）组织内人际关系如何，主要是由沟通的水平、态度和方式决定的。

5.（ ）在影响沟通过程的诸多背景因素中，对内部审计影响较大的是环境因素。内部审计人员要小心行事，不要提出超出审计工作范围的特殊要求，表示出合作的态度，学会控制环境因素，为了表示平等沟通，不能运用自己的权力。

四、简答题

1.良好的人际关系的基础是什么？

2.导致审计人员与被审计人员的人际冲突的原因有哪些？

五、案例分析题

最近，罗田到某中型制造公司从事内部审计工作。之前，他在会计师事务所工作了5年，他特别熟悉财务会计和审计准则，在工作中取得了一定的成绩，被认为是很有前途的注册会计师。该制造公司的高薪和晋升机会吸引他加入了内部审计师的行列。然而，他到该公司后发现自己的财务会计专长未能得到发挥，而其在经营审计和管理审计方面又不知所措。因此，他经常逃避这方面的审计任务。上周，他跟审计经理讲：他怀疑自己能否成为一个成功的内部审计师，其他的同事也在议论他的无能等。审计经理发现罗田是个非常孤独的人。

要求：回答以下问题：

（1）什么原因使罗田感到自己是无能的？

（2）你认为应该怎样帮助他？

■ 本章参考文献

［1］屈耀辉，时现．企业内部审计人员胜任能力评估（一）——基于上海市、深圳市44家企业的调查数据［J］．中国内部审计，2011（6）．

［2］刘国常，郭慧．内部审计特征的影响因素及其效果研究——来自中国中小企业板块的证据［J］．审计研究，2008（2）．

［3］戴耀华，杨淑娥，张强．内部审计对外部审计的影响：研究综述与启示［J］．审计研究，2007（3）．

［4］王光远．现代内部审计十大理念［J］．审计研究，2007（2）．

［5］莱特里夫R L.内部审计原理与技术［M］．北京：中国审计出版社，2000.